南昌大學國學研究院主辦

正學

第八輯

程水金 主編

江西高校出版社

圖書在版編目（CIP）數據

正學. 第八輯 / 程水金主編 . -- 南昌：江西高校
出版社，2022.12
ISBN 978-7-5762-3386-5

Ⅰ . ①正… Ⅱ . ①程… Ⅲ . ①國學—文集 Ⅳ . ① Z126-53

中國版本圖書館 CIP 數據核字（2022）第 187724 號

正學（第八輯）
ZHENGXUE DI-BA JI

出 版 發 行	江西高校出版社	
社　　　址	江西省南昌市洪都北大道 96 號	
總編室電話	（0791）88504319	
銷 售 電 話	（0791）88517295	
網　　　址	www.juacp.com	
印　　　刷	江西千葉彩印有限公司	
經　　　銷	全國新華書店	
開　　　本	889 mm×1194 mm 1/16	
印　　　張	17.25	
字　　　數	400 千字	
版　　　次	2022 年 12 月第 1 版	
印　　　次	2022 年 12 月第 1 次印刷	
書　　　號	ISBN 978-7-5762-3386-5	
定　　　價	86.00 元	

贛版權登字 -07-2022-1137

目　録

經學探微

正學

衛湜、陳澔《禮記集說》及與《禮記注疏》關係述析[1]

楊晋龍

摘要： 本文透過衛湜、陳澔兩部《禮記集說》的徵引實況，探討兩書接受《禮記注疏》的影響關係。透過實證性"外部研究"方式，考得衛湜《禮記集說》有2064個注解段落，1992個徵引鄭玄《禮記注》、1974個徵引《禮記疏》，兩者共佔全書徵引條目的33.05%。陳澔《禮記集說》有2761個注解段落，1915個陳澔自行注解，僅846個出現徵引，鄭玄《注》出現在71個注解內，孔《疏》有276個徵引，兩者共佔全書總數的14.41%，這是兩書與《禮記注疏》的實質關係。造成兩書徵引差異的原因，在於衛湜旨在提供《禮》學家篩選的文獻，故廣泛搜集諸家之說，不加入己見；陳澔在編輯啟蒙教科書，僅選擇符合自己觀點的解說，帶有强烈的個人風格。研究成果提供兩書與《禮記注疏》關係的答案、形式體例及徵引說解的實況，並提出"《禮記注疏》傳播史"的新研究課題。這對於兩書及經學史、《禮記》學等的研究者，具有實質的參考功能。

關鍵詞： 鄭玄；孔穎達；衛湜；陳澔；禮記集說；禮記注疏

一、前言

浩瀚無垠的宇宙，存在難以數計的星球，這些非生命體的星球自無思考，然若各自爲政地自由行動，必然會導致相互碰撞而走向毀滅，能夠不相互毀滅而彼此存留，其中顯然存在着避免碰撞而導致毀滅的有效活動規則，可知即使這類大自然界看似自由自在活動的星球，實際上還是有著一定的運行規律。無生命的星球如此，地球上有生命的生物，更是如此，無論是低等的螞蟻、蜜蜂，或是高等的猴子、黑猩猩，還是具備時間認知與思考能力的"萬物之靈"（《尚書·泰誓》）的人類[2]。即使是隱居深山密林的部落型人群，只要

---

[1]本文爲臺灣"科技部"專題研究計畫"清代《禮記》學視域下的陳澔《禮記集說》研究"（MOST 107—2410—H—001—087—）的研究成果，此文的寫作完成，有賴台灣"科技部"經費與人力的協助，謹此致謝。

[2]由於《十三經》與本文引述的許多傳統文獻，都是中國社會一般性的常用文獻，普及性高且文本的爭議不大，本文因此直接注明篇章出處，不另標注出版資訊，以省篇幅。本文《十三經》文本，均取自〔清〕阮元整理：《重刊宋本十三經注疏附校勘記》（臺北：藝文印書館，1981年影印〔清〕嘉慶二十年〔1815〕南昌府學刻本）。下文"《十三經注疏》本"即用此本。《十三經》及其他較常見的傳統文獻正文，均先通過陳郁夫設計提供的臺灣師大圖書館"寒泉"古典文獻全文檢索資料庫搜尋後，再回對紙本原文，不敢掠美，謹此說明。

是以共同生活爲常態的群體，必然都存在有保持社群正常運作，且足以讓社群成員能永續生存的規矩，這應該是常識性的普遍知識。這類保證星球不至於碰撞毀滅的規律、保證生物社群持續存活的規矩，用傳統中國社會常用的詞彙表達，那就是“禮”。“禮”本是“因人之情，緣義之理，而爲之節文”（《管子·心術上》）的“世俗之所爲”（《莊子·漁父》）的行動，但“禮，有本有文”，[1] 自然也相當重視形上層次，諸如“禮”的義理內涵的詮釋解說，亦即所謂“禮意當有發明”的“禮意”之類的內涵。[2] 但社會一般關注的重心，還是比較偏向實際運作的所謂“所以修外”（《禮記·文王世子》）而“動於外者”（《禮記·樂記》《礼记·祭義》）的形下實踐層面。若僅就此基本認知而言，大致可說依“禮”而作爲的實踐行動是爲“儀”，行動作爲實踐表現得最爲恰當、最爲合宜的“儀”就是“義”，“義”是“最合禮”的行爲表現。

　　傳統中國社會相當了解“禮”是社會有效運作的重要依據，因此“禮”的學習與實踐，自然也就特別受到重視。就傳統中國社會來說，“禮”的範圍至爲廣袤，例如子產（？—前522）就曾以“天之經也，地之義也，民之行也，天地之經，而民實則之”（《左傳·昭公二十五年》）者爲“禮”，《禮記》則有“禮者，天地之序也”（《樂記》）以及“禮也者，合于天時，設於地財，順於鬼神，合于人心，理萬物者也”（《禮器》）等等相關之論。《白虎通》更詳細地說：“禮者，陰陽之際也、百事之會也，所以尊天地、儐鬼神、序上下、正人道也”。[3] 直接把天、地、人、鬼都納入“禮”的範圍，因此馬融（79—166）遂有“天神、地祇、人鬼之禮也”。[4] 鄭玄（127—200）也有所謂“天事、地事、人事之禮也”等“三禮”之論。[5] 這是從大範圍的宏觀角度說“禮”，若是微觀的層次來說，“禮”主要表現爲“吉、凶、賓、軍、嘉”等“五禮”，或更細分爲“冠、婚、朝、聘、喪、祭、賓主、鄉飲酒、軍旅”等“九禮”，[6] 此即陳祥道（1053—1093）《禮書序》所謂“其宮室、衣服、車旗、械器有等，其冠、昏、喪、祭、朝、聘、射、饗有儀”等之類。[7] 司馬遷（前145—86）就“禮”的產生及表現說：“緣人情而制禮，依人性而作儀，……人道經緯萬端，規矩無所不貫，誘進以仁義，束縛以刑罰，故德厚者位尊，祿重者寵榮，所以總一海內而整齊萬民也。……是以君臣尊卑貴賤之序，下及黎庶車輿、衣服、宮室、飲食、嫁娶、喪祭之分，事有宜適，

---

　　[1]〔宋〕朱熹：《朱子家禮·序》，序，第1頁。此依迪志文化出版公司：《文淵閣四庫全書電子版3.0版》（香港：迪志文化出版公司，2007年）搜尋而得，下文注明《四庫》本者皆是此本，不敢掠美，謹此說明。

　　[2]〔清〕永瑢等編著，王伯祥斷句：《四庫全書總目·雲莊禮記集說》（北京：中華書局1992年版），卷21，第170頁。此亦依陳郁夫設計提供的臺灣師大圖書館“寒泉”古典文獻全文檢索資料庫搜尋後，再回對原文，不敢掠美，謹此說明。

　　[3]〔漢〕班固：《白虎通義·禮樂》（《四庫》本），卷上，第21頁。

　　[4]〔唐〕虞世南等：《北堂書鈔·禮總篇一》（《四庫》本），卷80，第3頁“四嶽典三禮”下引。

　　[5]〔漢〕司馬遷著，〔劉宋〕裴駰集解，〔唐〕司馬貞索隱，〔唐〕張守節正義：《史記·五帝本紀》（《四庫》本），卷1，第33頁“典朕三禮”下裴駰《集解》引。

　　[6]〔漢〕戴德著，〔北周〕盧辯注：《大戴禮記·本命》（《四庫》本），卷13，第9頁。

　　[7]〔宋〕章如愚：《羣書考索·禮門·歷代禮類》（《四庫》本），卷23，第14頁引。

物有節文。"[1]曾鞏（1019—1083）也有關於制"禮"本意和表現情況的觀點，曾鞏說："禮者，其本在於養人之性，而其用在於言動視聽之間，使人之言動視聽一於禮。……故設其器、制其物、爲其數、立其文，以待其有事者。皆人之起居、出入、吉凶、哀樂之具，所謂其用在乎言動視聽之間者也。"[2]司馬光（1019—1086）曾帶着高度期待說明"禮"可能產生的正面功能："禮之爲物大矣哉。用之於身，則動靜有法而百行備焉；用之於家，則内外有別而九族睦焉；用之於鄉，則長幼有倫而俗化美焉；用之于國，則君臣有敘而政治成焉；用之于天下，則諸侯順服而紀綱正焉，豈直幾席之上，户庭之間得之而不亂哉！"[3]實則"禮"就如何妥（604前後）所說，乃是人與人、神、鬼等等的"交接會通之道"，[4]行禮的儀式固然需要符合規定，但更重要的則是行禮者所以行禮的本心，例如司馬遷就有"中正無邪，禮之質也；莊敬恭順，禮之制也"之論，[5]亦即行禮者必須有"中正無邪"之初心與"莊敬恭順"的態度。鄭樵（1104—1162）的認知是："大抵禮有本有文，情者其本也。享食之文揖遜拜跪，其本則敬而已。喪紀之文擗踊哭泣，其本則哀而已。祭祀之文裸獻酬酢，其本則誠而已。"[6]若缺乏敬、哀、誠之情而行禮，則不僅是無"情"，更是典型的無"義"。從《禮記·冠義》："凡人之所以爲人者，禮義也。禮義之始，在於正容體、齊顏色、順辭令。容體正，顏色齊，辭令順，而後禮義備。以正君臣、親父子、和長幼。君臣正，父子親，長幼和，而後禮義立。"即不知"禮義"不足以"爲人"的觀點來看，更可以深刻體會傳統中國社會重"禮"的實情。

循着前述諸家所言考之，可知傳統中國社會對"禮"的關注與重視，這還可以從公元四世紀的塞外氏族人王凔（？—385）稱中國爲"禮義之邦"說起，[7]然後從宋代以來，出現不少士大夫，自稱中國爲"禮義之邦"，[8]或稱美某些地區爲"禮義之邦"，[9]讚美朝鮮爲

[1]〔漢〕司馬遷著，[劉宋]裴駰集解，〔唐〕司馬貞索隱，〔唐〕張守節正義：《史記·禮書》（《四庫》本），卷23，第1—2頁。

[2]〔宋〕曾鞏：《元豐類稿·禮閣新儀目録序》（《四庫》本），卷11，第8頁。

[3]〔宋〕司馬光著，〔宋〕胡三省注：《資治通鑒·漢紀·太祖高皇帝中》（《四庫》本），卷11，第30頁。

[4]〔唐〕李鼎祚：《周易集解·文言》（《四庫》本），卷1，第10頁。

[5]〔漢〕司馬遷著，[劉宋]裴駰集解，〔唐〕司馬貞索隱，〔唐〕張守節正義：《史記·樂書》（《四庫》本），卷24，第15頁。

[6]〔宋〕鄭樵：《六經奥論·禮以情爲本》（《四庫》本），卷5，第11頁。

[7]〔北朝〕崔鴻：《十六國春秋·前秦録·王凔》（《四庫》本），卷42，第43頁。

[8]〔宋〕陳次升：《讜論集·奏彈範純禮》（《四庫》本），卷4，第9頁。〔明〕葛寅亮：《金陵梵刹志·御制集·授了達德瑄溥洽僧録司》（〔明〕萬曆刻天啓印本），《中國基本古籍庫》，卷1，總第1頁等。此段系透過《中國基本古籍庫》搜尋所得，下文提及《中國基本古籍庫》者皆仿此，不敢掠美，謹此說明。

[9]例如：〔宋〕吕祖謙：《東萊别集·春秋講義·二年春公會戎於潛》（《四庫》本），卷13，第11頁："魯號爲禮義之邦。"〔宋〕熊禾：《勿軒集·書坊同文書院上樑文》（《四庫》本），卷4，第9頁："鄒魯爲禮義之邦。"〔元〕劉詵：《桂隱文集·送賀元忠赴越城廟山巡檢》（《四庫》本），卷2，第4頁："浙東西禮義之邦。"〔元〕劉仁本：《羽庭集·送臺州儒學教授陳子章之任序》（《四庫》本），卷5，第44頁："臺鄉禮義之邦。"〔明〕宋濂：《文憲集·八詠樓詩紀序》（《四庫》本），卷5，第35頁："婺爲禮義之邦。"〔明〕王直：《抑庵文集·貞節堂記》（《四庫》本），卷1，第21頁："吾邑禮義之邦也。"

“禮義之邦”，[1]還有安南爲“禮義之邦”等等，[2]甚至一直到現在，還有不少人以中國爲“禮義之邦”而自豪，[3]若再考察傳統文獻中“禮”字及其相關字詞出現頻率，[4]宋代以來形成的《十三經》除與孔子關係密切的《春秋》之外，僅有《禮》佔其三的高比例等等，從這些實際的表現觀之，確實可以認知到中國社會重視“禮”的實情。

中國社會由於重視“禮”的實踐，自然也就跟着重視《禮》的學習，於是提供學習《禮》學的教材應勢而起，這些《禮》學教材中，最著名的自然是鄭玄的《三禮注》。由於鄭玄“傳小戴之學，後以古經校之，取其于義長者作注，爲鄭氏學”。[5]且唐朝之前的《禮》學著作，“惟鄭《注》立于國學，其餘並多散亡，又無師說”。[6]故而“《禮》則同遵于鄭氏”。[7]其後孔穎達（574—648）等奉詔纂修《禮記正義》，基於《禮記》是鄭氏所注，當用鄭義”的原則，[8]繼續以“申鄭義”爲宗旨，因而與“與鄭違”者，皆“所不用”，[9]鄭學獨大的態勢因而形成。大致從公元七世紀的唐代開始，《禮》學界便出現有所謂“禮是鄭學”的普遍性認知，自是而後，所有涉及《禮記》之學的著作，甚至僅是討論《禮記》及其相關的議題，就再也無法避過鄭玄《禮記注》與孔穎達等《禮記正義》（下稱《禮記疏》）的影響。但觀察歷來研究者對此現象實情，似乎視爲理所當然而未予以重視，至少直到今日，還未見到有“回到歷史現場”，歸納統計實際影響情況而可驗證之資料，以便更確實、更有效說明鄭玄《禮記注》和孔穎達等《禮記疏》等，對後世影響或被接受的實情。但此議題無疑是探討“經學史”“《禮》學史”“鄭學史”或“《禮記正義》學史”，甚至一般“學術史”之際，必須面對的重要議題。可惜清末以來的多數學者，對於此重要的議題，大致

---

[1]〔宋〕徐兢：《宣和奉使高麗圖經·雜俗》（《四庫》本），卷22，第1頁；〔元〕程巨夫：《雪樓集·大慶壽寺大藏經碑》（《四庫》本），卷18，第23頁；〔明〕畢自嚴：《石隱園藏稿·朝鮮情形疏》（《四庫》本），卷5，第43頁；〔明〕茅元儀：《武備志·占度載度·四夷》（〔明〕天啟刻本），《中國基本古籍庫》，卷223，總第1587頁；等等。

[2]〔明〕嚴從簡：《殊域周諮録·南蠻·安南》（〔明〕萬曆刻本），《中國基本古籍庫》，卷5，總第126頁。

[3]通過百度搜索引擎，截至2019年8月13日止，“禮義之邦”共出現66100次，從中可見當代中國人以“禮義之邦”稱譽中國的使用量。若使用谷歌則有30600條資料。另有“禮義之國”“禮義之家”“禮義之鄉”“禮義之域”等相近之用詞。

[4]請參考《附表一：資料庫内“禮”及其相關詞彙出現頻率表》，此系列出部分和“禮”關係較密切之字詞，進入6個大型資料庫：《中國基本古籍庫》、文淵閣《四庫全書》、《中國方志庫》、《古今圖書集成》、《全清經解》、《雕龍——中日古籍全文資料庫》等搜索後，將所得加總而觀察之。“禮”字第三，“禮樂”第一，“禮義”第四，整體來看相當居前。此處“資料”僅是用來比較不同字或詞出現的頻率，資料庫的文獻原有重複，資料絕非精確，但透過加總比較，還是可以考察到“禮”字及其關係字詞出現的大致頻率，從而可以瞭解並部分證明“禮”在傳統中國社會，相對於其他相關字詞的位置。

[5]〔劉宋〕范曄：《後漢書·儒林列傳·董鈞傳》（《四庫》本）卷109下，第9頁；〔唐〕長孫無忌等：《隋書·經籍志》（《四庫》本），卷32，第24頁。

[6]〔唐〕長孫無忌等：《隋書·經籍志》（《四庫》本），卷32，第25頁。

[7]〔唐〕李延壽等：《北史·儒林傳》（《四庫》本），卷81，第9頁。〔唐〕長孫無忌等：《隋書·儒林傳》（《四庫》本），卷75，第2頁。

[8]〔唐〕孔穎達等：《附釋音禮記注疏·月令》（《十三經注疏》本），卷14，總第278頁。

[9]〔唐〕孔穎達等：《附釋音禮記注疏·雜記上》（《十三經注疏》本），卷40，總第713頁。

都僅依常識性的刻板印象一語帶過，雖然不能說不正確，但就學術追求精確可驗證的基本要求而論，自非妥適之舉。基於此種認識，是以設計"鄭玄《禮》學傳播影響史"與"《禮記注疏》學傳播影響史"的研究專案，希望透過"外部研究"的方式，並且"回到歷史現場"，針對《禮記》學專著進行實質的考察，經由全面性的對比統計、歸納分析，獲得較爲確實且可驗證的有效資料，說明鄭玄與孔穎達等在《禮記》學上被接受或反對而产生影響的實情，以提供相關學者研究之際的參考。

　　唐代以後的《禮記》學專著，基本上都可以列入"鄭玄《禮》學傳播影響史"或"《禮記注疏》學傳播影響史"研究探討的對象，本文自無法針對所有現存的《禮記》學專著進行全面性研究，是以首先選擇明清兩朝接近五百五十年（1368—1911）科舉考試官方規定的《禮記》科作答標準本，明確影響明清兩朝《禮記》學既深且廣，十四世紀的洪武年間，即已成爲官學教科書的陳澔（1260—1341）《禮記集說》，[1] 以及受到清朝學界極力推崇的衛湜（約1165—1250前後）《禮記集說》兩部，對比性高、針對性強、影響力大，以具有代表性的《禮記》學專著爲對象，探討兩書受到鄭玄《禮記注》與孔穎達等《禮記疏》影響的實情，用以提供有心探討明清兩朝經學或《禮記》學的研究者較爲確實可信的有效答案。研究進行的程式：首先分別比對兩書徵引而接受或反對鄭玄《注》與孔穎達等《疏》的實況，進而分析說明兩書受到影響的内涵；接着比較兩書接受鄭、孔等的異同及其學術意義，進而統整研究的結果形成結論以結束本文。

　　再者，本文的研究乃是基於"回到歷史現場"的"外部研究"，重視的是學術著作的"歷史價值"或"傳播價值"，至於現代多數學者特別關注的"詮釋價值"或"創發價值"，則非研究關注的重點，甚至刻意加以忽略。就"外部研究"而言，學術價值的内涵，指的是研究對象在歷史時空是否具有實質可見的影響力，並不關注那類具有高度創意因而可以各說各話、各自成立的詮釋，或自立標準進行評價的結果。換言之，"外部研究"價值標準的主張是"俗民式"的立場，就是"有用才有價值"的現實標準，並不關注是否具備理想或創發等超越性的價值，因此並不特別關注經書文本"詮釋開創超越"的價值，反而特別關注"發生實際作用"的價值。這類研究主要關注的乃是"有沒有被接受"及"有沒有產生作用"，探討的是"接受的歷史實情"和"實際影響的情況"等普及性高低廣狹的俗世應用價值，並不關注那類因脱離歷史現場而依據研究者時代的認知詮釋，而具有高度"理想性"或"特殊性"學術成果或表現的價值。由於長期以來經學界幾乎都不自覺地站在以"詮釋""創生""發現"等爲重的"内部研究"立場，並當作學術價值判斷唯一且不容質疑的真理性標準，導致無法有效區分"詮釋創發"的經學史和"傳播擴散"的經學史這兩者在研究本質與意圖上的差別，是以有必要在此先加說明，以避免出現缺乏"不可共量性"（Incommensurability）認知下的不必要誤解。

---

[1] 陳澔《禮記集說》在洪武年間即已立於官方的學宮之内，並非永樂年間編輯《五經大全》之際，方才進入官學系統。實際的考辨可參閱劉柏宏：《永樂朝之前陳澔〈禮記集說〉的傳播及其相關問題探論》，《中國文哲研究集刊》第53期（2018年9月），第73—111頁的相關討論。

二、衛湜及其《禮記集說》徵引《禮記注疏》考實

　　南宋衛湜，字正叔，江蘇昆山人，學者稱櫟齋先生。祖父衛閬（1090—1151）爲宋徽宗（1082—1135，1100—1126 在位）政和八年（1118）進士，著有《易說》《論語解》；[1]父親衛季敏（1137—1200）以蔭入官，與朱熹（1130—1200）相友善。衛季敏共有九位子女，男：涇、濟、洽、溉、湜；女：琰、琼、瑻、璣。九位子女的排行：涇、琰、濟、洽、溉、湜、琼、瑻、璣，衛湜排行第六。[2]長兄衛涇（1159—1226）爲宋孝宗（1127—1194，1162—1189 在位）淳熙十一年（1184）進士，乃南宋著名的宰相，相當推崇朱熹的學問，同時也與葉適（1150—1223）、陳傅良（1141—1203）等交好。[3]衛湜生卒年不詳，大約生存活動在宋孝宗至宋理宗（1205—1264，1224—1264 在位）時代。衛湜在歷史上的最大功績，乃是搜集南宋可見的諸家《禮記》傳注，編爲 160 卷的《禮記集說》，該書曾在宋理宗寶慶二年（1226）上之朝廷，頗受親知們的讚賞。書内有衛湜的《進〈禮記集說〉表》、魏了翁（1178—1237）寶慶元年（1225）十一月的《序》、寶慶二年（1226）衛湜《自序》，大約寫於嘉熙三年（1239）的《跋尾》。根據這些資訊，趙善湘（？—1242）在紹定四年（1231）就已集資刊刻此書。現存最早的是宋理宗嘉熙四年（1240）新定郡齋刻本。[4]現在市面上比較通行的版本，除宋本外還有清朝納蘭性德（1655—1685）等編輯出版於康熙十九年（1680）的《通志堂經解》本及"薈要""文淵閣""文瀾閣""文津閣"四種《四庫全書》本。[5]

---

　　[1]〔宋〕衛涇：《後樂集·先祖考太師魏國公行狀》（《四庫》本），卷 17，第 9—12 頁。

　　[2]〔宋〕衛涇：《後樂集·先考太師魯國公墓銘》（《四庫》本），卷 18，第 2—3 頁。唯《御翰"友順"二字跋文》"溉"作"從兄弟"（卷 17，第 7—8 頁）。

　　[3]周超：《衛涇研究》（河北大學中國古代史碩士論文，2012），有簡略介紹，可參考。

　　[4]衛湜《禮記集說》出版方面較詳實的訊息，可參閱王鍔：《三禮研究論著提要（增訂本）》（蘭州：甘肅教育出版社 2007 年版），第 287—290 頁。此書渥蒙王鍔兄惠贈，謹此致謝。潘斌：《衛湜〈禮記集說〉探論》，《儒藏論壇》第 6 輯（2012 年），第 37—40 頁亦有版本相關資訊，可參考。

　　[5]諸書的出版資訊：〔宋〕衛湜：《禮記集說》，《中華再造善本》（北京：北京圖書館出版社，2003 年影印宋嘉熙四年 [1240] 新定郡齋刻本）4 函 24 冊。〔清〕納蘭性德輯：《通志堂經解》（揚州：江蘇廣陵古籍刻印社，1996 年縮印影本），第 12—13 冊。文淵閣《四庫全書》（臺北：臺灣商務印書館，1983 年影印本），第 117—120 冊。摛藻堂《四庫全書薈要》（臺北：世界書局，1986 年影印本），第 53—56 冊。文津閣《四庫全書》（北京：商務印書館，2005 年縮印影本），第 39—40 冊。文瀾閣《欽定四庫全書》（杭州：杭州出版社，2015 年影印本），第 111—114 冊。縮印的《經解》本爲本文研究依據的主要文獻，宋本、文淵閣本則爲對比的輔助文獻。縮印《經解》本衛湜《禮記集說》收在第 12 冊，第 347—612 頁《曲禮》至《禮運》（卷 1—9）；第 13 冊，第 1—545 頁《禮運》至《喪服四制》（卷 10—160）。每頁分上中下 3 欄，每行以 23 字爲常態，偶有 24 字者，如《聘義》"聘射之禮，至大禮也……如此則民順治而國安也"（第 13 冊，第 542 頁上）最後一行"之亂人刑罰行於國所誅者亂人也如此則民順治而國安也"即是。《中國基本古籍庫》收錄的《經解》本與縮印本稍有不同，如《王制》"天子七廟……庶人祭於寢"下，縮印本在"何氏洵直曰"之后，又有"鄭氏曰"（第 12 冊，第 502 頁上）的引文，但這實際還是"何氏洵直曰"的内容，宋本、《古籍庫》本與《四庫本》皆不誤。又如《文王世子》"凡始立學者……有國故則否"下，縮印本漏缺"孔氏曰""新安王氏曰""長樂劉氏曰"至"長樂陳氏曰：'四時至大合也'"共 132 字（第 12 冊，第 595 頁），宋本、《古籍庫》本、《四庫》本不缺。再如《禮運》"后聖有作……皆從其朔"一段，縮印本在"山陰陸氏"后有"鄭氏曰"（第 12 冊，第 612 頁上），《古籍庫》本則作缺字，宋本、《四庫》本亦然。縮印本《檀弓上》"孔子之喪……使以爲法也"后（第 12 冊，第 444 頁下）徵引有"王氏肅曰"，《古籍庫》本誤作"王氏曰肅"，宋本、《四庫》本不誤。

衛湜《禮記集說》從 13 世紀刊刻出版以後，隨着宋朝的滅亡，在元、明兩朝，均未受到學界的廣泛重視，故而接受、流傳的狀況不明。一直到 17 世紀後期，進入清朝之後，即《禮記集說》出版 400 多年（1231—1644）之後，纔受到相關學術群體比較廣泛地注意與重視。清朝滅亡以後，衛湜《禮記集說》同樣受到學界的推崇，可惜至今依然未曾出現有較爲專門深入的研究成果。考察相關的目錄學專書和論文搜尋網站，截至 2019 年 7 月，臺灣、港澳等地，以及新加坡、日本等國，雖有少數討論之際稍稍觸及者，但均未見到探討衛湜《禮記集說》的專文，僅大陸有陳杏珍、潘斌、桂梟著的 3 篇，[1] 系直接以衛湜《集說》爲研究對象，專門討論此書的出版情況、稱引對象、形式體例及内容介紹等等。其中部分成果對本文的研究頗有幫助。[2]

實際檢閱考察衛湜《集說》注釋的實況，由於此書並無《凡例》，是以無法了解衛湜注解分段的依據或原則。就實質的表現觀之，若將篇名的解釋也視爲一個解釋段，則衛湜在《禮記集說》内，總共將《禮記》46 篇分爲 2064 個注解段落。這些在篇目中數量不等的解釋分段，依據分段數量的多寡，分佈情形如下：《月令》221 個、《檀弓》220 個、《曲禮》167 個、《雜記》143 個、《樂記》95 個、《王制》91 個、《玉藻》82 個、《喪服小記》74 個、《喪大記》73 個、《郊特牲》70 個、《内則》69 個、《曾子問》57 個、《少儀》56 個、《祭義》48 個、《禮運》47 個、《文王世子》45 個、《禮器》45 個、《中庸》41 個、《表記》36 個、《明堂位》35 個、《祭統》30 個、《坊記》28 個、《學記》24 個、《緇衣》23 個、《大傳》22 個、《儒行》20 個、《大學》19 個、《奔喪》18 個、《投壺》14 個、《哀公問》13 個、《仲尼燕居》13 個、《射義》12 個、《服問》11 個、《鄉飲酒義》11 個、《祭法》10 個、《昏義》10 個、《經解》9 個、《孔子閒居》9 個、《間傳》8 個、《聘義》8 個、《問喪》7 個、《三年問》7 個、《深衣》7 個、《喪服四制》7 個、《燕義》5 個、《冠義》4 個。[3] 除《月令》之外，《檀弓》《曲禮》《雜記》等三篇分段數量較多者，都是篇幅過大而需分上下篇者，顯然分段數量與篇章篇幅大小、字數多寡適成正比。每段字數的多寡並不固定，注解段落字

---

[1] 陳杏珍：《宋嚴州刻本〈禮記集說〉》，《故宮博物院院刊》1999 年第 4 期，第 69—72 頁。潘斌：《衛湜〈禮記集說〉探論》，《儒藏論壇》第 6 輯，第 33—67 頁。桂梟：《衛湜〈禮記集說〉引人引書考》（北京大學中國古典文獻學碩士論文，2013）。

[2] 如潘斌：《衛湜〈禮記集說〉探論》論及衛湜《集說》"羅列諸家解義，不下己意"（第 53 頁）、"對援引材料進行削減"（頁 54）等所舉之實例，對本文的研究確實有參考的功能。

[3] 本文詳細的統計資料，都是來自經由實際閱讀統計而成的 "附錄表二：《禮記注疏》與衛湜、陳澔《集說》的分段及鄭、孔注解數量表"。本文以下使用的《禮記注疏》、衛湜《禮記集說》、陳澔《禮記集說》三部書的研究數據，均以此《表》爲準，謹在此先加說明。至於對衛湜《集說》進行統計的依據，則是以縮印版的《通志堂經解》本爲對象，經由閱讀統計而獲得結果。

數最少者 3 字，[1] 最多者 288 字，[2] 且有排列越往後的篇章，字數較多的分段越多的趨勢。較後篇章分段字數較前面篇章爲多的原因，很可能是注解後面的篇章時，許多基本詞彙已在前面篇章解釋，是以不必再逐字注釋，轉而特別關注較大段落完整的總體解釋。再就注釋之際徵引的 148 個徵引對象，[3] 出現在注釋內的排列次序言之，若"鄭氏（鄭玄）曰"和"孔氏（孔穎達等）曰"兩者同時出現，則"鄭氏"必排在注釋首位，"孔氏"次之；若該注釋未徵引鄭玄之說，"孔氏"就前推而排在第一位，此一"首取鄭《註》、孔《義》"，[4] 並"每章首錄鄭《註》、孔《疏》"的排列次序，[5] 確實是全書的通例，不僅《中庸》一篇而已。至於其他學者徵引排列的次序，並不十分固定，以"程子"（河南程氏）和朱熹（新安朱氏）爲例，就可發現排列位置或前或後的不固定情況。[6] 這也許是成書後，衛湜繼續"搜訪新聞，遇有可採，隨筆添入"而造成的結果；[7] 又或者是依照衛湜自訂的標準，雖然有"近世朱文公著《詩傳》，多刊削前言……盡載程、張、呂、楊之說，而諸家有可取者亦

---

[1] 篇章當中分段字數較少者，以《月令》爲最多，這應該就是《月令》注解段落最多的原因。《月令》以 3 字爲解釋段落者有："其蟲麟"（第 537 頁）、"其音角"（第 537 頁上）、"其蟲羽"（第 552 頁下）、"其音徵"（第 552 頁下）、"其蟲倮"（第 560 頁上）、"其音宮"（第 560 頁上）、"其數五"（第 561 頁上）、"其蟲毛"（第 561 頁中）、"其音商"（第 560 頁中）、"其數九"（第 561 頁下）、"其蟲介"（第 569 頁上）、"其音羽"（第 569 頁上）、"飭死事"（第 572 頁中）等，以上皆在縮印版《經解》本第 12 冊內。另外《雜記上》亦有"復西上"（第 13 冊，第 244 頁下）一個案例。

[2] 注釋段落字數較多者，多出現在排列較後的篇章。較多字數者依次如：《祭義》"君子曰：禮樂不可斯須去身……禮之報，樂之反，其義一也"（第 13 冊，第 297 頁中）有 288 字，這是衛湜《集說》注解段落字數最多者。其次依次是：《聘義》"聘射之禮，至大禮也……如此則民順治而國安也"（第 13 冊，第 542 頁上）有 277 字；《大學》"所謂治國必先齊其家者……此謂治國在齊其家"（第 13 冊，第 505 頁上）有 271 字；《仲尼燕居》"子張問政……昭然若發矇矣"（第 13 冊，第 331 頁中）有 262 字等。

[3] 案：《集說名氏》有 147 位學者，另有不知作者的《講義》，故曰 148 個徵引對象，此外還有《唐天寶三恪二王後議》（卷 64《郊特牲》，第 13 冊，第 57 頁上）與《唐禫變議》（卷 144《間傳》，第 13 冊，第 470 頁下）兩篇未列入計算。其中王肅、王昭禹、王蘋、何胤、何洵直、何平叔、王子墨等 7 人，徵引時均在姓氏後出現名諱作"某氏某曰"，與其他 140 位學者"……氏曰"的體例不同。

[4]〔宋〕衛湜：《禮記集說·禮記集說序》，第 12 冊，第 347 頁中。

[5]〔宋〕衛湜：《禮記集說·中庸》，第 13 冊，卷 123，第 346 頁上。

[6] 首先考察程子：《大學》"所謂修身在正其心者……此謂修身在正其心"一段注釋徵引學者的排列爲："鄭氏、孔氏、河南程氏、藍田呂氏、石林葉氏、廬陵胡氏、永嘉薛氏、范陽張氏、東萊呂氏、新安朱氏、龍泉葉氏、建安真氏、四明李氏、錢塘吳氏、新定邵氏"（第 13 冊，第 502 頁上）。但在《喪服四制》"三日而食……見無二尊也"一段的注釋徵引，排列的次序則是："鄭氏、孔氏、藍田呂氏、嚴陵方氏、馬氏、賈氏、河南程氏"（第 13 冊，第 544 頁中），兩處注釋程子（河南程氏）排列的位置或在"藍田呂氏"之前，或在其後。再如朱熹：《大學》"長國家而務財用者……以義爲利也"一段徵引學者的排列爲："鄭氏、嚴陵方氏、石林葉氏、新安朱氏、龍泉葉氏、東萊呂氏、范陽張氏、藍田呂氏、建安真氏、四明李氏、新定邵氏"（第 13 冊，第 513 頁中），然《冠義》"是故古者聖王重冠……以成人見也"一段，注釋的排列則是："鄭氏、孔氏、山陰陸氏、藍田呂氏、長樂陳氏、嚴陵方氏、馬氏、石林葉氏、新安朱氏"（第 13 冊，第 515 頁中），朱子（新安朱氏）或在"藍田呂氏"之前，或在其後，位置並不固定。類似情況甚多，徵引學者的排列次序，似乎並無固定的標準。

[7]〔宋〕衛湜：《禮記集說·禮記集說跋尾》，第 12 冊，第 347 頁下。

兼存之。予之《集説》，竊取斯義”之言，[1]以及《中庸》“今以石氏本增入，庶幾覽者可以參繹其旨意，其有續得諸説，則附於朱氏之後”等，[2]類似《凡例》之言，然實未能清楚説明，是以依然疑不能明也。

衛湜《禮記集説》全書總共有2064個注解段落，並非每一個注解段落，都必然會徵引鄭玄（鄭氏）與孔穎達等（孔氏）之解説，其中亦有未徵引鄭、孔爲説的段落。就衛湜《集説》注解段落徵引鄭、孔的表現而論：首先，從宏觀的角度就徵引的實況觀之：（一）徵引鄭玄之説的段落有1992個，佔全部注解段落的96.51%。（二）徵引孔穎達等之論的段落有1974個，佔所有注解段落的95.64%。（三）注解段落完全沒有徵引鄭、孔者僅有4處，[3]佔全數注解段落的0.19%。（四）統合衛湜《集説》注解段落徵引鄭、孔解説者，總共有2060個，亦即在全書99.81%的注解段落内，都曾徵引鄭、孔之説作解，從而可見衛湜對鄭、孔解説的重視，毋怪會有“鄭氏《註》雖間有拘泥，而簡嚴該貫，非後學可及。孔氏《正義》……記載詳實，未易輕議”之論了，[4]至於鄭、孔解説對衛湜《集説》的影響及其重要性，自也就不言可喻了。其次，就微觀的角度細論兩者的實際表現：（一）注解段落僅徵引鄭玄一家之説，此外並無再徵引其他學者解説者有19個，佔本書全數注解段落的0.92%，[5]這種情況表示衛湜在這些段落的解釋上，無法找到能與鄭玄注解配合或完善補充鄭玄注解的學術成果，亦即所謂“説異而理俱通，言詳而意有本，牴排孔鄭，援據明白”的其他注解，甚至連主張“禮是鄭學”因而編輯《正義》時“稍異鄭説，罔不芟落”的孔氏之説，[6]都無法獲得衛湜的青睞，可見衛湜對鄭玄在這些段落注解成果的高度信任。此種情況出現的篇章，以《月令》的15個段落最多，雖然僅佔《月令》整篇221個段落的6.79%而已，但可見衛湜對鄭玄有關《月令》某些段落内涵解釋的高度信任。（二）注解段落僅徵引“孔氏”一家之説者2處。[7]所以然者，《檀弓下》一段，孔氏之説已將鄭玄解説精煉歸納且較清晰；《雜記下》一段鄭玄無注，僅孔氏有説故也。（三）注解徵引的學者除

---

[1]〔宋〕衛湜：《禮記集説·禮記集説序》，第12册，第347頁中。

[2]〔宋〕衛湜：《禮記集説·中庸》，第13册，卷123，第346頁上。

[3]〔宋〕衛湜：《禮記集説》：《曲禮上》，第12册，第351頁下“曲禮上第一”（有唐陸氏等7家）。《文王世子》，第12册，第598頁下“君子曰德德成而教尊……君之謂也”（有山陰陸氏等4家）。《禮器》，第13册，第34頁中“有以大爲貴者……此以大爲貴也”（有方氏、講義等2家）。《雜記下》，第13册，第251頁中“雜記下第二十一”（僅方氏1家）。

[4]〔宋〕衛湜：《禮記集説·集説名氏》，第12册，第348頁上。

[5]文獻出處：《檀弓下》，第12册，第455頁上。《月令》，第12册，第550頁上、第552頁下、第553頁上、第558頁上、第561頁中、第561頁中、第561頁下、第562頁上、第562頁上、第566頁上、第569頁上、第569頁上、第569頁中、第572頁中、第574頁下。《雜記上》，第13册，第248頁中、第249頁上。《喪大記》，第13册，第273頁上。

[6]〔宋〕衛湜：《禮記集説·禮記集説序》，第12册，第347頁中。

[7]文獻出處：《檀弓下》，第12册，第453頁下“喪有死之道……難言也”。《雜記下》，第13册，第257頁下“卿大夫疾……殯不舉樂”。

"鄭、孔"外，未再徵引者有 140 個段落，佔全部注解段落的 6.78%，[1] 此種情況表明衛湜在這些注解段落，完全接受鄭、孔一系的解說，這或者與前述僅徵引鄭玄一家之說的情況相近，當是衛湜或者認定鄭、孔之說可爲定論，或者編輯過程未發現有與鄭、孔兩家可以互相發明或同等學術地位的解說之故。考察此種實況在各篇章比例佔較大者，依次是：《喪大記》的 37 個段落，佔該篇全數 73 個注解段落一半以上的 50.68%；其次是《奔喪》4 個段落，佔該篇全數 18 個段落的 22.22%；再其次是《雜記》30 個段落，佔該篇 143 個注解段落五分之一以上的 20.98%；《喪服小記》15 個段落，與該篇全部 74 個段落相比，佔超過五分之一的 20.27%；《曾子問》11 個注釋段落，則佔該篇全數 57 個段落的 19.30%。這些篇章中有《喪大記》《奔喪》《喪服小記》等與喪祭之禮密切關係的篇章，或者可由此推論衛湜對鄭、孔在喪祭之禮上的解說，具有較強的信任度，但這同時也可能表示衛湜對宋代《禮記》學者在喪祭方面研討的成果，還是有部分無法信任。（四）注解段落內未徵引"鄭

---

［1］文獻出處：《曲禮上》，第 12 冊，第 395 頁中。《檀弓上》，第 12 冊，第 437 頁上、第 437 頁上、第 446 頁上、第 447 頁中、第 447 頁下、第 448 頁上。《檀弓下》，第 12 冊，第 448 頁下、第 449 頁中、第 449 頁中、第 453 頁下、第 454 頁中。《月令》，第 12 冊，第 552 頁下、第 552 頁下、第 552 頁下、第 552 頁下、第 560 頁中、第 561 頁上、第 561 頁中、第 561 頁中、第 561 頁下、第 561 頁下、第 561 頁下、第 568 頁中、第 569 頁上、第 569 頁上、第 569 頁上、第 569 頁上、第 569 頁上、第 569 頁中、第 569 頁中、第 569 頁下、第 572 頁上。《曾子問》，第 12 冊，第 578 頁下、第 581 頁中、第 582 頁上、第 584 頁上、第 584 頁上、第 584 中、第 584 頁中、第 585 頁中、第 585 頁下、第 586 頁上、第 586 頁上。《喪服小記》，第 13 冊，第 144 頁中、第 148 頁下、第 148 頁下、第 149 頁上、第 149 頁中、第 149 頁中、第 150 頁中、第 150 頁中、第 150 頁中、第 151 頁上、第 151 頁中、第 152 頁上、第 152 頁下、第 153 頁中、第 153 頁中。《少儀》，第 13 冊，第 166 頁下、第 166 頁下、第 167 頁上、第 167 頁下、第 171 頁中。《雜記上》，第 13 冊，第 244 頁中、第 245 頁上、第 245 頁上、第 246 頁上、第 246 頁中、第 246 頁中、第 247 頁上、第 248 頁中、第 248 頁中、第 248 頁下、第 248 頁下、第 249 頁下、第 249 頁下、第 250 頁上、第 251 頁上。《雜記下》，第 13 冊，第 251 頁下、第 252 頁上、第 254 頁上、第 254 頁上、第 254 頁中、第 254 頁下、第 255 頁上、第 255 頁上、第 255 頁中、第 255 頁中、第 256 頁下、第 257 頁下、第 259 頁中、第 259 頁中、第 259 頁下。《喪大記》，第 13 冊，第 266 頁上、第 266 頁上、第 266 頁上、第 266 頁中、第 266 頁中、第 266 頁下、第 266 頁下、第 266 頁下、第 267 頁上、第 267 頁上、第 267 頁上、第 267 頁上、第 267 頁上、第 267 頁中、第 268 頁上、第 268 頁上、第 268 頁中、第 268 頁中、第 268 頁中、第 268 頁下、第 269 頁上、第 269 頁上、第 269 頁下、第 269 頁下、第 270 頁上、第 270 頁中、第 271 頁上、第 271 頁上、第 271 頁上、第 271 頁中、第 271 頁中、第 271 頁中、第 271 頁中、第 271 頁下、第 272 頁中、第 272 頁下。《坊記》第 345 頁上、第 345 頁上。《奔喪》，第 13 冊，第 463 頁中、第 465 頁上、第 465 頁上、第 465 頁中。《閒傳》，第 13 冊，第 471 頁下。《三年問》，第 13 冊，第 472 頁下、第 472 頁下。

氏"之說者有 76 個，佔全數注解段落的 3.68%。[1] 這其中有 45 個出現在篇章名稱解說之
處，但這些段落除《檀弓》之外，孔穎達都徵引"鄭《目録》"爲說，然若詳考衛湜《檀
弓》下徵引的"孔氏曰"之解說，就會發現這段注解其實是衛湜"翦除蕪蔓，採摭樞要"
之後，[2] 統合删併孔氏原文與"鄭《目録》"之說而成，[3] 全書未曾出現鄭玄注解者實僅有
30 個段落，佔全書段落的 1.45%。這 30 個段落雖然未徵引鄭玄之注解，却徵引有其他學者
的注解，雖然這些段落所佔比例不高，但也可以顯示衛湜對鄭玄的注解並非全盤接受，可
知衛湜雖然推崇鄭玄之《注》，却並未如孔穎達等那般地過度維護，導致雖然認定"其事有
疑"却依然"具言之"，[4] 甚至出現了因"與鄭違"遂棄而"不用"之類的問題。[5] 這應該也
就是衛湜《集說》會出現"說異而理俱通，言詳而意有本，牴排孔鄭，援據明白，則亦併
録"的蒐録原則之故。（五）注解段落內未徵引"孔氏"之說者有 100 個，佔全數注解段落

[1] 文獻出處:《曲禮上》，第 12 册，第 351 頁下、第 356 頁上。《曲禮下》，第 12 册，第 396 頁中。《檀弓上》，
第 12 册，第 423 頁上、第 432 頁上、第 451 頁中。《檀弓下》，第 12 册，第 453 頁下。《王制》，第 12 册，第
466 頁上、第 530 頁下、第 531 頁中、第 531 頁下。《月令》，第 12 册，第 533 頁中、第 547 頁上、第 548 頁下、
第 550 頁上。《曾子問》，第 12 册，第 577 頁中。《文王世子》，第 12 册，第 589 頁中、第 598 頁下。《禮運》，
第 12 册，第 606 頁中、第 13 册，第 11 頁上。《禮器》，第 13 册，第 27 頁下、第 34 頁中、第 35 頁上、第 37
頁上。《郊特牲》，第 13 册，第 49 頁下、第 70 頁上。《内則》，第 13 册，第 79 頁下。《玉藻》，第 13 册，第 99 頁
上。《明堂位》，第 13 册，第 127 頁上、第 131 頁上。《喪服小記》，第 13 册，第 143 頁上、第 144 頁上。《大
傳》，第 13 册，第 155 頁上。《少儀》，第 13 册，第 166 頁上。《學記》，第 13 册，第 176 頁上。《樂記》，第 13
册，第 190 頁上、第 198 頁中。《雜記上》，第 13 册，第 241 頁下。《雜記下》，第 13 册，第 251 頁中、第 257
頁下。《喪大記》，第 13 册，第 262 頁上。《祭法》，第 13 册，第 273 頁中。《祭義》，第 13 册，第 283 頁中、第
297 頁下。《祭統》，第 13 册，第 305 頁上。《經解》，第 13 册，第 317 頁上。《哀公問》，第 13 册，第 321 頁上。
《仲尼燕居》，第 13 册，第 326 頁中。《孔子閒居》，第 13 册，第 332 頁上。《坊記》，第 13 册，第 338 頁上。《中
庸》，第 13 册，第 346 頁上、第 424 頁中。《表記》，第 13 册，第 433 頁上。《緇衣》，第 13 册，第 453 頁上。《奔
喪》，第 13 册，第 462 頁下。《問喪》，第 13 册，第 465 頁中。《服問》，第 13 册，第 467 頁上。《閒傳》，第 13 册，
第 469 頁中。《三年問》，第 13 册，第 472 頁中。《深衣》，第 13 册，第 473 頁中。《投壺》，第 13 册，第 476
頁中。《儒行》，第 13 册，第 480 頁下、第 486 頁中。《大學》，第 13 册，第 488 頁上、第 491 頁上、第 501 頁
上。《冠義》，第 13 册，第 514 頁下。《昏義》，第 13 册，第 517 頁上。《鄉飲酒義》，第 13 册，第 522 頁下。《射
義》，第 13 册，第 530 頁上。《燕義》，第 13 册，第 536 頁下。《聘義》，第 13 册，第 539 頁中、第 542 頁上。《喪
服四制》，第 13 册，第 543 頁中、第 543 頁下。
[2] 〔宋〕衛湜:《禮記集說·禮記集說序》，第 12 册，第 347 頁中。
[3] 〔漢〕鄭玄注，〔唐〕孔穎達等正義:《禮記注疏·檀弓上》，卷 6，第 109 頁上。〔宋〕衛湜:《禮記集說·檀
弓上》，第 12 册，第 423 頁上。
[4] 〔漢〕鄭玄注，〔唐〕孔穎達等正義:《禮記注疏·月令》，卷 14，第 279 頁上。
[5] 〔漢〕鄭玄注，〔唐〕孔穎達等正義:《禮記注疏·雜記上》，卷 40，第 713 頁下。

的 4.85%。[1] 出現此現象注解段落數量比較多的篇章，依次爲《月令》的 43 個段落，佔篇章注解段落的 19.46%；《檀弓》12 個段落，佔篇章段落數量的 5.45%；《雜記》9 個段落，佔篇章全部段落的 6.29%。除《月令》外，所佔篇章注解段落比例均甚微。然《月令》將近二成的比例，其中雖未徵引孔氏，却徵引了鄭玄之注解，如若用來與僅徵引鄭玄一家的 15 個段落同觀，這應該可以成爲前文强調衛湜對鄭玄注解《月令》成果肯定情況的另一證明。再者孔氏之說原本就是依附鄭玄注解而成立，因此孔氏在《禮記》的注解上極度維護鄭玄，就解說的内涵而論，鄭孔兩者實爲一體，是以這些段落固然未徵引孔氏之說，却也徵引鄭玄之論，可知即使未徵引孔氏之解說，依然還是在《禮記注疏》的影響範圍之内。

　　衛湜《禮記集說》全書共分成 2064 個注解的段落，鄭玄的注解出現在其中的 1992 個段落内，孔穎達等的解說出現在其中的 1974 個段落内，全書注解段落未徵引鄭玄或孔穎達者僅有 4 個段落，全書注解段落接近百分之百的徵引，可見衛湜《禮記集說》對鄭、孔注解的重視。再考衛湜《禮記集說》全書正文注解段落徵引的 148 個徵引對象的解說，總數約有 12000 個，[2] 鄭、孔兩者被徵引的條目加總共有 3966 個，佔全書徵引條目總數的 33.05%，相對於其他 146 個徵引對象，鄭、孔的解說即佔全書徵引總數的三分之一，可見兩者在此書内的分量。從這些數據的實質呈現中即可了解並證明《禮記注疏》在衛湜《禮記集說》的地位，以及實際影響的情況。

---

　　[1] 文獻出處:《曲禮上》，第 12 册，第 351 頁下、第 357 頁中、第 357 頁下、第 366 頁中。《曲禮下》，第 12 册，第 415 頁上。《檀弓上》，第 12 册，第 430 頁下、第 432 頁下、第 435 頁中、第 437 頁上、第 440 頁下、第 444 頁下、第 446 頁上。《檀弓下》，第 12 册，第 454 頁中、第 455 頁上、第 462 頁上、第 462 頁中、第 463 頁中。《王制》，第 12 册，第 525 頁下、第 525 頁下、第 529 頁上、第 529 頁中、第 530 頁上、第 532 頁下。《月令》，第 12 册，第 537 頁上、第 544 頁下、第 550 頁下、第 551 頁下、第 552 頁中、第 552 頁下、第 553 頁上、第 553 頁下、第 554 頁上、第 554 頁上、第 558 頁上、第 561 頁上、第 561 頁上、第 561 頁中、第 561 頁中、第 561 頁下、第 562 頁上、第 562 頁上、第 562 頁中、第 562 頁中、第 562 頁下、第 563 頁下、第 564 頁下、第 565 頁上、第 566 頁上、第 566 頁中、第 566 頁中、第 568 頁上、第 569 頁上、第 569 頁上、第 569 頁中、第 569 頁中、第 570 頁上、第 571 頁下、第 572 頁中、第 572 頁中、第 573 頁中、第 573 頁中、第 573 頁下、第 574 頁上、第 574 頁上、第 574 頁上、第 574 頁下。《文王世子》，第 12 册，第 598 頁下、第 599 頁上。《禮運》，第 13 册，第 25 頁中。《禮器》，第 13 册，第 34 頁中。《郊特牲》，第 13 册，第 73 頁上、第 75 頁中。《内則》，第 13 册，第 84 頁下、第 89 頁中、第 92 頁中。《明堂位》，第 13 册，第 141 頁中。《喪服小記》，第 13 册，第 154 頁上。《大傳》，第 13 册，第 159 頁上。《少儀》，第 13 册，第 171 頁上、第 171 頁中。《樂記》，第 13 册，第 198 頁中、第 213 頁下。《雜記上》，第 13 册，第 248 頁中、第 249 頁上。《雜記下》，第 13 册，第 251 頁中、第 252 頁上、第 255 頁上、第 255 頁中、第 257 頁中、第 258 頁下、第 260 頁中。《喪大記》，第 13 册，第 273 頁上。《經解》，第 13 册，第 318 頁上。《坊記》，第 13 册，第 340 頁中。《中庸》，第 13 册，第 359 頁中、第 362 頁中、第 364 頁上、第 426 頁中。《大學》，第 13 册，第 496 頁下、第 513 頁中。

　　[2] 筆者以《集說名氏》内 148 個對象爲關鍵詞，進入"中國基本古籍庫"與"文淵閣四庫全書"兩個資料庫搜尋，並扣除《統說》《集說名氏》，但加入 2 個《議》的結果。"古籍庫"最終統計獲得 11927 個徵引數，《四庫》本最終統計獲得 12111 個徵引數。然由於數量太過龐大，筆者未能確實有效地校正，姑先以 12000 個爲準，此雖非百分之百正確，但應該不至於相差過遠，當亦具有實際參考的價值。

三、陳澔《集說》徵引《禮記注疏》考實

衛湜刻意透過進逞朝廷的作爲，藉由傳統中國社會傳播面最廣泛、士大夫之間傳播訊息最普遍的這個官方系統，將其《禮記集說》向整個南宋學界公布之後，經過 54 年（1226—1279）蒙古大軍徹底消滅整個趙宋政權，在中國進入元朝之後 43 年的元英宗（1303—1323，1320—1323 在位）至治二年（1322），此時距離衛湜進書南宋朝廷已經過去 97 年（1226—1322），一位沒有功名、沒有學術地位的 63 歲鄉間教學老儒陳澔，完成了一部與衛湜專著同名的《禮記集說》。陳澔，字可大，號雲住（雲在、雲莊），又號北山，學者稱其“經歸先生”，南宋南康路都昌縣（今江西都昌）人，生於南宋理宗景定二年（1260），元順帝（1320—1370，1333—1370 在位）至正元年（1341）卒於家，享年八十二。陳澔出生時，距離衛湜進書朝廷已經 35 年，當南宋亡時，陳澔年已 20 歲，可知其學問成於南宋。陳澔一生未曾仕宦，以讀書教學終其身，除短期主講白鹿洞書院外，主要都在其至順年間（1330—1333）創辦的雲住書院教學。[1] 祖父陳炳是淳佑四年（1224）進士，以《禮》名家；父親陳大猷，字文獻，號東齋，開慶元年（1259）進士，爲饒魯（1193—1264）的弟子，同樣也善於《禮》，並著有《尚書集傳會通》，同時於《詩經》亦有傳注，開慶年間（1259）也曾創辦東齋書院。此外，陳澔的次子陳師凱，字叔才，比其父陳澔更早出書，在至治元年（1321）就已完成《書蔡氏傳旁通》。陳大猷、陳澔、陳師凱子孫三代，均著有經學專著，是個具有學術傳承的經學世家，同時陳澔與陳師凱之書，還都被收錄進《四庫全書》，[2] 可見其書在學術上或傳播上的地位。總體來看，陳澔和衛湜的家庭與教育環境有頗多類似之處，兩者都生活成長於生活無虞，擁有較豐厚學習資源的仕宦之家，出生後即擁有較多與較長的時間閱讀與學習，是以兩人有更好的機會與能力編輯“集說”這類需要較多文獻與生活資源，以及較多時間的專著，最有意思的是兩人編成的同名書籍，竟然都在學術史上具有不可替代的學術代表性地位，並且在清朝以後，經常被學界用來當作對比的對象，而结論幾乎一面倒地推崇衛湜而鄙視陳澔。惟若從“回到歷史現場”對比兩人同名專著在歷史上受到關注的境遇來看，衛湜的專著進入元代後，逐漸潛藏而未受到學界的廣泛關注，等到清朝之後，方才受到認同鄭玄與漢學者的重視；陳澔的專著進入明朝之後，不知是何機遇，竟然在洪武四年（1371）就成爲國家教育體制與科舉考試“御定”的標準

---

[1] 有關雲住書院的相關訊息，可參考〔清〕狄學耕修，〔清〕劉庭輝纂：《都昌縣志·壇廟·雲住祠》（〔清〕同治十一年（1872）刻本），卷 2，第 14 頁。此係搜尋《中國方志庫》（愛如生數據庫）而得，下均仿此，謹此說明。

[2] 陳澔及其家族的相關資訊，本文參考了〔元〕危素：《危太樸集續集·元故都昌陳先生墓誌銘》，《元人文集珍本叢刊（七）》（臺北：新文豐出版公司，1985 年版），卷 5，第 546 頁。〔清〕黃宗羲、〔清〕王梓材等：《宋元學案·雙峰學案·附錄·雙峯門人·州判陳東齋先生大猷》（〔清〕道光刻本），《中國基本古籍庫》，卷 83，總第 1530 頁。〔清〕狄學耕修，〔清〕劉庭輝纂：《都昌縣志·人物志》，卷 9，第 4 頁；《藝文·題請陳澔從祀奏》，卷 11，第 9—10 頁。程年平：《都昌歷史名人——元著名教育家陳澔》，《都昌縣人民政府網站》（2017 年 9 月 20 日），2019 年 8 月 18 日搜尋。

教科書，[1]此時距離陳澔成書時間不過50年而已，自此以後，直到清皇朝結束爲止，陳澔此書風行中國學界有540年之久，直到今日依然受到不少學者的關注。

　　陳澔《禮記集說》由於頒行於各地學宮，作爲《禮記》基本教科書500多年，其在民間普及之廣、影響之大，遠非進入清朝以後纔風行於傾向喜好漢學者間的衛湜之書可比。由於陳澔《集說》在明朝與清朝教育傳播上的重要地位，因此引發出許多對該書肯定或否定的正負面評價，[2]進入民國以後，延續清朝的批評態勢，學界的關注依舊，或者探討該書在傳統社會出版發行的情況，[3]或者分析該書內容呈現的優劣，[4]不僅如此，市面上還出現許多影印舊版的出版品，[5]甚至還有多本繁體與簡體的點校本，[6]由此可見當今學界對此書的關注熱度依然頗高。

---

　　[1]〔明〕鄭曉：《澹泉筆述》（〔清〕鈔本），《中國基本古籍庫》，卷1，總第8頁："洪武開科（四年辛亥）詔：《五經》皆主古《註疏》及《易》兼程、朱；《書》蔡；《詩》朱；《春秋》：《左》、《公羊》、《穀梁》、程、胡、張；《禮記》陳（澔）"。較詳細的討論可參考劉柏宏：《永樂朝之前陳澔《禮記集說》的傳播及其相關問題探論》一文。

　　[2]針對陳澔《禮記集說》的正面評論，可參考劉柏宏：《永樂朝之前陳澔〈禮記集說〉的傳播及其相關問題探論》的徵引討論。負面評論可參考楊晋龍：《陳澔〈禮記集說〉的負評及其與〈欽定禮記義疏〉關係述論》，《中國典籍與文化論叢》第22輯（2020年12月），第60—85頁一文的討論。

　　[3]專門探討陳澔《禮記集說》版本歷史的論文，如：沈乃文：《〈禮記集說〉版本考》，《國學研究》第5卷（1998年4月），第289—302頁；劉千惠：《陳澔〈禮記集說〉之版本析論》，《儒家典籍與思想研究》第2輯（2010年6月），第124—144頁。

　　[4]專門以陳澔《禮記集說》爲對象的研究，單篇論文不計，就學位論文而言，至少有蘇成愛：《〈陳氏禮記集說〉研究》（南京師範大學中國古典文獻學碩士論文，2007）；劉千惠：《陳澔〈禮記集說〉之研究》（東吳大學中國文學系碩士論文，2008）；戴雅萍：《陳澔〈禮記集說〉平議》（南京師範大學中國古典文獻學碩士論文，2012）；劉亞卓：《陳澔〈禮記集說〉語音研究》（吉林大學漢語言文字學碩士論文，2016）；曾令巍：《陳澔〈禮記集說〉思想研究》（中國人民大學中國哲學博士論文，2016）。另有一本論集：政協都昌縣委員會編著：《陳澔禮記集說研究》（南昌：江西人民出版社2017年版）。

　　[5]市面上較常見者：〔元〕陳澔：《禮記集說》（臺北：世界書局，1962年10卷本）；臺北：臺灣商務印書館，1983年影印文淵閣《四庫全書》10卷本；臺北：世界書局，1986年影印《摛藻堂四庫全書薈要》10卷本；北京：北京圖書館出版社，2005年影印〔元〕天曆元年[1328]建安鄭明德宅刻16卷本；北京：商務印書館，2005年影印文津閣《四庫全書》10卷本；重慶：西南師範大學出版社，2015年影印〔元〕天曆元年[1328]建安鄭明德宅刊16卷本；〔元〕陳澔：《雲莊禮記集說》（北京：中央黨校出版社，1996年10卷本）；〔元〕陳澔：《重刻官版禮記集註》（北京：全國圖書館文獻縮微複製中心，2010年影印〔明〕萬曆丁酉[1597]富春堂刻10卷本）；等等。唯西南師範大學出版社縮印的元刊本，字體記小且某些頁面最後一行常被切掉，使用上並不妥適。

　　[6]〔元〕陳澔著，虎維鐸校點：《禮記集說》（16卷），北京大學《儒藏》編纂中心：《儒藏（精華編）》（北京：北京大學出版社，2009）；〔元〕陳澔注，萬久富整理：《禮記集說》（10卷）（南京：鳳凰出版社2010年版）；〔元〕陳澔注，金曉東校點：《禮記》（10卷）（上海：上海古籍出版社2016年版）等。萬久富與金曉東的點校本均爲簡體字版10卷本，虎維鐸點校本爲16卷繁體字本，本文因此以虎維鐸點校本作爲研究使用的主要文獻，其他諸本則作爲參考輔助本。

陳澔《禮記集說》將 44 篇分成 2761 個段落進行注解，[1] 注解段落少者 1 個字，[2] 最多者 399 字，[3] 除《中庸》《大學》之外，各篇依照注解分段多寡次序排列，以《曲禮》分 347 段爲最多，其他篇章依次是：《檀弓》294 段、《月令》268 段、《雜記》170 段、《王制》166 段、《玉藻》150 段、《內則》116 段、《喪大記》96 段、《喪服小記》93 段、《郊特牲》89 段、《樂記》83 段、《少儀》82 段、《禮器》71 段、《曾子問》64 段、《禮運》60 段、《祭義》54 段、《文王世子》50 段、《表記》49 段、《明堂位》45 段、《祭統》39 段、《坊記》37 段、《學記》29 段、《祭法》27 段、《緇衣》25 段、《奔喪》22 段、《大傳》21 段、《鄉飲酒義》19 段、《哀公問》18 段、《服問》18 段、《儒行》18 段、《間傳》16 段、《射義》16 段、《仲尼燕居》15 段、《投壺》13 段、《聘義》11 段、《喪服四制》11 段、《昏義》10 段、《孔子閒居》9 段、《問喪》9 段、《經解》7 段、《三年問》7 段、《冠義》6 段、《燕義》6 段、《深衣》5 段等，注解分段的準則，當是依據陳澔個人的認定，並未依照《禮記注疏》原本的分段。[4] 注解之際的體例，大致可以分成陳澔自行作解，未明確徵引學者之說爲助。這種類型的注解偶爾會舉其他學者之說，但都是當作確認或反駁的對象，因而直接融入陳澔的解說之內，並不具備獨立解說的地位。這類陳澔自行作解的注解段落共有 1915 個，佔全書解釋段落總數將近七成的 69.36%。徵引學者之說協助作解的有 846 個段落，佔所有注解段落的 30.64%，無徵引者爲徵引段落的 20.26 倍。這類全由陳澔直接注解的篇章中，《月令》的 228 個最多，佔《月令》全篇注解段落數量總數的 85.07%，各篇按照未徵引段落數量之多寡排列，依次是：《曲禮》未徵引者 197 個（佔 56.77%）、《檀弓》未徵引者 179 個（佔 60.88%）、《雜記》未徵引者 138 個（佔 81.18%）、《玉藻》未徵引者 122 個（佔 81.33%）、《王制》未徵引者 117 個（佔 70.48%）、《內則》未徵引者 88 個（佔 75.86%）、《喪大記》未徵引者 82 個（佔 85.42%）、《喪服小記》未徵引者 78 個（佔 83.87%）、《郊特牲》未徵引者 75 個（佔 84.27%）、《少儀》未徵引者 69 個（佔 84.15%）、《禮器》未徵引者 68 個（佔 95.77%）、《曾子問》未徵引者 60 個（佔 93.75%）、《禮運》未徵引者 44 個（佔 73.33%）、《樂記》未徵引者 41 個（佔 49.40%）、《文王世子》未徵引者 40 個（佔 80%）、《明堂位》未徵引者 31 個（佔 68.89%）、《祭義》未徵引者 31 個（佔 57.41%）、《坊記》未徵引者 23 個（佔 62.16%）、《學記》未徵引者 18 個（佔 62.07%）、《祭法》未徵引者 18 個（佔 66.67%）、《祭統》未徵引者 18 個（佔 46.15%）、《奔喪》未徵引者 17 個（佔 77.27%）、《大傳》未徵引者 16 個（佔 76.19%）、《表記》未徵引者 14 個

---

[1] 此依據虎維鐸點校的 16 卷本統計而得，有關陳澔《禮記集說》篇章的分段、鄭玄與《疏》徵引的表現，《附錄》表二："《禮記注疏》與衛湜、陳澔《集說》的分段及鄭、孔注解數量表"，有較詳細的數據可參考。

[2] 〔元〕陳澔著，虎維鐸校點：《禮記集說·內則》，卷 8，第 256 頁 "偪"。2 個字者有：《檀弓下》，卷 2，第 83 頁下 "角瑱"；《月令》，卷 5，第 149 頁上 "上丁"；《玉藻》，卷 9，第 293 頁上 "山立、時行、玉色"、第 298 頁下 "灌尊"；《喪大記》，卷 13，第 401 頁上 "振容" 等。

[3] 〔元〕陳澔著，虎維鐸校點：《禮記集說·內則》，卷 8，第 265—266 頁 "凡養老有虞氏……祭玄衣而養老" 一段。《祭義》，卷 13，第 429 頁 "君子曰禮樂不可斯須去身……樂之反其義一也" 一段注解，也有 288 字。

[4] 詳細資料請參考《附錄》表二："《禮記注疏》與衛湜、陳澔《集說》的分段及鄭、孔注解數量表"。

（佔 28.57%）、《緇衣》未徵引者 11 個（佔 44%）、《哀公問》未徵引者 10 個（佔 55.56%）、
《仲尼燕居》未徵引者 10 個（佔 66.67%）、《間傳》未徵引者 9 個（佔 56.25%）、《問喪》
未徵引者 8 個（佔 88.89%）、《服問》未徵引者 8 個（佔 44.44%）、《射義》未徵引者 7
個（佔 43.75%）、《喪服四制》未徵引者 7 個（佔 63.63%）、《三年問》未徵引者 5 個（佔
71.43%）、《投壺》未徵引者 5 個（佔 38.46%）、《儒行》未徵引者 5 個（佔 27.78%）、《孔
子閒居》未徵引者 4 個（佔 44.44%）、《鄉飲酒義》未徵引者 4 個（佔 21.05%）、《昏義》
未徵引者 3 個（佔 30%）、《聘義》未徵引者 3 個（佔 27.27%）、《燕義》未徵引者 2 個（佔
33.33%）、《深衣》未徵引者 1 個（佔 20%）、《冠義》未徵引者 1 個（佔 16.67%），至於
《經解》的 7 個注解段落，則全有徵引。觀察陳澔自行注解的總體表現：《禮器》《曾子問》
超過九成由陳澔自行作解；《問喪》《少儀》《喪大記》《月令》《郊特牲》《喪服小記》《玉藻》
《雜記》《文王世子》9 篇都超過八成由陳澔自行作注；其他超過七成的有 6 篇；超過六成的
有 7 篇。亦即有 24 篇超過半數的篇章，六成以上未徵引學者之說助解，全由陳澔依照己意
作解。

　　陳澔《集說》注釋之際徵引而確實具備獨立發言地位，非僅發言之際提及者，總共有
39 個，有 18 個僅徵引 1 條解說，另外 21 個徵引較多者，以"《疏》曰"爲最多，其後依
次是：方氏、呂氏、石梁王氏、應氏、朱子、劉氏、鄭氏（鄭玄）、馬氏、陳氏、朱氏、馮
氏、浩齋、張子、程子、陸氏、趙氏、蔡邕（《獨斷》）、嚴氏、楊氏、蔡氏等。這些徵引對象
或稱姓或稱書，就稱姓而言，比較常見的是缺名列"姓"，這類的標列方式，一般常態性稱法
爲"某氏"，如："鄭氏"之類，唯"石梁王氏"加籍貫。另有稱"子"者，如：張子、程子、
朱子等，這當是表示學術上的認同與崇敬；另有一位不知是號或字的"浩齋"。就書而言，除
《禮記注疏》簡稱"疏"外，出現全名稱引的有《周官制度》、《國語》、蔡邕《獨斷》等。陳
澔在這 846 個注解段落內，徵引學者人數最多的有 6 位，[1] 大致以徵引 1、2 位爲常態。徵
引學者之論，少則僅 3 字，[2] 多則超過 700 字。[3] 這是陳澔《禮記集說》的一般性表現。

　　陳澔《禮記集說》徵引鄭玄（鄭氏曰）之說出現在 71 個段落，佔全書注解段落的
2.57%，佔徵引學者段落的 8.39%。徵引鄭玄之論的實情如下：徵引最多者爲《檀弓》有
10 個段落，佔《檀弓》全篇注解段落總數的 3.40%，其後篇章依次爲：《曲禮》8 個（佔
2.31%）、《雜記》7 個（佔 4.12%）、《內則》6 個（佔 5.17%）、《儒行》5 個（佔 27.78%）、
《玉藻》4 個（佔 2.67%）、《祭統》3 個（佔 7.70%）、《服問》3 個（佔 16.67%）、《王制》
2 個（佔 0.12%）、《月令》2 個（佔 0.07%）、《祭義》2 個（佔 3.70%）、《坊記》2 個（佔

---

[1]〔元〕陳澔著，虎維鐸校點：《禮記集說·聘義》，卷 16，第 538—539 頁"子貢問於孔子曰……故君子貴
之也"這段注釋，徵引：鄭氏、陸氏、應氏、《疏》、馬氏、石梁王氏等 6 家。《祭義》，卷 13，第 427 頁"宰我
曰……教之至也"一段的注解，徵引：程子、張子、朱子、陳氏、方氏等 5 家。

[2]〔元〕陳澔著，虎維鐸校點：《禮記集說·月令》，卷 5，第 151 頁"是月之末……親往視之"一段之注解：
"鄭氏曰'其禮亡'。"

[3]〔元〕陳澔著，虎維鐸校點：《禮記集說·祭法》，卷 13，第 415 頁："祭法：有虞氏……宗武王"一段，注
解共 721 字。另《仲尼燕居》，卷 14，第 454 頁："是故宮室得其度……動得其宜"一段，注解亦有 626 字。

5.41%）、《奔喪》2 個（佔 9.09%）、《間傳》2 個（佔 12.5%）、《投壺》2 個（佔 15.38%）、《射義》2 個（佔 12.5%）、《郊特牲》1 個（佔 1.12%）、《大傳》1 個（佔 4.76%）、《學記》1 個（佔 3.45%）、《經解》1 個（佔 14.29%）、《表記》1 個（佔 2.04%）、《昏義》1 個（佔 10%）、《鄉飲酒義》1 個（佔 5.26%）、《聘義》1 個（佔 9.09%）、《喪服四制》1 個（佔 9.09%）等 25 個篇章。其中以《儒行》所佔注解比例最高，但還不到三成；佔篇章注解段落比例超過一成者，有《服問》《經解》《間傳》《射義》4 篇，其他 20 篇則不到一成。再者《曾子問》以下，除《中庸》《大學》外，另有 19 個篇章未曾徵引鄭玄之說作解。唯陳澔自解之段落內，解說之際亦有提及鄭玄之注解者，這類注解正文內提及鄭玄者共有 36 例，其中 24 例接受鄭玄之說，[1]另有 4 例不接受鄭玄之論，[2]有 8 例則批評反對。[3]唯若就實質的層面觀之，無論贊成或反對，固都可歸入受影響的關係之列，是以就陳澔《集解》的總體表現而論，徵引鄭玄之論入其解說者，總共應爲 107 例，佔全書注解段落總數的 3.88%。就陳澔《集說》對鄭玄解說接受的情況而論，107 個徵引案例內，有 8 例反對，4 例不接受。若僅就陳澔《集說》徵引鄭玄之說的接受情況來看，則所徵引的條目有將近九成的 88.79% 接受鄭玄之論。這是從數據考察陳澔《集說》與鄭玄《禮記注》關係的結果。

陳澔《集說》在 276 個注解段落內徵引孔穎達等的"《疏》曰"之文，佔 846 個徵引注解段落的 32.62%，佔全書注解段落總數的 14.41%。各篇章徵引的表現，依照徵引段落次數的多寡排列，以《曲禮》59 個徵引例爲最多，佔《曲禮》全篇注解段落數的 17.00%，其餘篇章除《中庸》《大學》外的情況是：《檀弓》48 個（佔 16.33%）、《雜記》16 個（佔

---

[1]〔元〕陳澔著，虎維鐸校點：《禮記集說·曲禮上》，卷 1，第 26 頁"毋咤食……毋固獲"、《曲禮下》，卷 1，第 42 頁"凡家造祭器……養器爲後"；《檀弓上》，卷 2，第 72 頁"司寇惠子之喪……子游曰禮也"、卷 2，第 73—74 頁"子柳之母死……諸兄弟之貧者"；《檀弓下》，卷 3，第 90 頁"子顯以致命於穆公……不私則遠利也"、卷 3，第 100 頁"君曰昔者衛國凶饑……謂夫子貞惠文子"、卷 3，第 105 頁"曾子曰蕢尚不如杞梁之妻……路而哭之哀"；《王制》，卷 4，第 117 頁"次國之上卿……當其下大夫"、卷 4，第 124 頁"冡宰制國用……量入以爲出"、卷 4，第 124 頁"祭用數之仂"；《月令》卷 5，第 159 頁"其蟲倮"；《內則》卷 8，第 268 頁"男女不同椸枷……賤事貴咸如之"；《玉藻》卷 9，第 275 頁"年不順成……不得造車馬"；《明堂位》卷 9，第 298 頁"有虞氏之旂……周之大赤"、卷 9，第 299 頁"拊搏玉……四代之樂器也"；《雜記下》卷 12，第 385 頁"三年之喪……以吉拜"；《喪大記》卷 13，第 403 頁"君之喪……食之無算"；《祭法》卷 13，第 417 頁"是故王立七廟……去壇曰鬼"；《祭統》卷 14，第 442 頁"凡祭有四時……冬祭曰烝"；《坊記》卷 14，第 466 頁"子云孝以事君……稱二君"、卷 14，第 468 頁"子云禮非祭……廢夫人之禮"；《奔喪》卷 15，第 490 頁"至於家入門左……送賓反位"、卷 15，第 492 頁"遂冠歸入門左……相者告事畢"；《射義》卷 16，第 531 頁"孔子曰君子無所爭……其爭也君子"等諸段落下注解。

[2]〔元〕陳澔著，虎維鐸校點：《禮記集說·王制》卷 4，第 131 頁"將出學……終身不齒"；《喪大記》卷 13，第 408 頁"禫而從御吉祭而復寢"；《緇衣》卷 15，第 485 頁"子曰有國家者……好是正直"、卷 15，第 488 頁"子曰民以君爲心……亦惟曰怨"等諸段落下注解。

[3]〔元〕陳澔著，虎維鐸校點：《禮記集說·檀弓上》，卷 2，第 59 頁"孔子少孤……合葬於防"、卷 2，第 78 頁"曾子曰尸未設飾……小斂而徹帷"；《王制》卷 4，第 118 頁"天子之縣內……以爲閒田"、卷 4，第 126 頁"天子祭天地……無主後者"；《月令》卷 5，第 145 頁"乘鸞路……疏以達"、卷 5，第 148 頁"是月也玄鳥至……高禖之前"；《禮器》卷 7，第 234 頁"是故昔先王……立而天下大治"；《內則》卷 8，第 269 頁"國君世子生……大夫之妾使食子"等諸段落下注解。

9.41%）、《王制》14個（佔8.43%）、《喪大記》13個（佔13.54%）、《內則》12個（佔10.34%）、《玉藻》11個（佔7.33%）、《服問》9個（佔50%）、《祭統》7個（佔17.95%）、《樂記》6個（佔7.23%）、《間傳》6個（佔37.5%）、《投壺》6個（佔46.15%）、《喪服小記》5個（佔5.38%）、《月令》4個（佔1.49%）、《郊特牲》4個（佔4.49%）、《明堂位》4個（佔8.89%）、《奔喪》4個（佔18.18%）、《鄉飲酒義》4個（佔21.05%）、《文王世子》3個（佔6%）、《禮器》3個（佔4.23%）、《問喪》3個（佔33.33%）、《儒行》3個（佔16.67%）、《昏義》3個（佔30%）、《射義》3個（佔18.75%）、《喪服四制》3個（佔27.27%）、《曾子問》2個（佔3.13%）、《大傳》2個（佔5.52%）、《少儀》2個（佔2.44%）、《學記》2個（佔6.90%）、《祭義》2個（佔3.70%）、《坊記》2個（佔5.41%）、《燕義》2個（佔33.33%）、《聘義》2個（佔18.18%）、《祭法》1個（佔3.70%）、《孔子閒居》1個（佔11.11%）、《表記》1個（佔2.04%）、《緇衣》1個（佔4%）、《三年問》1個（佔14.29%）、《深衣》1個（佔20%）、《冠義》1個（佔16.67%）等40篇章。按照《疏》說佔每篇全疏注解段落的百分比來看，比例較高者依次爲：《服問》《投壺》《間傳》《問喪》《燕義》《昏義》等6篇，都佔有三成以上；比例最低者是《月令》；此外另有《禮運》《經解》《哀公問》《仲尼燕居》等4篇全未徵引《疏》說。再考察陳澔《集說》注解的整體表現，雖也有不全然接受的不同意見，但並未見到有明顯直接針對《疏》說反對而批判的言詞，可知陳澔徵引《疏》說之際的態度，傾向於較爲善意的接受。

陳澔《禮記集說》在44篇正文內，徵引鄭玄之說71例，徵引孔《疏》之說276例。統觀陳澔《集說》徵引《禮記注疏》鄭玄與孔穎達等之說，總數爲347例，扣除兩者皆出現的15例，實質的徵引出現在332個注解段落內，佔陳澔《集說》注解段落總量的12.02%；佔846個徵引段落的39.24%，將近四成，同時孔《疏》還是陳澔此書所有徵引對象內，唯一徵引出現超過200例者，由此可見陳澔《集說》對《禮記注疏》接受與被影響的實情。至於徵引之際表現的態度，就孔《疏》而言，未見陳澔有實質批評或拒絕接受孔《疏》的發言；就鄭玄而言，不僅有選擇拒絕接受其說的情況，同時還出現指責鄭玄之論爲"迂"論，[1]甚至有"臆說""怪妄不經"等[2]語氣頗爲強烈的批判詞彙。再考察陳澔的注解與按語，可以發現陳澔對其他徵引學者，並未出現有與鄭玄相同的批評表現，顯見陳澔對鄭玄《禮記》學的成果，除甚爲反感的讖緯諸說之外，更有某些其他不同的意見，或者還是帶有特殊的眼光對待，這也可以從徵引鄭玄之說出現的注解段落，僅排在所有徵引學者第八位而感知到此意。然而陳澔固然對鄭玄頗有意見，卻非常善待孔《疏》，徵引的數量最多，遠遠超過其他學者。在陳澔《禮記集說》中，除陳澔自解之外，出現最多注解的就是孔《疏》，從而可見陳澔對孔《疏》的肯定，以及孔《疏》在陳澔《集說》內的重要地位，

---

[1]〔元〕陳澔著，虎維鐸校點：《禮記集說·內則》，卷8，第269頁"國君世子生……大夫之妾使食子"下注解。

[2]〔元〕陳澔著，虎維鐸校點：《禮記集說·王制》，卷4，第126頁"天子祭天地……無主後者"下注解；《月令》卷5，第148頁"是月也玄鳥至……高禖之前"下注解。

這從陳澔在《序》中有所謂"鄭氏祖讖緯，孔《疏》惟鄭之從，雖有他說，不復收載，固爲可恨，然其灼然可據者，不可易也"的觀點，[1]確實相互應和。以上就是從數據統計的角度，觀察陳澔《禮記集說》與《禮記注疏》關係的實質表現。

四、衛湜、陳澔徵引《禮記注疏》之比較分析

鄭玄對《三禮》的注解，從魏晉以後，開始居於主流地位，唐朝孔穎達等《禮記正義》成書以後，漢代以來的《禮》學成果，逐漸亡佚消失，鄭玄注解的《三禮注》，因而一枝獨秀而成爲《禮》學研究的唯一權威。原本所謂"禮是鄭學"一語，很可能僅在指涉傳世的《三禮》是鄭玄注解的一般性泛稱而已，但唐代以後，由於鄭玄《禮》學權威地位越來越穩固，泛稱最終轉變爲具有真理性權威的定論，"禮是鄭學"因此被許多學者解讀爲"《禮》唯有鄭玄學"，鄭玄於是成爲唐代以後學《禮》者，不得不認真對待的最高權威與典範，從此只要進入《禮》學相關的研究領域，無人可以避過鄭玄在《禮》學上的成就與成果。生存於公元12至13世紀充滿學術熱忱的江蘇昆山人衛湜，和時間相差將近一個世紀，生存活動於公元13至14世紀充滿教育熱忱的江西都昌人陳澔，兩人都依據自己對《禮》學的重視，以及不同的意圖，編寫出一部同名的《禮記集說》。雖然兩者的年代相距近百年，面對的社會與學術境況有別，生存活動的區域也大不相同，但經由前文的實證歸納，可知衛湜與陳澔在編寫《禮記集說》的過程中，毫無意外地都參考徵引了鄭玄《禮記注》和孔穎達等《禮記疏》，同時兩者雖然都肯定鄭、孔在《禮記》學上的重要地位，但在對待鄭玄《禮記注》和孔穎達等《禮記疏》的態度上，顯然也有某些差異，這些同與不同的態度，透過實際的閱讀考察，大致表現爲下述幾點。

首先，就兩書整體的表現言之。衛湜與陳澔徵引鄭玄《禮記注》和孔穎達等《禮記疏》，在注解的段落與注解文字上，並非都是毫無選擇地照抄。除注解對象文本的分段不同外，除非注解的文字較少，否則都是先經過必要的選擇剪裁後再錄入，尤其孔穎達等《疏》文的裁剪更是明顯。雖然兩者剪裁的方式與幅度不一，但針對鄭、孔之注與疏經過剪裁再收錄的方式，以及依照各自的理解或需要的注解分段，顯然是兩者的共通方式。戴雅萍說陳澔《集說》"表現爲對前人成果的吸收，去粗取精，往往只取結論，簡要論證，點到即止。其所刪省，往往是繁複的論證和示例。……使注文盡可能圍繞經文意旨。"[2]戴雅萍所稱陳澔的這種表現，實際上也是衛湜採錄鄭、孔之注解，"蕳除蕪蔓，採摭樞要"的編輯原則。[3]兩者的實質差異，主要在於衛湜盡量保持注、疏原文的樣貌；陳澔則盡可能裁剪成符合自身解說意圖與內涵的觀點內容而已。

［1］〔元〕陳澔著，虎維鐸校點:《禮記集說·序》，第7頁。

［2］戴雅萍:《陳澔〈禮記集說〉平議》，南京師范大学碩士论文，2021年，第43頁。

［3］〔宋〕衛湜:《禮記集說·序》，第12冊，第347頁中。

　　其次，就兩書對待鄭玄《禮記注》的態度觀之。衛湜雖也收録不少如胡銓（廬陵胡氏：1102—1180）般批評鄭玄注解的學者之論，但實則抱持的是肯定鄭玄《禮記注》"簡嚴該貫，非後學可及"的態度，雖然有此肯定前提，却並不偏頗維護，是以有"説異而理俱通，言詳而意有本，柢排孔鄭，援據明白，則亦併録"的收録原則。從衛湜《集説》的總體表現來看，衛湜對鄭玄學術成果的採擇，抱持的是一種信任的態度，全書總共選擇了1992個鄭玄的注解，佔鄭玄《禮記注》總數5034個注解近四成39.57%的比例，由此可見衛湜確實是選擇性地採録。陳澔相當不滿鄭玄以讖緯解經的作爲，並由此引發諸多對鄭玄的不滿與批評，除對鄭玄《禮記注》的説解有"怪妄不經""臆説"的批判外，甚至還將"後世封禪之説"歸因於鄭玄，説是"皆鄭氏祖緯説啓之"；[1]更因爲心中先有聖人是"人倫之至""禮法之宗主"的前提，是以對於鄭玄依據司馬遷（約公元前145—85）之説，謂孔子之母與其父"野合"，以及不知父墓等的解説，以爲是"滋後世之惑"的罪魁禍首，並强調"此非細故，不得不辨"，[2]由此可見陳澔對鄭玄《禮》學的成果並不完全信任，對鄭玄《禮記注》自然也就抱持著懷疑甚至批判的態度。全書因此僅在25個篇章内徵引鄭玄71個注解，徵引的注解僅佔鄭玄《禮記注》（扣除《中庸》《大學》）4867個注解的1.46%的比例，由此可見陳澔對鄭玄《禮記注》雖非全盤否定，但却也僅有不到百分之二的注解，符合陳澔認可的觀點，顯見陳澔對鄭玄《禮記注》的認可程度相當薄弱，鄭、陳兩者在學術的親合度上也相對較低。

　　其三，就兩書對待孔穎達等《禮記疏》的態度觀之。衛湜與陳澔都相當肯定《禮記疏》的表現，但陳澔將引入讖緯之説的罪責歸給鄭玄，且因此强力批判鄭玄的《禮記注》。衛湜却説"孔氏《正義》，以一時崇尚讖緯，多所採録"，將引入讖緯的責任歸給孔穎達等《禮記疏》，但也僅是一語帶過而已，著重强調的則是《禮記疏》"記載詳實，未易輕議"的正面表現。[3]衛湜對待讖緯的態度大致是"存而不論"，陳澔則視爲必須消滅的"異端邪説"，但無論兩者對待讖緯的態度如何，皆不影響兩人對《禮記疏》的肯定態度。衛湜總共徵引了1974個《禮記疏》的解説，佔《禮記疏》1774個"疏"下總共3560個"正義曰"的54.08%，亦即有將近五成五的《禮記疏》注解被衛湜選擇剪裁後抄入其《禮記集説》，這是衛湜之書對《禮記疏》的接受，同時也是《禮記疏》對衛湜《禮記集説》的影響。陳澔《集説》在40個篇章内採録276個《禮記疏》的注解，佔《禮記疏》除《中庸》、《大學》之外3478個"正義曰"的7.94%，相對於衛湜的徵引量，確實有較大的差距，陳澔《禮記集説》受到《禮記疏》的影響顯然比較低，但同樣也呈現出此書確實受到《禮記疏》影響的實情。

　　其四，就二書徵引表現差異的原因論之。學者寫作之際的意圖，必然影響書籍寫作的策略及成書呈現的内容。衛湜寫作目的很明顯，主要在於"博求諸家之説，零篇碎簡，收拾略徧"，以提供"觀者之折衷"，因此寫作重點乃在"翦除蕪蔓，採摭樞要"的幕後編輯功夫。衛湜並非爲表現自身的《禮》學見解而寫作，僅僅是盡可能蒐集符合自己認定標準

---

[1]〔元〕陳澔著，虎維鐸校點：《禮記集説·禮器》，卷7，第234頁"是故昔先王……立而天下大治"下注解。

[2]〔元〕陳澔著，虎維鐸校點：《禮記集説·檀弓上》，卷2，第59頁"孔子少孤……合葬於防"下注解。

[3]〔宋〕衛湜：《禮記集説·集説名氏》，第12册，第348頁上。

的素材，删剪繁蕪、保留精要後，再將這些符合採錄標準的素材編在一起，用以提供有興趣的讀者折衷選擇，《四庫全書總目》因此遂有"採摭最爲繁富"乃"禮家之淵海"之稱美。[1] 衛湜的這種編輯觀，有點與類書的編輯方式相近，僅爲了提供編輯的材料成品而已，衛湜將自己定位在客觀第三方的"《禮》學文獻的蒐集者"，而不是主觀投入的"《禮》學内涵的詮釋者"，因此全書都無衛湜的言論。至於陳澔的寫作意圖剛好相反，陳澔是位教育家，在家鄉創辦雲住書院教導家鄉子弟，寫作此書純粹是因教學需要，是以編輯的重點在"薈萃衍繹，而附以臆見之言"，目的是要"使初學者讀之，即了其義"，劉千惠認爲"本書乃是立足於教學的目的而著"，因此爲了"便於初學者使用，故將解讀經文的義旨作爲詮釋的要點"，這也就是陳澔《禮記集說》"能夠得到廣泛流傳"，因而"對於《禮記》的傳播"與"普及"產生重大功能的原因，[2] 此說將陳澔的著書意圖、預設讀者，以及獲得官方青睞，還有因而產生的功能等等，表达得相當清楚。由於受到前述寫作目的與原則的導引，陳澔之書不得不趨向於主觀表現自身《禮》學見解的方向，因此提供給讀者的是陳澔自身對《禮》的了解或領悟，陳澔"《禮》學内涵的詮釋者"的著作定位，自然和衛湜純粹提供自認的重要文獻給讀者參考選擇的意圖大不同。兩者的差別，就像到市場購買穿戴的衣物，衛湜開的是"布行"，提供顧客各種顏色、各種材質的布料；陳澔開的是"成衣店"，販賣的是顏色、材質與式樣都已固定，僅適合大衆穿著的成衣。太多布料讓人眼花繚亂，難以下決定，但符合具有較高品位顧客自由選擇與創造的需要。成衣雖則符合大衆的需求，但也使得顧客因此失去選擇與創作的可能。翁方剛（1733—1818）曾經比較衛、陳二人之書的内容，翁氏的觀點是："陳雲莊《集說》，其意蓋欲仿朱子之《集注》，雖集衆說而實貫成一説耳。若衛正叔《集說》，則實是衆家之説集於一編，無雲莊之陋矣，然亦憾其雜陳而未有所斷制也。"[3] 表達的正是普通成衣固然實用，却難登大雅之堂；布料材質雖多，却難以有效抉擇的困境。

　　總之，經由前述的比較與說明，應該可以更確實地了解，衛湜編輯《禮記集說》與陳澔寫作《禮記集說》，兩者在寫作意圖與功能等的前行預設上本就不同，衛湜立意廣泛蒐錄編輯，陳澔專意著書，衛湜的"集說"是客觀的蒐集抄錄諸家之說，近似類書的《禮》學"文獻集"，目的是提供《禮》學者參考篩選，純是爲提供進一步研究《禮》學的文獻而編書，因此大量徵引抄錄總共 148 個徵引對象的解說。陳澔的"集說"是主觀蒐集諸家之說以成一家之言的《禮》學教科書，目的是帶領初學的學子建構《禮》學的基礎，純是爲《禮》學啟蒙而著書，是以僅抄錄總共 39 個徵引對象，徵引的對象僅有衛湜書的 26.35% 而已。兩者對《禮記注疏》内鄭玄與孔穎達等注疏的對待態度也有某些差別，衛湜較爲持平未表現個人的好惡，陳澔具有較爲強烈的學術喜好，不僅具有強烈的聖人情結，且對讖緯的厭惡排斥顯而易見。這些也就是使得兩部同名的《禮記集說》，在内容的表現上出現差異的主要緣故。兩人在編著《禮記集說》之際，都很確實地將《禮記注疏》列入徵引對象，

---

[1]〔清〕永瑢等編著：《四庫全書總目·禮記集說》，卷 21，第 169 頁。
[2] 劉千惠：《陳澔〈禮記集說〉之研究》，第 115、第 102、第 104 頁。
[3]〔清〕翁方綱：《禮記附記·禮器》（〔清〕稿本），《中國基本古籍庫》，卷 2，總第 37 頁。

同時還將《禮記注疏》置放在最首要的位置，這可從兩書注解段落下徵引對象的排列，鄭玄與孔穎達都擺在第一、第二位的實況而了解，這應該有其在《禮》學上學術地位的考量，不會僅僅只是時序先後的關係而已。以上這些可以證明兩書確實受到《禮記注疏》影響，以及兩書與《禮記注疏》關係密切的實情。

五、結論

　　衛湜與陳澔在不同的時空環境下，因著不同的寫作意圖，以及對《禮》學的重視與認知，不約而同地徵引傳統《禮》學權威《禮記注疏》助陣，最終編著爲同名的《禮記集說》一書，且由於兩者對待讖緯態度的不同，導致對鄭玄《禮記注》態度的差別，再加上對實際運用功能的考量，使得同名的兩書呈現出不同的學術風貌。本文在充分了解傳統威權時代（authoritarian period）與現代自由選擇時代（liberalized election period）之間環境與知識嚴重差距的前提下，盡可能排除自我詮釋性的"認同想象"影響之干擾，立基於"回到歷史現場"的自我要求，因而設計透過統計數據進行歷史研究的"外部研究"方式，以便藉由具有可以重建與回溯性質的量化數據，探討衛湜與陳澔《禮記集說》徵引《禮記注疏》的表現，並比較兩者各自接受《禮記注疏》的實況，以便可以加深兩者和《禮記注疏》關係的認知。經由前文實證性地閱讀、考察、統計與分析，大致可以獲得下述的結果與結論。

　　傳統中國社會"禮"涉及的範圍非常廣泛，舉凡個人、家庭、家族、社會與國家，種種生活與交往碰觸到的行爲、態度等的細節與表現，都全被納入"禮"的範圍，並且整個社會都特別強調"守禮"的必要性與高價值，因此從正面來看，"禮義之邦"遂從泛稱變成爲高度讚美性的辭彙，直到今日還有很多中國人以"禮義之邦"自居且自豪；從負面來看，就像五四時代某些激情的人士所說那樣，傳統中國就是個"禮教殺人"的社會，因爲"違禮"不僅無法被社會所容，甚至還會因此而喪命。若超越正負面而客觀地來看，無論從正面肯定或從負面批判，這些發言都確實明白地表示出"禮"在傳統中國社會無可搖撼的中心地位。由於"禮"在傳統中國社會的崇高地位，對於《禮》的研究與學習特別受到重視，研究成果也相當豐富多元，但在整個中國學術史上，最被重視的《禮》學權威，無疑是漢代鄭玄的《三禮注》，還有以鄭玄《三禮注》爲中心，完成於唐代孔穎達等學者的《禮記注疏》。鄭玄《禮記注》和孔穎達等《禮記疏》在傳統《禮記》學上的權威性地位，自毋庸置疑，因此《禮記注疏》對爾後《禮記》學的影響自也毫無懸念。然而當《禮記注疏》必然影響唐代以後《禮記》學的觀點，理所當然的成爲研究者的共識之後，一個悖反的現象於焉產生，那就是學者都同意唐代以後的《禮記》學必然會受到《禮記注疏》的影響，但當再進一步追問所謂"影響"的實質情況或實際表現如何時，就會發現雖然有零星的研究成果，卻找不到以鄭玄《禮記注》、孔穎達等《禮記疏》或結合兩者的《禮記注疏》等爲研究對象，整體性完整研究一個朝代或學派或學者，關於前述三部《禮記》學權威著作"接受""影響"的相關研究成果可供參考。就學術研究的基本要求而論，這個議題顯然具有研究探討的學術價值，筆者即在此基本認知下，設計研究的相關議題。《禮記注疏》對唐代以後《禮記》學影響的研究，可以納入探討的文獻相當多，無法以一篇小論文完成，因此乃選擇筆者較爲熟悉，且各具有某種學術代表性且同書名的衛湜與陳澔的《禮記集說》，作爲初步研究此議題探討的對象，用以了解兩書接受《禮記注疏》而受到影響的實際表現，除提供兩書的學術淵源等訊息外，同時作爲爾後持續探討此類研究議題的基礎。

衛湜生長於官宦世家，生存活動於公元12至13世紀的南宋時代，基於推廣《禮記》學研究的初心，就所見涉及《禮記》學的研究成果，編輯完成一部博採文獻，廣泛蒐集諸家成說的《禮記集說》，衛湜甚至爲了進一步傳播其書，書籍完成後，隨即呈獻朝廷，雖然在當時也因此而受到學界的關注，但却未能引起廣泛的注意。半個世紀以後，隨着宋朝的滅亡，此書也跟着逐漸沉寂，直到進入清朝，方才因爲該書收錄《禮》學文獻豐富的價值，受到許多學者的關注推崇。考察該書總共有160卷，全書將《禮記》46篇分成2064個段落進行注解，注解之際盡可能徵引抄錄相關學者的研究成果，全書總共約有12000條的引文，來自包括人與書的148個對象。鄭玄《禮記注》出現在1992個注解段落，佔全書段落的96.51%；孔穎達等《禮記疏》出現在1974個注解段落，佔全書段落的95.64%。整部書僅有4個注解段落沒有徵引《注》或《疏》，統合《注》與《疏》總共出現在此書2060個段落內，佔全書注解段落的99.81%。《注》與《疏》總共被徵引有3966個條目，佔全書徵引條目總數的33.05%。由於編輯原則是最大可能地收錄相關諸說，不適合者已事先排除，是以都是正面徵引，沒有編輯者的意見。以上即考察衛湜《禮記集說》與《禮記注疏》關係後的結果。

陳澔出生於官宦及學術世家，生存活動於公元13至14世紀的宋元時代，南宋滅亡時已經20歲。陳澔的父祖雖都有功名，但陳澔僅是長期在鄉間教學的老儒，主要是基於教學的需要，於是蒐集挑選適合初學者的相關解說，並根據自身對《禮記》學的認知，編輯完成一部帶有陳澔個人學術觀點的教學啟蒙書——《禮記集說》。此書因爲《中庸》與《大學》已被朱熹編入《四書章句集注》，故而將此2篇刪除不注，全書因此僅剩44篇。陳澔此書將全書分成2761個段落進行注解，其中未徵引學者之成說，僅有陳澔自行注解的有1915個段落，引述有其他學者解說的有846個段落，佔全書注解段落的30.64%。全書徵引助解的人與書，包括鄭玄和孔穎達在內，總共有39個對象。鄭玄《禮記注》出現在25個篇章的71個注解段落內，佔全書注解段落的2.57%，佔846個徵引學者段落的8.39%。陳澔自行注解的段落內，另有36處提及鄭玄，有4例不接受，8例批判反對鄭玄之說，其他24例則接受鄭玄之說。徵引孔穎達等《禮記疏》在40個篇章內的276個注解段落，佔846個徵引段落的32.62%，佔全書段落總數的14.41%。注解段落內同時徵引鄭玄與孔穎達者15例，亦即實質徵引鄭、孔之說的有332個段落，佔全書注解段落的12.02%、846個徵引段落的39.24%。陳澔雖有激烈批判鄭玄之處，但對孔穎達等的《疏》說則較爲寬容，雖非絕對性的肯定，但也沒有類似批判鄭玄的激烈性言詞。陳澔此書主要在呈現個人的《禮》學觀點，徵引學者之說目的是增強自己解說的可信度，並非在蒐集文獻，是以有時爲了堅定自己觀點的正確性，不得不將公認的《禮》學權威鄭玄當作反面教材加以批判。

比較衛湜、陳澔《禮記集說》與《禮記注疏》的關係，可以發現兩者在注解段落的分段，以及抄錄鄭《注》、孔《疏》之際，並非照單全收，而是經過重新剪裁整理。就蒐集的原則而論，衛湜徵引時盡量保持注、疏的原貌；陳澔則以符合己身解說觀點爲前提，進行必要的裁剪。衛、陳兩者對待鄭玄的態度，衛湜表現得較爲客觀持平，正面徵引鄭玄《禮記注》39.57% 的注解。陳澔對鄭玄引入讖緯非常不滿，並可能因此而在某些注解內，出現比較激烈的嚴詞批判，但陳澔同時也正面徵引鄭玄之說 71 例，並非毫無理性地全面排斥，但確實對鄭玄頗無好感。至於對待孔穎達等《禮記疏》，衛湜與陳澔都較爲和善，徵引數量均爲徵引學者內的第一位，尤其衛湜徵引的《疏》說，正面徵引了《禮記疏》將近五成五的數量，可見衛湜對《禮記疏》的肯定。至於兩書徵引出現不少差異的原因，主要在於衛湜乃是盡量蒐集抄録諸家之說，以提供《禮》學研究者參考篩選爲主要宗旨，純是爲提供《禮》學研究文獻而編書。陳澔蒐集諸家之說，目的在成立一家之言，用以帶領初學者建構《禮》學的基礎，甚至爲了避免帶壞初學者，不僅有受有駁，甚至還有罵，陳澔純是爲提供《禮》學啓蒙教科書而寫作。

　　本文透過"外部研究"的方式，探討衛湜、陳澔《禮記集說》與《禮記注疏》的關係，研究過程中不僅提供可信的數據分析，從而比較有效地說明兩部《禮記集說》與《禮記注疏》的實質關係，同時對於兩部《禮記集說》的形式體例及其徵引說解的表現，同樣也經由有效數據的分析，提供比較具體的答案。對於兩書對待《禮記注疏》的態度，以及出現此態度的原因，透過實證數據分析，提供更具說服力的見解，此當有助於對兩書的進一步認識，同時也提供《禮記注疏》傳播影響史可信賴的初步研究結果。這些研究擬題、研究方法與成果，對於兩部《禮記集說》、經學史，尤其是《禮》學史的研究者，應該有部分值得參考的價值。

附表

表一：資料庫內"禮"及其相關詞彙出現頻率表

資料庫	古籍庫	四庫全書	方志庫	圖書集成	全清經解	雕龍庫	總和
道	3616270	1593142	1894820	236864	452562	172931	7966589
德	2072359	1064816	1514156	170340	344889	156775	5323335
禮	2094282	1136875	813335	164575	677341	142295	5028703
義	1833260	1210453	1065248	119815	586677	161959	4977412
樂	1345146	750209	744876	110300	227182	145411	3323124
理	1354235	620226	649573	81901	194479	150846	3051260
和	1305514	673633	685067	111112	109728	150670	3035724
孝	761017	366703	903489	80006	89705	119693	2320613
仁	853521	456230	566780	69780	127956	127491	2201758
信	876321	418085	383614	56189	114701	137804	1986714
忠	749559	338928	568258	55148	40115	114392	1866400
敬	546341	286805	315987	41482	121059	108039	1419713
愛	529551	251619	264699	32351	51091	108079	1237390
慈	220000	96582	156200	15300	14774	75344	578200

续表一

資料庫	古籍庫	四庫全書	方志庫	圖書集成	全清經解	雕龍庫	總和
詞彙	次數	次數	次數	次數	次數	次數	總計
禮樂	76135	46182	26770	5832	21233	28423	204575
仁義	59283	33763	17579	3734	12921	22928	150208
忠義	37394	16334	52437	2900	393	24175	133633
禮義	31965	35025	15545	2551	8603	29620	123309
道德	44670	23944	19099	2961	5178	24085	119937
忠孝	28901	11230	31973	1816	1209	21805	96934
義理	26721	16000	6198	1755	7817	11844	70335
道理	27584	15584	2125	1328	7760	8213	62594
孝敬	6990	3942	7751	659	780	6368	26490
信義	6356	3320	6205	479	635	6148	23143
仁愛	6473	3271	3940	507	799	5239	20229
仁慈	2921	1161	3452	233	67	4062	11896

表二：《禮記注疏》與衛湜、陳澔《集說》的分段及鄭、孔注解數量表

書籍	《禮記注疏》《十三經注疏》本			陳澔《集說》《儒藏》本				衛湜《集說》《通志堂經解》本		
篇名	鄭玄注	正義曰	《疏》	分段	鄭氏曰	疏曰	無徵引	分段	鄭氏曰	孔氏曰
曲禮	491	306	139	347	08	59	197	167	164	162
檀弓	753	451	205	294	10	48	179	220	216	210
王制	231	191	60	166	02	14	117	91	86	85
月令	375	308	194	268	02	04	228	221	220	186
曾子問	170	145	43	64	0	02	60	57	56	57
文王世子	144	98	31	50	0	03	40	45	43	43
禮運	152	99	40	60	0	0	44	47	44	46
禮器	147	90	35	71	0	03	68	45	41	44
郊特牲	176	130	43	89	01	04	75	70	68	68
内則	220	133	48	116	06	12	88	69	68	66
玉藻	255	145	56	150	04	11	122	82	81	82
明堂位	39	58	33	45	0	04	31	35	33	34
喪服小記	109	113	63	93	0	05	78	74	72	73
大傳	40	33	17	21	01	02	16	22	21	21
少儀	141	87	55	82	0	02	69	56	55	53
學記	84	41	20	29	01	02	18	24	23	24

续表二

書籍	《禮記注疏》《十三經注疏》本			陳澔《集說》《儒藏》本				衛湜《集說》《通志堂經解》本		
篇名	鄭玄注	正義曰	《疏》	分段	鄭氏曰	疏曰	無徵引	分段	鄭氏曰	孔氏曰
樂記	178	106	79	83	0	06	41	95	93	93
雜記	227	224	136	170	07	16	138	143	141	135
喪大記	114	141	80	96	0	13	82	73	72	72
祭法	10	20	10	27	0	01	18	10	09	10
祭義	96	78	51	54	02	02	31	48	46	48
祭統	58	43	25	39	03	07	18	30	29	30
經解	11	12	07	07	01	0	0	09	08	08
哀公問	24	12	09	18	0	0	10	13	12	13
仲尼燕居	18	19	23	15	0	0	10	13	12	13
孔子閒居	13	14	10	09	0	01	4	09	08	09
坊記	97	48	22	37	02	02	23	28	27	27
中庸	127	66	34	0	0	0	0	41	39	37
表記	122	44	32	49	01	01	14	36	35	36
緇衣	74	40	23	25	0	01	11	23	22	23
奔喪	47	50	20	22	02	04	17	18	17	18
問喪	20	05	02	09	0	03	8	07	06	07
服問	19	11	02	18	03	09	8	11	10	11
間傳	13	11	04	16	02	06	9	08	07	08
三年問	18	12	09	07	0	01	5	07	06	07
深衣	21	08	02	05	0	01	1	07	06	07
投壺	26	32	14	13	02	06	5	14	13	14
儒行	23	12	14	18	05	03	5	20	19	20
大學	40	16	03	0	0	0	0	19	16	17
冠義	10	02	02	06	0	01	1	04	03	04
昏義	13	16	10	10	01	03	3	10	09	10
鄉飲酒義	29	21	28	19	01	04	4	11	10	11
射義	17	25	13	16	02	03	7	12	11	12
燕義	07	09	06	06	0	02	2	05	04	05
聘義	23	24	13	11	01	02	3	08	06	08
喪服四制	12	11	09	11	01	03	7	07	05	07
總計	5034	3560	1774	2761	71	276	1915	2064	1992	1974

注：《禮記注疏》："禮記"下"疏"1條，"正義曰"1條，皆加入《曲禮》內。

（作者簡介：楊晉龍，"中研院"中國文哲研究所兼任研究員，臺北大學、成功大學兼任教授。）

正學

史學抉原

周人"燮伐大商"的運作策略與"翦商"之後的社會治理

程水金

摘要：經過幾代人的韜光養晦，以屈求伸，終於出奇不意地創造有利時機，周武王於"甲子朝"一舉戰敗了商紂王，顛覆了殷商王朝。但無論是文化的發達程度，還是科學技術的先進水準，地處西偏的"小邦周"遠遠落後於"天邑商"。東部大片土地與民人的管控，先進的殷商科學技術的接管，對於文化落後的周民族而言，都面臨著巨大的歷史挑戰。如何消除殷商貴族的遺民情緒，殷商舊有科學技術人才的安撫與利用，也直接關係到新建周邦的社會發展與政治穩定。爲此，西周初年在治理策略上，採取了一系列有效措施。第一，以"天下之中"的地域觀念營建東都洛邑管控殷商故地。第二，以"藩屏周室"爲目的的諸侯封建，並不打破殷商既定的社會格局從而保留舊有的生產關係。第三，以別具匠心的"士"這一新型徽號籠絡與利用殷商文化與科技人才。第四，巧用"以德配天"的"天命哲學"鎮撫殷商遺民情緒。因此，克商不到十年，周人便迎來了"刑措四十年而不用"的成康盛世。

关键词：殷周關係；甲骨卜辭；社會治理；天命哲學

武王克商，是以"小邦周"而顛覆了文化發達的"大邑商"，在中國華夏政治史上也是前所未有的"大變局"。雖然時間已經過去了三千餘年，但無論是周人"燮伐大商"的運作策略還是"翦商"之後的社會治理，無不具有諸多耐人尋味的歷史意蘊；而且參伍後世某些王朝鼎革時期的政治運作，也不乏值得深刻反思的文化價值。然而茲事體大，區區短章，實在難以縷述。茲不揣駑鈍，略陳孔見，其掛漏之嫌與鄙陋之譏，終當不免，敬祈海內方家不吝賜教。

一、燮伐大商：古公的遷徙與周人的遠圖

周武王克商二年"有疾弗豫"，當年十二月崩於鎬京。成王年幼，不能踐阼親政，由周公旦攝行政當國。管、蔡二叔遂散佈"周公不利於孺子"的流言，操戈王室。而奄君蒲姑也乘機煽動封於殷商故地的紂王之子武庚祿父發動軍事叛亂，妄圖復辟。當此之時，周公一面努力爭取朝中重臣召公奭的諒解與支持，一面消除重重顧慮以堅定成王平叛的決心，於是向朝廷內外廣泛發佈戰爭動員令，隨即出兵討平叛亂。這個戰爭動員令，就是傳世的

今文《尚書》的《大誥》一文。

　　作爲平叛動員令,《大誥》不外乎强調平叛的理由與條件。平叛條件很簡單, 無非兩點: 一是占卜得了吉兆, 出師必捷; 二是有十位投誠的殷人作嚮導與内應, 穩操勝券。但"於籹寧武圖功", 作爲平叛理由, 却是周公生動比譬而反復申説的重中之重。"於籹"之"於"爲動詞, 意即"往""去"; "籹"之音義與"彌"同, 意爲"終結""完成"。《尚書》有時稱"文王"爲"寧王",[1] 則"寧武"即文王與武王的合稱。因此, "於籹寧武圖功", 意思就是説: 必須發兵前往掃平叛亂, 最終完成文王與武王圖謀與規劃但尚未徹底完成的偉大事業。其中"寧武圖功"之"圖", 值得特别玩味, 由此可一覷周人克商的某些在當時人人心領神會、在後世却未必盡知其詳的往事秘辛。

　　"天休我寧王, 興我小邦周。"在周人心目中, 地處西偏的蕞爾小邦, 能夠滅紂克商而撫有天下, 既是上天的眷顧, 也是他們忍辱含垢, 歷盡艱辛所開創的基業, 實屬來之不易。周公提醒那些從文王時代艱苦奮鬥過來的年長老臣説:

> 爾惟舊人, 爾丕克遠省, 爾知寧王若勤哉。天閟毖我成功所, 予不敢不極卒寧王圖事, 肆予大化誘我友邦君。天棐忱辭, 其考我民, 予曷其不於前寧人圖功攸終。天亦惟用勤毖我民, 若有疾, 予曷敢不於前寧人攸受休畢。[2]

　　意思是説: 你們都是從文王時代過來的老人, 你們最清楚當年的往事, 文王受命作周是多麽艱苦! 上天既然有佑助我們完成文武大業的意願(有投誠的殷人做内應及占卜得吉兆), 我不敢不努力去最終完成文王所圖謀與規劃的偉大事業。眼前的叛亂與騷動, 就如同上天讓我們的肌體生病一樣, 只要我們依靠自身强大的抗病能力, 扼制了疾病, 消除了病灶, 我們的意志與體魄也就得到了磨礪與强化。因而我們不能聽任這疾病蔓延毒害我們的軀體, 必須利用先人所受天命的庇佑去扼制它, 把它剷除乾淨! 最後, 周公以立基作室與開荒種地爲喻, 總結平定叛亂的現實意義與歷史意義説: 近來我痛苦地反復思考平叛的理由, 覺得就像造屋耕田一樣, 父輩把地基都打好了, 兒子却不願在上面築臺構屋; 父輩開墾了荒地, 兒子連播種都不願意, 就更談不上勤勞地收割了; 所以一定要在我的有生之年完成文王所接受於上天的偉大使命("肆予曷敢不越卬籹寧王大命")!

　　由此可見, "於籹寧武圖功""極卒寧王圖事""籹寧王大命", 就是堅決粉碎殷遺餘孽企

---

　　[1]清末金石文字學家吴大澂、孫詒讓認爲"寧王"乃"文王"之訛, 今人猶有深信不疑者。然章太炎早已指出:"文王稱寧王者, 古人謚之與號, 往往隨意迭稱。如湯一人,《商頌·玄鳥》稱'武湯',《長發》稱'武王',《殷武》稱'成湯', 或謚或號, 必居一於此, 古文'武''成'亦相似, 何故不以成湯爲武湯之誤也"(諸祖耿整理:《太炎先生尚書説》, 中華書局 2013 年版, 第 165 頁)。瑞典學者高本漢也説:"我們遍觀一切古文字中的'文'與'寧'的材料, 可以看出這兩個字的相似程度, 是不能構成孫氏校改這個字的條件的。"(陳舜政譯:《高本漢書經注釋》, 臺北編譯館中華叢書編審委員會 1981 年版, 第 566—567 頁。)高本漢這條材料由忘年友趙銘豐君自臺北中研院拍照通過微信發來, 特此致謝。

　　[2]本文所引《尚書》的句讀及其釋義, 皆據拙著《尚書釋讀》, 人民文學出版社 2020 年版。下不出注。

圖捲土重來的癡心妄想，徹底完成文武圖謀"翦商"的偉業。

　　然而，據《魯頌·閟宮》說："后稷之孫，實維大王，居岐之陽，實始翦商"，則周人圖謀"翦商"的遠略，早在古公亶父的時代就確定下來了。《大雅·綿》敘述太王將周人部落的大本營從公劉所居的豳地遷徙"至於岐下"，佔據了位於涇渭河穀的"岐山之陽"這片肥沃的土地。於是大興土木，建築了城廓與宮殿，建造了具有國家宗教性質的神廟與宗社，[1] 在政治體制上也建立了不同於殷商官制的職官系統。嗣土、嗣馬、嗣工這些常見於西周金文且具有分曹治事、職責明確之顯著特點的職官系統，也早在古公亶父的時代便初具規模了。[2] 可以說，古公亶父的時代，周人已然具有國家性質的公權設施及其管理體制，從而大有與"天邑商"分庭抗禮之勢。但他們也深知其實力不足以與殷商相抗衡，因而"肆不殄厥慍，亦不隕厥問"，只是把力量用來翦滅西邊的混夷以鞏固後方。其實這不過是周人的韜晦之計，藉以麻痹殷人警惕的神經。朱熹《詩集傳》解釋《周頌·酌》"於鑠王師，遵養時晦。時純熙矣，是用大介"說："言其初有於鑠之師而不用，退自循養，與時皆晦；既純光矣，然後一戎衣而天下大定。"[3] 據此，則韜光養晦，待時而動，一旦機會來臨，便一舉翦滅"天邑商"（"一戎衣"即"殪戎殷"），正是自古公亶父直到文王、武王一以貫之的既定國策與圖謀。

　　事實上，長期以來，周人心目中也的確蘊積著一股強烈的屈辱與憤怒。殷墟第一期武丁時代的卜辭中，有多條與"周"相關的記錄。近人陳夢家《殷虛卜辭綜述》從各種契文拓片中搜羅了二十多片相關卜辭，其中多是命令殷屬邦族"璞周"的刻辭，當然也有卜問戰事結果擔心被擒的記載。[4] 據唐蘭所釋，"璞周"之"璞"，相當於《馱鐘》"戮伐"、《詩·六月》"薄伐"，有關"璞周"的卜辭，就是武丁時代殷人征伐周人的記錄。[5] 不過，研究者認爲，武丁時代殷人所"璞"之周，其地望在今山西汾水下遊的涑水流域，公劉所居之"豳"，字亦作"邠"，皆得名於"汾水"之"汾"。而《孟子·梁惠王下》說"太王去邠逾梁山，止於岐下"，所逾的"梁山"，就是《漢書·地理志》"夏陽，《禹貢》梁山在西北"的呂梁山。古公亶父離開晋南涑水流域之"邠"而"率西水滸，至於岐下"，當是沿着西河水濱再向西往岐山方向遷徙而至於渭水流域。據陳夢家說，"卜辭中只有武丁時代有關於征伐周的記錄"，"武丁以後不見有關周的記載"，[6] 則古公遷岐之後，遠離了殷人的視線，逃避了殷人"璞伐"的困擾，但仇恨的種子却深深地埋在周人的心裏，所謂"肆不殄厥

　　[1] 陝西岐山鳳雛村以及扶風召陳村分別發現周初大型建築遺址，論者認爲，"鳳雛村的早周遺址，應可反映太王、王季時代大型建築的情形"，見許倬雲：《西周史》，三聯書店 1994 年版，第 56 頁。

　　[2] 參見許倬雲《西周史》，三聯書店 1994 年版，第 65 頁。

　　[3] 朱熹：《詩集傳》，上海古籍出版社 1980 年版，第 235 頁。

　　[4] 參見陳夢家：《殷虛卜辭綜述》，中華書局 1988 年版，第 291 頁。

　　[5] 唐蘭：《殷虛文字記》，載《唐蘭全集》第六冊，上海古籍出版社 2015 年版，第 76—79 頁。

　　[6] 陳夢家：《殷虛卜辭綜述》（後文簡稱《卜辭綜述》），中華書局 1988 年版，第 292 頁。

慍"，大抵是說周人部族在晉南之"邘"常遭殷人"璞伐"的宿憤與積怨永遠不能消除。[1]

古公亶父遷於岐山之後，從"爕伐大商"到"肆伐大商"，周人將韜光養晦的謀略與手段運用得十分詭譎而且最終獲得了成功。他們明面上忍辱負重，強顏事敵，以博取殷人的榮寵與青睞；暗地裏却趁機壯大力量，擴大地盤，不斷尋找剪商的機會。只要我們將《古本竹書紀年》《後漢書·西羌傳》以及周原甲骨卜辭的相關記載與《大雅·大明》一詩的相關敍述綜合比勘，則周人的韜晦之計與克商圖謀，不過是同一枚硬幣的兩個不同面相而已。爲方便討論，茲將不同來源的相關材料臚列於下：

其一，《後漢書·西羌傳》的相關記載：

> 及武乙暴虐，犬戎寇邊，周古公逾梁山而避於岐下。及子季歷，遂伐西落鬼戎。太丁之時，季歷復伐燕京之戎，戎人大敗周師。後二年，周人克余無之戎，於是太丁命季歷爲牧師。自是之後，更伐始呼、翳徒之戎，皆克之。及文王爲西伯，西有昆夷之患，北有獫狁之難，遂攘戎狄而戍之，莫不賓服。乃率西戎，征殷之叛國以事紂。

由於西晋太康年間於汲郡魏襄王墓中出土了《古本竹書紀年》，因而范史記先周史實不僅詳於《史記》，且比《周本紀》所述可靠。

其二，《古本竹書紀年》及其相關異文：

> 武乙三十四年，周王季歷來朝，武乙賜地三十里，玉十瑴，馬八匹。
> 武乙三十五年，周王季伐西落鬼戎，俘二十翟王。
> 太丁二年，周人伐燕京之戎，周師大敗。（《通鑒外紀》二"周人"作"周公季"。）
> 太丁四年，周人伐余無之戎，克之，周王季命爲殷牧師。（《文選·典引》注引"武乙即位，周王季命爲殷牧師"，《孔叢子·居衛篇》："殷王帝乙之時，王季以功，九命作伯"。）
> 太丁七年，周人伐始呼之戎，克之。
> 太丁十一年，周人伐翳徒之戎，捷其三大夫。
> 文丁殺周王季歷。
> 帝乙二年，周人伐商。[2]

---

[1]毛、鄭以來經師釋《綿》詩皆不了，近人黄焯曰："'肆不殄厥慍'者，猶班孟堅《封燕然山銘》所稱'上以攄高文之宿憤'也。'亦不隕厥問'者，猶云'下以振大漢之天聲'也。"黄耀老以"宿憤"釋此詩之"慍"字，頗合周人當時情勢，可謂巨眼卓識，實爲不刊之論。見氏著：《毛詩鄭箋平議》，上海古籍出版社1985年版，第305頁。

[2]范祥雍：《古本竹書紀年輯校訂補》，上海古籍出版社2011年版，第25—26頁。

"文丁"亦即"太丁",《紀年》所列世次爲商末四代殷王：武乙、太丁、帝乙、帝辛。帝辛即殷之末帝商紂王。可見季歷與商王武乙、太丁同時，其被太丁所殺，當在太丁十一年之後。今人考定文丁在位年數爲二十二年，[1]帝乙二年周人伐商，若爲季歷而起，則季歷被殺或在文丁晚年。

其三，陝西鳳雛村編號 H11 的窖坑所出周原甲骨卜辭的相關記錄：

第一片：癸巳彝文武帝乙宗，貞，王其⿰祭成唐，鼎祝示及二女。其彝血⿰三豚三，叀有足。（H11：1）

第七片：貞：王其㝉佑太甲，⿴周方伯口，叀足丕左於受有佑。（H11：84）

第四十片：……文武……王其⿰帝……天……典⿴周方伯，叀足亡ナ口……王受有佑。（H11：82）[2]

周原甲骨卜辭的隸定及其釋義，學者意見頗有分歧。但其中所透露的兩個重要資訊，當是學者所能普遍接受的：第一，卜辭中，册命"周方伯"與殷王"文武帝乙"以及殷之先祖太甲出現在同一條卜辭，說明周人接受了殷王的册命，成爲殷的屬國。第二，據第一片（H11：1）"彝文武帝乙宗"，知第四十片（H11：82）"文武……王其⿰帝"之"文武"，也應是"文武帝乙宗"，則册命"周方伯"的地點當是在"文武帝乙"的宗廟，因而其册命者爲帝乙之子帝辛，即商紂王；其受册命者當是周文王或者周武王亦無可疑。

其四，《大雅·大明》所述王季與文王的婚配之事：

……摯仲氏任，自彼殷商，來嫁於周……乃及王季，維德之行。大任有身，生此文王……大邦有子，俔天之妹。文定厥祥，親迎於渭，造舟爲梁，不顯其光。有命自天，命此文王。於周於京，纘女維莘，長子維行，篤生武王。保右命爾，燮伐大商。

據《詩》所述，則王季之妻爲殷商屬國任姓之女，文王之妻更是商紂王之父帝乙的妹妹。近人顧頡剛說，《周易》之《泰卦》與《歸妹》有兩條"帝乙歸妹"的爻辭，說的就是此詩"文王親迎於渭"的故事。[3]則文王的母親及其配偶，都是來自殷人屬國之女乃至殷王帝乙的妹妹。武王的生母，當是殷之莘姓屬國之女，或是殷人作爲"帝乙歸妹"的媵妾而

---

[1]常玉芝：《商代周祭制度》，線裝書局 2009 年版，第 405 頁。

[2]周原甲骨的編號，採用王宇信《西周甲骨探論》第二篇《西周甲骨彙釋》所編之序號，中國社會科學出版社 1984 年版，第 40—41 頁、56—57 頁、93 頁。

[3]顧頡剛：《周易卦爻辭中的故事》，《古史辨》第三册，上海古籍出版社 1982 年版，第 11—15 頁。

配送的。[1]這種結"兩姓之好"的方式，說是周人攀附殷商大國的政治聯姻，當是無可置疑的。

上述四種不同來源的材料，孤立地看待任何一種材料，都不免片面而支離，並不能形成實質性的結論。如果整體綜合地考察這些材料，便必然產生以下幾個不難印證的推測：

第一，周人爲取得殷人的信任，主動請爲殷的屬國。由"賜地"之舉，可見季歷是第一次"來朝"；而"賜地三十里"，對於時至文王尚且僅有"百里之地"的周人來說，[2]當是一筆不菲的財富。且周人既爲殷的屬國，才有《大明》詩所述王季與文王兩代的政治聯姻。這也是之所以殷王武丁之後的卜辭再也不見"璞周"記錄的另一個重要原因。

第二，周人不惜代價，拼命爲殷王朝克滅周邊戎種部落，以保衛殷邦邊境的安全，表面是結歡討好殷人，實際是爲了擴大自己的地盤，壯大自己的力量。但王季因連連得勢不免忘乎所以而野心有所外露，終於引起殷人的警覺，於是殷王文丁便藉故囚殺了王季。[3]

第三，"周王季命爲殷牧師"，或"王季以功，九命作伯"，則"西伯"之稱，當自王季之時即有之。《周本紀》說"公季卒，子昌立，是爲西伯，西伯曰文王"，太史公未見《竹書紀年》，故述之如此。事實上，周文王一方面是自行襲用了其父王季歷的"牧師"封號，另一方面也是通過了商紂王的"册命"儀式予以承認。周原甲骨所記商紂王册命文王爲"周方白"，與西周金文中常見的"更（賡）乃祖考作某事"亦即由王朝正式確認其人從其父祖世襲而來的固有爵位與官職並無二致。至於太史公說，商紂王"賜之弓矢斧鉞，使西伯得征伐"，也不過是效法其先祖武乙、太丁之故伎，令周人灑血捐軀"征殷之叛國"而已。當然，周文王也樂得行其父之所行，正可以打着"征殷之叛國"的旗號明火執仗地別有所圖了。《皇矣》之"密人不恭，敢距大邦"，[4]《文王有聲》之"既伐於（邘）崇，作邑於封"，今文《尚書》之"西伯戡黎"，大抵都是以責其"敢距大邦"爲托辭而"征殷之叛國"以行攻城掠地之實，然後無所顧忌地據爲己有。《左傳》襄公四年載韓獻子說"文王帥殷之叛國以事紂，唯知時也"，可謂將殷周之間的微妙關係一語道破！周文王既爲商王朝征服了叛國，又將他們聚集在自己的麾下以聽命。於是表面上叛國咸服，風平浪靜；實則暗流湧動，待時而發，殷人之國勢已岌岌可危矣！而《論語·泰伯》載孔子讚揚文王"三分天下有其二，以服事殷"，不過是被勝利了的周人長期洗腦的說法而已。

第四，文丁殺季歷，文王繼位之初，有所衝動，帝乙二年，爲報父仇而伐商。此次伐商之詳情如何，史文闕載。《史記·周本紀》說，"崇侯虎譖西伯於殷紂"，"帝紂乃囚西伯

[1]傅斯年:《新獲卜辭寫本後記跋》第二節《殷周之關係》，見《傅斯年全集》第三卷，湖南教育出版社2003年版，第136頁。

[2]《孟子·公孫醜上》:"文王猶方百里起"，"文王以百里"，即是其證。

[3]《吕氏春秋·首時》說"王季歷困而死，文王苦之"，楊寬據此推測：周王季歷可能是被文丁囚禁而後害死的。見氏著:《西周史》，上海人民出版社1999年版，第69頁。

[4]詩人號周爲"大邦"，不過當世之諛詞。王季、文王之世，"大邦"皆指"天邑商"。然此所謂"大邦"如確系當時周人自指，則也不過是"拉大旗作虎皮"，借"天邑商"而自指以唬人罷了。

於羑里”，這也許是周人“爲尊者諱”的說辭，其真相大可能是因爲伐商的輕舉而被殷人所俘。但據商代的周祭制度排算，帝乙在位年數應在二十二年以上。[1]如果文王於帝乙初年即被俘囚禁，直到帝辛之時獲釋，則被囚可長達二十餘年之久，那麼“帝乙歸妹”而文王“親迎”，也就無從說起了。因此，文王何時被囚，何時被釋，何時與殷人結兩姓之好，一概不得而知。但史載在文王被囚期間，周邦閎夭之徒“乃求有莘氏美女，驪戎之文馬”，以及“他奇怪物，因殷嬖臣費仲而獻之紂”，而後文王得脫其厄，應當是事實。《呂氏春秋·首時》說：“王季歷困而死，文王苦之，有（又）不忘羑里之醜，時未可也。”因此，在實力尚不足以與殷商大邦相抗的情勢下，不得不卑躬隱忍，以屈求伸，賄賂求和，自在常理之中。唯恐周人所用以賄賂殷人者，當不僅僅是“美女”“文馬”及“他奇怪物”而已，或者還有“割地輸誠”之類的“秘密條約”，亦未可知。[2]只是其時周人亦如漢人之於高祖脫於平城白登之圍一樣，也是諱莫如深而不肯“揭秘”罷了。[3]

　　第五，周人伐商受挫之後，繼續奉行古公與王季以來韜光養晦的國策，並且將這種卑躬屈膝、強顔事敵的把戲演繹得淋漓盡致，幾至不問廉恥。上引周原甲骨的材料，都是周之文武時期的相關記錄。學者認爲，這些祭祀成湯與太甲的活動，都是在周人所建的殷人宗廟裏舉行的，[4]或許不無道理。《呂氏春秋·順民》：“文王處岐事紂，冤侮雅遜，朝夕必時，上貢必適，祭祀必敬，紂喜。”所謂“祭祀必敬”，當是指祭祀殷人之先祖宗廟非常恭敬因而投商紂王之所“喜”。《呂覽》之說，可與上述周原甲骨材料互相參證。有學者以“鬼神非其族類，不歆其祀”爲理由，以爲這些卜骨所記都是商王在本族宗廟中舉行的祭祀活動，[5]無疑是以周人宗法制度確立之後的觀念來規範周人發跡之前的道德操守，未必可靠。[6]更何況政治鬥爭往往不擇手段，政治人物也無所謂廉恥；學者以道德操守衡量政治行爲，也未免過於善良。[7]果如其說，則《國語·魯語上》說“商人禘嚳而祖契，郊冥而宗

---

　　[1]常玉芝說，復原帝乙祀譜的材料只到二十二祀，但帝乙二十二祀的祀序與帝辛一祀的祀序不能密接，根據周祭祀譜定帝乙在位二十五年。見氏著：《商代周祭制度》，線裝書局2009版，第406頁。

　　[2]《周本紀》：“西伯乃獻洛西之地，以請紂去炮格之刑，紂許之。”據此，則“獻地”實有其事，只不過其動機被塗上了一層正義的油彩。

　　[3]《左傳》襄公三十一年載北宮文子曰“紂囚文王七年，諸侯皆從之囚。紂於是乎懼而歸之”，據孔穎達引伏生《尚書大傳》及鄭玄《尚書注》，又以爲因“四友獻寶”而紂囚文王“不盈一年”。然《左氏》云“諸侯皆從之囚”，必不可信。而經師謂“不盈一年”之說，也未必是實。阮元校刻《十三經注疏》（清嘉慶刊本），第4378頁。

　　[4]徐中舒說：“此周原文武帝乙宗乃文王所立以崇祀殷先王，示爲殷之屬國。”繆文遠說：“周人遂在其國內立廟，祀殷先王。”徐氏、繆氏之說，皆見《古文字研究論文集》（《四川大學學報叢刊》第十輯，1982年5月）。

　　[5]李學勤、王宇信：《周原卜辭選釋》，文載《古文字研究》第4輯。

　　[6]楊寬說：“把周原甲骨上的‘王’解釋成商王，甚至說這批甲骨是殷商末年掌占卜的卜人投奔周人時攜帶去的，不合情理。這批甲骨，字如粟米，筆劃細如髮，鑿多方孔，有獨特風格。記時方法和人名、官名都有周的特色，是周的卜辭是無疑的。”氏著：《西周史》，上海人民出版社1999年版，第70頁。

　　[7]《史記·齊世家》：“西伯昌之脫羑里歸，與呂尚陰謀修德以傾商政。其事多兵權與奇計，故後世之言兵及周之陰權皆宗太公爲本謀。”則周人陰謀以傾商政，於史亦有征矣。

湯。周人禘嚳而郊稷，祖文王而宗武王”，所謂殷周同以帝嚳爲禘祭之神且出自周魯人士之口，[1]便大爲費解。究其實，這不過是周人在特定歷史時期“冤侮雅遜”以取媚於殷商大邦的權宜之計而已；只是周邦後人不察其先世屈辱的苦衷，竟然信以爲真罷了！是謂數典以忘祖，可發一歎！

以上幾點推測，第令不中，當亦不遠。要之，正如旅美華人學者許倬雲所說：商王國包有中原廣闊的領土，從商代遺址來看，東到海，北到河北槁城，南到湖北黄陂的盤龍城，地廣大而人衆多，周人不過占了涇渭流域的狹窄谷地。且周族人口即使經過王季、文王兩代的休養生息，總人口絕對不會十分多，無從與商王國的人口比高低。武器方面，商人已有兩馬或四馬拖拉的直轅雙輪戰車，每車三名武士，配備的武器有遠程射擊的弓箭，兩車相錯時可用戈矛之類長柄武器，近身搏鬥則可用短兵。周人的兵種及武器與商人所具也無十分顯著的差別。然周人以蕞爾小邦而克商滅紂，既不能由社會經濟狀況得其理由，也不能從軍事力量上判其優劣，只能由戰略的運用以尋求解釋了。[2]許氏所謂“戰略的運用”，也就是周公在《大誥》中反復宣稱而其時人人心知肚明的“寧武圖功”“寧王圖事”的那個“圖”字。隨著周原甲骨卜辭的出土及其相關研究的深入，這些遮蔽在時間大幕之後的歷史真相，也就逐漸透明從而可以看得比較清楚了。

敘述至此，有必要從文字學上討論一下《詩經·大明》之“燮伐大商”與“肆伐大商”的概念區分。毛《傳》：“燮，和也。”鄭《箋》：“使協和伐殷之事。”馬瑞辰《毛詩傳箋通釋》說：“燮與襲雙聲，燮伐即襲伐之假借。”今又有人提出“新證”，認爲“燮伐大商”是指“武力征服殷商而使殷人和順”。[3]毛、鄭“協和”之說固不得經義，馬氏“襲伐”之讀亦未達一間。今人所謂“武力征服而和順”之“新證”，不過率爾操觚，等諸自鄶而已。考《說文》：“燮，和也。從言又，炎聲。讀若溼。”左氏《春秋》襄公八年“獲蔡公子燮”，穀梁《春秋》作“公子溼”。《說文》：“溼，幽溼也。從一，覆也。覆土而有水，故溼也。從㬎省聲。”既然“溼”爲“㬎省聲”，則“濕”與“溼”音同義亦相通，然今字皆作“濕”，於其字形無所征矣。許君“燮讀若溼”以及《春秋》“蔡公子燮”又作“公子溼”，可證“溼”“燮”乃音同通用。段玉裁注“溼”字說：“凡溼之所從生，多生於上有覆而氣不泄，故從一、土、水會意。今字作濕。”[4]然則“溼”字以“幽”與“覆”而得其義，且“燮”字與之音同義通，則所謂“燮伐大商”，意即“在私底下隱秘地暗行伐商之事”耳。至於“肆伐大商”，則與“燮伐大商”相對爲義。毛《傳》：“肆，疾也。”鄭《箋》：“肆，故今也。”馬瑞辰《毛詩傳箋通釋》引《爾雅·釋言》“肆，力”之訓說：“此詩‘肆伐’與《皇矣》‘是伐是肆’同義，皆言用兵之疾力。”又說：“‘燮伐’與‘肆伐’義相成，襲伐言

---

[1] 徐元誥：《國語集解》，中華書局 2002 年版，第 160 頁。按此爲魯大夫展禽所言，理當可信。

[2] 參見許倬雲：《西周史》，三聯書店 1994 年版，第 75—86 頁。

[3] 吳雪飛：《〈詩經·大雅·大明〉“燮伐大商”句新證》，載《史學史研究》2013 年第 4 期。

[4] 段玉載：《說文解字注》，上海古籍出版社 1988 年版，第 559—560 頁。

其密，肆伐言其疾也。"[1]馬氏"密""疾"之說，仍然隔靴搔癢，不著是處。且"偷襲"之"密"，與"密謀"之"密"，究竟不是同一概念。其實，"肆"訓"陳列"，尤其具有"殺而陳屍"之意。[2]《禮記・檀弓下》"則將肆諸市朝"，鄭玄注："肆，陳屍也。"陸德明《經典釋文》："肆，殺三日陳屍。"[3]《論語・憲問》"吾力猶能肆之市朝"，何晏《集解》引鄭玄注："有罪既刑，陳其屍曰肆也。"皇侃《義疏》："殺而猶陳曝其屍以示百姓曰肆也。"[4]則"肆"之訓"陳"者，猶《國語・魯語上》臧文仲所謂"大刑用甲兵"，"故大者陳之原野"之"陳"，韋昭注："被甲聚兵而誅之，若今陳軍也。"[5]是所謂"肆伐大商"者，既是奉辭伐罪，亦是被甲聚兵於原野公然討伐大商也。因此《大明》先言"燮伐大商"而後言"肆伐大商"，正是勾勒了周人從古公亶父"肆不殄厥愠"而"實始翦商"亦即私下密謀東進翦商到周武王陳兵牧野公然誓師翦商的漫長歷史進程。可見其用語十分精確。[6]

二、時維鷹揚：爲黎之蒐與牧野之戰

商紂王"赦西伯，賜之弓矢斧鉞，使西伯得征伐"，然周人以此爲契機，却在西土庶邦之間大造了一番聲勢。《尚書・酒誥》說："乃穆考文王肇國在西土，厥誥毖庶邦庶士越少正御事，朝夕曰祀茲酒。惟天降命，肇我民惟元祀。"第一，周人將商紂王對西伯的"軍事任命"提升到"惟天降命"的高度加以理解與闡發，從哲學上賦予其思想內涵，爲翦商滅紂的私下圖謀製造理論依據。第二，把"受命"作爲國家創建的重大標誌性事件，稱"受命"之年爲"元祀"以"肇國在西土"，通過"改元更始"的政治行爲從操作實踐上賦予其價值內涵，以造成強大的輿論聲勢。第三，向西土全體官民頒行"禁酒令"，試圖通過"與民立極"的道德建設在人倫日用上刷新生活方式，以涵養不同於殷商大邦嗜酒惡俗的社會風氣。第四，所有這些政治行爲與輿論攻勢，無非是向周邊小大諸邦宣佈：自此以往，周人將以政治清明的全新面目在"事殷"的名義下大張旗鼓地"征殷之叛國"。《周本紀》說："諸侯聞之曰：西伯蓋受命之君。"可見強大的輿論攻勢產生了巨大的社會效應，周人從此便可以理直氣壯地自行擴張了。於是"明年，伐犬戎。明年，伐密須。明年敗耆國。殷之

[1]馬瑞辰：《毛詩傳箋通釋》，中華書局1989年版，第807—811頁。

[2]《逸周書・克殷解》說，商紂王自焚於王宮之後，武王驅車入王所，射三箭而後下車，"擊之以輕呂，斬之以黃鉞"，懸其頭顱於太白之旗；"適二女之所"，其妃嬪二女已自縊而死，武王斬二女之頭，懸之於小白之旗。此即踐行"殺而陳屍"之事，以示"肆伐"之終結。則"肆伐"者，陳軍攻伐，斬其首顱而懸示於衆也。

[3]阮元校刻：《十三經注疏》，中華書局2009年影印清嘉慶刊本，第2840頁。

[4]皇侃：《論語集解義疏》卷7，《新編諸子集成》第1冊，四川人民出版社1998年版，第209頁。

[5]徐元誥：《國語集解》，中華書局2002年版，第152頁。

[6]至於季歷之二兄太伯與虞仲之"亡如荊蠻"而"君於吳"，亦爲古公亶父"燮伐大商"之圖謀與佈局，前人言之甚詳，茲可不贅。參見徐中舒《殷周之際史跡之檢討》二：《大王翦商與大伯仲雍之君吳》，載《徐中舒歷史論文選輯》，中華書局1998年版，第658—662頁。

祖伊聞之，懼，以告帝紂。紂曰：'不有天命乎？是何能爲！'明年，伐邘。明年，伐崇侯虎。而作豐邑，自岐下而徙都豐。明年，西伯崩。"這一連串的"伐"，毫無疑問，都是在商紂王"使西伯得征伐"的軍事任命之後的攻伐行爲。

據清人考證，"既伐於崇"之"於"，即《周本紀》之"邘"，字又作"盂"，其地在今河南沁陽西北二十裏地的邘邰，"崇侯虎"所在之"崇"，字亦作"密"，其地在今河南嵩山附近。[1] 此二地已是直逼殷都朝歌的夾河之處。《史記·周本紀》說"敗耆國，殷之祖伊聞之，懼，以告帝紂"，《尚書·西伯戡黎》也說"西伯既戡黎，祖伊恐，奔告於王"，以殷人祖伊恐懼告紂而言，則"敗耆"與"戡黎"當爲一時一地之事。然《今本竹書紀年》載"周師取耆"於帝辛三十四年，載"西伯發伐黎"於帝辛四十四年，則西伯昌"敗耆國"與武王發"伐黎"，乃人地不同之二事，其時亦相隔十年之久。[2] 陳夢家據殷虛卜辭"旨"與"勹"之不同，而定"耆"與"黎"爲不同的兩個方國，認爲卜辭之"旨當是耆國"，且"旨爲西吏，此西吏乃是商王國的官，因卜辭又有旨載王事之語。旨爲商王國西土的與國，所以周文王伐紂，先伐耆"，又引清人雷學淇《竹書紀年義證》說"合黎、耆爲一，非是。伐耆乃文王事，戡黎乃武王事，《通鑑前編》嘗辨之"以證其說。[3] 陳氏又辨卜辭之"勹"即"黎"說：

康丁卜辭"伐羌眔勹方"，後者即黎方，在今晉南壺關一帶。武乙時代征伐名方的規模很大：（1）王自或王侯征伐；（2）出動王族與三族；（3）出動□衆。卜辭的勹或召，可能是黎國之黎。據卜辭，黎與羌方相提並伐，則兩方當相爲鄰。乙辛卜辭記田羌，似羌方之地已漸爲田獵之所。《左傳》昭四"商紂爲黎之蒐，東夷叛之"，此黎當是卜辭黎方之地。壺關之黎與安陽殷都隔太行山東西相望，西伯戡黎危及殷都，所以祖伊恐告於紂。綜上所述，則武丁、康丁、武乙卜辭所記征伐之召方應是黎方，黎方在壺關黎亭，它是（1）卜辭所征的名方，（2）商紂爲蒐的黎，（3）西伯所戡的黎。[4]

陳氏據今本《竹書紀年》，認爲文王"敗耆國"與"西伯發伐黎"，當是不同年代的兩事。而"商紂爲黎之蒐"，今本《竹書紀年》載之於商紂王四年，如今本《紀年》可信，則誠如陳氏所言，"殷末田遊之所西逾太行而至晉南"。果如此，則此時"西伯發伐黎"，也就是公然與殷商爲敵，豈不與《大明》"篤生武王""燮伐大商"，亦即武王繼續奉行文王密謀

---

[1] 參見楊寬：《西周史》，上海人民出版社 1999 年版，第 76—77 頁。

[2] 王國維：《今本竹書紀年疏證》卷上，遼寧教育出版社 1997 年版，第 75、77 頁。常玉芝據帝辛祀曆譜，定商紂王在位年數爲三十四年（氏著：《商代周祭制度》，線裝書局 2009 年版，第 406 頁）。今本《紀年》以爲帝辛在位五十二年，顯爲誤說。

[3] 陳夢家：《卜辭綜述》，中華書局 1988 年版，第 296 頁。

[4] 陳夢家：《卜辭綜述》，中華書局 1988 年版，第 282、287 頁。

伐商的既定國策相左。且綜合《尚書·酒誥》《洪範》《金縢》以及《周本紀》所透露的年代資訊，文王實於"受命"七年而崩，崩後六年牧野大戰，武王一舉克商，第二年十二月武王病逝。[1]而黎地既已爲商王田獵區，則"伐黎"亦即"伐商"，姑不論"爕伐"之密謀公然自我洩露而與周之文武以來"於鑠王師，遵養時晦。時純熙矣，是用大介"的既定國策大不相侔；且更爲重要的是，如果在牧野之戰前六年以內即開始"肆伐大商"，以殷商實力之懸殊而論，則"隹甲子朝"的牧野之戰恐怕既不能如此之順利，且最終鹿死誰手也就更不得而知了。可見今本《竹書紀年》爲後人臆爲排纂，其記載混亂而多歧，可信度理應大打其折扣。

就我們的問題而論，"耆"與"黎"是否一地，無關緊要；"敗耆"與"伐黎"是否一事，亦無須置辨。[2]所可注意者，既然《左傳》昭公四年說"商紂爲黎之蒐，東夷叛之"，昭公十一年又說"紂克東夷而隕其身"，則"西伯戡黎"與"商紂爲黎之蒐"之間，必然具有某種性質的關係；而"東夷叛之"與"紂克東夷而隕其身"，亦當有某種程度的相關性。也就是說，周武王的"牧野之戰"與商紂王的"爲黎之蒐"，其間必有某種連鎖性的因果關聯。

近人徐中舒說，"就朝歌方位言之，黎與東夷，一在西北，一在東南，壤地渺不相涉。商紂爲黎之蒐，何至引起東夷之叛？疑此時周人勢力已遠及江、漢以東，如陳，如吳，皆是。蓋商人治兵於黎即所以防周，故周人即嗾使東夷叛之，以爲牽制之師。其後紂克東夷，周人即乘之以戡黎，卒以滅商。故《左氏》以商之覆亡，系於東夷之克者，其關係當不外此。"[3]

推究徐氏之說，當有幾點值得注意：其一，商紂王爲黎之蒐，是治兵於黎所以防周。這當然是以殷周雙方乃仇讎敵對之國爲思想前提的。其二，周人嗾使東夷叛殷，對殷人形成東西夾擊之勢。這又是以周與東夷已經結成牢固的攻守同盟爲思想前提的。其三，周人勢力已遠及江、漢以東，又與東夷成盟，因而對殷人已然形成包圍之勢。這是把周人"三

[1]考周原甲骨卜辭所記册命"周方伯"及《周本紀》西伯受紂命而後征伐之年次，則文王當在被册命爲"周方伯"之後七年而崩。《洪範》"惟十有三祀，王訪於箕子"，說者皆謂武王即位仍然承用文王"惟元祀"之紀年，不爲無理。"乃穆考文王肇國在西土""肇我民惟元祀"，二"肇"字皆爲"開始"之意，因而對於周人來說，此事承載著尤爲重大的歷史意義與文化內蘊。是故文王崩，武王繼立，決不至輕易改元。"十有三祀"乃《金縢》所謂"克商二年"，則克商之年與文王崩年相距不過七個年頭。近人張汝舟根據《曆術甲子篇》推定克商之年爲武王十二年（前1106）二月五日甲子，十三年（前1105）即克商二年十二月崩（張汝舟：《二毋室古代天文曆法論叢》，浙江古籍出版社1987年版，第39頁）。今既知武王紀年乃從周文王"惟元祀"起算，則文王"元祀"之年當爲西元前1118年，而文王死於公元前1112年。又，據常玉芝說，帝辛在位三十四年，則西伯"受命"之年當爲商紂王二十三年。

[2]2006年1月山西省黎城西關發現西周墓葬群，其中M7、M8號墓出土西周晚期青銅器數件，學者隸定其墓主爲"楷侯宰中丁（考）父"夫婦，並認爲"楷侯"即"黎侯"，"楷國"即西周時期的黎國，姬姓（山西省考古研究院：《山西黎城西關墓地M7、M8發掘簡報》，《江漢考古》2020年第4期）。李零說，"黎侯，古書多作耆侯。楷與耆都是群母脂部字，可以通假。楷侯就是耆侯"（李零：《西伯戡黎的再認識——讀清華楚簡〈耆夜〉》，見陳致主編：《簡帛·經典·古史》，上海古籍出版社2013年版，第120頁）。

[3]徐中舒：《殷周之際史跡之檢討》，引文見《徐中舒歷史論文選輯》，中華書局1998年版，第680頁。

分天下有其二"的洗腦說法信以爲真。其四，商紂爲黎之蒐在前，而東夷之叛在後，周人乘之以戡黎又在其後，且因戡黎而卒以滅商。這是誤信今本《竹書紀年》分別排纂"大蒐於黎"與"西伯發伐黎"於帝辛四年與帝辛四十四年的結果。

顯然，徐氏這些想法，都是難以成立的。第一，牧野大戰之前，自季歷以降，周人與殷商長期保持著屬國關係，其間雖然小有摩擦，但總以甥舅同盟爲主流。因此，"治兵於黎以防周"之說無據。從《西伯戡黎》之商紂王回答祖伊"我生不有命在天！"或"不有天命乎？是何能爲！"的說法來看，其時商紂王不僅仍有"天命在己"的自信，對周人也並無防範之心。從殷周的主屬與甥舅關係以及其時殷人的綜合國力而論，商王這種自信與信周也並非是盲目的。第二，據《逸周書·世俘解》所載，武王克商之後，同時分四路大軍南下，克伐舊時殷商屬國，可見江、漢以東一帶，克商之前並非爲周人所有。[1] 雖然吳爲太伯、虞仲之國，但有淮夷側於其間，亦不能與周人形成犄角之勢，因而"句吳這一著閑棋"，在武王克商過程中不能發揮任何作用。[2] 第三，從《小臣謎簋》以及《旅鼎》等西周早期銅器銘文與周人克商以後東夷及淮夷徐戎屢屢"大反"的歷史事實來看，周人的勁敵在東南而不在西北，與殷人之勁敵在西北而不在東南恰爲相反。[3]

不過，徐氏從"陰謀論"的視域，[4] 疑心商紂王"爲黎之蒐"與周武王"牧野之戰"之間具有某種因果關聯，就周人"纘伐大商"的既定國策而言，並非全無道理。只是我們的思考路徑與徐氏有所不同而已。

根據上引陳夢家有關黎方的卜辭材料來看，直到武乙時代黎方仍然是殷商的勁敵。商人征伐黎方的軍事規模甚爲浩大，出動的軍隊有"王族"乃至"三族"還有"𠂤眔"，所擔任征伐的將帥，也是"王侯"乃至由殷王親自披掛出征。可見殷人征伐黎方所出動的將帥及其兵力，就當時的兵制而言，大有搖動國本之勢。[5] 但到帝乙、帝辛之時，黎方却成了商王的田獵區。由於帝乙卜辭與帝辛卜辭難以準確斷代，因而黎方究竟在何時被征服而淪爲殷人的田獵區，已不得而知。但無論"敗耆"與"戡黎"是否同時同地之同一事，有一點却是可以肯定的，那就是：黎方之被征服，只能發生在文王"受命"而後到武王克商之前

---

[1] 周人克商之後的南下進軍路線，參見楊寬《西周史》，上海人民出版社 1999 年版，第 98—100 頁。

[2] 參見許倬雲《西周史》，三聯書店 1994 年版，第 88 頁。

[3] 郭沫若說："殷人南方無勁敵，與周人之屢與'南夷'構兵者適相反。蓋世與周爲寇讎之'南夷'在殷則殷之同盟也。殷亡之後，淮徐均相繼叛亂，即其證。"見氏著：《卜辭通纂》，《郭沫若全集·考古編》第二卷，科學出版社 1983 年版，第 454 頁。

[4] 徐氏說："周以新造之邦，牧野之役一戰勝殷，如非倖致，則此東夷之役，除解爲周人經營江漢流域及吳陳之結果以外，實無其他適當之解釋。先秦以來兵法權謀之家，及《六韜陰符》多傳太公陰謀，據此論之，或非虛言。"見氏著《徐中舒歷史論文選輯》，第 682 頁。

[5] 丁山說，商代的軍制，在武丁時代尚以師爲單位，有左中右三師，每師百人，相當於周代的"百人爲卒"，決不如後儒所臆測的龐大。此外，另有馬隊三師，亦每師爲百人。合馬步各三師共爲六師（參見氏著：《甲骨文所見殷商氏族及其制度》，中華書局 1988 年版，第 61—62 頁）。武乙時代之"王族"與"三族"或相當於武丁時代的"右中左"三師；如馬隊"左右中"三師亦計入"王族"或"三族"之內，則其時已是傾舉國之師而征伐黎方了。

的十二年之間。要之，總在商紂王之世，當是無可懷疑的。[1]而且殷人征伐黎方，之所以如此艱難以至于需要傾動舉國之師，大抵是因爲殷人征伐黎方必須越過太行山脈而西征，其翻山越嶺，人馬勞頓，可想而知。即使可以平地迂回，其勞師襲遠，也實難克奏其功。但如果是周人攻伐黎方，可以太王遷岐之前涑汾流域的周人故地之"邠"爲依托，從西邊直接進攻，没有太行山脈的障礙，無論其輜重盤纏還是其征伐難度，自然要比殷人征伐黎方簡易多多。因此，殷人得有黎方而使之爲田獵區，應該是得益於周人的攻伐之勞。而今本《竹書紀年》排"大蒐於黎"於商紂王四年，又排"武王發伐黎"於商紂王四十四年，不僅其間相距四十年之久，與商紂王三十四年的實際在位年數不合；也與文王"受命"到武王克商僅十二年之實際時長全然不能相侔，而且更爲重要的是，還可能完全顛倒了"武王發伐黎"與"商紂爲黎之蒐"的先後次序，顯然是錯誤的。

考古人之所謂"蒐"，其見諸載籍者：《左傳》隱公五年"春蒐"，《國語·齊語》"春以蒐振旅"，韋昭注："春田爲蒐。"《公羊傳》與《穀梁傳》於桓公四年皆言"秋曰蒐"。《禮記·王制》"則歲三田"，孔穎達《正義》："春秋四時田獵皆曰蒐。"可見"蒐"就是田獵，四時皆可行，但僅是"蒐"這一概念所涉及的外延。而《國語》"春以蒐振旅"之"振旅"，才是"蒐"之概念的真正内涵。因而所謂"蒐"，就是戰争結束之後所進行的一種准軍事性行爲，其目的有三：一是以狩獵活動慶祝戰争勝利，既爲獲禽聚飲，亦爲縱情逸樂，二者皆爲解除戰鬥的緊張與疲勞。陳夢家說，"卜辭中的漁獵是時王的逸樂，不是生產活動。當時打獵的方式是車攻、犬逐、焚山、矢射、布網、設阱等等"，[2]因卜辭不同於後世敘事之文，事件的前因後果不可能交待明白，因而不能肯定殷人田獵僅僅就是純粹的娛樂活動。二是檢閱車徒，挑選精壯，補給卒乘。《左傳》成公十六年"蒐乘補卒"，哀公十一年"退而蒐乘"，皆是其事。三是訓練士卒，熟悉軍禮。如《國語·晋語四》"民未知禮，盍大蒐乎"，韋昭注："蒐，所以明尊卑，順少長，習威儀。"即是其事。根據"蒐"的概念内涵，不難推知商紂王"爲黎之蒐"的真實意圖。

准此，我們認爲，"商紂爲黎之蒐"是"武王發伐黎"或"西伯戡黎"之後帶有軍事慶功性質的後續活動。[3]如前所述，文王既可襲用王季的封號爲西伯，武王同樣也可以在文

---

[1]清華大學藏戰國竹簡《耆夜》共有十四支，其間有四支斷折，文字殘缺。李學勤說，"簡文記述周武王八年伐耆，即《尚書·西伯戡黎》的黎國，得勝凱旋，於文王宗廟舉行慶功的'飲至'典禮。參加這次禮儀的，除了武王外，有畢公、召公、周公、辛甲、作册逸（史佚），吕上（尚）父（太公）等。飲酒間武王作詩，致畢公的名《樂樂旨酒》，致周公的名《輶乘》；隨之周公作詩，致畢公的名《英英》，致武王的名《明明上帝》"（見李學勤：《初識清華簡》，中西書局 2013 年版，第 121 頁）。其以"伐耆"爲"戡黎"，就周人如此興奮而論，似可信。以"伐耆"爲武王八年，順數之即文王崩後第二年，逆數之爲牧野之戰前第四年，亦或可信。清華簡的來歷如果没有問題的話，《耆夜》可與本文所論相互參證者，非僅一端也。

[2]陳夢家：《卜辭綜述》，中華書局 1988 年版，第 637 頁。

[3]《耆夜》既有"王夜爵酬畢公""夜爵酬周公""周公夜爵酬畢公""周公又夜爵酬王"等君臣相互酬酢飲酒之樂，亦有相互贈答酬唱之舉，可見周人慶祝伐黎勝利的興奮之情。商紂王既得周人之力而攻克了黎方，亦當舉行"大蒐"之禮以爲慶，也自在情理之中。

王死後繼續被商紂王册命爲"周方伯"以"更乃祖考季阱昌事",則《尚書》"戡黎"的"西伯"大可能就是《竹書紀年》所謂"伐黎"的"武王發",兩者之間並不矛盾,[1]清華大學所藏戰國竹簡《耆夜》說"武王八年征伐耆,大戡之,還,乃飲至於文大室",亦可作爲旁證。周武王正是因了東向的地利之便從而替商人攻克了黎方,終於拔掉了自武丁以來幾代商王屢征不克的眼中釘與肉中刺,這對於商紂王自度的帝業而言,又是何等的輝煌!因此,在"西伯戡黎"之後,殷人舉行了盛大的勝利狂歡,也未始不可能。而用今本《竹書紀年》的話說,就是"大蒐於黎"!

至於商紂王"大蒐於黎",何以導致"東夷之叛",這確乎是殷周史的千古之謎。既無傳世文獻可征,亦無地下材料可據,其詳情一概不得而知。但古今之史,在一定程度上總會於某種特定時空出現某些驚人的相似。根據《左傳》昭公四年楚大夫椒舉諷諫楚靈王的歷史事實及其上下語境,通過類比思維,不難得出某種接近於事實的邏輯推論。此所謂事無所證,當求之跡;跡有不明,當度諸理也。

椒舉的諫辭,是將"商紂爲黎之蒐,東夷叛之"與"夏桀爲仍之會,有緡叛之"以及"周幽爲大室之盟,戎狄叛之"等有關史事相提並論的。從所開列的這些因盟會與大蒐而生反叛的歷史事象中,椒舉總結了一條歷史的因果律:"皆示諸侯汱也,諸侯所以棄命也"。當然,這也是針對楚靈王"示諸侯侈"的愚蠢行爲所作的諷諫之辭。所謂"侈汱",即今語"過份張揚"之意。考楚靈王即公子圍,乃楚共王庶子,弑其君兄楚康王之子麇(即郟敖)而搶奪了王位。其人志得意滿,不免驕慢奢汱,上位之初,即强邀中原十四個國家的君主以及淮夷諸酋會於申(今河南唐河縣西北)以耀武於諸侯。由於楚靈王上位之前即見惡於諸侯,此次會盟,"曹、邾辭以難,(魯)公辭以時祭,衛侯辭以疾",皆藉故不來參會。而鄭伯也是事先强留於楚而只好被迫"先待於申"。且在盟會期間,"宋大子佐後至",楚靈王傲慢無禮,"田於武城久而弗見";又因徐子爲"吳出",疑其有貳心,將徐子就地拘押。這就是楚靈王所以"皆示諸侯汱也"之具體事實,亦即椒舉所謂"諸侯所以棄命也"之根本原因。

由楚靈王之所爲與椒舉之所諷,我們不難設想:第一,商紂王"大蒐於黎"的田獵活動,規模盛大,人徒孔殷,自不必說。而且也一定邀請了殷屬所有同盟方國前來參與會獵,借慶祝武丁以來幾代商王夢寐以求的歷史性偉大勝利以揚威於小大諸邦。且如郭沫若所推斷,其時地處淮徐的東夷之人既爲殷人的同盟,被商紂王列名邀請前來參加"大蒐"之禮,自在情理之中。第二,由於商紂王新得歷代久攻不下的黎方,又以周邦與殷人爲"兩姓之好"的甥舅關係,不免被周人的殷勤假像所迷惑,也被眼前虛幻的勝利沖昏了頭腦,喪失了判斷力,因而不免對周人表現出格外的親近,也對那些較疏遠的方國有所怠慢,甚至可能或多或少地表現出某些輕蔑與無禮,以至發生了類似於楚靈王對待宋太子佐以及徐方之君的粗暴行爲,也未必不可能。《左傳》宣公十五年說"夫恃才與衆,亡之道也。商紂由之,

[1]周原甲骨卜辭有關"周方伯"的册命地點在"文武帝乙宗",其受册命者大可能是周武王而非周文王。因周文王的册命儀式不應遲至帝辛之時方舉行,當早在"帝乙"之時業已受册,否則"帝乙歸妹"亦無從說起。只是殷虛卜辭中一無消息。

故滅”，亦足可爲證。第三，由於參與“大蒐”活動之人徒衆多，種落複雜，那些得勝的驕兵悍將，在田獵活動中，不免表現出目中無人的豪橫作派；或者竟有周人與夷人之間爲爭禽而發生了某種群體性的行爲衝突，而商紂王的處理方式因偏袒周人而激怒了東夷，從而導致了東夷之人“棄命”背盟，舉兵反叛，於是開啟了商人大規模征伐東夷的戰事，也並非是無端的猜測。歷史往往因某個偶然事件而引起大規模的“蝴蝶效應”從而改變了發展方向，1914 年 6 月 28 日奧匈帝國的斐迪南大公在薩拉熱窩被兩個具有民族情緒的小憤青所刺殺，導致了第一次世界大戰的爆發，從而改變了世界格局；這是發生在與我們相距不遠的“所聞世”而非“所傳聞世”的近代史實。第四，如果按照徐中舒“陰謀論”的思維方式進行大膽假設的話，在“商紂爲黎之蒐”的前前後後，都是由周人一手策劃而導演的歷史鬧劇，也並非全然不可能。“戡黎”之舉，既可以剷除殷人的宿敵，大獲殷人的信任，也可以借此擴大周人的勢力範圍，此一舉兩得之事，慣於“帥殷之叛國以事紂”的周人更是樂此不疲。而且鼓動商紂王“大蒐於黎”，既可以驕其氣、惑其志，亦可從中製造混亂，尋找機遇。因而其時即使不是東夷之人“棄命”背盟，也會有別的部落因小忿不釋而起兵反叛。准此，東夷之叛，與其依徐中舒說是周人的暗中唆使，不如說是周人別有用心的挑激。這種政治伎倆，在每個時代都經常上演，絲毫不足爲奇。陳勝、吳廣爲起大事而以小故挑激押送戍卒的秦人軍尉（“忿恚尉”），從而一舉掀動了山東六國的反秦浪潮，即其顯例。而個中秘密，只有那位頭腦清醒的殷人祖伊才是有識之士，他自始至終全然洞悉周人“戡黎”的動機與陰謀以及在商紂“大蒐於黎”背後所隱藏的暗流與危機。只是他不應該不合時宜地趕在商紂王豪氣勃發而風頭正健的時間節點上來潑冷水。[1] 由此可見，與其說祖伊是因周人“戡黎”而“恐”，還不如說更是因商紂“蒐黎”而“懼”；否則《周本紀》所載周文王一系列的“伐國”行動，哪一步不是周人伐商的前奏，而祖伊何至唯獨恐懼於“戡黎”？反之，周人克伐“殷之叛國”多矣，又何獨至於“戡黎”而有“耆夜”如此興奮之舉？

綜上所述，“商紂爲黎之蒐，東夷叛之”，其個中原委，大抵如此。雖然這些推論與徐中舒的設想相較，仍然不免“五十步笑百步”之嫌，但畢竟朝歷史真相邁進了“五十步”。書闕有間，歷史斷層無從接續，亦末如之何也！

與“爲黎之蒐”相關者，還有武王“觀兵”之事。《周本紀》說，武王九年“東觀兵，至於盟津”，還說“是時，諸侯不期而會盟津者八百諸侯”。據先秦載籍所引，武王在觀兵盟津時還發表了一篇稱爲《太誓》的軍前演說。而“不期而會”的八百諸侯皆對武王說“紂可伐”，但武王却說“女未知天命，未可也”，便悄無聲息地班師而還了。

所謂“不期而會”者“八百諸侯”，自不可信。且周人事後要替武王補造一篇名爲《太誓》的講話稿，說些“予克紂，非予武；惟朕文考無罪。紂克予，非朕文考有罪；惟予小子無良”（《禮記・坊記》引）或者是“我武惟揚，侵於之疆，則取於殘，殺伐用張，於湯有

---

[1]《尚書・西伯戡黎》乃周人作而傳之，意在醜化商紂王；其事可有，其辭可疑。《尚書・微子》一篇，亦當作如是觀。然而，值得注意的是，《尚書》竟有《西伯戡黎》，周人借殷人祖伊之口來混淆視聽，到底是想說明什麼還是想掩蓋什麼，頗可玩索。

光"（《孟子·滕文公下》引）之類雖然謙虛有加却不著邊際的空話，也不是難事。但關鍵在於：牧野大戰之前的"東觀兵至於盟津"，其事究竟如何解釋？

如果從滅商的後果認定某個前因，以爲此時的"小邦周"與"天邑商"已然是劍拔弩張公開對決的敵國仇讎，且又確認"牧野之戰"不過是突然發動的閃電戰；那麼"觀兵盟津"，還向"八百諸侯"發表對殷人宣戰的軍事演講，大規模地向敵方洩露軍事機密，暴露周人的政治野心，然後又草草收兵，這種愚蠢的戰法，恐怕古往今來也未有其例。但如果從"戡黎"與"蒐黎"的前因以馴至其後果，即考慮到此時周人與殷商幾乎處於無縫隙交往的姻盟與國關係，那麼周人在任何地方大規模地結集以整軍練武，都不會引起殷人的懷疑與猜忌。因此，"東觀兵至於盟津"，其事當然是確信無疑的。只是武王選擇在"盟津"之地"觀兵"的真實意圖，作爲一種問題意識，却在學者們訴訴交争於《大誓》之真與僞的喧囂聲浪之中全然被遮蔽淹没了。

所謂"盟津"，又稱"孟津"，其地在黄河北岸，今之河南孟州市西南境。孔穎達《尚書·禹貢正義》引杜預說："孟津，河内河陽縣南孟津也。"胡渭《禹貢錐指》說："'盟'古通作'孟'，其地本在河北。閻百詩曰：孟津之漸訛而南也，自東漢始。"然武王所以"觀兵盟津"，宋人林之奇以爲黄河上游水道因"夾兩山之間，其流皆湍悍，至於孟津，然後其勢稍緩，可以橫舟而渡"。然清人胡渭已駁之，認爲"大河津濟處甚多，唯孟津以都道所湊，四通五達之衢，故其名古今特著耳"。[1]近人楊寬又說盟津爲"河北和河南兩方面的渡口，武王在此與諸侯結盟，於十一年在此與諸侯誓師渡河北伐"。然以今之論，林氏之說固然非是，胡氏之說亦未得其真，楊氏之說於武王"觀兵"究竟在河北還是河南，更無定見；且以爲"從盟津到牧野，約有三百里以上路程，採取急行軍，平均每天進軍五十多裏是可以做到的"，乃以爲武王九年先渡河結盟，二年後又渡河誓師再派長途急行軍而決戰於牧野。[2]書生之見，尤其荒謬。

考諸家之說所以不著邊際，皆由不明武王"觀兵"之真實意圖所致。如前所述，周人此時既克邗崇，又戡黎方，則大河南北，可任其往來。因此，"東觀兵，至於盟津"，既與河水緩急了無關涉，亦與會盟諸侯大不相干，更與地處黄河南邊且爲周人後來所建的洛邑没有任何瓜葛；至於說此時武王還有對殷人宣戰的軍前演說，就更是無稽之談了。事實上，"觀"者，示也；所謂"觀兵"，既非盟會，亦非誓師，而是今天所說的帶有耀武揚威性質的軍事演習。至於武王何以要在今天黄河北岸的孟州西南這個地方進行軍事演習，只要看看今天的地圖就知道了。今天孟州正北的沁陽與濟源兩縣的接壤之處，其時正是殷人的軍事重鎮"大邑商"的所在地，帝辛時代征伐人方的軍隊就是從這個地方出發的。而且這裏不僅是殷人稱爲"大邑商"的軍事重鎮，也是帝辛時代殷人的田獵區。[3]顯然，武王在殷人的

---

[1]引文皆見胡渭：《禹貢錐指》，上海古籍出版社1996年版，第447—448頁。

[2]參見楊寬《戰國史》相關論述及其所列"假定的武王克商日程表"，上海人民出版社1999年版，第86—104頁。

[3]陳夢家：《卜辭綜述》，中華書局1988年版，第256—257頁。

軍隊駐屯區域周邊進行軍事演習，其目的是試探殷人的政治局勢與軍事反應。如果殷人對周人大規模的軍事行動熟視無睹，說明殷人完全視周人爲心腹，毫無防範之意。如果殷人有所反應，就可以得知殷人屯駐在“大邑商”的軍隊虛實，以及殷人京畿牧野一帶的軍事佈防情況。因此，“觀兵”的意圖既是對殷人當前局勢所作的政治性試探行爲，也是爲即將開展的“牧野之戰”作軍事偵察。而且在時間節點上，正如李學勤所說，從《耆夜》所記周公作《蟋蟀》一詩所反映的季節時令，“周的伐耆是在武王八年深秋以後”，而“伐耆在八年之末，隨後就是在孟津觀兵，在時間上便前後相鄰接了”。[1]事實上，《耆夜》還有一個更爲重要的資訊，即商紂王“大蒐於黎”應當在武王九年的春季，正與《國語·齊語》“春以蒐振旅”之說相吻合，而武王“觀兵盟津”又在商紂王“大蒐於黎”之後的夏季或者秋季了。

　　對於武王“盟津觀兵”的軍事偵察與政治試探，殷人是否作出了反應，先秦文獻沒有任何相關記載。但先秦載籍多言商紂與東夷的戰事，《左傳》昭公十一年記晉人叔向說“桀克有緡以喪其國，紂克東夷而隕其身”，與楚人椒舉“夏桀爲仍之會，有緡叛之，商紂爲黎之蒐，東夷叛之”之說亦若合符契。帝辛時代卜辭有兩次征人方的占卜記錄，晚殷銅器《般甗》及《小臣艅尊》銘文亦有相關記載。郭沫若《卜辭通纂》曾據以釋爲“征尸方”，認爲“尸”乃“夷”字之假借。[2]陳夢家《卜辭綜述》則釋爲“正人方”，認爲“武丁卜辭中所征伐在西土的尸方，與乙辛時代在南方的人方，是不同的兩個邦方。尸和人的寫法也不同。”[3]我們認爲，無論釋爲“人方”或釋爲“尸方”，就其征伐的時間而言，不可能如徐中舒氏所言，以之與“紂克東夷而隕其身”並爲一談。常玉芝根據商代周祭制度排定帝辛兩次征伐人方的具體時間，分別是：“第一次開始於帝辛十祀八月，至十一祀正月踏上‘來征人方’的歸程，至五月份仍在歸程之中，這次征伐人方連去帶回至少用了十個月時間。第二次征伐人方開始於十四祀的年終十二月，閏月十四月去伐人方，到十五祀九月仍在‘來征人方’的歸程中，即這次征伐人方連去帶回也至少用了一年的時間。”[4]然而帝辛在位三十四年，其第二次征人方尚在他在位之中期偏前，距其“克東夷”以致周武王乘機突襲牧野而戰敗身亡，相隔二十有三年。

　　當然，東夷種落應該不止“人方”一個部族，從山東東部地區南到淮泗流域的安徽與江蘇毗鄰一帶，皆是古代徐戎與淮夷集居之地。而最終葬送殷商王朝的東夷，屬何方何種，今不得而知。但據陳夢家所考訂帝辛征伐人方的時地日程，其往返耗時二百六十日（如常玉芝說更須一年之久），其進軍路線自始發之地的河南沁陽，歷經原武縣、商丘縣、穀熟集、夏邑縣、永城縣、五河縣，乃從河南西北部穿行到東南部，再到今之安徽東部而後跨過淮河進入江蘇境內作戰，[5]其往返的直線距離猶長達一千三百多公里，可見其戰事之曠日

［1］李學勤：《初識清華簡》，中西書局2013年版，第132—133頁
［2］郭沫若：《卜辭通纂》，《郭沫若全集·考古編》第二卷，科學出版社1983年版，第462頁。
［3］陳夢家：《卜辭綜述》，中華書局1988年版，第301頁。
［4］常玉芝：《商代周祭制度》，線裝書局2009年版，第406—407頁。
［5］參見陳夢家：《卜辭綜述》，中華書局1988年版，第304—309頁。

持久。

　　然而，對於周人"觀兵"的軍事活動，根據默證法及其事後的結果，基本可以斷定，殷人沒有絲毫的警惕與戒備之心。而周武王在掌握了殷商的政局動向與軍事佈防之後，便乘著東夷"棄命"背盟起兵反叛而駐紮在"大邑商"的殷軍主力長途遠征的間隙，率領"虎賁三千人，簡車三百乘"以及西土八國聯軍奔襲"天邑商"。"以二月癸亥夜陳"於商郊（《國語‧周語下》），第二天甲子清晨發起攻擊，首先"以銳兵克之於牧野"（《呂氏春秋‧古樂》）殲滅殷都南郊駐紮在"牧㠯"防守京畿的衛戍部隊，然後直撲朝歌。當此命懸一線之際，商紂王欲調動主力大軍回援京畿，則勢必遠水不能救近火！在援軍不及而殷都淪陷的當天晚上，商紂王"取天智玉琰，琷身厚以自焚"（《逸周書‧世俘解》）。而其餘部衆，縱然拼死頑抗，也無力回天！龐大的殷商帝國就此轟然坍塌，土崩瓦解。其時爲周武王十二年也就是周文王"肇國在西土"之第十二年（公元前1106年）的二月甲子，出土的《利簋》銘文與傳世文獻皆可互證。

　　總而言之，從"西伯戡黎"到"商紂爲黎之蒐"，再從"東夷叛之"到"牧野之戰"，所有事件都是一步接著一步的政治圈套與軍事陷阱，其間"觀兵於盟津"，以覘殷人的政治局勢與軍事動向，全部過程都緊鑼密鼓地發生在武王八年到十二年之間，而周人的幕後陰謀與秘密操控亦環環相扣，有條而不紊。此雖事無所證，跡亦難明，但理實不虛。且歷史的事實恰是：到此爲止，周人自古公亶父去邠遷岐猶"肆不殄厥慍"以來，歷經王季與周文王"遵養時晦"而隱忍屈辱，強顏事敵以"燮伐大商"的遠略"圖功"，終於以周武王"時維鷹揚""肆伐大商"的"牧野之戰"而大功告成。因此，周人在事後歌功頌德的《魯頌‧閟宮》以及《周頌‧大武》樂章中便可以無所顧忌地說："后稷之孫，實維大王，居岐之陽，實始翦商。""允文文王，克開厥後；嗣武受之，勝殷遏劉，耆定爾功。"則先前一直默識在心而密不示人的"訏謨定命，遠猷辰告"，至此終於可以直言不諱地公開說出他們早年既有的"訏謨"與"遠猷"了。至於《左傳》昭公二十四年周大夫萇弘引武王《太誓》說："紂有億兆夷人，亦有離德；余有亂臣十人，同心同德"以及《呂氏春秋‧古樂篇》"商人服象，爲虐於東夷"云云，乃至載籍所謂商紂王的種種惡行，不過是周人奪得了歷史話語權之後的欺世之談。而《大雅‧文王》"亹亹文王，令聞不已"以及《左傳》襄公三十一年載衛人北宮文子所謂《周書》數文王之德曰：大國畏其力，小國懷其德""紂囚文王七年，諸侯皆從之囚""文王伐崇，再駕而降爲臣，蠻夷帥服"，抑或載籍有關周之文武諸般頌歌與諛辭，亦大可作如是觀。其姑妄言之，亦姑妄聽之，可也！

三、天下之中：武王的焦慮與洛邑的營建

　　由上述可見，武王克商，只不過佔領了殷人的王都，消滅了商紂王一人之身而已，離盡平其國而天下大治的政治目標卻差之天壤。更何況以密謀與武力逆取天下雖云不易，但以文治與風教使天下安瀾尤爲其難。然而，無論是文化的發達程度，還是科學技術的先進

水準，地處西偏的"小邦周"遠遠落後於"天邑商"。更有東部大片土地與民人的管控、先進的殷商科學技術的接管，對於文化落後的周民族而言，都是巨大的歷史性挑戰。解決殷商貴族的遺民情緒與殷商舊有科學技術人才的安撫與利用，也直接關係到新建周邦的社會發展與政治穩定。爲此，周武王陷入了深深的焦慮，以至夜不能寐。《逸周書·度邑解》說：

> 維王克殷國，君諸侯及（原作乃，依莊述祖校改）厥獻民，征主九牧之師，見王於殷郊。王乃升汾之阜，以望商邑。永歎曰："嗚呼！不淑兑天對，遂命一日，維顯畏弗忘。"[1]王至於周，自口至於丘中，具明不寢。王小子御告叔旦，叔旦亟奔即王。問（原在勞字後，從丁宗洛校正）曰："久憂勞，害（原作周，依盧文弨校改）不寢？"曰："安，予告汝。"王曰："嗚呼！旦，惟天不享殷國，發之未生，至於今六十年。[2]夷羊在牧，飛鴻滿（原作過，依盧文弨校改）野。[3]天自幽（原作幽，依陳逢衡校改），不享於殷，乃今有成。維天建殷，厥征天民名三百六十夫；弗顧，亦不賓成，用戾於今。[4]嗚呼！於憂茲難，近飽於卹，辰是不室。[5]我來所定天保，何寢能欲？"[6]王曰："旦，予克致天之明命，定天保，依天室；志我共惡俾從殷王紂。[7]四方亦（原作赤，依莊述祖校改）肯來（原作宜未，依洪頤煊校改）定我於西土，我維顯服及德之方明。"[8]叔旦泣涕於常，悲不能對。[9]

---

[1] 淑，美善也。兑，音義同遂，猶順從、完成；與今語"兑現"之"兑"義近。對，相配。兑天對，即完成上天的要求、與上天的願望相匹配。遂，通墜，今寫作墜。"不淑兑天對，遂命一日，維顯畏弗忘"，意即：不能妥善地滿足上天的願望，喪失天命，僅在一日之間。這是十分顯著的而且也是值得畏懼而不能忘記的事實。各家校勘釋義皆誤。本文所引《逸周書》及諸家校勘，皆見黃懷信等《逸周書彙校集注》，上海古籍出版社1995年版，下不出注。

[2] 據常玉芝《商代周祭制度》對文丁、帝乙與帝辛祀譜，商紂王帝辛在位三十四年，帝乙在位二十五年，文丁在位二十二年。又據古本《竹書紀年》"武王崩年五十有四"，則"發之未生至於今六十年"，當文丁十年左右。

[3] 夷羊，怪物；飛鴻，一作飛蚩，蝗蟲。郊外謂之牧，牧外謂之野。

[4] 賓，與擯通用，迎接。賓成，猶言熱情接納賢人以成就自己。戾，至也。

[5] 辰，時也。《說文》："室，實也。從宀從至，至，所止也。"辰是不室，猶辰是不實，謂因此心裏時常不踏實。舊注或以"不室"爲"未定都邑"，或以爲"不安其家室"，皆未達文意。

[6] 來，行來也，此處指回來的路上。所定天保，猶所以定天保也，謂確立保住天命的辦法。

[7] 志，標識，標誌。俾，比也。俾從，近義複詞，猶言跟從、隨於其後也。志我共惡俾從殷王紂，一句讀下，乃文從字順，語暢義明。舊注諸家因句逗之誤，紛紛校改，非是。

[8] 維，通唯。顯，與憲音義相通互用。古人謂懸法示人爲憲，故憲亦顯，顯亦憲，是顯、憲皆可引申爲法。說見拙著《尚書釋讀》之《康誥》"於弟弗念天顯"、《酒誥》"迪畏天顯小民"以及《多士》"罔顧於天顯民祗"等各句釋讀。服，通反，法也。顯服，同義複詞，猶今語法律、法制之意。德，《尚書》中"德"字多指治國舉措，不單指君主的個人私德。方，並也。明，明確。"維……之……"，猶"唯以……爲……"。維顯服及德之方明，意即唯有以法度與德政並明也。

[9] 常，與裳通；下衣曰裳。

　　其大意是說：周武王克商以後，在殷都郊外召見了殷商舊屬諸侯與歸順周邦的鄉紳名流以及管理地方政務的各州正副官長。然後登上朝歌附近的高坡，眺望殷商舊京，大發感慨地說："不能很好地報答上天的期許，在一天之内便喪失天命，這是多麼沉痛可怕而又深刻難忘的教訓啊！"又在回去鎬京宗周的歸途上，通宵達旦，夜不能寐。爲周武王駕車的小臣將此情報告於周公，周公急奔王所探問："是否因爲長期憂慮與疲勞，何以不能入睡？"周武王說："你先別爲我著急，來，我告訴你。"接着便長歎一聲繼續說道："姬旦啊！當我姬發尚未出生之時，老天爺便不接受殷人的祭祀了，如今已經有六十年了；以致殷人京畿之地，災異頻仍，哀鴻遍野。自從我們的先人從豳地遷到岐周之後，老天爺就不大願意接受殷人的祭祀，到今天終於結束了殷人的天命。當老天爺建立殷邦之初，上天也征進了天民中的名流賢達三百六十人，可殷人既熟視無睹，更不願接納進用這些名流賢達以成就國家的大事業，以至於有了今日的亡國之禍。唉！因爲擔心這治國的種種艱難，近來滿腹憂愁，每時每刻，心裏都不踏實。我在回來的路上，一直都在思考確保天命的辦法，哪里還想睡覺呢？"周武王繼續說："姬旦呀，我已經克滅殷商，把上天的明令正罰送達給商紂王了，因而我們必須確定保住天命的辦法與措施，依托天室所在之處治理國家，借此表明我們與共同厭惡的商紂王不一樣，決不能步他的後塵，在一日之内便遭到滅亡的災禍。天下四方的名流賢達也願意來到我們西土，幫助我們安定國家，而我們唯一要做的，就是把相關的法度與政策一併明確地規定下來。"周公旦聽了這番話，涕泣沾裳，對武王如此愁思憂勞國事，心裏感到非常難過，嘴上却說不出一句安慰的話來。

　　今傳《逸周書》屬《漢書・藝文志》"六藝略"《尚書》類，題名《周書》七十一篇，廁於許商《五行傳記》與漢宣帝《石渠奏議》之間，後世編入乙部雜史類，因而歷來不受學者重視，在傳抄中多生倒衍訛脱之誤自是難免。經過清代學者多方校勘，才能勉強卒讀，但仍有許多難以通說之處。故不憚其繁，既詳注其文，又細繹其義，只爲準確把握武王的治國理念，避免脱離文本而隨意穿鑿，僅此而已。

　　由《度邑解》這段文字可見，周武王所憂之事，主要在三個方面：第一，偌大的殷商帝國，何以如此不堪一擊，竟在一天之内便迅速土崩瓦解，實在令人震驚而難以置信。第二，自周人遷到岐山之後，尤其是最近六十年以來，上天就不看好殷商王朝。京畿之地，災異時常發生，遍地盡是哀鴻。可是從武乙到帝辛的幾代殷王，何以找不到有效措施挽救他們的國運呢？第三，殷人在建國之初，老天爺也爲他們準備了衆多的人才精英，何以殷人普遍將他們投閒置散而不能委以重任，最後皆任其凋零乃至流失呢？

　　通過連日來的痛苦思索，周武王終於想到了相應的對策，這就是"定天保，依天室"，周人決不能步殷商迅速亡國的後塵。所謂"定天保"，就是確定保住天命的辦法與措施，這是有鑒於殷商百十年來制度鬆弛，國勢傾頽的危局所設定的相關對策。這"定天保"其實包括兩個方面：一是制定與殷商王朝不同而全新的國家制度；二是確立有關國家治理的具體政策。所謂"維顯服及德之方明"，即是其意。而"依天室"則是確立國家的治理中心，這是有鑒於殷人以方國聯盟爲主體所以"極遠而弗屆"之控制不力的積弊所採取的相關對策，也是周人急需解決如何管控東方疆土與民人的現實應對措施。這"依天室"也包含兩個方面：一是確立國家治理的地理中心；二是建立廣納四方賢才的智力中心。因此，"定天保"是目的，"依天室"是手段，可見周武王的治理思路還是非常清晰的。亦可想見，這大抵是周武王在殷都郊外，與殷屬諸侯邦君、地方長官以及鄉紳名賢召開的諮詢會議上瞭解情況之後，勞神苦心所思考的相關應對策略。

雖然"定天保"與"依天室"，在本質上是互爲前提與條件的系統性整體治理思想，但我們仍然不能同意將二者混爲一談的說法。近人楊寬說，"保"與"堡"古通用，"天保"即是天都之意，"定天保"是說確定順從天意的國都。"天室"是指祭祀天神的明堂。"依"與"殷"通。"依天室"是說在新都建築明堂舉行殷祭。[1]顯然這是將"天保"與"天室"兩個概念的不同內涵混而無別了。這種隨意濫用通假而且歪曲古人既定文法以解讀古書的方式，我們是不能接受的。而且武王所關注的並不是宗教問題，在何處建立"明堂"以祭祀天地鬼神有因襲的宗教習慣，用不著如此勞神苦思。因此，把"天保"等同於"天室"，僅僅從宗教祭祀著眼詮釋其內涵，是非常片面的；雖然其間也不可避免地包含著宗教方面的內容。

因此，應該說，"定天保"是有關國家制度設計以及關乎國家治理的社會組織結構問題，也就是保障國家長治久安的大政策、大舉措。然而，也毋庸諱言，這也恰好正是地處西偏的"小邦周"所面臨的最爲棘手的重大薄弱環節。無論是古公亶父"柞棫拔矣，行道兌矣"之命司空、司徒拓荒開道，還是周文王"虞芮質厥成，文王蹶厥生"所擅長的以道德感化周邊小國，全然不能與眼下如此龐大的國家治理工程同年而語；而且這同樣也是擅長軍事征戰的周武王所難以勝任的陌生領域。因此，在決定國家前途與命運的關鍵時刻，周武王焦灼難安、夜不能寐，當然是情有可緣的。他不得不召開廣泛的諮詢會議，也不得不去拜訪殷朝的遺老明哲，向箕子請教如何治理國家以致"彝倫攸敘"的理論與方法。《尚書·洪範》說：

　　惟十有三祀，王訪於箕子。王乃言曰："嗚呼，箕子！惟天陰騭下民，相協厥居，我不知其彝倫攸敘。"箕子乃言曰："我聞在昔，鯀陻洪水，汩陳其五行。帝乃震怒，不畀洪範九疇，彝倫攸斁。鯀則殛死，禹乃嗣興。天乃錫禹洪範九疇，彝倫攸敘。初一曰五行，次二曰敬用五事，次三曰農用八政，次四曰協用五紀，次五曰建用皇極，次六曰乂用三德，次七曰明用稽疑，次八曰念用庶征，次九曰向用五福，威用六極。"

周武王對箕子坦誠地說："我不知其彝倫攸敘。"意思就是說，我不知道如何整頓乾坤，安排天地間的大秩序。而"洪範九疇"，正是治國理民以整齊天地人倫總秩序的大原則與大手段。"本之以五行，敬之以五事，厚之以八政，協之以五紀，皇極之所以建也。乂之以三德，明之以稽疑，驗之以庶征，勸懲之以福極，皇極之所以行也。人君治天下之法，是

[1] 楊寬：《戰國史》，上海人民出版社 1999 年版，第 137 頁。

孰有加於此哉！"[1]宋儒蔡仲默這樣理解"九章大法"與"彝倫攸敘"的關係，當然是正確的。因此，箕子這"洪範九疇"，既有物質生活方面的具體建議，也有精神信仰方面的思想主張；雖然極其宏觀抽象，却又十分細緻具體。然而遺憾的是，就在這次拜訪箕子請教治法的當年十二月，武王便撒手人寰了。不過，箕子所陳的"九章大法"，雖然在武王生前來不及系統實施，却也是奠定周王朝八百年基業的龐大政治哲學體系，也是後世不斷取效與借鑒的治理思想淵藪，則是用不著懷疑的。即使不問其理論價值如何，僅就武王以竭誠之心廣泛諮詢社會賢達，不棄鄉紳野老這種不恥下問的優良政治作風而言，也足以楷模當世，垂範後昆。而其同母弟周公旦正是這種優良作風的直接傳承者與踐行者，在移封康叔於妹邦時，周公便在誥詞中反復叮嚀告誡康叔說："往敷求於殷先哲王，用保乂民。汝丕遠惟商耇成人，宅心知訓。別求聞由古先哲王，用康保民。"其教導康叔遍訪遺賢，諮詢故老，尋求治國安民的具體措施與方法，正是周武王當年的流風遺澤。

值得注意的是，"天室"這個概念，在語言上只是一種隱喻式的修辭表達。古人建宗廟，廟有五室，中央最大者爲太室。因此，"天室"就是"天下之太室"，必居"天下之中"。西周早期銅器《冞尊》銘文說："佳珷王既克大邑商，則廷告邘天，曰：余其宅茲中或，自之辥民。"[2]《尚書·洛誥》也反復申言："王來紹上帝，自服於土中"，"其作大邑，其自時配皇天，毖祀於上下，其自時中乂"。可見"依天室"就是"宅茲中或，自之乂民"。顯而易見，"定天保"是關乎國家治理的重大制度設計以及社會總體結構的秩序安排；而"依天室"則是周人克商之後面對東土管控這一目前最爲緊迫的現實問題所作的應對策略，也是國家治理的總體規制在現實社會層面的具體落實。

毋庸諱言，周武王之所以選擇"天下之中"作爲國家的治理中心，首先當然是出於地理上的考慮，即《周本紀》所謂"四方入貢道里均"，這是著眼於物質形態的國家管控；其次是出於文化上的考慮，即《度邑解》所謂"天有求繹"，這是著眼於精神形態的智力管控。然而，正是這個仍然處在概念狀態而尚未具體顯現出來的作爲"天下之中"的洛邑，[3]却成爲撬動殷周整個社會發生根本性變革的歷史杠杆。也就是說，正是因爲內涵爲"八方之廣，周洛爲中，謂之洛邑"這個概念的醞釀與形成，[4]從而導致中國社會由殷商王朝自然鬆散的方伯聯盟制轉向了姬周王朝以宗法維繫的諸侯分封制；同時也拉開了中國古代社會對於文人與文化既控制又利用的悠悠大幕，從而上演了一部又一部讀書人升天入地的歷史悲喜劇。不過，這道理說起來也非常簡單：爲了拱衛這個"天下之中"，必須實行帶有一定

---

[1] 蔡沈：《書經集傳》，上海古籍出版社 1987 年版，第 74—75 頁。

[2] 冞尊一九六三年出土於陝西寶雞賈村塬，腹內有銘文一百二十二字，現藏寶雞市博物館。"則"即"則"，"或"爲"國"字初文，""讀"乂"，治也。

[3]《尚書·多方》"爾乃自時洛邑"，"時"字爲遠指。《多士》"今朕作大邑於茲洛"，"茲"字爲近指。前者爲周公三年前洛邑未建時誥於宗周；後者乃周公三年後營建洛邑時誥於洛邑。依《尚書》文例，遠指用"時"字，近指用"茲"字，決不混用。是知洛邑尚未興建，已經早有洛邑之名。以洛邑爲中心，可以成就周邦，故洛邑又稱成周。

[4] 語出《水經·洛水注》引《孝經援神契》。陳橋驛：《水經注校證》，中華書局 2007 年版，第 369 頁。

殖民意義的諸侯分封制；爲了打造這個"天下之中"，必須聚集一批知識人士爲之貢獻他們的智慧與才能，這當然也不免帶有智力掠奪的傾向。[1] 然而，無論是殖民性分封，還是智力性掠奪，西周開國初期的歷史事實，就是如此！請嘗試而言之：

首先，作爲"四方入貢道里均"的國家治理中心，除了派駐軍隊所謂"成周八自"採取強有力的武力保護之外，[2] 進行家族殖民式的諸侯分封制，則是政治利益與經濟利益一舉兩得的最佳方案，這是周人最爲聰明的制度建設。因此，營洛的第一目的與洛邑的拱衛，就是導致諸侯分封制誕生的重要契機之所在，也是西周開國之初武王在世之時第一次分封諸侯之最爲直接的目的。爲此，對周代分封制的基本特點略作交待，應該是很有必要的。

衆所周知，殷商王朝雖然也是"邦畿千里"的大國，表面上也是採取"越在外服，侯甸男衛邦伯"的"畿服制"。但殷人的"畿服制"與周人的"分封制"在概念上有著本質的不同。殷人"越在外服"的"侯甸男衛"諸方伯，都是各自獨立的自然氏族；嚴格說來，這些自然氏族與殷商王朝只有鬆散的部落聯盟關係。雖然表面看來有主國與屬國的名份，但並無實質性的統領關係。[3] 且"伐柯伐柯，其則不遠"，克殷之前的西土周邦與殷商王朝，正是這種鬆散的聯盟與國關係。雖然因"帝乙歸妹"而殷周關係有一段"蜜月期"，但仍然沒有消除自然鬆散的盟國性質，且地處西偏的"小邦周"最後竟然克商滅紂，取而代之，尤其可爲明證與顯例。因此，隨著殷商王朝國力的盛衰消長，這些聯盟性質的大小方國也就叛服不定。我們看武丁時代的卜辭，殷商王朝經常派出軍隊對遠近多方進行武力征伐，其原因就在於此。當然，國力強盛，自可武力征伐"叛國"；國力不足，也就只好任其向背而去留自專了。然而，周人的分封制，按照功勞的大小與血緣的遠近，以"授土授民"的方式，裂地封疆；其所授疆域之大小與民人之衆寡，與諸侯的爵位尊卑形成等級關係。而且那些爵級較尊、關係較近的諸侯邦君，還可以在中央王朝擔任重要官職，所謂"越在內服"，即是其事。如《左傳》成公十一年劉康公說："昔周克商，使諸侯撫封，蘇忿生以溫爲司寇"。又如，周平王東遷前後，衛武公與鄭武公皆分別爲王朝卿士，亦是其例。這樣，通過以"授土授民"爲其內容與形式的諸侯分封，其結果就形成了"溥天之下，莫非王土；率土之濱，莫非王臣"的大格局。而且在這種諸侯裂地封疆的政治格局中，又由於"同姓不婚，其生不蕃"的民俗禁忌，異姓諸侯與同姓諸侯乃以婚姻關係互相締結"兩姓之好"，於是諸侯與諸侯之間，以及諸侯與周王之間，不是甥舅，便是兄弟。[4] 這種以血緣關係爲政治紐帶所結成的國家共同體，較之那種自然鬆散而叛服無定的部落聯盟關係，自有其優長之處。因此，周代國家的組織結構與運轉機制，當然比起與之相對的殷商王朝要牢固得多，

[1] 中國古代"士人"群體的發生，就是從這批殷遺開始的。參見拙著《中國早期文意識的嬗變》第二卷第十二章《士人群體與士人文化》，武漢大學出版社 2005 年版，第 3—28 頁。

[2]《𦅈壺》："王乎尹氏冊命𦅈曰：更（賡）乃且考作塚嗣土於成周八自。"此軍隊當因屯駐於洛邑而有"成周八自"之名。

[3] 參見徐中舒：《論殷周的外服制》，《徐中舒歷史論文選輯》，中華書局 1998 年版，第 1410—1418 頁。

[4] 參見王國維《殷周制度論》之相關論述，《觀堂集林》第 2 冊，中華書局 1959 年版，第 474 頁。

經久得多。當然，這種以宗法血緣爲維繫紐帶的諸侯分封制，其優長之處在於是，其窳劣之處亦在於是。不過，這種歷史的二律背反，不在本文討論之列，可按下不表。

　　據先秦經籍所載，武王克商之後所封建的一批功臣與王室宗族，大部分集中在河洛一帶環繞在成周周邊地區。而且分封在這個地區的諸侯，都是其時比較重要的人物及其家族，其拱衛"天下之中"的目的性是非常明確的。"營成周以制東國，其於守防蓋甚慎焉"，民國著名學者傅斯年有關魯、燕、齊三國初封之地皆在成周東南及至後來皆遠遷於現今山東與河北一帶的說法，可爲本文之力證。傅氏說，召公奭所封之燕，其字在金文皆作郾。燕既作郾，則其初封之地當在今之河南郾城。"漢世郾縣與召陵縣雖分屬潁川、汝南二郡，然土壤密邇，今郾城縣實括故郾、召陵二縣境。近年郾城出許沖墓，則所謂召陵萬歲裏之許沖，固居今之郾城治境中。曰郾曰召，不爲孤證，其爲召公初封之燕無疑也"，然其後則遠徙於河北薊燕之地。魯公伯禽之初封，在今河南省魯山縣，因"成周東南既有以魯爲稱之邑，魯之本在此無疑"，而後亦遠徙曲阜。太公呂尚初封，其地在呂，呂尚與其子呂伋，"此父子之稱呂，必稱其封邑無疑"，"然則齊太公實封於呂，其子猶嗣呂稱，後雖封於齊，當侯伋之身舊號未改"。是呂之舊封，亦在成周之南，今河南西南境，西接陝西，南接漢陽諸山脉，即是其地。傅氏因此說，"雒邑之形勢，至今日猶有足多者，在當年實爲形勝之要地，周人據之以控南方、東方之諸侯者也。齊燕魯初封於此，以爲周翰，亦固其所"。[1]傅氏的結論不僅十分正確，而且亦不乏啟迪之功。西周甫一開國，封建制便橫空出世，而拱衛"天下之中"的洛邑，正是這二者之間的觀念仲介！

　　由於論旨所限，傅氏於周人開國之際爲拱衛洛邑而封建諸侯，僅討論了燕、魯、齊三國初封之地。當然，此三國是後來遷離洛邑較遠而又常見於經史載籍者，頗有典型意義。其實，武王初封於洛邑周邊的宗室諸侯，名著於後世者尚有平叛後移封於殷都故地的同胞母弟康叔封。《史記·衛康叔世家索隱》："康，畿內國名。宋衷曰：康叔從康徙封衛。畿內之康，不知所在。"孫星衍《尚書今古文注疏》："《說文》：邟，潁川縣。《漢書·地理志》潁川有周承休侯國，元始二年更名邟。《集韻》：邟，縣名，在潁川。又有'鄘'，同音地名，則即'康'也。元始二年復古稱邟，今河南汝州是。"[2]今考康叔始封之地，在前漢之邟縣或鄘縣，後漢省併入陽城縣乃爲邟鄉或鄘鄉，其地在今河南省汝州市東北，則在洛邑之南而稍偏於東。此外，《左傳》成公十一年載"蘇忿生以溫爲司寇，與檀伯達封於河"，隱公十一年載"蘇忿生之田，溫、原、絺、樊、隰郕、欑茅、向、盟、州、陘、隤、懷"，杜預注："今懷縣凡十二邑皆蘇忿生之田，欑茅屬汲郡，餘皆屬河內。"則蘇忿生所封之溫，其地在今河南濟源、孟縣、溫縣、沁陽、武陟、修武、獲嘉諸縣之地。這一帶曾經是"大邑商"的軍事重鎮所在，也是商王的田獵區。不過，據《國語·鄭語》"己姓，昆吾、蘇、顧、溫、董"之說，我疑心蘇忿生作爲異姓諸侯，其始封之溫國，地界未必如此之大，《左傳》

　　[1]傅斯年：《大東小東說》，《傅斯年全集》第3卷，湖南教育出版社2003年版，第54—60頁。
　　[2]孫星衍：《尚書今古文注疏》，中華書局1986年版，第354頁。

所言或是其後代蠶食周邊邑地所得，亦未可知。蘇忿生初封之溫國，當在今河南溫縣周邊，乃在黃河北岸，與洛邑隔河相望。而檀伯達的封地亦當在洛邑北面的黃河一帶。

　　然而，尤其應該注意的是，武王同母弟號稱"三監"的管叔鮮、蔡叔度、霍叔處的初封之地。《管蔡世家正義》引《括地志》："鄭州管城縣，今州外即管國城也，是叔鮮所封國也。"《利簋》銘文載武王甲子朝克商後第八日辛未在"**䎣自**"賞賜右史利，則克商之初，周人亦有軍隊駐屯在此，其地在洛邑之正東面。蔡叔封地，《管蔡世家集解》引《世本》說"居上蔡"，楊寬據清人朱右曾說，謂"蔡叔所封的蔡，原來應該在祭，'祭''蔡'古音同通用。祭在今河南滎陽西北，正在管的西北，在敖山以南，靠近大河，是十分重要的戰略要地"。則蔡叔所封，在洛邑之東偏北的沿河地帶。至於霍叔之霍，《管蔡世家索隱》："《春秋》閔元年晉滅霍。《地理志》河東彘縣，霍太山在東北，是霍叔之所封。"然楊寬說，"霍叔所封的霍可能也離管、祭不遠。《左傳》哀公四年楚人'襲梁及霍'，杜注：'梁南有霍陽山。'在今河南臨汝西南，可能霍叔封於此地。後來蔡叔後裔封於蔡，在今河南上蔡西；霍叔後裔封於霍，在今山西霍縣西南；當是周公平定三監叛亂之後，徙往較遠之地所致"。[1] 據楊氏之說，則霍叔初封之地，在今河南平頂山市汝州市境，其地今有名臨汝鎮者，當是其故址，亦在洛邑之南而偏於東。是知三叔初封之地，皆在洛邑附近。至於其爲"三監"所居之地，見諸載籍者，互爲正乏，樊然淆亂，無所折衷。乃各在其封地以"監"之，抑或移其封地就近而"監"之，一概不得而知；書闕有間，亦未可懸揣。但即使謹守不知蓋闕之義，我仍然疑心"三監"之說大爲可疑。茲事容當後文再議，在此毋庸滋蔓。至於其他小國，如封於今之河南焦作西南的"雍"，以及封於今之河南濟源西北的"原"，皆爲文王之庶子，或與武王關係較疏，故其國地離東都稍遠，其名亦淹沒不彰，置之無論可也。

　　要而言之，武王初封之諸侯，非功臣即宗室，皆在洛邑周邊地區，且不以大河爲阻，其直接目的正在以"股肱心膂"之臣拱衛"天下之中"的"大邑洛"，從而"營成周以制東國"。由此而論，姬周王朝帶有殖民傾向的諸侯分封制，與周武王以洛邑爲"天下之中"的地緣政治觀念相伴而生，這一說法，決然不至與史實相左。

　　其次，營建"天下之中"的洛邑，也是周人管控與利用殷遺多士與多方才士的政治手段與文化策略。此實爲智力攫取之嚆矢，文化管控之先聲，從而拉開了中國歷代王朝控制與利用文人與文化的歷史大幕，也永遠成爲中國這片土地上征服者向被征服者攫取智力與文化而後放棄自己的落後文明（"漢化"）的歷史保留劇目。《逸周書·度邑解》末段文字記武王對周公說：

　　　　嗚呼，旦！我圖夷茲殷，其惟依天室（室字原脫，依陸麟書說校補）。[2] 其有

---

　　[1] 楊寬：《戰國史》，上海人民出版社 1999 年版，第 126 頁。
　　[2] 圖，打算。夷，易也，遷徙之意。茲，此。殷，指殷遺之有才智者。其，乃也。惟，思也，與"圖"字相照應。

憲命（命原作今，從諸本校正），求茲無遠。[1] 慮（諸本無慮字）天有求繹，相我不
難。[2] 自洛汭延於伊汭，居易（易原作陽，依《史記》校改）無固，其有夏之居。[3]
我南望過於三塗，我北望過於（有）（《史記》無"有"字，當據刪）嶽鄙（原作
丕，依盧文弨校改），顧（原作原，依盧文弨校改）瞻過於（有）"有"字原無，依
王念孫說校補）河，宛瞻於伊洛，[4] 無遠天室。

這是周武王向周公旦交待"天室"的具體功能及其地理位置。有如下幾點值得注意：

第一，"我圖夷茲殷，其惟依天室"，是說打算把這些殷人遷徙到"天室"所在的地方。
但此處尚有文外之旨，不可輕易滑過。"茲"爲近指代詞；"茲殷"即"這些殷人"。據此不
難想見，周武王從殷都返回宗周，其時就已帶領了一批"四國多方，殷侯尹民"隨而前往
豐鎬。這也是之所以周公誥於宗周與誥於洛邑，前後兩篇時隔三年的誥詞，其所誥之對象
竟是同一批殷人的真正原因。而且亦不難想見，這些隨武王而往宗周的殷人，必經嚴格挑
選，並非無論何人皆有入住未來東都洛邑的資格，只有那些可堪利用的才能之士方得其便。
這一點，下文將有詳論，茲亦不贅。

第二，"其有憲命，求茲無遠"，是說讓他們集中居住，便於管理。《周禮·太宰》說
"正月之吉，始和布治於邦國都鄙，乃懸治象之法於象魏，使萬民觀治象，挾日而斂之"，
是知古人發佈政令，皆於城闕（"象魏"）懸掛"治法"或"治象"十天（"挾日"），而召
集萬民前往觀看。這"懸治象之法於象魏"，就是武王所謂"憲命"之意。如前所述，"憲"
與"顯"，相通互用，"顯服"與"憲命"，意義相近。因此，這兩句的意思就是說，與其讓
他們按照原住民的樣態自然分散各居異地，不如把他們集中起來聚居於"天室"。這樣，朝
廷若有政令需要對他們發佈，就易於召集與傳達，此即所謂"求之無遠"。也就是說，把
他們集中驅趕到城門口，及時觀看懸掛在城牆上的政策與法令，就不會因住地過遠而召集
困難。因此，集中於洛邑居住，便於就近管理；周人這種對殷遺才智之士的具體管控措施，
當然是周武王要在"天下之中"營建洛邑的次級重要目的。

第三，"慮天有求繹，相我不難"，其實，集中管控只是手段，有效利用才是目的。所
謂"求繹"，本意爲考求、研索、尋討，引而申之，則有發明創造、有所興作之義。道理
十分簡單，因爲要發明創造或有所興作，必事先有所研究，有所尋繹與考求。試以今人所
謂"發明專利"必皆名之曰"科研成果"爲說以討尋"求繹"之義，則思過其半矣。因此，
"天有求繹，相我不難"，意思就是說：如果考慮到老天爺要求我們周邦有所興作，這些與

[1] 其，若也。憲，懸法以示之。命，令也。憲命，猶言懸令，《莊子·外物》"飾小說以干縣令"，"縣令"即
"懸令"。求，聚也。《管子·七法》"聚天下之精材"，《幼官》作"求天下之精材"，是其證。茲，茲殷也。

[2] 求，索也，究也。繹，《說文》："抽絲也。"求繹，近義複詞，猶今語考索、抽引、研求之意，相，助也。

[3] 居，處也。易，平坦。原作陽。"陽"字止作"易"，與"易"形似，故先訛爲"易"，再訛爲"陽"。

[4] 三塗，山名；在今河南嵩縣西南。嶽，太嶽，在今山西霍州東南。宛，《說文》"屈草自覆也"，引申爲回
環低覆。

研究和考求相關而需要智慧與才能的技術領域，有這些殷遺才智之士幫助我們，就不是什麼難事了。當然，所謂興作，既包括大型土木工程的設計與建造，也包括新型器物的發明與製作。由此可見，周武王要把這些殷遺才智之士聚居於洛邑，其真實目的，不外乎攫取與利用他們的智慧，藉以彌補以農耕爲生計的周人在科學知識與技術水準方面的先天不足。這樣看來，武王還真有"知人則智，自知則明"的優長之處！

第四，"自洛汭延於伊汭，居易無固"，這是說從洛水匯河之處到伊水匯洛之處，其地理位置上的基本特點是地勢平坦，無險可據。其言下之意，也就是用不著擔心這些殷遺人士會因地形之險而心生變亂。即使偶有逃亡，也易於發現與拘捕。當然，如果真有大規模的叛亂發生，則"成周八𠂤"也決不是吃素的。不過，武王這種考慮是不是不願意發生流血，不得而知。但周公對比較頑固的殷遺則是抓了又放，放了又抓，以寬大爲懷的方式逐步感化與馴化。

第五，"其有夏之居"，這是武王最爲"吃緊"的話，頗值得玩味，不可等閒放過。從字面上看，只是說這個地方曾經是夏人居住過的地方，其實透露了周人根深柢固的，或者說，是由來已久的，或者對於我們而言更可以說，是振古如茲的"夷夏之辨"的文化正統觀念。"夏"之爲言"雅"也；雅也者，正也。古雅、夏二字互相通用。且周人每自稱爲"有夏""區夏"，就是以文化之正統自居。《君奭》"惟文王尚克修和我有夏"，《康誥》"用肇造我區夏"，《立政》"乃伻我有夏式商受命"，皆是其例。相反，周人則視商人爲"夷人"，或者至少認爲他們根本就是與夷人一夥的，因而終究不與諸夏同風。《逸周書·明堂解》"周公相武王以伐紂夷，定天下"，《左傳》昭公二十四年引《太誓》"紂有億兆夷人，離心離德"，《墨子·非命下》引《太誓》"紂夷之居而不肯事上帝"，皆是其證。徐中舒作《從古書中推測之殷周民族》，曾舉四個方面的證據，認爲"周人之視殷人爲東方異族"。[1] 由此可見，周武王是立志要把這個"天下之中"的洛邑，打造成天下的文化中心，再鑄夏人的輝煌，重居文明的正統，以傳承"雅"而"正"的"文德"。周武王這個以洛邑傳承文化正統的觀念，一直爲周人之子孫所秉承，《左傳》昭公三十二年周敬王請晉人幫助城成周，仍然說"昔成王合諸侯，城成周以爲東都，崇文德焉"，劉炫的注說"崇文德之教"，[2] 即是其例。當然，周武王這一"夷夏之辨"的文化正統觀，亦開中國幾千年以來"夷夏之大防""非我族類，其心必異"的思想先河。

最後，周武王說，他考察了"天下之中"的"天室"所宜之地。他向南方觀望，其視線超過了三塗山，往北方觀望，視線及於太嶽山的腳下，左右回顧大河上下，最後收回視

---

[1] 參見《徐中舒歷史論文選輯》，中華書局1998年版，第26—29頁。亦可參見傅斯年《夷夏東西說》，《傅斯年全集》第3卷，湖南教育出版社2003年版，第181—232頁。

[2] 杜預注："作成周，遷殷民，以爲京師之東都，所以崇文王之德。"孔穎達《正義》："劉炫以爲崇文德之教而規杜，非也。"杜說"作成周，遷殷民，以爲京師之東都"當然是正確的，但說"所以崇文王之德"，則未免器識不怎麼遠大。倒是孔氏以爲不正確的劉炫之說反得經義。清人《四庫總目提要》所謂"孔疏左杜而右劉，是皆篤信專門之過"，其評判孔疏的是非觀，也相當中肯。若合杜、劉二氏之說："作成周，遷殷民，以爲京師之東都，所以崇文德之教也。"實在很是契合武王"其有夏之居"的本意。

線，把目光鎖定在脚下的伊水與洛水交匯之處，覺得這個地方，離"天室"的位置最近。因此，將國家的治理中心與文化中心安置在這個地方，具有十分深遠的歷史意義。

由此可見，周武王營洛的另一目的，借殷遺的智慧與才能，把洛邑打造成周人傳承華夏文明正統的文化中心，以彌補以農耕爲生計的周人在技術創造方面的先天不足。而事實上，後來周公與召公主持營建洛邑，其最終付出智慧與勞役的，竟是周武王帶到宗周而後又在營洛之前事先遣往洛邑的那批殷人。因此，《召誥》說"太保乃以庶殷攻位於洛汭"，又說"厥既命庶殷，庶殷丕作"，皆可爲證。

總而言之，周武王"定天保，依天室"的治國理念，最終却落脚在"余其宅茲中或，自之乂民"的地緣政治；因而爲了管控東土而營建洛邑，既通過殖民性質的諸侯分封，澆鑄了以血緣關係爲政治紐帶的國家共同體；同時又通過"天下之中"的洛邑營建，將殷遺才智之士集中管控與有效利用，開創了借助國家體制攫取先朝遺民智慧的歷史先例。尤其後者，影響尤爲深遠。

四、裂土分封：啟以商政與疆以戎索

然而，無論是諸侯的分封，還是殷遺的管控，既不是粗暴瞞肝的，更不是一蹴而就。周人開國初期在落實這兩件有關國家存亡禍福之制度設計的運作過程中，雖然有些意外與反復，出現過暫時的動盪與不安；但總體來說，是非常成功的。這既是他們通過走訪遺賢，諮詢故老而不恥下問的奔波勞累所換來的成果（大概武王也就是這麼累死的）；也是周人善於應對現實難題之政治智慧的表現。因其頭緒較繁，非隻言片語所能道，茲就裂土分封的具體運作方式，略作分梳。而有關殷遺管控與利用的具體做法，留待下文再議。

民國學者傅斯年作過一篇《周東封與殷遺民》的著名文章，其問題意識不外乎是說：商王朝作爲一個有六百年歷史與數千里疆域的大國，到周王朝天下事大定之後，除却一個區區二三百里的宋國，居然不聞商朝遺民尚別有什麼部落保存，何以竟至亡得如此乾淨！按《逸周書·世俘解》的說法，殷人是被周人一批批地"憝"掉了，或者說是被"馘磿"以罄了。但傅氏認爲，那不過是戰國時人的幻想，按當時的生產力水準，也沒有那麼多的人口可供周人來"憝"來"馘磿"。因此，傅氏認爲，其時殷人之所以消聲匿跡，大概是因爲在周人的"'臣妾之'之政策"下，苟延殘喘，在毫無尊嚴與體面的境遇中但求不死而已。[1] 我們認爲，傅氏的想法實在似是而非。因爲他以宋元之際的范文虎、留夢炎及清兵入關之後洪承疇、吳三桂之流既不光彩也相當屈辱的貳臣遭遇，來設想殷人在周人治下的悲慘處境，故而不免失之於理障。

事實上，周人所以採取裂土封疆的國家制度，除了上文所述的比較重要的積極因素之外，還有諸多不得已的苦衷；或者更確切地說，其中在很大程度上是與先朝遺民妥協以息

---

[1] 傅斯年：《周東封與殷遺民》，《傅斯年全集》第 3 卷，湖南教育出版社 2003 年版，第 239—240 頁。

天下之忿的結果。《周本紀》說武王克商滅紂之後，"命召公釋箕子之囚。命畢公釋百姓之囚，表商容之閭。命南宮括散鹿臺之財，發鉅橋之粟，以振貧弱萌隸。命南宮括、史佚展九鼎保玉。命閎夭封比干之墓。命宗祝享祠於軍。乃罷兵西歸"。武王所有這一連串的"命"，無非是向天下人遞橄欖枝以示好而已，不希望與反對派或嫉妒者魚死網破。在這些命令中，唯"命"清點財物的南宮括與書記員史佚"展九鼎保玉"，乍看似乎不太好理解。不過，若深究其意，這大抵是說，周武王把商朝王宮裏收藏的那些寶貝圪塔只是拿出來秀了一秀，再讓史官登記造冊然後物歸原主，並沒有要把它們全都搬走的打算。他要借此向天下人表明：雖然新造的"小邦周"還很貧窮，也比較落後，但自己決非"毀其宗廟，遷其重器"之破壞欲與貪婪心過甚的粗鄙武夫（秦末的項羽可沒有這樣的雅量，他一把火就讓阿房宮化作灰燼，大抵是覺得帶不回家罷），而這也正是周武王賺得後世歷代遺民一族所紛紛點贊的一大亮點。

當然，尤其能體現周人的妥協姿態而息天下之忿的作法，則是武王對所謂"聖王"之後的"褒封"。《周本紀》說："武王追思先聖王，乃褒封神農之後於焦，黃帝之後於祝，帝堯之後於薊，帝舜之後於陳，大禹之後於杞。"《禮記·樂記》還說武王克商後到殷都朝歌，"未及下車而封黃帝之後於薊，封帝堯之後於祝，封帝舜之後於陳。下車而封夏后氏之後於杞"。所封神農、黃帝、帝堯、大禹之後，皆不知何人，而黃帝之後與帝堯之後所封，二說又互易其地。傳聞異辭，不足為怪，也無關乎宏旨。這些"聖王"之後，陳國與杞國尚有史跡可考，且至春秋戰國之際，才為楚人所滅，其氣脉也算是相當綿長了。司馬遷為他們合寫了一篇《陳杞世家》，說他們被認作虞舜之後或者夏后之後，都是周武王克殷之後從民間打探尋找出來的，所謂"求舜後，得媯滿，封之於陳""求禹之後，得東樓公，封之於杞"，即是其事。又據《左傳》襄公二十五年說，封於陳國的媯滿，其實是民間一個瓦罐匠人的兒子，他不僅封得了陳國，還做了周武王的金龜婿，因而有了"以備三恪"的幸運。《左傳》記鄭人子產說，"昔虞閼父為周陶正，以服事我先王，我先王賴其利器用也，與其神明之後也，庸以元女大姬配胡公，而封諸陳，以備三恪"。顯然，子產為了掩飾媯滿的身份，竟至在時間上顛倒了老媯家先"封諸陳"而後"為周陶正"的因果次序，這種"為尊者（武王）諱"的說法，就像後世為了避諱，把帝王的名字都要缺筆寫成錯字一樣，這種畸形的致敬方式，當然也不是不可以諒解的。不過"三恪"究竟何人，子產沒有說。杜預注："周得天下，封夏、殷二王后，又封舜後，謂之恪，並二王后為三國。其禮轉降，示敬而已，故曰三恪。"杜意是說，舜後與夏、殷之後共為三國，故名之曰"三恪"。"恪"也者，敬也。"其禮轉降，示敬而已"，意思是說："閣下雖然先前都有帝王家的闊綽，但現在只好委屈你們一下了，封給一小片土地，略表敬意而已，還須見諒。"這話說得真是漂亮，但也是驢糞蛋子外面光！既表示了施捨者自傲的謙卑，又表示對受施者藐視的尊重。可以說，杜預對這個"恪"字的理解，非常到位。

然而，武王所"褒封"的這些"聖王"之後，僅陳國與杞國腆顏奔走依違於大國之間，苟延殘喘以至春秋之世，也好歹借了戰國秦漢人的史筆，在柱下劃了一點印痕。至於神農、黃帝、帝堯之後，皆於書傳無聞。看來這些"先聖王"的後人，實在沒有他們的先祖那麼

“神明”，所以在歷史長河中就像大浪淘沙一樣被一一淘掉了。然而，我們總忍不住想問：周人既是得了天下，且去兀自獨享天下，豈不快哉！却又“襃封”這些草包似的“聖王”之後竟來無功受祿，其用心究竟何在？仔細想來，大抵也没有什麽别的原因，不過是象徵性地把這些並不成器的名人之後打扮起來，陪着他老姬家一起站在歷史的風口浪尖上，爲自己不太光彩的陰謀逆取行徑，多分幾份“謗讟”而已。萬一天下有個風吹草動，可以拿這些僞頭柴火棒子當作擋風牆，多多少少還可以抵擋一陣子。這當然不是無稽的戲說與笑談，試讀《史記·伯夷列傳》定當别有會心。司馬遷說：

> 伯夷、叔齊聞西伯昌善養老，盍往歸焉。及至，西伯卒，武王載木主，號爲文王，東伐紂。伯夷、叔齊叩馬而諫，曰：“父死不葬，爰及干戈，可謂孝乎？以臣弑君，可謂仁乎？”左右欲兵之。太公曰：“此義人也。”扶而去之。武王已平殷亂，天下宗周，而伯夷、叔齊耻之，義不食周粟，隱於首陽山，采薇而食之。及餓且死，作歌。其辭曰：“登彼西山兮，采其薇矣。以暴易暴兮，不知其非矣。神農虞夏，忽焉没兮，我安適歸矣？於嗟徂兮，命之衰矣！”遂餓死於首陽山。

看來，當時的社會輿論也的確對武王不太有利；因而我們絲毫不懷疑當時像伯夷與叔齊這樣，看破了武王伐紂不僅是“以臣弑君”，更是“以暴易暴”而表示着强烈不滿的有識之士，普天之下一定大有人在；[1]比如那個因“西伯戡黎”而恐懼不安的祖伊若還活著，他絶對算一個！只是像伯夷與叔齊這兩個迂腐倔强的老頭兒這樣瞥不畏死，敢於“叩馬而諫”，控著武王的馬籠頭極力阻止大軍出征，也的確比較少見。知乎此，則周武王之所以“襃封”這些所謂“聖王”之後，其真實意圖也就昭然若揭了：第一，爲周人息天下之忿；第二，爲自己分天下之“謗”；第三，“襃封”這類草包人物，對於姬周家的江山社稷不可能構成任何威脅。此真所謂“一舉而三物獲”，周人的用心不可謂不良苦，其智慧亦不可謂不狡黠！

在周武王“以備三恪”的“夏、殷二王後”的分封中，是否包括武庚禄父，不得而知。但周武王何以封商紂王之子，以致後來被認爲給周人惹出了不小的亂子，也是招徠後世物議紛歧的話題，當然仍以“存亡繼絶”襃揚周武王者居多，而清人顧炎武之說可爲代表。顧氏說：

> 武王伐商，殺紂而立其子武庚，宗廟不毁，社稷不遷，時殷未嘗亡也。所以異

---

[1]武王伐紂，給後世留下了口實，而“湯武革命”與“以臣弑君”，也成爲千古無解的歷史悖論，以至最終要麽流於實用主義的各取所需，或者擱置不予討論。如《孟子·梁惠王下》載齊宣王認爲“湯放桀，武王伐紂”乃是“以臣弑君”，於理不可。又《史記·儒林列傳》載轅固生與黄生之争，涉及“高帝代秦即天子之位”的合法性，景帝說“食肉不食馬肝，不爲不知味；言學者無言湯武受命，不爲愚”，於是“後學者莫敢明受命放殺”，則“武王伐紂”以建立政權的合理性與合法性問題，遂成爲漢代學者的思想禁區。

乎曩日者，不朝諸侯，不有天下而已。故《書序》言："三監及淮夷叛，周公相成王，將黜殷，作《大誥》。"又言："成王既黜殷命，殺武庚。"是則殷之亡其天下也，在紂之自燔；而亡其國也，在武庚之見殺。蓋武庚之存殷者，猶十有餘年，使武庚不畔，則殷其不黜矣。

　　武王克商，天下大定，裂土奠國，乃不以其故都封周之臣，而仍以封武庚，降在侯國，而猶得守先人之故土。武王無富天下之心，而不以叛逆之事疑其子孫，所以異乎後世之篡弒其君者，於此可見矣。及武庚既畔，乃命微子啟代殷，而必於宋焉，謂大火之祀，商人是因，弗遷其地也，是以知古聖王之征誅也，取天下而不取其國，誅其君，吊其民，而存先世之宗祀焉斯已矣。高誘《淮南子注》曰："天子不滅國，諸侯不滅姓，古之政也。"武王豈不知商之臣民，其不願爲周者，皆故都之人，公族世家之所萃，流風善政之所存，一有不靖，易爲搖動，而必以封其遺胤，蓋不以畔逆疑其子孫，而明告萬世以取天下者，無滅國之義也。故宋公朝周，則曰"臣"也；周人待之，則曰"客"也。自天下言之，則侯服於周也；自其國人言之，則以商之臣事商之君，無變於其初也。……蓋自武庚誅而宋復封，於是商人曉然知武王、周公之心，而君臣上下各止其所，無復有恐懟不平之意；與後世之人主一戰取人之國，而毀其宗廟，遷其重器者異矣。[1]

　　說"武庚之存殷者，猶十有餘年"，當然是不對的。武王滅紂而封武庚，至周公平定管、蔡之亂而武庚見殺，先後不到五年，云何十年之久！然顧氏之說，小疵大醇，文約旨豐；亦自有壘塊，頗可玩索。

　　第一，顧氏說，"武王伐商"，既不毀其宗廟，亦不遷其社稷，而褒封武庚於殷，雖降在侯國，"而猶得守先人之故土"。武庚既滅，周人又命微子於宋，亦是因其故土之義。此皆爲事實陳述而無所謂是非，但顧氏爲明季遺民，有感而發，對周人自有首肯之意，且不乏激賞之情，都是可以理解的。

　　第二，殷商只亡其天下，而不亡其國。其所謂"國"，當然是指武王克商之後所封之國。察顧氏之意，無異乎說：假如商紂王兵敗後沒有自焚而死，也會與神農、黃帝、唐堯、虞舜、夏禹這些"先聖王"之後一樣受到武王"褒封"，也能過上一份"有國者"較體面、有尊嚴的幸福平安的生活。而紂王既死，武王只好"褒封"其子武庚祿父"以守商祀"。這當然不是無端的揣度，《逸周書·作雒解》"武王克殷，乃立王子祿父，俾守商祀"，則信而有征。但如果因此便以爲"武王無富天下之心"，則未免褒揚失實，而武王本人亦未必苟同而願意笑納。如前所述，武王之所以如此大加"褒封"，對武庚亡國之餘，亦如此大度慷慨，實有不得已的諸多苦衷，即使有"富天下之心"，也不敢有"富天下之行"。

　　第三，顧氏認爲，武王、周公之心，是希望"君臣上下各止其所，無復有恐懟不平之

<hr>

[1] 黃汝成：《日知録集釋》，岳麓書社1994年版，第50—51頁。

意”，這是推想：周人之所以“褒封”諸“先聖王”之後，尤其是封商紂王之子，無非爲了息天下忿忿之心，杜世人悠悠之口；同時更希望他們在新的利益格局之下各安本分，既不要對周人心存更多的奢望，周人也不會無端地剝奪他們的既得利益，彼此和平共處，各自安享富貴。這個說法，當然非常正確，而且也極具洞察力。

第四，無論封武庚，抑或存微子，皆“以商之臣事商之君，無變於其初也”。顧氏這一說法，的確猜想到：周人的分封制並沒有觸動整個社會底層的組織結構；但他僅從君臣關係看待這一事實，則未達一間。我們認爲，與其說“以商之臣事商之君”，不如說“以商爲臣治商之民”更能得其實。因爲無論周人之所以“褒封”諸“聖王”之後，抑或封武庚繼而存微子，其根本用意，只在讓他們統其民萌，治其田土，各自生生，以其土地之所有，向周王朝輸納貢賦而已。

最後，尤其值得注意的是，顧氏又說，武王心知商之公族世家“易爲搖動”，但仍然冒着反側動盪的危險“以封其遺胤”，他認爲這是周人心懷坦蕩，與天下輸誠，根本就不願意懷疑商人之子孫會行“畔逆”之事，且更以封武庚祿父自我標榜，明確告白於天下後世：“取天下者，無滅國之義。”這一說法，實在是顧氏遺民情愫的結穴之處，乃借殷周之舊事，以紓當世之壘塊，不免把武王臉上的脂粉塗得太厚，有悖於西周初年的歷史事實；且顧氏雖然引用了《書序》“三監及淮夷叛”的文字，卻又根本不議及“三監”之究爲何物。

當然，平心而論，武王果若既封武庚，又設“三監”，確乎不免矛盾自陷之嫌。毋庸諱言，武王所以封武庚，不外乎兩個原因：第一，以殷人治殷民；第二，安撫殷人王族的抵觸情緒。就當時的歷史情勢，這的確是周人的當務之急。尤其是殷人王族，對於周人來說，也實在是一塊燙手的山芋。但用人不可疑，疑人不可用；既疑而用，當然會激而生變。由此而論，顧氏“不以畔逆疑其子孫”之說，在一定程度上當然是有道理的。因爲無論就上述封王子祿父的兩個原因的任何一個而論，既因撫循利用其人而已封之，又因戒備懷疑其人而置“三監”以監之，既不合其情理，亦不合其時宜，則其爲人也，亦頗有反復無恒、取予不定之嫌。但《逸周書·作雒解》卻又明白地說，“建管叔於東，建蔡叔、霍叔於殷，俾監殷臣”，《周本紀》也說，“武王爲殷初定未集，乃使其弟管叔鮮、蔡叔度相祿父治殷”，由此以觀，說武王對武庚祿父全無戒心，似乎也是完全說不過去的。

然而，問題在於：有關“三監”的史實真相，並沒有更加原始的史料記載，相關說法都是出於後世“寧可信其有，不可信其無”的猜測心理，加之又有“說有易，說無難”的言說戒律存乎其間，從而導致眾說紛紜，卻又疑竇大啟，治絲益棼。因此，有關“三監”之說，便成了一筆名副其實的糊塗賬。《逸周書·作雒解》說，“建管叔於東，建蔡叔、霍叔於殷，俾監殷臣”。這是說“監殷臣”，但所謂“殷”與“東”之地理位置究竟在何處，不得其說。《漢書·地理志》論魏地之分野又說：“周既滅殷，分其畿內爲三國，《詩風》邶、庸、衛國是也。邶，以封紂子武庚；庸，管叔尹之；衛，蔡叔尹之，以監殷民，謂之三監。”這是說“監殷民”，且武庚也是擔任“三監”的成員之一，卻並無霍叔。鄭玄《詩譜·邶鄘衛譜》說：“周武王伐紂，以其京師封紂子武庚爲殷後，庶殷頑民被紂化日久，未可以建諸侯，乃三分其地，置三監，使管叔、蔡叔、霍叔尹而教之。自紂城而北謂之邶，南謂之鄘，東謂之衛。"鄭氏之意亦是"監殷民"而不是"監殷臣"，又認爲此地不可以"建諸侯"而獨可以"置三監"，其說矛盾自陷而不自知其非；也不說三叔究竟各居何地以"教"其民。《周本紀正義》引皇甫謐《帝王世紀》又說，"自殷都以東爲衛，管叔監之；殷都以西爲鄘，蔡叔監之；殷都以北爲邶，霍叔監之；是爲三監"，則"鄘"之地，又由高密之"南"一變而爲安定之"西"了。是皇甫氏之說，又與鄭氏不同。至清人孫詒讓又有非常可怪之論，其《周書斠補》說，"監雖有三，約舉其所治之地則惟二，殷與東是也。舉其人則有四，武庚、管叔、蔡叔爲正；霍叔相武庚爲副。同爲監，故總云'俾監殷臣'，明四人皆得稱監也"，其欲彌縫前人各種抵牾與矛盾，乃按往舊造說，竟一至如此！由此可見，有關"三監"之說，可謂樊然淆亂，莫可究詰。[1]

我們認爲，有關"三監"的紛紜衆說，皆是捕風捉影的無稽之談。周武王之封紂子武庚於殷都舊地，以當時情理及時勢而論，都不可能有公然"置監"之事。不過，武王雖未公然"置監"，却並不等於說他對武庚祿父就毫無戒備之心。而《周本紀》所謂"使其弟管叔鮮、蔡叔度相祿父治殷"，其說最爲平允而得其實。認真揣摩這話，其實意思非常明白：既封武庚之後，周武王在大庭廣衆之中對武庚十分關切地說："有什麼困難，就請孤的管、蔡二弟幫助你罷！"這無非是冠冕堂皇的臺面話，其私下大可能又叮囑管、蔡二叔在暗中密切注視武庚的動向。當然，或者管叔主動要求作監而得武王默許，也未必不可能，《逸周書·大匡解》說，"惟十有三祀，王在管，管叔自作殷之監"，也許更近於事實。總而言之，"三監"之說，不過是周人作爲內部口頭傳達的指示精神，既不會形成正式文誥宣示於四方，更不可能公然到稠人廣衆之中去大放厥詞。然而武庚祿父也不是傻瓜，鑼鼓聽聲，說話聽音，對武王那臺面話的意思，當然心照不宣。雙方的猜忌與戒備之心，當然是不可能因爲"褒封"與"被褒封"就風吹雲散，雪落無痕。由此可見，所謂"三監"之說，確乎是事出有因，而查無實據。且如前所述，管叔、蔡叔與霍叔的封地，皆在遠離殷人舊都的洛邑附近，這確乎是武王沒有公開對武庚"置監"的明證。至於孫詒讓說霍叔乃"與武庚同居於邶"，猶以其人乃是周家派往武庚身邊的臥底，必監視武庚的一舉一動，仿佛鬼瞰狐聽以至武庚某夜與某妃睡覺都會向周人發報，更是自我作古，可發一哂，尤其毋須置辨。近世常凱申命戴雨農設置軍統特務機關，是否受惠於孫氏的《周書斠補》，不得而知。

至於因爲後來發生了所謂"武庚管蔡之亂"，以致史家乃以"三監導祿父之叛"爲定讞，這是對史料與史實沒有認真審查的錯誤說法。事實上，管蔡之亂，是出於周人內部的猜忌；而武庚的反側生變，則是武庚對形勢發生了誤判。其性質與動機各不相同，不能混爲一談。且武庚反側與管蔡生亂之性質不同，西漢初年傳授今文《尚書》的故秦博士伏生早已有所察覺。伏生《尚書大傳》說：

---

[1]有關"三監"，近人楊寬亦有說，參見氏著《戰國史》，上海人民出版社1999年版，第128－134頁。又，清人王引之《經義述聞》卷三"三監"條有專論；孫詒讓《周書斠補》卷二《作雒解斠補》除駁王引之說外，別附《邶鄘衛考》。王、孫二氏搜羅前人遺說，比較詳備，可資參考。

武王殺紂而繼公子祿父，使管叔、蔡叔、霍叔監祿父。武王死，成王幼，周公盛養成王，使召公奭爲傅，周公身聽天下之政。管叔、蔡叔疑周公，流言於國曰：“公將不利於王。”奄君蒲姑謂祿父曰：“武王既死矣，今王尚幼，周公見疑矣。此百世一時也。請舉事。”然後祿父及三監叛矣。[1]奄君導之。[2]

這段文字，顯然是伏生對《尚書·金滕》“武王既喪，管叔及其群弟乃流言於國，曰：公將不利於孺子”所作的資料補充。所可注意者，有如下二點：

其一，所謂“公將不利於孺子”，乃管、蔡及群弟懷疑周公有“兄終弟及”之嫌。而管叔所以最先發難，是因爲管叔鮮於武王同母弟中最爲年長，而周公旦次之。[3]倘若按“兄終弟及”的遊戲規則實行權力交接，那麼依長幼之序則登王位大寶者，當是他管叔鮮而不應是周公旦。因爲猜忌與嫉妒，權力之欲熏心，致使管叔鮮同室操戈，鋌而走險，又脅迫蔡叔與霍叔犯難蹈逆。職是之故，周人在事後的處理，是將他們三人區別對待的：殺管叔而流放蔡叔，却赦免了霍叔。《左傳》昭西元年鄭人遊吉說“周公殺管叔而蔡蔡叔”，杜預注：“蔡，放也。”鄭玄則說“赦霍叔”。[4]即是其證。

其二，武庚之叛，乃受殷商舊時諸侯奄君所蠱惑，也由於他對當時局勢發生誤判。《逸周書·作雒解》說，“武王既歸，成歲十二月崩鎬，殯予岐周。周公立，相天子，三叔及殷東、徐奄及熊盈以畔（原作略，依汪中校改）”，[5]三叔之殷東，乃周人內部同室操戈；而徐奄之熊盈，乃舊時諸侯，一幫烏合之衆。兩股勢力，各有打算；雖同是揮戈殺向西土，但既不可能同心，亦不可能同德。而且事實上，最後也被周公各個擊破，很快就一一剿滅了。而《左傳》定公四年衛人祝佗所謂“管蔡啟商，惎間王室”，杜預注：“惎，毒也。周公攝政，管叔、蔡叔開道紂子祿父以毒亂王室。”杜解“啟商”爲“開道紂子祿父”，其意是說，管叔與蔡叔因疑心周公而操戈王室以首發難端，起了非常惡劣的帶頭作用，因而紂子祿父也就馬上跟進，妄圖復辟，另立殷人的新統緒了。這樣理解，才是衛人祝佗的本意。祝子魚並不是說，管蔡二叔與祿父乃至徐奄相互勾結串通而密謀顛覆周人自己的宗國。伏生所謂“祿父及三監叛”，也不過是陳述兩股叛亂先後發生的事實。其意也是說，祿父之

---

[1]馬驌：《繹史》卷二十二，上海古籍出版社1993年版，第304頁。

[2]鄭玄《邶鄘衛譜》“三監導武庚叛，成王既黜殷命，殺武庚，複伐三監”，孔穎達《正義》：“《書傳》曰：‘使管叔、蔡叔監祿父，武王死，成王幼，管、蔡疑周公而流言，奄君蒲姑謂祿父曰：“武王既死矣，周公見疑矣，此百世之時也，請舉事！”然後祿父及三監叛，奄君導之。’祿父遂與三監叛，則三監亦導之矣。故《左傳》曰‘管蔡啟商，惎間王室’是也。”阮元校刻：《十三經注疏》，中華書局2009年影印清嘉慶刊本，第622頁。是孔氏所引《尚書大傳》與馬驌所引稍異，茲據孔穎達所引，補末四字。

[3]《孟子·公孫醜下》：“周公，弟也；管叔，兄也。”《管蔡世家》：“武王同母兄弟十人。其長子曰伯邑考，次曰武王發，次曰管叔鮮，次曰周公旦。”

[4]孔穎達《毛詩正義》：“《書敘》唯言伐管叔蔡叔，不言霍叔者，鄭雲：‘蓋赦之也。’”

[5]《作雒解》“建管叔於東，建蔡叔、霍叔於殷，俾監殷臣”，則“三叔”即爲“殷東”，言“三叔及殷東”，乃以“三叔”舉其人而以“殷東”舉其地；言“徐奄及熊盈”，乃以“徐奄”舉其地，而以“熊盈”舉其人，文法如此。

叛，乃乘"三監"之叛而叛之，且其叛實爲"奄君導之"，而不說"三監導之"，即是其證。至司馬遷作《管蔡世家》乃說"管叔、蔡叔疑周公之爲不利於成王，乃挾武庚以作亂"，則史遷誤讀《左氏》與《周書》乃至《大傳》之文，臆爲之說，不可爲典要。《尚書大傳》說"周公攝政，一年救亂，二年伐殷，三年踐奄"，[1]據此，則是首先平定管蔡之亂，因其患在腹心；其次討伐武庚之叛，因其芒刺在背；再次則翦除奄君，不過宮牆外面的蒺藜耳。由此可見，周人對管蔡的平定與武庚的討伐乃至對奄君的懲處，也是在不同時期而分輕重緩急以區別對待的；而且，既然可以如此分期處置，也說明這三股勢力並沒有合流。如果真所謂"管蔡挾武庚以作亂"再加上徐奄之地叛軍匯入，三股力量聯合攻打宗周，則周公的討伐與平定，恐怕就沒那麼順利了。《尚書大傳》解"踐奄"之"踐"說，"踐之者，籍之也。籍之謂殺其身，執其家，瀦其宮"，[2]可見對煽啟首惡而妄動干戈的奄君，處罰極其嚴厲。本人被殺了，家人也抓了，房室推倒了猶不解恨，還放上水來淹了！這"踐"或"籍"的意思，就相當於說，把他打翻在地，再踏上一只脚，叫他永世不得翻身！

　　綜上所述，所謂"三監"既子虛烏有，而"管蔡挾武庚而叛"，其說亦與史實大不相符。近人楊寬甚至認爲，"武王所推行的以三監爲主的分封制"，"並沒有取得預期的成效"，[3]把管蔡之亂與武庚之叛不分青紅皂白地混爲一談，又將二者歸咎於周代的分封制，尤其錯誤。殊不知，武庚之封，勢在必然；管蔡之亂，純屬偶然；皆無關乎周初分封制的成敗得失，亦不足以傷及周初分封制的半根毫毛。假定武王再活十年，沒有周公攝政之事，則管蔡之亂不會發生；武庚之叛亦無由而作。此覃經考史者所不可不知也，故略作辨析，以祛千年之夢。

　　然而，周人的諸侯分封制，其封國內部的社會性質及其治理方式，究竟有什麼特點，這是本文所要探討的重要問題。依照傅斯年做《周東封與殷遺民》之前的想法，似乎殷周鼎革，就好像應該是"高岸爲谷，深谷爲陵"那樣天翻地覆、山呼海嘯的社會運動，而諸侯分封也是對社會底層之組織結構的深度撕裂，從而殷商民庶舊有的生活方式也會遭到嚴重變亂，從此殷商民人也就無條件地被"臣妾之"因而生活在水深火熱之中了。然而，傅氏以其客觀審慎的學術態度，通過對魯、衛、齊三個封國之某些歷史事象的考察，發現原來實際情況並非如此慘烈。恰恰相反，他還認爲《論語·先進篇》記孔子說"先進於禮樂，野人也；後進於禮樂，君子也。如用之，則吾從先進"，其所謂"先進於禮樂"的"野人"，乃是文明開化的鄉下人，"自然是殷遺"；而"後進於禮樂"的"君子"，乃是"後開化的上等人"，他們却是來自宗周的統治者，因爲與殷人長期相處從而有所習染才進入了禮樂文明的開化狀態。而且，尤其是商人的宗教，對齊魯兩國的思想文化建設也起到了極爲深遠的影響："商之宗教，其祖先崇拜在魯猶發展而爲儒學；其自然崇拜在齊獨發展而爲五行方士，各得一體，派衍有自。"傅氏雖然只是舉其宏綱，撮其大要，對這些問題並沒有來得及

　　[1]魏徵：《隋書》卷四十二《李德林傳》，中華書局1973年版，第1195頁。
　　[2]阮元校刻：《十三經注疏》，中華書局2009年影印清嘉慶刊本，第850頁。
　　[3]楊寬：《戰國史》，上海人民出版社1999年版，第134頁。

做更加深入系統的研究，不過僅以二三具體事象略示其例而已；但他認爲周人之東封"是一種殖民地政策，雖取其統治權，而仍其舊來禮俗"，[1]這一說法，是頗有見地的；對於我們的問題而言，確乎不乏啟迪之功。

我們認爲，西周開國初年的分封制，既沒有破壞殷商社會底層的組織結構，也沒有改變殷人舊有的風俗習慣，而是採取"不擇民而治"的殖民方式，以因循撫恤的寬容態度，利用殷人底層社會的宗族組織行使其家族内部的自我治理。這就是《左傳》定公四年所載衛人祝佗之所謂"啟以商政，疆以周索""啟以夏政，疆以戎索"的治理方法。祝佗說：

> 昔武王克商，成王定之，選建明德，以藩屏周，故周公相王室，尹天下：分魯公以大路大旂，夏後氏之璜，封父之繁弱；殷民六族：條氏、徐氏、蕭氏、索氏、長勺氏、尾勺氏，使帥其宗氏，輯其分族，將其類醜，以法則周公，用即命於周。是使之職事於魯，以昭周公之明德。分之土田陪敦，祝宗卜史，備物典策，官司彝器。因商奄之民，命以《伯禽》，而封於少皞之虛。封康叔以大路少帛，綪茷旃旌，大呂；殷民七族，陶氏、施氏、繁氏、錡氏、樊氏、饑氏、終葵氏，封畛土略，自武父以南及圃田之北竟。取於有閻之土，以共王職。取於相土之東都，以會王之東蒐。聘季授土，陶叔授民。命以《康誥》，而封於殷虛。皆啟以商政，疆以周索。分唐叔以大路，密須之鼓，闕鞏、沽洗，懷姓九宗，職官五正。命以《唐誥》，而封於夏虛，啟以夏政，疆以戎索。

魯公伯禽、衛康叔封以及晉國唐叔虞的分封，除却每人分得了象徵其身份與等級的車馬及其徽幟之外，還分得了一些具有某種觀賞價值的古董寶貝和鐘鼓樂器之類的收藏品，大抵是周人用來"華國"而展現文化底氣的鎮國寶器，意在告訴這些文化發達地區的士紳與民人，我們西土周邦也是有文化的文明人。當然，也免不了還要從宗周帶走一批文職官員以及常用的宗廟祭器。因爲這些"祝宗卜史，備物典策，官司彝器"以及"職官五正"，當然都是維持其時政府日常運轉的必要人手及其基本設施。[2]以派駐政府機構的方式統治其原生居民，這是典型的殖民治理模式。

然而，根據祝佗之所言，周人帶有殖民性質的這種諸侯分封制，在社會治理方面有幾個明顯的特點是值得我們注意的，或者也竟可以說，這些治理特點，與周人"褒封"所謂"先聖王"之後以及封武庚於殷而繼微子於宋一樣，都是具有同樣的目的性的。二者之間，實在是如同人體之骨骼與其豐肉的關係。茲略作分梳如次：

其一，所封之國的土地與民人，皆爲就地分封，沒有採取遠距離的移民大遷徙方式，擾亂社會既有秩序。魯公伯禽由原來初封的成周附近移封於"少皞之虛"，在今之曲阜，其

---

[1] 傅斯年：《周東封與殷遺民》，《傅斯年全集》第 3 卷，湖南教育出版社 2003 年版，第 244—245 頁。

[2] "土田陪敦"，則並非由宗周帶到魯地。孫詒讓《古籀餘論》"召伯虎敦第二器"釋爲"土田附庸"。則"土田陪敦"是說劃出某處土田作爲魯之附庸，或分宗周某地以爲魯之朝宿邑，皆不能明。則不知蓋闕可矣。

地原來的土著族群爲商奄部落，故“因商奄之民”而分之以“殷民六族”。衛康叔向東土的移封之地，乃殷人王畿故地，衛與殷本爲一聲之轉，[1]即原爲武庚祿父所封而治“殷餘民”之地。武庚之叛被平定之後，盡以其地封於康叔，故其所分爲“殷民七族”。魯、衛所封皆殷商舊族，所以說“啓以商政，疆以周索”。至於唐叔虞所封之地，在今山西之南，所以分得“懷姓九宗”。王國維《鬼方考》以爲“懷”即“媿”。[2]陳夢家進而補充說，“槐和懷、瑰和瓌、餽和饋，古可通用，所以隗、隤、媿、懷都是鬼姓”，而“武王封唐叔於夏虚分之懷姓九宗，則鬼方在晋南”。[3]據此，則唐叔虞所封之地，乃舊時鬼方戎狄聚居之處，故而“啓以夏政，疆以戎索”。由此可見，周人的諸侯分封，其所授之“土”與所授之“民”，皆在所封之地。因其民而就地治理，這正是周人分封制之殖民性質的具體體現。近人以爲，“西周初分魯公以殷民六族以職事於魯，這些殷民是帶著他們原有的宗族和類醜（即奴隷）去的”，[4]這是對“授土”“授民”的誤解，顛倒了事實，是很不正確的。如果說魯國的“殷民六族”是從別的地方帶去的，那麼衛國的“殷民七族”又是從哪兒帶來的呢？可見，魯國的“殷民六族”，實際上就是當地的“商奄之民”，這是無可懷疑的。更不用說，今天的魯南和豫東，本來就是盤庚由奄遷殷之前商人活動的中心故地了。

其二，“封畛土略”，杜預注：“畛，涂所徑也。略，界也。”意思是說，利用現有道路與明顯的地理標誌給所封之國劃定疆界。“自武父以南及圃田之北竟”，這是衛國的具體疆界；因而杜預注說：“武父，衛北界。圃田，鄭藪名。”因邊界過於具體，“武父”在今之何地，不能確指，故杜氏只能以大致方位爲說。而且，所謂“聃季授土”與“陶叔授民”，也只是說，在此疆界之內將其民人與其土地互相依附一併“授”與，並非强行剝離其土地與民人，先由“聃季授土”再由“陶叔授民”。因此，《尚書大傳》說，武王克商，“皇皇若天下之未定”，周公爲武王建言說，“臣聞之也：各安其宅，各田其田，毋故毋私，惟仁之親”，武王接受了周公的建議，並且說，“曠乎若天下已定矣”。[5]此外，《說苑·貴德篇》亦有類似說法，其大意從同，茲不備引。[6]則所謂“各安其宅，各田其田”，就是保持其土地與民人相互依屬的固有關係，而不是把土地上的民人與其田宅相互剝離，從而打亂了既有生産關係。

其三，周人的分封制，並没有改變基層舊有的社會組織結構。“使帥其宗氏，輯其分族，將其類醜”，就是讓各個家族的族長與宗人自己管理自己的家族與宗族，大宗統領各個小宗，而大小宗的所有族衆又各自屬其本宗本族所統領，没有一個宗族成員可以游離於本

[1]劉師培說，“古字殷隱衣韋互相通用”，“殷即韋字之借文”，“康叔封衛，蓋由韋轉殷，複由殷轉韋，衛乃韋字之異文”。見氏著：《左盦外集》卷七，《劉申叔遺書（下）》，鳳凰出版社1997年版，第1464—1465頁。

[2]王國維：《觀堂集林》第2冊，中華書局1969年版，第590頁。

[3]陳夢家：《卜辭綜述》，中華書局1988年版，第275頁。

[4]陳夢家：《卜辭綜述》，中華書局1988年版，第619頁

[5]皮錫瑞：《尚書大傳疏證》卷三，《續修四庫全書》第55冊，上海古籍出版社2002年版，第740頁。

[6]向宗魯：《說苑校證》卷五，中華書局1987年版，第99頁。

宗與本族之外。也因此，諸侯的封國內仍然是推行當地家族的自治制度，並沒有觸動社會基層的組織結構。《尚書·梓材》記周公告誡康叔說，"封，以厥庶民暨厥臣達大家，以厥臣達王惟邦君，汝若恒"，意思就是說，從庶民到家臣以至大家族，再從邦君之臣到小邦之君與大邦之王，各自安其常態，保持舊有秩序。如前所述，康叔所封之衛國，是殷商王畿之地，舊時達官豪族巨室多聚居於此，且如孟子所說，"紂之去武丁未久也，其故家遺俗，流風善政，猶有存者"（《孟子·公孫醜上》）。因此周公告誡康叔，無須斫破衛國殷邦之舊有社會格局，勿使妹邦人心擾動不安。而且其所以如此，亦如孟子所言，"爲政不難，不得罪於巨室，巨室之所慕，一國慕之；一國之所慕，天下慕之。故沛然德教，溢乎四海"（《孟子·離婁上》）。殷商舊時世家巨室，擁有其時先進的文化與當代文明，可以引領時代風尚與社會進步，此之所以孔子才有所謂"先進"與"後進"之說。由此可見，諸侯封國之內，繼續維持著邦君宗族的自治體系，而無須改變恒常舊有的社會組織結構，這就是周公之所以採取"汝若恆"的治理策略所具有的根本意義與基本目標。然而，這種鄉紳自治的社會治理格局，雖然歷代略有異同，但基本的社會格局並沒有多大改變，竟也一直沿續到中國共產黨所領導的新中國的成立。不過，順便說一句，這也是中國傳統儒學之所以能夠保存數千年而不替的社會土壤，一旦改變了這個基本的社會土壤結構，儒學也就難以爲繼而生存維艱了，同時國民教化也因此而必須尋求新的思想與方法。

　　其四，由於諸侯分封的殖民性質，僅止派駐政府治理機構，並無須改變各地民人的方俗習慣，所謂"啟以商政，疆以周索"以及"啟以夏政，疆以戎索"，即是其義。杜預注說："居殷故地，因其風俗，開用其政，疆理土地，以周法。索，法也。"又說："太原近戎而寒，不與中國同，故自以戎法。"孔穎達說，"索之爲法，相傳訓耳。"[1]如前所述，周人分封，並沒有改變舊有的生產關係，則"疆以周索"及"疆以戎索"之"疆"，不可以解爲"疆理土地"。而且"疆"既以"政"言，則其音義當與"繮"或"韁""彊"相通，[2]猶如今語所謂"維繫"或"規範"；而"索"之訓"法"，亦由"繩索"之義引申而來，則此二字乃是取"韁繩"爲比喻意義因而互相搭配爲用，意即"以周人的習慣加以規範"或"以戎人的習慣加以維繫"。之所以不直接用"法"而用"索"字，確乎應當仔細體會，不可用抽象的能指遮蔽了具象的所指。從"啟以夏政，疆以戎索"來看，或者由於以"夏政"爲主的"懷姓九宗"，與以"商政"爲主的"殷民六族"或"七族"，在風俗習慣上乃至在具體的家族自治方式上均有所不同；因此在周人的封國內，既要沿續商人與夏人的宗族治理格局，也要利用周人與戎人的風俗習慣加以維繫與規範。也就是說，周人與商人，夏人與戎人，其各自的風俗習慣，都可以同時並行而兩不相妨。《尚書·酒誥》載周公要求康叔在妹邦頒行周文王在西土時的禁酒令，就是極好的證明。周公說，"明大命於妹邦，乃穆考文王肇國在西土，厥誥毖庶邦庶士越少正御事，朝夕曰祀茲酒"，但在下文又特別提醒告誡康

---

[1]阮元校刻：《十三經注疏》，中華書局2009年影印清嘉慶刊本，第4636—4637頁

[2]劉熙《釋名·釋車》："繮，彊也。系之使不得出彊限也。"《說文》："繮，馬紲也。"段玉裁注引《釋名》曰："繮，彊也。系之使不得出彊限也。"是"疆"與"繮""彊""韁"音同通用之證。

叔說，“妹土，嗣爾股肱，純其藝黍稷，奔走事厥考厥長，肇牽車牛，遠服賈用，孝養厥父母，厥父母慶，自洗腆，致用酒”，也就是說，對於妹鄉也就是殷邦舊地的原住民來說，無須向他們推行周人的禁酒法案，他們不妨可以繼續飲酒。因爲這些原住民有的務農，有的經商，在自家的酒宴上與父母兄長行孝悌之敬，自有其風俗習慣。如果强行改變這些故家舊俗的日常生活方式，不僅要付出無可估量的行政代價，而且更可能激起民怨。也就是說，禁酒令只推行於政府官員，而不强行於殷商故地的原住居民。而且，政府官員之中周人與殷人犯了酒禁，也應該區別對待。周人犯禁，則押赴宗周，格殺勿論；殷人嗜酒，則首先教育開導，如果怙惡不悛，屢教不改，則視同周人而殺之。[1] 這就是“啟以商政，疆以周索”的真正意涵；至於“啟以夏政，疆以戎索”，則亦可想見其義。知乎此，則《左傳》定公六年陽虎“盟公及三桓於周社，盟國人於亳社”的根本原因，也就不難理解了。“亳社”作爲一種文化象徵，代表著殷人的風俗習慣及其文化心理，魯國都城中的“國人”當即“殷民六族”之“類醜”，[2] 而“盟國人於亳社”，也就是保存與尊重殷人的風俗。這就如同保存與尊重他們的飲酒風俗一樣，因而“亳社”直至春秋之末依然存在。中國人歷史悠久的酒文化亦傳承至今，大抵與周人保存殷人風俗乃至與殷人趨同不無關係。但是，所謂“盟公及三桓於周社，盟國人於亳社”，周人與商人的風俗習慣却在魯國兩相並行而不悖，則是無可懷疑的。

綜上所述，周人開國之初，之所以毫不吝嗇地“褒封”那些“先聖王”之後，以及封武庚祿父“俾守商祀”乃至後來繼微子於宋地，實在與其權力逆取的建政方式具有密切的因果關聯。而且，無論是諸侯分封的基本國策，還是移民性質的管控形式，都沒有打破殷商時代舊有的社會格局，從而保留了既有的生產關係，避免了傷筋動骨式的乾坤大挪移從而激化族群矛盾，導致社會動盪不安。因此，西周開國之初，雖然也發生過“管蔡之亂”與“武庚之叛”等由於歷史的偶然因素所造成的短期社會動盪，但整個社會秩序很快就穩定下來，社會生產力沒有因爲政權的更迭而受到劇烈的破壞，平民百姓的社會生活也沒有受到任何政治衝擊。職是之故，爲時不久，周王朝便立刻迎來了成康盛世而號稱“刑措四十年不用”的黃金時代。

五、士的徽號：殷獻民與百宗工

周人之所以自古公亶父遷居岐山以來，發展如此迅速，到武王之時，其人不過四代，其時未及百年，尤其在文武兩代短期之內便崛起於西土而逆襲成功，一舉取代了殷商王朝，大抵與周文王善於利用異邦優秀人士不無關係。《周本紀》說，周文王一方面繼承周人的農

---

[1] 參見拙著《尚書·酒誥》之相關“釋讀”“繹文”以及該篇“後案”。亦可參讀拙作《〈尚書·酒誥〉繹文》，《光明日報·國學版》2016 年 2 月 22 日。

[2] “類醜”泛指大宗（“宗氏”）與小宗（“分族”）之所有宗族成員，其身份是“國人”，並非“奴隸”。

耕傳統，發展國家實力，另一方面也沒有忘記先輩的歷史宿憤，冀有雪恥之日。爲此，他不遺餘力地招徠人才，"禮下賢者，日中不暇食以待士"，而"士以此多歸之"。據說，伯夷、叔齊就是這個時期慕名來到周邦的異國人士。此外，陸續還有"太顛、閎夭、散宜生、鬻子、辛甲大夫之徒皆往歸之"。

武王克商之後，也繼續奉行周文王這一人才戰略，有計畫、有目標地搜羅招攬勝國人士，爲新建的周邦效力。他在誅紂立武庚之後，便就地發表了一篇旨在徵用人才而遷徙殷遺的演說，即《逸周書》的《商誓解》。清人莊述祖說，"《商誓》者，武王勝殷，誅紂立武庚，戒殷之庶邦庶士庶民也"，"武王以止殺爲功，盟津之會、牧野之師，誅一夫而已，商之百姓無罪焉。紂既死，不追罪也。而立之後，復其舊，官人、庶民各安攸處，侯甸男衛無改舊封"。莊氏對《商誓》之旨，既瞭解得不夠深入全面，也不無跳脫原文而自作解人之弊。如"官人、庶民各安攸處"，則純屬誤解；"侯甸男衛無改舊封"，亦非本篇之旨。且莊氏之所謂"庶民"，也與武王所呼的"獻民"，並不是同一個概念，二者不能互相替代。

事實上，《商誓解》是一篇頗有理論深度與政治智慧的演講辭，其旨趣之宏放，非粗讀淺嘗所能測；其用語生新靈動，義蘊之豐贍，情理之蕪茂，足以體現周武王高超的演說技巧。茲董理其意緒，略發三端：

第一，強調周人對於人類社會所作的偉大貢獻，消除殷人對周人逆襲行爲的鄙夷之心。武王說，"在昔后稷，惟上帝之言，克播百穀，登禹之績"。意思是說，他們周人的始祖后稷，是根據上帝的指令，依靠發明穀物種植從而走到歷史前臺的；早在夏禹的時代，后稷便創造了無可替代的歷史功績。周武王還巧妙地創造了"后稷之元穀"這個概念，以突出周人之於穀物種植的發明權。事實也是如此：周人始祖后稷發明了穀物種植，就使人類擺脫了茹毛飲血的生存狀態，從而開啟了農耕文明的生活方式。自從穀物種植發明之後，"凡在天下庶民，罔不維后稷之元穀用蒸享"，即使"在商先哲王，明祀上帝，亦維我后稷之元穀用告和、用胥飲食"，因此，你們殷商的先世明王，也是我們周人發明農業種植的受益者。他們將糧食穀物既用來祭祀上帝祈請安寧，也用來維繫人間飲食相與的日用倫常。唯其如此，你們殷商的先王帝乙，才任命我們的先祖王季做了西土的方伯，使我周邦的聲名從此顯達於諸侯，"肆商先哲王維厥故，斯用顯我西土"。[1]武王的演說，從農耕與糧食起講，並且創用了"后稷之元穀"這一概念，一方面是要突出周人的種植技術對於人類文明所做的貢獻，強調周人給人類帶來的福祉；另一方面，事先擺明始祖后稷的發明創造之功，意在以先聲奪人之勢，打壓與消除殷人作爲文化發達的先朝遺民以"天邑商"自居因而鄙視周人建政的傲慢心態。他要提醒這些殷遺，雖然你們殷商大國有比較發達的文化，技術水準也居於暫時領先地位；但是你們也沒有理由小覷我們周人的智慧與才華，我們周人也做過足以驕人與傲世的貢獻，也開創了你們商人無法取代的文明成就。由此也不難想象，周人欲以華夏文明正統自居而蔑視商人爲夷種，大抵也是出於同樣的心態；或者正是由於

---

[1] 莊述祖說："顯我西土者，謂帝乙命王季爲西伯。"其說是也。

商人鄙夷周人，激起了逆反心理與種族情緒，因而周人亦以夷種反脣相譏，也未嘗不可能。然而，這種由自卑導致的自傲，流毒至爲深遠；直到晚周之世，立言之士還總是情不自禁地把宋國人作爲奚落與嘲笑的對象，其原因就在於：他們是殷人的後裔！

第二，強調商紂王一人之惡，既爲自己，也爲殷遺，雙向開脫。武王說，"昔在我西土，我其齊言，胥告商之百姓無罪，其維一夫"，又說，"若朕言在周曰：商百姓無罪；朕命在周，其乃先作；我肆罪疾"。[1]意思是說，早在克商滅紂之前，我曾經在宗周多次對西土之人指出：殷商的百姓是無辜的，殷人的所有罪惡都是由商紂王一人造成的。武王還說，類似這樣的說法，我在尚未討伐商紂王之前，就已經在西土宗周不知道提過多少次了。可見我對商紂王的罪惡，是多麼深惡痛絕了！當然，武王的這些說辭，並非空穴來風。據《尚書·微子》所載，大抵殷商王朝在帝辛之末，多有亂象。小大官員皆好作奸犯科，尤其沉溺於飲酒之樂；殷商之民，也迫於生計不惜結成黑幫團夥，相互械鬥，竟有拋屍荒野而無人掩埋之慘像。然而，武王認爲，殷商的百姓並非從來就是如此爲惡多端。他說，"我聞古商先哲王成湯，克辟上帝，保生商民，克用三德；疑商民弗懷，用辟厥辟"。[2]意思是說，商代的先聖明王成湯，協助上帝保護和愛養殷商的百姓，能夠針對平康、沉潛與高明等各類人群的不同秉性，相應採取正直、剛克與柔克等不同的對治方法。因此，完全可以設想，其時在成湯治下的殷商百姓，人人皆無私心，都願意接受並協助他們的君王把自己的國家治理得有條不紊。然而，"今紂棄成湯之典，肆上帝命我小國曰：革商國！"商紂王這個獨夫民賊，毀棄了先哲明王成湯的優良治國傳統，我們周邦雖爲小國，却特奉上帝之命，來改變你們殷商大國這種不良的社會風氣！

周武王將殷商官民的一切罪惡與社會亂象，全部歸咎於商紂王，其目的無非是：一、搶佔正義與道德的制高點，爲自己"以臣弒君"的逆襲行爲開脫與辯護。二、緩和殷人敵愾，消除殷商遺民對於改朝換代的恐懼與敵對心理。三、既往不咎，給予殷遺棄舊圖新的機會與出路；爲下一步徵用殷遺才智之士給周邦效力清除思想障礙。當然，這也是武王發表這番演講的直接動機與終極目的。然而，歷史的波詭雲譎却往往產生令人意想不到的後果：周武王所謂"一夫紂"的這番論調，不僅在殷遺中形成了強大的興論攻勢，對於消除勝國遺民的敵對情緒有著明顯的疏導作用；與此同時，也在思想上取得了一錘定音的理論效應，產生了深遠的歷史影響。時至戰國中期，不僅仍有學人沿用"一夫"這個概念，繼續爲他"以臣弒君"的逆襲行爲作道德辯護；甚至"湯武革命，順乎天而應乎人"，也庶幾成爲千古定評！《孟子·梁惠王下》記齊宣王問孟子說："湯放桀，武王伐紂，有諸？"孟子回答說，傳說中有這麼回事。齊宣王反問孟子說："臣弒其君，可乎？"孟子說，傷害仁人與仁政的人就叫做"賊"，傷害道德與正義的人就叫做"殘"，"殘賊之人，謂之'一夫'。聞誅一夫紂矣，未聞弒君也"。由此可見，孟子從基本概念的使用，乃至辯護與開脫的邏輯

---

[1]齊，疾、亟。齊言，猶屢言也。肆，乃也。罪疾，近義複詞，罪謂歸罪，猶言譴責；疾謂憎惡，猶言痛根。

[2]用辟、克辟，輔助。唐大沛以《洪範》"三德"解此"三德"。疑，通擬，推測。懷，有私心。厥辟，其君。

套路，無不與周武王的說辭一脈相承。而成書於秦漢之際的《易大傳》又說：“天地革而四時成；湯武革命，順乎天而應乎人，革之時大矣哉！”（《革卦·象傳》）這更是把湯武放殺逆襲上位的暴力行爲解釋爲順天應人的“革命”行動，進而上升到歷史哲學的理論層面予以高度認可。

第三，誘逼殷遺優秀人士前往西土效力周邦。有了上述心理情感與思想理論兩個方面的充分鋪墊，周武王便可以順理成章地亮出自己的底牌了。因此，他話鋒一轉，對這些“殷之舊官”，“及太史友（原作比，依莊述祖校改）、小史友（原作昔，依莊說校改），及百官里居獻民”發出號召說：“予既殛紂承天命，予亦來休命：[1]爾百姓里居君子，[2]其周即命。”[3]意思是說，我已經克商滅紂，接受了上天的命令；我也要給你們帶來光明的前程和美好的命運。你們這些人，都是殷商時代有文化、有教養，有頭有臉、身份體面的上等人，不應該死心塌地爲商紂王那個獨夫民賊陪葬做犧牲品，白白斷送了你們自己的光輝前程。你們應該到西土去，爲我們周邦的建設事業貢獻你們的智慧與才華，同時這也是爲你們自己謀生存，找出路。他特別提點那些大“邦塚君”說，你們這些大邦的君主，尤其應該降低身段，放下架子，鼓起勇氣，請求去西土報效於我們周邦：“爾邦塚（原作塚邦，依孫詒讓說校改）君，無敢其有不告見於我有周！”[4]

周武王把那些願意投身於西土、效力於周邦的殷遺稱之爲“獻民”。《說文》“獻，宗廟犬名羹獻；犬肥者以獻之”，段玉裁注：“獻本祭祀奉犬牲之稱，引申之爲凡薦進之稱。”又，《禮記·坊記》“民猶有自獻其身”，鄭玄注：“獻，猶進也。”且“獻”亦有“聖”“賢”諸義，《爾雅·釋言》“獻，聖也”，郭璞注引《謚法》說：“聰明睿智曰獻。”《論語·八佾》“文獻不足故也”，何晏《集解》引鄭玄注說“獻猶賢也”，皆是其證。是以“獻民”之“獻”，一名而含四義：一爲犧牲，名詞；二爲薦進，動詞；三爲明智，傾向於内在心靈的形容詞；四爲賢能，表現於外在行爲的形容詞。綜合“獻”字諸義，則武王所創用的“獻民”這個概念，不僅僅是指投誠歸順於新朝的那些殷商遺民，同時也賦予了某種價值評判：聰明睿智，懂得天命所歸，因而善於抉擇；同時兼有犧牲精神，並願意奉獻其才智的賢能之士。這就是“獻民”這個概念的整體意涵。不過，從“獻”字之“犧牲”與“薦進”的意義元素來看，武王創用“獻民”這一概念，却多少流露出隱藏在他内心深處的“權力優越感”。他是要用這種現實存在的“權力優越感”來打壓殷遺潛藏在心底的“文化優越感”，由此開啟了中國政治思想史上兩千多年以來“勢統”與“道統”的角力與爭衡，從而演繹了一部充滿血淚的、或稱爲“黨錮”或稱爲“黨人”乃至“詩案”或“文字獄”的中國政

---

[1] 來，劉師培說，與“賚”相通，賞賜。休，美、善。命，命運。

[2] “百官”與“百姓”互稱，實爲宗族長老，治理家族事務。里居，“里君”之訛；治理公共事務。

[3] 其，於也。即，《說文》：“即食也”，徐鍇《繫傳》：“即猶就也，就食也”。其周即命，既可解爲去周邦效命，引申之則是爲周邦做貢獻；亦可解爲去周邦就食活命，引申之則爲找飯碗、覓活路。其實二義兼有，一語雙關。

[4] 告，求請也。見，效也。告見，近義複詞，猶“報效”也。

治生態史。

　　當然，也毋庸諱言，武王之所以稱這些歸順於新朝的殷遺爲"獻民"，其主要意圖還是爲了表彰與肯定其人通達時務，順應天命，願意獻身於西土的合作態度。因此，武王爲争取這些殷遺棄舊投新，既給予了許多鼓勵，也給予了相應承諾。他說，"爾百姓獻民，其有綴芳"。[1]意思是說，你們這些聰明睿智富有才能而又通達時務順應天命的殷商遺民百姓，如果不留戀殷商故地而投身到我們西土周邦，就是一種棄舊圖新的明智之舉；就像倒僕枯死的樹木重新生出嫩芽，展露一片新的生機。言下之意，你們如能效力我們新朝，就是獲得了第二次生命。因此，他說，如果你們能夠對於你們所面臨的這個天命有所敬畏，服從天命的安排，"夫自敬其有斯天命"，那麼我們擁有這個天命的周邦，亦"不令爾百姓無告"，也不會虧待你們，讓你們在西土流離失所，貧窮無告。只要你們在那裏付出了足夠的努力與勤勞，你們一定會得到上天的報償。再說，"西土疾勤，其斯有何重"？[2]你們除却在西土奮力而勤勉地勞作，從而獲得一份體面的生活；此外，還有什麼能比這個更爲重要的呢！而且，"天維用重勤，興起我，罪勤我，無克乃一心"，[3]天道酬勤，它總是通過勤勞讓我們興旺發達，用勤勞責罰鞭策我們，也用勤勞勸勉鼓勵我們。所以，無論何時，無論何地，無論何人，上天的用心始終都是一樣的，既不會特別偏愛哪些人，也不會故意折磨哪些人。所以，"爾多子其人自敬，助天永休於我西土，爾百姓其亦有安處在彼"，你們這些人如果自敬天命，協助上天在我們西土永遠修行善德，推動我們周邦走向繁榮，那麼你們將在那裏擁有一片安寧舒適的生存之地。當然，你們"宜在天命，弗（原闕，依丁宗洛校補）反（原作及，依唐大沛校改）惻興亂"，[4]既然天命在周，你們就要順應天命，服務於我們周邦，決不允許在西土周邦興風作浪。因此，有些不太好聽的話，我也必須事先對你們說清楚："肆予明命汝百姓，其斯弗用朕命，其斯爾邦塚（原作塚邦，依孫詒讓說校改）君商庶百姓，予則口劉滅之。"[5]所以，我現在要明確告誡你們這些殷商人士，無論你們從前是殷商的大邦君王，還是先朝的庶民百姓，如果膽敢違抗命令，不服從我的調遣，我就把你們全部殺掉！而且，即使到了西土，如果你們敢於在那裏造反生亂，我也絕對不會心慈手軟！"子維及西土，我乃其來即刑"，如果你們一定要在西土以身試法的話，我便以大刑好生伺候，這就是對你們膽大妄爲的最佳獎賞！[6]

　　由上述可見，武王這番講辭，以先聲奪人之勢，從大處着眼，以其先祖后稷對於人類

　　[1]莊述祖說："綴芳猶言枿。"《尚書·盤庚》"若顛木之有由蘗"。

　　[2]西土疾勤，句式倒裝，猶言努力勤勞於西土。斯，代疾勤。有，又也。重，重視。

　　[3]維用，近義複詞，以也。罪，責罰。勤，勸勉。無克乃一心，謂天無論何時何地何人，用心都是一樣的。

　　[4]宜，應當。在，察也。惻，通側；反側，猶反轉、背叛。

　　[5]肆，故、今。其斯，若也。闕文舊注或補動詞"咸""虔"，"咸劉"義爲"殲滅"，"虔劉"義爲"殺戮"，皆爲同義複詞。或補副詞"乃""肆"，則稍嫌累贅。

　　[6]子，即爾多子。維，若也。及，當爲"反"字之訛。乃其，將也，虛詞連用。來，通"賚"，音義與"來休命"之"來"從同，賞賜也。即刑，與上文"即命"文法相同，猶今語所謂"吃打""吃罰"之意。來即刑，其文義雖爲自食其果，咎由自取；其語氣却於威嚴之中含譏諷。其修辭手法頗類於《多方》"爾多方探天之威，我則致天之罰"，意思是說，你們多邦想要探取上天的威嚴，我便把上天的懲罰送給你。故文中籀繹其義，儘量把這種語含譏諷的情調傳達出來。

文明的既有歷史貢獻對沖與消解殷遺貴族當下存在的文化優越感；既指控了殷人的罪惡却
又委全過於商紂王，消除殷商遺民的恐懼與仇恨心理。又特別創用"獻民"這一概念，既
從心理情感上、也從行爲抉擇上分化和瓦解殷商頑民，並且有效地孤立其極端仇視周邦的
敵對份子。最後，軟硬兼施，以威逼與利誘之兩手，强行徵調殷遺才智之士遷徙於西土，
效力於周邦。

　　武王的演說成效以及周人對殷遺的承諾，已於《度邑解》初步得到證實。武王克商之
後，做完這個演講，便踏上歸途，回到宗周；其時已有一批殷遺"獻民"隨之前往西土。
而武王營建洛邑的未來構想，一個重要目的就是"我圖夷茲殷"，希望最終在洛邑成周安置、
管控與利用這些殷遺，讓他們在製作與興造的研求與探索方面貢獻其智慧與才能。這一點，
上文已有詳論，茲可不再贅述。而事後周人對這些殷遺的安置、管控與利用，也足以證明他
們還算踐行了當初許下的諾言。作爲傳世文獻，《尚書》的《多方》與《多士》這兩篇文誥，
在内容上相互關聯，在時間上相互衔接，前者誥於宗周，後者誥於洛邑，其所誥之對象也基
本上就是跟隨武王來到宗周的那一批殷商"獻民"。而且，從殷都遷往宗周，再從宗周遷到
洛邑，正好凸現著周人遷徙與安置以及管控與利用這批殷遺"獻民"的歷史軌跡。

　　《多方》說，"王來自奄，至於宗周"，作誥地點爲宗周。而"周公曰，王若曰"，無論
周公攝政稱王以作誥，抑或周公以成王之命而作誥，其時總在武王去世之後。"猷告爾四國
多方，惟爾殷侯尹民"，其作誥對象是舊時殷商四境之内的諸侯邦君以及過去的封疆大吏
和百官臣僚，也就是周武王當年在《商誓解》中所指稱的"殷之舊官"，包括"太史友、小
史友、及百官里居獻民"以及"邦塚君"在内的那些殷遺聽眾。當然，或有周公戡定武庚
之亂以及蕩平奄君薄姑之後，陸續徵調而來西土的異邦人士，[1]因而周公以"四國多方，殷
侯尹民"一併呼之。但其大部分應該是當初周武王克商之後，從東土徵調到宗周的那些勝
國遺民。《多方》說，"今爾奔走臣我監五祀，越惟有胥伯小大多正，爾罔不克臬"[2]，"五
祀"的時間斷限，便透露了這一資訊。因爲武王克商二年而崩於鎬京，成王即位由周公攝
政，管蔡流言而同室操戈，周公"一年救亂，二年伐殷，三年踐奄"。而"王來自奄，至於
宗周"，正是周公攝政期間"踐奄"之後回到宗周的年份。自武王克商至周公攝政三年，正
好五個年頭。當然，這批徵調到宗周的殷遺，周人不可能放任自流而不設置相應的監管機
構。"奔走臣我監"，就是說在我們周人的監督與管制之下爲周邦奔走效力。"今爾尚宅爾宅，
畋爾田"，也說明周人既給這些殷遺在宗周提供了宅地，也爲他們劃定了田產，兌現了武王
當初"有安處在彼"的承諾。但是，也必須按照法定期限服勞役，根據規定額度繳納貢賦。
誥文在"奔走臣我監五祀"與"胥伯小大多正，罔不克臬"之間加一"越"字，表明這些

---

　　[1]《作雒解》說周公平亂，"俘殷獻民，遷於九里"，孔晁注以爲"九里"乃成周之地。"九里"或作"九畢"，
清人據《戰國策·韓策》"魏王爲九里之盟"，《韓非子·說林》作"魏惠王爲白里之盟"校定爲"九里"。然則
"九里"果爲成周之地，當是探後爲言。實是先遷於宗周，洛邑建成後，再遷於成周。

　　[2] 越，及也、與也。胥，力役也；伯，與通，賦稅也。正，通"征"；《孟子·盡心下》"布縷之征，粟米之
征，力役之征"，是其義也。多正，各種力役與賦稅。臬，準則、法制也。

遷入宗周的殷遺，五年以來，一直在周人的監管之下如期、如數地服勞役、納貢賦。可見他們在宗周接受管制的日子，實在並不怎麼輕鬆！

時隔三年，亦即周公攝政五年，周人乃正式"營成周"，這批殷遺之中又有不少人徵調到洛邑參加成周的營建；並在洛邑建成之後，留在成周定居下來，按照武王當年的遺願和設想專門打造和建設這個繼承華夏文明正統的"天下之中"了。由《多士》與《多方》兩篇相互回照的誥詞中，即可探得這一消息。《多方》說：

> 爾乃自時洛邑，尚永力畋爾田。天惟畀矜爾，我有周惟其大介賚爾。迪簡在王庭，尚爾事，有服在大僚。……爾不克勸忱我命，爾亦則惟不克享。凡民惟曰不享，爾乃惟逸惟頗，大遠王命，則惟爾多方探天之威，我則致天之罰，離逖爾土。

雖然營建洛邑是武王管控東土的治理規劃，但由於武王克商二年即逝，旋即發生了管蔡之亂，周人忙於平定叛亂與剗除異己，無暇實施武王營洛的計畫；因而周公在宗周作《多方》之誥，其時洛邑尚未營建。可見所謂"爾乃自時洛邑，尚永力畋爾田"云云，皆是探後爲說，[1]仍然是周公按照武王的既定方策，繼續對殷遺的承諾。不過較之武王，周公的承諾更有鼓動性，因而也不免摻了較多難以付兌的成分。析言之，有以下幾個層面：

第一，"爾乃自時洛邑"，在將來爲你們營建的洛邑裏，你們可以"永力畋爾田"，亦即永久地致力於耕種你們的土地。比較上文所謂"今爾尚宅爾宅，畋爾田"，此處多出"永力"二字，可見這些殷遺在宗周所分配劃定的田宅，皆是暫時性的；而在未來洛邑的田宅，將是永久性佔有。《後漢書·鮑永傳》載光武帝"賜永洛陽商里宅"，章懷注："《東觀漢記》曰：'賜洛陽上商里宅。'陸機《洛陽記》曰：'上商里在洛陽東北，本殷頑人所居，故曰上商里宅也。'"[2]可見洛邑成周的東北近郊，當是其時殷遺"獻民"世代長期集居之地，是以"商里"之名於東漢之末猶存。且其名曰"上商里"，則當有"下商里"乃至"中商里"亦未可知。

第二，"天惟畀矜爾"，就是說，如果你們在新邑安分守己而上天還仍然眷顧你們的話，我們周邦也將會對你們大加獎賞而給予恩賜，"我有周其大介賚爾"。這獎賞與恩賜，就是"迪簡在王庭"，亦即進一步把你們選拔到中央朝廷來任職。

第三，如果你們"尚爾事"，具有十分突出的敬業精神，把全部心思花在自己的職責與事務上，於其本職作出了超常的建樹，還可以升遷到朝廷中更高、更爲重要的職位上來。所謂"有服在大僚"，就是這個最高層次的許諾。

---

[1]前人以爲"爾乃自時洛邑"乃《多士》錯簡，不知"時"字爲遠指。《多士》"向於時夏""予惟時命有申"，《酒誥》"今惟殷墜厥命，我其可不大監撫於時"，《盤庚》"相時憸民"之"時"，皆是其例。劉起釪不知其義，因而"只好說，雖在宗周發佈誥辭，但可包括對洛邑殷人講話，實際尚有待於把它弄準確"（《尚書校釋譯論》，中華書局 2005 年版，第 1659 頁），可見劉氏無所折衷，不免時空錯亂，以致邏輯不通。

[2]范曄：《後漢書》卷 29，中華書局 1965 年版，第 1018—1019 頁。

時隔三年，東都洛邑建成之後，周公誥於"新邑洛"的《多士》說：

　　　昔朕來自奄，予大降爾四國民命，我乃明致天罰：移爾遐逖；比事臣我宗多
遜。……今予惟不爾殺，予惟時命有申：今朕作大邑於茲洛，予惟四方罔攸賓；亦
惟爾多士攸服奔走臣我多遜，爾乃尚有爾土，爾乃尚寧幹止。爾克敬，天惟畀矜
爾。爾不克敬，爾不啻不有爾土，予亦致天之罰於爾躬。今爾惟時宅爾邑，繼爾
居，爾厥有幹有年於茲洛。爾小子乃興，從爾遷。……時予乃或言：爾攸居。

　　"昔朕來自奄，予大降爾四國民命"，就是回照三年前周公在宗周對"四國多方，殷侯
尹民"發佈誥命《多方》。而"移爾遐逖，比事臣我宗多遜"，正是申述《多方》"離逖爾土"
那段文字的中心意思，以再次提醒這些殷遺，只有老老實實奔走效力於我們周邦，才是你
們唯一正確的選擇，否則沒有別的出路。"今予惟不爾殺，予惟時命有申"，現在我們雖然
不會殺你們，但我還是要重申當年在宗周對你們所發佈的那個誥命：現在我們在這洛水旁
邊興建了這座都城，既是兌現了我們當初的承諾，也是因爲我們要接納四境八方的優秀人
士居於此地；尤其是你們這些隨武王到宗周再到洛邑的殷商"獻民"，如果你們一如既往地
臣服於周邦，奔走於王事，你們就有幸能夠在這裏擁有你們的居邑與土地，就可以永遠在
這洛邑裏安身立命。當然，倘若"爾不克敬，爾不啻不有爾土，予亦致天之罰於爾躬"。因
此，如果你們安分守己，不僅可以"宅爾邑，繼爾居"；你們還可以將洛邑的居宅田產傳給
後輩子孫繼承，"爾厥有幹有年於茲洛"。如果你們興風作浪，不想好好過日子，那就請你
們遠遠地滾出洛邑！最後，周公語氣似乎有所緩和，又特別補充說，你們就安心地在這裏
居住吧，至少我現在不會殺你們，也不會無故把你們趕走！

　　毋庸諱言，雖然周人在這些殷遺"獻民"的頭頂上時時刻刻懸著一把奪命劍，但最終
"自時洛邑，尚永力畋爾田"，"厥有幹有年於茲洛"，足見周人還算踐行了武王曾經有過的
"其亦有安處在彼""不令爾百姓無告"的起碼承諾。至於周公所謂"迪簡在王庭，有服在大
僚"的諾言，似乎也有少數幸運者可以證明並不完全是謊言與欺騙。

　　一九七六年十二月陝西扶風縣法門公社莊白大隊白家村出土了窖藏青銅器一百零三件，
其中鑄銘者五十五件。據其銘文，這批青銅器大部分是自稱"微史"這一家族七代人陸續
鑄成的，其年代下限，約至西周中期懿王之世。[1]楊寬將其世序與廟號整理成一簡表，[2]比
較醒目。茲略作修訂，録之於此，以備參考：

　　　[1]參見陝西周原考古隊：《陝西扶風莊白一號西周青銅器窖藏發掘簡報》，《文物》1978年第3期。
　　　[2]楊寬：《西周史》，上海人民出版社1999年版，第371頁。"旂"字前"作册"二字及"乙公"前"文考"二
字皆爲引者據銘拓所增。又，陝西周原考古隊《發掘簡報》"旂"字隸定爲"折"。

世代 出处	一	二	三	四	五	六	七
	高祖	烈祖	乙祖	旂	豐	牆	
旂觥			父乙	作册旂			
豐尊				父辛	豐		
牆盤	高祖	烈祖	乙祖	亞祖祖辛	文考乙公	牆	
鐘一				高祖辛公	文祖乙公	皇考丁公	
鐘二				高祖	亞祖	文考	

這批銅器中，《史牆盤》有銘文十八行二百八十四字，其内容分爲前後兩段：前段追頌周初文、武、成、康、昭、穆六位先王的功烈。據此，當爲共王時器。後段敘述微史家族自其高祖以下六代世系，以及自其剌祖（即烈祖）、乙祖、亞祖祖辛、文考乙公乃至史牆本人歷仕於西土周邦的經過。銘文說："青幽高祖，在微靈處，雩武王既戈殷，微史剌祖廼來見武王，武王則令周公舍圖於周，俾處甬。"[1] 其高祖原本居住在殷商畿内的"微"這個地方，[2] 由"青（讀靖或清）幽"二字，大約是賦閑在家的殷商致仕官員，或者也是"微"地某宗族之長即武王所稱之"百姓"。武王克商之後，便使其長子即牆的剌祖來見武王。武王令周公"舍圖於周"，就是安置他住在宗周。微史剌祖這一經歷，與武王作《商誓》的背景頗爲相合，亦與周公誥於宗周的地望一致。由此可知，大抵克商之初跟隨武王來到宗周的殷遺"獻民"，皆由周公負責處置與安排。而且由"農嗇歲稼隹辟"的銘文，則微史家族在宗周亦有宅地，有土田，與《多方》"尚宅爾宅，畋爾田"之說也相吻合。其剌祖來宗周之後，使之"處甬"。據牆的兒子癲所鑄鐘銘說，"雩武王既戈殷，微史剌祖（乃）來見武王，武王則令周公舍圖，以五十頌處"，則微氏家族初仕於宗周所從事的職務是執掌禮容的史官。[3] 至其亞祖祖辛旂或折乃任作册，則是負責起草文書的"内史"之職。而據《折觥》以及《豐尊》銘文所載，他們已經成爲王朝執行册命典禮的重要史官，常從周王出巡各處。《旂觥》"王在岸，令作册折兄（貺）望土於相侯"，《豐尊》"王在成周，令豐殷大矩"，皆是

---

[1] 甬字及句讀從裘錫圭釋，見氏著：《史牆盤銘解釋》，《文物》1978 年第 3 期。

[2] "微"的地望，衆說不同，有以今陝西眉縣當之者，有以武王伐紂時西土八國之"微"當之者，亦有以四川眉山縣當之者。我們認爲，楊寬"商畿以内"的說法比較合乎情理，值得信據。

[3] 裘錫圭說，"頌"即"容"，"甬"與"頌"音近可通；"處甬"亦即掌管鏗鏘鼓舞的禮容。其說可信。《癲設》"皇且考司威儀"，以及《三年癲壺》"王在句陵，鄉逆酒；呼師壽召癲"，"師壽"爲樂官，亦可爲證。劉翔《"以五十頌處"解釋》（文載《學習與思考》，1982 年第 1 期）認爲，"以五十頌處"乃是掌管卜筮的官員。要之，其職掌乃"宗祝卜史"之類文職官員。

其證。因此，牆盤銘文說，"叀乙祖逺匹厂辟，[1] 猷腹心，子納靈明"，[2] 可見微史家族自投奔西土周邦之後，其第二代便成爲"遠猷腹心"之臣，勤勉地在周王身邊奉獻其聰明才智。當然，也毋庸諱言，這類作器自炫家世的矜功銘文，[3] 不免誇說失實之嫌，但多少可以證明周公"迪簡在王庭，尚爾事，有服在大僚"的承諾並非完全是無法付兌的空白支票。

　　然而，值得注意的是，微史家族之在周王朝的官運亨通，也許並不能代表參與洛邑營建而最終留居在成周的那些殷遺"獻民"的普遍命運，因爲他們實際上是分別來自於殷商時代的不同社會階層與文化群體。而更爲重要的是，微史家族在周王朝的仕途如此順利，也正好暴露了周人克商之後在"立政任人"方面存在著嚴重的先天短板。據周代銅器銘文所載，西周中央王朝設有"卿事寮"與"太史寮"兩大政務機構，《毛公鼎》"㡃茲卿事寮、太史寮於父即尹"，即可爲證。《矢彝》也說，"周公子明保尹三事四方，受卿事寮"，則"卿事寮"是全面負責朝廷內外軍政事務的行政機構，屬於王朝的行政官系統；而"太史寮"則掌管宗廟祭祀、册命典禮、文史星曆等有關思想文化與宗教祭祀方面的事務，屬於王朝的文宣系統。"卿事寮"掌管軍政事務，周人當力能自任。但"太史寮"的職事却對學術水準與文字能力有較高要求，而這正是憑武力逆襲上位的周人有所欠缺的。因此，西周開國之後，"太史寮"的文職官員，幾乎全部由殷商時代的"太史友，小史友"來充任，《大雅·文王》"殷士膚敏，祼將於京"，即是其證。而微史家族，職掌祭祀禮儀與册命典禮之類的文宣事務，正是"太史寮"的屬員，看他們自鑄的青銅禮器皆有"樣册册"這種標誌，其史官身份的族徽自可明瞭。而且《牆盤》銘文本身，尤能自證其作者之文士身份，其文篇幅之長大、氣韻之高古、修辭之雅致、敘事之簡潔，足以體現其人作爲"起文書草"之"作册內史"所應有的高超嫻熟的文字駕馭能力。

　　不過，說起來使人有些沮喪，雖然周人的文化事務乃至國家治理，已經大量接納並依賴殷商舊時代的才智之士參與其中，但周人對待這些殷遺"獻民"，實際上具有陰陽不同的兩副嘴臉。因爲周人在內部談話中涉及殷人及其舊屬，與其直接面對殷遺的談話，無論其稱謂抑或其語氣，都有明顯的倨傲蔑視與謙恭禮敬之别。前者可以《酒誥》爲例，後者可以《多方》與《多士》爲例。將二者稍加比勘對讀，不難發現：周人對待殷遺"獻民"，表面上比較謙恭，內心却不無鄙夷。當然，表面上虛假的謙恭，是要給殷遺造成一種被需要與被看重的迷幻，好讓他們死心踏地爲西土周邦作犧牲，甘願俯首貼耳地奉獻其才能與智慧；而內心裏由衷的鄙夷，則表現爲對勝國遺民的"權力優越感"從而視他們爲奴役的對象。尤其值得注意的是，從二者的對比之中，我們還可以發現一個更爲驚人的秘密：周人

---

[1] 叀，即"惠"字初文，與"惟"字相通，以也，因也。逺，讀"弼"，"弼匹"猶言輔弼。此句從裘錫圭讀。

[2] "子納靈明"，從唐蘭釋，"子"通"孳"。見氏著：《略論西周微史家族窖藏銅器群的重要意義——陝西扶風新出牆盤銘文解釋》，《唐蘭全集》第四卷，第1879頁。

[3] 商周青銅器的文化功能經歷了四個發展階段：一、祀神之用；二、藏禮之用；三、矜功之用；四、埒富之用。參見拙著《中國早期文化意識的嬗變》第一卷第五章《彝器與彝銘：從神壇走向世俗》的相關論述。武漢大學出版社2005年版，第221—251頁。

如何巧妙地編造了"商王士"這頂華麗的桂冠，然後不經意地把它扣在了殷遺"百宗工"的頭上！請嘗試而論之：

《酒誥》是康叔移封於殷商故地之後，周公要求在殷都妹邦施行禁酒令的誥詞，純屬周人内部的高層談話，其中既有對殷制的追述，也有對殷遺的稱謂：

其一，述殷制：

> 越在外服：侯甸男衛邦伯；越在内服：百僚庶尹，惟亞惟服宗工；越百姓里居；罔敢湎於酒。

其二，稱殷遺：

> 予惟曰：汝劼毖殷獻臣侯甸男衛，矧太史友、内史友；越獻臣百宗工。
> 又惟殷之迪諸臣，惟工乃湎於酒，勿庸殺之，姑惟教之，有斯明享。

述殷制以三個"越"字領起，分爲三個層次：一是"越在外服"，指殷商邦畿内外各邦族或各方國的君長。二是"越在内服"，指殷商王朝各個職能部門的臣屬與僚佐及其執事人員。三是"越百姓里居"，[1] 指各宗族之長與居邑之長。而稱殷遺雖有所簡擇，但也仍然是相對客觀地按照殷人舊時的名號來指稱。惟有"獻臣"二字，表現出周人對殷遺的態度及其取捨標準。陳夢家說，"殷王以下'外服''内服'和'百姓'三個階層，克殷後被西周統治者稱爲'獻臣''獻民'"，而"稱之爲'獻臣'是說征服了的殷官"。[2] 陳氏之說，大抵不錯。"獻臣"之與"獻民"，概念上並無本質區別，不過"獻臣"意在強調"獻民"之在周邦任事者，指涉的是當下供職爲"臣"的身份。

如前所述，周武王最初創用"獻民"這個概念，原本就含有幾分譏諷與揶揄，而周人内部的高層談話，用"獻臣"來指稱那些效力於周邦的才智之士，也並没有稍減其輕蔑。[3] 甚至周人的廟堂歌詩，所用的稱呼也更加難堪。《大雅·文王》說："殷士膚敏，祼將於京。厥作祼將，常服黼冔。王之藎臣，無念爾祖。無念爾祖，聿修厥德。永言配命，自求多福。"那些穿戴著殷人服飾的"商之孫子"們，在周人的宗廟裏虔誠地舉行祭禮，反而被周人輕蔑地稱之爲"藎臣"。漢代經師將"藎"之與"獻"同訓爲"進"，殊不知"藎"字却更帶侮辱性，因爲"藎"的音義實與"燼"相通。《左傳》襄公四年"靡自有鬲氏收二國之燼以滅浞"，杜注："燼，遺民。"孔疏："樵燭既燒之餘，名之曰燼。二國之燼，謂燒之所

---

[1] "里居"乃"里君"之訛，其人身份已見前述。

[2] 陳夢家：《西周文中的殷人身份》，《歷史研究》1954 年第 6 期。

[3] 周人稱殷遺爲"獻臣"，頗似明朝官員投順清廷後被稱爲"貳臣"。乾隆四十一年十二月，詔於國史内增立《貳臣傳》，且指名錢謙益更不能齒於洪承疇，不可入甲傳，只能入乙傳。參見王鐘翰點校：《清史列傳》卷 79《貳臣傳·乙·錢謙益傳》，中華書局 1987 年版，第 6578 頁。

殺，死亡之餘，遺脫之民也。"[1]則"蓋臣"就是"燼臣"，不過燒死焚棄之餘灰而已。由此可見，從"獻臣"到"蓋臣"，周人在背後稱呼殷遺的用語確乎是越來越刻薄了。

　　對照殷制，周人所謂"獻臣"的指稱對象，也大有玄機。首先，殷制的"越百姓里君"，大抵純屬"獻民"而非"獻臣"，故未予提及，姑置無論。其次，稱爲"殷獻臣"的殷遺，既指殷制中"越在外服"的"侯甸男衛"，也指"越在內服"的"太史友、內史友"。而這"太史友、內史友"其實就是供職於"太史寮"乃至"祼將於京"的那些殷遺之士，亦即武王在《商誓解》中稱之爲"太史友，小史友"的那些對象。第三，稱之爲"越獻臣"的殷遺，卻僅指殷制中"越在內服"的"宗工"，而將"百僚庶尹，惟亞惟服"排斥在外。由此可見，周人對殷遺"內服"的"百宗工"特別青睞。其所以別稱"殷獻臣"與"越獻臣"，大抵因爲"越獻臣"中除了殷商王國的"百宗工"之外，尚含有其他方國的"宗工"在內。而且最不容忽視的是，周公告誡康叔說，"殷之迪諸臣，惟工乃湎於酒，勿庸殺之"。這"迪諸臣"即統指"殷獻臣"與"越獻臣"二者，都是周人內定爲必須"劫惄"的對象；而且在所有這些需要謹慎對待的進身之臣中，尤其需要慎之又慎的是"百宗工"，只有"工"犯了酒禁可以暫緩死罪，必先行教育與勸導以觀後效，若其屢教不改，則再處刑殺。因此，周人特別看重殷商遺民中的"百宗工"，應是毫無疑問的。

　　"工"在卜辭中屢見，並有"多工""百工""宗工"以及"我工"等以"工"爲中心詞構成的複合語。這些"工"似乎包含多種角色。首先他們的身份是官員；其次是主管土木工程建設以及器物營造亦即兵器、彝器鍛鑄的技術官員。此外，由"工典其翌"的卜辭，可知"工"還主持祭祀儀式。陳夢家說，殷制的"工""宗工""百宗工"，著重一"宗"字，可能指宗廟之工，或是作器的百工，或是樂工，尤其卜辭於彡祭卜多工之事，則多工可能是宗廟的樂工。[2]可見殷代的"工"或"多工"，實際上擔負著包括與祭祀禮樂文明相關的器物製作營造等幾乎所有屬於國家物質文化建設方面的興作之事，則周人之所以於"越在內服"特別看重"百宗工"而不及"百僚庶尹，惟亞惟服"的真實用意，也就不難推知了。而且，當初周武王於《度邑解》預想的"天有求繹，相我不難"，在這裏也得到了最終的回應與落實。

　　周人內部的高層談話，將殷制中的"百宗工"加上"越獻臣"的限定語，當然不乏輕蔑與賤視之意。可是當他們直接面對這些殷遺談話，卻又表現出莫大的熱情與十足的恭敬。仔細體會《多方》與《多士》兩篇文誥在"王若曰"領起之下所用的幾個直接稱謂，不難發現這個秘密。

　　《多方》第一個"王若曰"：

　　　　猷告爾四國多方，惟爾殷侯尹民。

---

[1] 孔穎達：《左傳正義》卷29，中華書局2009年影印阮元校刻《十三經注疏》嘉慶刊本，第4196頁。
[2] 陳夢家：《殷虛卜辭綜述》，中華書局1982年版，第519頁。

《多方》第二個"王若曰"：

> 猷告爾多方。
> 猷告爾有方多士，暨殷多士。

兩個"王若曰"的稱謂雖稍有變化，但存在某種對應關係："有方多士"指"四國多方"之士，"殷多士"即指"殷侯尹民"。而"告爾多方"，當是"有方多士"的省略。因此，《多方》篇末便將他們統稱爲"多士"了。

《多士》第一個"王若曰"：

> 爾殷遺多士，弗弔旻天大降喪於殷……肆爾多士，非我小國敢弋殷命。

《多士》第二個"王若曰"：

> 爾殷多士，今惟我周王丕靈，承帝事。……猷告爾多士，予惟時其遷居西爾。
> 多士，昔朕來自奄，予大降爾四國民命。……告爾殷多士，今予惟不爾殺。

如前所述，《多方》誥於宗周，《多士》誥於洛邑，時隔三年，而所誥對象却是同一批殷遺。但周公對他們的稱謂，先後却大爲不同。《多方》以"四國多方"及"有方多士"與"殷侯尹民"及"殷多士"相對而稱，似乎"有方多士"與"殷遺多士"猶有所別，但《多方》最後則總稱之爲"多士"。而《多士》兩個"王若曰"之下，皆以"爾殷遺多士""爾多士""多士"相繼混稱，不再稱"有方多士"。尤其第二個"王若曰"之下直呼"爾殷多士"，也不再稱"爾殷遺多士"。這一現象可有兩種理解：一是從《多方》到《多士》，其對象範圍似有逐步縮小的趨勢。也就是說，最終參與洛邑營建並留居於成周的人員成分，可能僅僅是殷遺"越在內服"的"百宗工"了。二是去掉了"遺"字，似乎暗示著周人有意要回避易於觸發"獻臣"或"蓋臣"之身份聯想的語彙。雖然這兩點理解不無揣測之嫌，因而我們也不敢就此輕下斷語；但較之周人內部談話稱之爲"殷獻臣""越獻臣"，則"爾多士"或"殷多士"的當面稱呼似乎顯得比較禮貌與親切則是可以肯定的。而且應該說，周人這種背後談論與當面稱呼，兩種語境之中所夾帶的不同觀念與情緒，相信細心的讀者是不難體會出來的。

然而"多士"一詞，既不見於殷虛卜辭，也不見於周原甲骨。卜辭中也没有"士"字，先前被某些學者釋爲"士"字的甲骨文，都是"土"字的誤釋。而與"土"字形似却只表示動物陽具的"丄"形結構，過去也有學者以爲是"士"的初文，其實也是錯誤的。甲骨文"丄"形結構並不是單體獨用的文字，而只是作爲表示陽具的意符與作爲祭祀犧牲的牛、羊、豕搭配爲用，以表達牡牛、牡羊、牡豕的意義。由此可見，"士"這個字，是周人首先創制而使用的。

　　吳其昌《金文名象疏證》一文，以石斧爲原生點，揭示了工、士、壬、王等吳氏稱之
爲“石斧系之原始象形字”的造字原則。吳氏認爲“金文士、工一字”，並從字形與字義
兩個方面梳理了二者之間的相互關聯。他列舉《矢彝》器蓋同銘的不同字形爲例說，“蓋
銘作‘眔百工’者，其字作‘工’；而器銘則作‘眔百士’，其字作‘士’”。[1]今按吳氏
之說，複檢《矢彝》器銘之“士”與蓋銘之“工”，見下麵的橫畫皆作肥筆，其底部兩端向
上微曲，皆象斧刃之形。而《矢彝》出現的三個“王”字，底部橫畫兩端皆向上彎曲，亦
是斧刃之象。因此，就其字形而言，“士”是介乎“王”與“工”之間的衍生字。就其字義
而言，“士”是下出離於“工”而上接近於“王”的角色。所以《多士》開首便說，“惟三
月周公初於新邑洛，用告商王士”。由此可見，這個“士”字，正是周人爲殷遺“百宗工”
量身打造的一個特殊徽號。周人以爲，把這個字形與字義看起來像“王”實質上却仍然
只是“工”的華麗桂冠，巧妙地扣在殷遺“百宗工”的頭上，這些殷遺“百宗工”就會頂
著“士”的桂冠，樂不可支地任其驅使與奴役了；仿佛供人取樂的猴子，一旦被人穿上了
黃馬褂，就會滿心歡喜地隨著耍猴人的鑼聲與鞭子聲在塵埃中滿地打滾翻跟鬥一般。然而，
“士”這個只是“工”而不是“王”且其初衷帶有戲弄與嘲諷意味的徽號，却被歷代的讀書
人作了無限的泛化與美化，竟然一變而爲“男子之大號”，再變而爲“任事之通稱”，乃至
“推十合一”亦不能盡其美，必以“通古今，辯然否”，方可許之爲“士”。[2]嗚呼！時光的
淡化，人性的善忘，二者合謀編就的歷史荒誕劇，却如此令人忍俊不禁；而傳統的反向漂
移，竟至如此詭譎，殷遺“百宗工”若地下有知，當長懷冤屈不平之恨！

　　這些被稱爲“多士”的殷遺“百宗工”，首先在周公的驅使下，以其土木工程技術的
專長營建了洛邑，[3]把它打造成可與宗周媲美的政治中心與文化中心。爾後，留居於洛邑，
又發揮了他們固有的青銅冶鑄之技術專長，把西周王朝繼軌於殷商的青銅文化推向了歷史
的最高峰。而河南洛陽北窯村發現的西周早中期大型青銅鑄造遺址，其面積達二十萬平方
米，[4]當是見證這些“越獻臣百宗工”在東都洛邑頂著“士”的桂冠效命於周邦的歷史現

---

　　[1]吳其昌：《金文名象疏證》，載《國立武漢大學文哲季刊》第5卷第3期，第491—494頁。今考《矢彝》
器銘與蓋銘皆作“眔百工”，不知吳氏何以言之如此。不過，吳氏認爲“工”“士”“王”皆是以斧鉞爲實物原形
的同源字，則頗有啟發性。我們認爲，介於“工”與“王”之間的抽象意義可能是周人創用“士”字的主要動
機，因而“士”的造字原則並不是傳統意義上“象形”而應當是“指事”。
　　[2]《詩·鄭風·女曰雞鳴》“士曰未旦”，孔穎達《正義》：“士者，男子之大號。”《孝經·士章》“士章第五”，
邢昺疏：“士者，任事之稱也。”《說文解字》：“士，事也。數始於一終於十，從一十。孔子曰：推十合一爲
士。”《白虎通義·爵》：“《傳》曰：通古今，辯然不，謂之士。”
　　[3]關於“多士”或“百宗工”營建洛邑的具體情況以及周人的懷柔態度，拙著《中國早期文化意識的嬗變》
（武漢大學出版社2005年版）第2卷第12章《士人群體與士人文化》有比較詳細的論述（第3—91頁）。雖
與本文立說宗旨有所不同，但可以互相參證。“夫言豈一端而已，夫各有所當也”，讀者不必因彼而疑此，或
因此而疑彼也。
　　[4]有關東都洛邑的建築格局以及洛陽北窯村西周銅器製作場址的基本規模，可參見楊寬《中國古代都城制
度史研究》，上海古籍出版社1993年版，第46—55頁。

場。然而“克商之前，周人没有大規模的青銅工業，至今還未發現可以構成時間發展程式的先周青銅器體系”，而西周穆王時代之前的那些“商制周銘的青銅器，如果不鑄銘文，就難以區别是商是周”，[1] 可見西周早期青銅工業的蓬勃發展及其光彩奪目的青銅工藝文化，正是留居於洛邑而被周人“褒稱”爲“殷遺多士”的那些“越獻臣百宗工”用血淚與汗水澆鑄而成的文明之花。

綜上所述，由《逸周書》的《商誓解》到《度邑解》，再由《尚書》的《多方》以至於《多士》，基本勾勒了周人對殷遺才智之士的徵調與遷徙、以及管控與利用的大致歷史進程。周武王以威逼與利誘之兩手，强行徵調一批殷遺優秀人士遷徙到宗周，繼而周公又驅使他們到洛邑參與東都成周的營建。與此同時，這批殷商遺民也在從“獻民”到“獻臣”再到“多士”的稱謂變更中不斷地被周人規置著他們的生命意義及其存在價值。因此，也只有那些掌握著當時最爲先進的科學技術的“百宗工”，才終於在東都洛邑以其一技之長博取了一片安身立命之地。因此，這些殷遺“百宗工”，便永遠頭頂著周人以管控與利用爲質地抹上恭敬與尊重的口水從而爲他們量身打造的這副“商王士”的紅頂子，按照周武王“余其宅兹中國，自之乂民”的遺願，如同被穿上黄馬褂的猴子一樣，在周人“吹捧”與“棒喝”的雙重變奏之下，爲周邦的繁榮與周人的享樂辛勤地奉獻著他們的聰明和才智。此外，正值知識貧瘠與文化落後的新建周邦急需用人之際，那些通過“文史星曆”的智力途徑直接進入周人國家宗教事務與文宣系統之“太史寮”的“宗祝卜史”，雖然仍舊穿戴著殷人的服飾，更被周人視爲焚棄之餘的“蓋臣”，也同樣標佩著“士”的徽號而虔誠地效命於新朝以“自求多福”了。

六、以德配天：周人的天命與殷遺的困境

如果説，周人堂而皇之地把一顆用口水塗抹而成的“商王士”這個不倫不類的紅帽頭，十分巧妙地安在殷遺“百宗工”的頭頂上，以攫取他們的聰明才智，讓他們雖身受奴役却心存感激地報效於周邦；那麼，周人處心積慮地炮製的一套“天命哲學”，就是牢牢套在這些勝國遺民腦袋上的一道緊箍咒。只要周人覺得這些“殷遺多士”稍有風吹草動，便念念有辭地對他們祭起這道魔咒，讓他們“多遜，臣我”，服服帖帖地接受周人的統治，並且心悦誠服地悔過自新，在新建周邦安分守己地“作新民”。[2]

不過，説周人炮製了一套“天命哲學”，却並不等於説，就像“元穀”“獻民”“獻臣”

　　[1]馬承源：《中國青銅器》，上海古籍出版社1988年版，第429頁。近年來，雖在西安附近發現過冶銅遺址，但渭水流域的先周文化不見早商的特徵，只顯示有小屯時期晚商文化色彩，商人的青銅文化對周人則具有壓倒性領先優勢，周人只有在模仿之後，才逐漸發展自己的風格。參見許倬雲：《西周史》，三聯書店1994年版，第37頁。
　　[2]《康誥》：“惟弘王應保殷民，亦惟助王宅天命，作新民。”意即協助周王保有殷民，安居天命，讓他們重新作人。

及“多士”等概念一樣，“天”字也是由周人最早創造使用的；也更不是說，“天”的概念
具有至高無上的内涵，必須要待到周人克商之後才可得以形成。郭沫若說，殷人“稱至上
神爲‘帝’，爲‘上帝’，但決不曾稱之爲‘天’”，[1]陳夢家也說，“殷人的上帝或帝，是掌
管自然天象的主宰，有一個以日月風雨爲其臣工使者的帝廷”。[2]雖然這些說法在一定程度
上揭示了殷人宗教觀念之呈現於甲骨卜辭的某些客觀事實，但我們決不能因此說，殷虚卜
辭中没有“天”字，正如没有“士”字一樣；也不能說殷人的宗教觀念中，“天”字並不具
有至高無上的意義内涵。

　　如所周知，殷墟卜辭中固然有“大戊”又作“天戊”“大庚”又作“天庚”的辭例，足
以說明“天與大其始當爲一字”，[3]但還不能因此肯定這“天”與“大”就有至高無上的意
涵。因爲“天戊”與“大戊”以及“天庚”與“大庚”，皆指涉同一對象，只能證明“天
戊”與“大戊”或“天庚”與“大庚”在概念内涵上並無區别，却不能證明“天戊”與
“天庚”便有至高無上的宗神地位。不過，與此不同的是，晚殷乙辛時代的卜辭也是既有
“天邑商”又有“大邑商”的辭例，但陳夢家說，“凡稱天邑商的記衣（殷）祭之事，凡
稱大邑商的記征伐之事並兼及田遊。兩者未必是一地。天邑商冠以所在之獄或黄林，疑即
古朝歌之商邑”，“大邑商疑在沁陽田獵區，凡正多方皆由此出師，出師之前告廟於大邑
商”。[4]朝歌乃殷商帝都所在，稱之爲“天邑商”，顯然較之地處今之沁陽的“大商邑”更具
至高無上的尊重與威嚴。由此可見，殷人把至上神稱爲“帝”而不稱爲“天”，並不意味著
殷人的“天”全然没有至高無上的内涵。更何況，帝乙時代卜辭中尚存刻有“上帝”一名
的卜骨殘片，雖其上下文皆闕，没有更多資訊有助於瞭解其準確意涵；但其所以稱爲“上
帝”，若其不在“天”之“上”，又何從可謂之“上帝”？

　　然而，殷人以“天”爲至高無上的觀念究竟始於何時，却是一椿難以決斷的公案。就
可信的傳世文獻而論，早在盤庚遷殷的時代便已有“天”與“天命”的思想，並且與“上
帝”爲同義語可以相互置换。但郭沫若說，“卜辭既不稱至上神爲天，那麽至上神稱天的辦
法一定是後起的，至少當在武丁以後”，且郭氏進而推論說，“凡是殷代的舊有的典籍如果
有對至上神稱天的地方，都是不能信任的東西。”於是《尚書》與《詩經》有關殷商的傳世
文獻，便統統失去了史料價值。

　　不過，近人傅斯年作《性命古訓辨證》，却有與郭氏不盡相同的看法。傅氏說：

　　　　周之文化襲自殷商，其宗教亦然，不當於此最高點反是固有者。且天之一字在
　　甲骨文雖僅用於“天邑商”一詞中，其字之存在則無可疑。既有如許衆多之神，又

──────────

　　[1]郭沫若：《先秦天道觀之進展》，《郭沫若全集》歷史編第1卷《青銅時代》，人民出版社1982年版，第
321頁。
　　[2]陳夢家：《殷虚卜辭綜述》，中華書局1998年版，第580頁。
　　[3]李孝定：《殷虚文字集釋》，《史語所專刊》第五十，第1卷，第20頁。
　　[4]陳夢家：《殷虚卜辭綜述》，中華書局1988年版，第256—257頁。

有其上帝，支配一切自然力及禍福，自當有"天"之一觀念，以爲一切上神先王之綜合名。且卜辭之用，僅以若干場所爲限，並非記當時一切話言之物。《卜辭》非議論之書如《周語》者，理無需此達名，今日不當執所不見以爲不曾有也。《召誥》曰：'皇天上帝，改厥元子，茲大邦殷之命'，此雖周人之語，然當是彼時一般人共喻之情況，足征人王以上天爲父之思想，至遲在殷商已流行矣。[1]

傅氏之說，有如下幾點值得注意：

其一，甲骨卜辭中既有"天邑商"一名，則殷人作爲至高無上的"天"的觀念理應存在。雖然傅氏其時尚不能確知"天邑商"與"大邑商"有何區別，但他根據"既有如許衆多之神，又有其上帝，支配一切自然力及禍福"，推想殷人"自當有'天'之一觀念"，確乎獨具隻眼。而後來陳夢家的相關研究，却恰好證明了傅氏這一猜想的正確性。因此，有"帝"必有"天"，不能否認殷人"天"與"帝"的觀念同時並存的可能性。況且觀念之爲物，話語之中尚未有，意識之中未必無。否則"人人意中有，人人筆下無"的俗諺常談，於今反成欺人的誑語。

其二，卜辭的記載並不能全面反映殷人的宗教觀念。"卜辭之用，僅以若干場所爲限，並非記當時一切話言之物"，卜辭亦"非議論之書"。因此，"今日不當執所不見以爲不曾有"。由此而論，則今文《尚書》的《商書》以及《詩經》的《商頌》等傳世文獻，未可全盤否定其應有的史料價值。殷虛卜辭所未有，其他載體未必無。地下材料與傳世文獻，只可相互補充，不可非此即彼，互相排斥。這應該是研究古代學術比較合理的思想方法。

其三，殷周宗教觀念一脉相承，他們擁有共同的話語體系。"周之文化襲自殷商，其宗教亦然"，"周人之語"，其時當爲一般人所"共喻"。誠然，如果殷周在宗教信仰上沒有共同的觀念系統與話語體系，那麼武王與周公對殷人喋喋不休地反復宣講的那套"天命論"的說辭，便無異於雞同鴨講或者對牛彈琴，殷人根本就沒有辦法聽得懂！這是非常淺顯直白的道理，猶如幾何學的公理，不證而自明。[2]

考傅氏《性命古訓辨證》始作於一九三六年夏天，郭沫若《先秦天道觀的進展》初版於一九三六年五月，在時間上恰好先後相接，在看法上又如此相互對立；笔者疑心傅氏

[1]歐陽哲生編：《傅斯年全集》第2卷，湖南教育出版社2003年版，第577—578頁。

[2]對於傅氏之說，論者以爲有兩點可議：其一，"卜辭殊乏祀天的證據"；其二，"卜辭中的'天'沒有蒼天義，也沒有神明義"。但論者又認爲，"《詩》《書》及周金文中突然有了這種用法，很難說是周初短時期能發展出來，毋寧說是採用卜辭中的'天'字形式，而賦予與'上'相似的實質，甚至加上神明的意義"（許倬雲：《西周史》，三聯書店1994年版，第103—104頁）。不過，第一，不"祀天"不等於沒有"天"的觀念，不專門"祀天"也不能肯定殷人沒有祭天之禮。周武王的告天儀式在社廟舉行，一定是因襲殷人之禮。卜辭"貞又寮亳土"（《佚》928）、"其又歲於亳土三小（牢）"（《狐》）、"於亳土御"（《粹》20），這些與社祭有關的活動，當與武王於社廟告天有一定程度的相關性。第二，"天"的"蒼天義"與"神明義"，也不是周人後來才賦予的。否則，"名實玄紐"，殷人與周人不可能達成"共喻"。論者之說，本無須置辯，筆者對傅氏的三點分析足以回應其說。但考慮到某種閱讀心理，故而略贅數語，斯不得已也！

之作，雖然自稱針對清儒阮芸臺《性命古訓》之"三蔽"而發，但並非絲毫不含距郭氏之"诐辭"的胸臆在，觀其《中卷釋義》所持之論，這一點尤爲明顯。畢竟以郭沫若"殷人至上神稱帝不稱天"爲前提，徇徇然究詰"帝"與"天"之不同來源及其不同性質者，不僅實繁有徒，且亦多非常可怪之論，以致與周人"天命論"的立說初衷相去甚遠，已是晚近學術史上不爭的事實。

　　旅美學人許倬雲說，周人處在"晋陝甘黃土高原""日日看到的是經常晴朗、籠罩四野，直垂落到視線盡頭的一片長空，這樣完整而燦爛的天空，當能予人以被壓服的感覺"，"因此天地就具備了無所不在，高高監臨的最高神特性"。而殷商王畿所在之地，"可能有若干森林"，"所見的天空，比較支離破碎，未必有高亢地區那種天空懾伏人心的力量"，"於是商人最高神的來歷，由祖神之一逐漸演變而來"。[1]無獨有偶，大陸學者張桂光說，"殷人所尊的帝的初意即爲宇宙萬物的始祖，是宇宙萬物的生殖之神"，而"周人所尊的天，當是自然界中那浩浩蒼天上的神靈"。因爲"殷人由遊牧活動而引起對生殖神'帝'的崇拜，周人由農業活動而引起了對自然神'天'的崇拜。這就是殷、周兩族不同信仰的由來，這就是'帝'、'天'這兩個觀念的不同起源"。[2]許氏的文學描述不乏動人的抒情性，張氏的放言高論頗具炫人的玄學色彩。然而，就茫茫蒼天而言，不僅爲殷周之人所共，天下所有人皆共此一天，何以偏偏周人便對於天空具有"被壓服的感覺"？就日常生計而言，殷周皆以農耕爲主業，商人並非逐水草而居的遊牧民族，何以偏偏商人便要崇拜那個據說是"象徵生殖"的女陰或花蒂？[3]這些看起來言之鑿鑿却不免似是而非的膚廓之論，無疑皆是拜郭氏之所賜。

　　事實上，殷商"天"與"帝"的觀念自來便是並生共存，且相互關聯與相互指涉的。說到"帝"必然想到"天"，說到"天"自然想到"帝"，其實就是"兩者同出，異名同謂"的共生關係。這也是之所以在傳世的商周文獻中兩者可以相互置換替代的根本原因。《尚書·多士》"惟爾知，惟殷先人有册有典"，這是周公提醒殷遺回顧他們本族歷史與文化所說的話，不可能當面謊說殷人所沒有、所不知的事情。因此，決不能因卜辭未見，就輕易剝奪今文《尚書》中作爲商周傳世文獻的史料價值。

　　有鑒於此，與其枉費心力不著邊際地玄想與鋪排"天"與"帝"的來源與性質，不如平心靜氣地踏踏實實讀古人之書，以"瞭解之同情"客觀地探究"天命哲學"之所以在殷周鼎革易代之際勃然而興的歷史原因。"若藥不瞑眩，厥疾不瘳"，[4]周人炮製了這副"天命哲學"的"瞑眩"之藥，要對治什麼病症，其藥理如何，最後取得了什麼療效，又產生了

---

　　[1]許倬雲:《西周史》(增訂本)，三聯書店 1994 年版，第 104—105 頁。

　　[2]張桂光:《殷周"帝""天"觀念考索》，《華南師範大學學報(社會科學版)》1984 年第 2 期。

　　[3]甲骨文"祖"字作"且"，郭沫若認爲是男根的象形，也是從所謂"生殖崇拜"釋其字義。但郭氏之說，未必可靠。當代古文字學界普遍認爲，甲骨文之"且"乃祖宗牌位或木主的象形字，並非象男根之形。

　　[4]《孟子·滕文公上》所引《尚書》逸文，不知出自何篇。僞古文《尚書·說命上》抄有此句，改作"若藥弗瞑眩，疾弗瘳"。意思是說，如果藥物不能讓人產生眼發花、頭發暈的昏厥感，那病是難以治好的。

什麼毒副作用。質言之，也就是說，周人煞費苦心地演繹了這套"天命哲學"，究竟是出於什麼動機，其理論內涵及其邏輯結構是如何設定與展開的，最終達到了什麼目的，又產生了哪些始料未及的後續觀念。這才是我們應當認真對待的問題。

不過，值得注意的是，西周初年的"天命"思想，並不是一成不變的，而是隨著社會人事的紛擾動盪，無論在理論內涵上還是邏輯結構上都是有所異動的。也就是說，在武王克商滅紂以至周公營建洛邑這短短的七年之間，周人經歷了武王病逝、周公攝政、管蔡之亂、武庚反叛等一系列動盪與變故，其"天命哲學"也因此而呈現出一個理論內涵不斷豐富與深化，邏輯結構也不斷清晰而完整的演變過程。倘若不以這種變動不居的發展眼光來看待這個問題，則周人"天命哲學"的理論實質及其在社會治理方面的歷史意義，即其現實功能或社會作用，便很難得到比較貼近而準確的把握。因爲，所謂周人的"天命哲學"，本來就不是一個純粹宗教信仰或者哲學思辨的這種只是發生在書齋裏的問題。有鑒於此，我們認爲，以時間爲經，以空間爲緯，參照不同的言說對象，考察周人"天命哲學"背後的心路歷程，無疑是非常必要的。姑初陳梗概，並略作評述，至於是否得當，則俟來學衡而定之。

考周人最早的"天命"說之見於載籍者，是武王在殷都朝歌面對殷商舊時諸侯百官，爲自己"以臣弒君"陰謀逆襲上位所預設的開脫之辭。

據《逸周書》所載，武王率西土八國聯軍以"閃電戰"殲滅了屯駐在牧野的殷商王畿衛戍守軍之後，便挺進殷都，佔領朝歌，緊接著便立即做了兩件大事：一是舉行告天儀式；二是召集殷遺訓話。前者見於《克殷解》，後者即《商誓解》其文。

《克殷解》說，武王驅車進入紂王住所，發三箭而後下車，以輕呂、黃鉞斬紂王之頭"縣諸太白"，又"適二女之所"亦發三箭而後以輕呂、玄鉞斬二女之頭"縣諸小白"。把戰敗者及其妃嬪的頭顱懸掛於旗竿，這是完成"肆伐大商"之"肆"的環節，大抵也是屬於勝利者告天的某種方式，或者是後續正式告天的前奏，然後才如期舉行莊嚴隆重的告天儀式：

> 及期，百夫荷素質之旗於王前，叔振（即曹叔振鐸，盧文弨校補鐸字）奏拜假，又陳常車，[1]周公把大鉞，召公把小鉞以夾王。泰顛、閎夭皆執輕呂以奏王。王入，即位於社，太卒之左。群臣畢從。毛叔鄭奉明水，衛叔傅禮。召公奭贊采，師尚父牽牲。尹逸筴曰："殷末孫受德，迷先成湯之明，侮滅神祇不祀，昏暴商邑百姓，其彰顯聞於昊天上帝。"周公再拜稽首，乃出。

到了舉行告天儀式這天，武王前面，有聲勢浩大的儀仗隊，是由百人舉着白旗組成的方陣。武王同母弟曹叔振鐸準備了象徵王者威儀的儀仗車，車上插著畫有太陽和月亮且高達一丈六尺的太常大旗。然後報告武王說："莊嚴的時刻到了，請我王登車！"於是周公提

---

[1]朱右曾說："奏，進；假，嘉也。進白於王前，將拜受天之嘉命也。常車，威儀車，建太常，畫日月。"

著大斧頭，召公拿著小斧頭，也登車拱衛在武王左右。泰顛、閎夭皆各執劍器率領其他大臣，跟隨在武王的儀仗車後面簇擁而行。武王進入事先搭蓋的簡易社廟之後，毛叔鄭獻上玄酒，康叔封作司儀舉持告天儀式；召公奭奉上幣帛祭品，軍師姜尚牽著犧牲，各行其事。於是作册内史尹逸便宣讀告天文書，公佈商紂王的兩大罪狀：一是"侮滅神祇不祀"；二是"昏暴商邑百姓"。把"殷末孫受"的罪狀，明白地宣告於"昊天上帝"。[1]告天文書宣讀完畢，周公叩首再拜，儀式便結束了。不言而喻，武王之所以舉行如此莊嚴隆重的告天儀式，無非是要詔告天下：殷商王朝不復存在，從此以後，我們周人就是天下的主宰！

　　大約告天儀式結束不久，武王"襃封"武庚祿父於殷都"俾守商祀"之後，便召集殷商舊時諸侯及百官臣僚以及"太史友、小史友"等各路勝國遺民作了一番貌似友好的演說而實質却是嚴厲的訓話。其主要目的就是向殷人宣佈"天命"歸周，殷遺才智之士應當識時務，知大體，義無反顧地投奔於西土，效力於周邦。武王有較强的邏輯思維能力，也有比較嫻熟的演說技巧，然而他之所以話鋒凌厲，底氣十足，除却手中握有殺人的利刃與屠刀，他嘴裏那套"天命"説辭也是直插殷人心髒的唇槍與舌劍。《商誓解》説：

　　　　嗟，爾衆！予言非敢顧天命，[2]予來致上帝之威命明罰。今惟新誥命爾，敬諸！[3]朕話言自一言至於十話言，其惟明命爾。……今在商紂，昏憂天下，弗顯上帝，昏虐百姓，奉天之命。[4]上帝弗顯，乃命朕文考曰：殪商之多罪紂。[5]肆予小子發，不敢忘天命。朕考胥翕稷政，肆上帝曰必伐之。[6]予惟甲子，剋致天之大罰。□帝之來，革紂之□，[7]予亦無敢違天命。

　　武王説，"今惟新誥命爾，敬諸"，由一"新"字，足見這是周人第一次面對殷人發佈"誥命"。且武王對殷遺的呼告用語是"爾衆"不是"多士"，也説明"多士"是後來由周公針對殷遺的特殊人群所創用的概念，武王時尚無其語。且因爲是初次面對殷人講話，武

---

　　[1]如前所述，武王告天儀式於社廟舉行，頗可注意，許倬雲認爲商代没有"郊天"的祭祀活動，以"商時若有郊天之祭，卜辭中必不致一無所見"爲由，反駁傅斯年"不當執所不見以爲不曾有"。《克殷解》述武王告天儀式在社廟舉行，足以反證殷墟卜辭雖然没有專門的郊天之祭，但不能説殷人全然没有至高無上的"天"的觀念以及相關的祭祀活動。卜辭畢竟不是記事之書，殷人的"郊天"之祭在"亳社"舉行，未必不可能。

　　[2]顧當讀寡，《禮記·緇衣》"君子寡言而信，以成其行"，鄭玄注："寡當爲顧，聲之誤也。"是顧、寡聲同通用之證。"寡天命"，猶言蔑視天命，與下文"不敢忘天命""無敢違天命"相照應。《左傳》成公十三年"蔑我死君(原作'蔑死我君'，從《釋文》或本)，寡我襄公"，則"寡"與"蔑"相對爲文，且"寡我襄公"與"寡天命"，句法從同。是"寡"猶"蔑"也，杜預注"寡"爲"弱"，未達一間。

　　[3]新，《廣雅·釋言》："初也。"趙岐《孟子題辭》"施於新學"，焦循《孟子正義》："新，初也。"爾，即爾衆。

　　[4]昏憂，當爲昏擾之訛；同義複詞，擾亂之意。顯，當讀爲憲，效法也。劉師培説，奉當作韋，《説文》"韋，相背也"，韋奉形近致訛。下文"予亦無敢違天命"，其證也。

　　[5]上帝弗顯，當與"斯用顯我西土"之"顯"意同，顯揚也。商紂王罪惡多端，上帝不再讓他光耀於天下了。

　　[6]小子發，武王名發；小子，年幼也，自謙之詞。胥，相也。翕，合也。胥翕稷政，言與后稷之政相符合。

　　[7]□帝之來，孫詒讓據《墨子·非攻》補爲"成帝之來"，讀"來"爲"賚"。革紂之□，莊述祖補"命"字。

王的開場白也略顯謹慎與溫和。"話言"一詞，亦頗含親切與和善的意味。[1]武王說：請你們大家注意了！我想跟你們說：我並不敢輕蔑上天的旨意，我來到殷都，就是要把上帝威嚴的命令送過來，明確傳達上帝對商紂王的嚴屬懲罰。這是我第一次給你們作報告發命令，你們可是要認真地聽好了！我所說的，無論是簡單直白的三言兩語，還是反復告誡的啰嗦談話，無非都是對你們進行善意而正當的引導。做了這個略顯溫和的開場白，便擺明其始祖后稷發明農業種植的歷史功績，然後便語氣嚴肅地轉入了有關"天命"的說辭。

武王的"天命"說，其針對性比較明確，因而其思想內容也並不複雜：一是與他所謂"一夫紂"的聲討之辭相表裏；二是威逼殷遺才智之士歸順周邦以效力西土。針對前者，雖然他反復覼縷，翻來覆去說了許多，但究其實質，不過一個意思："肆予小子發，不敢忘天命"，"予來致上帝之威命明罰"。因此，無論是近拉其先父文王，還是遠攀其始祖后稷，不外乎是遵奉"上帝"之"威命"以"弔民伐罪"而已。這與他牧野誓師之辭數落商紂王"惟婦言是用"等罪狀之後說"今予發，惟恭行天之罰"，其思想邏輯都是一脉相貫的。針對後者，雖仍以"致上帝之威命明罰"爲前提，却不免流露出以暴力征服反以救星自任的得意。他說，"予既殛紂承天命，予亦來休命"，認爲克商滅紂固然是他自"承天命"，但目的却是要用他所"承"之"天命"給你們這些痛苦地生活在"多罪紂"之治下的可憐蟲帶來福祉與好運。既然如此，你們殷人就應當"宜在天命"，並且"助天永休於我西土"。這是用"知恩圖報"以"自求多福"的車軸轆邏輯，迫使這些勝國遺民順應"天命"，在西土心無旁鶩地效命於周邦，心悅誠服地接受周人的統治，用勤勞和汗水贏得"天"的垂顧，從而獲得更多的福祉。

由此可見，武王的"天命"說非常簡單直白，無非是借"天命"以證明殷商王朝滅亡的合理性以及周人滅紂克商的正當性。因而失敗的殷人理應接受"天命"、順應"天命"，老老實實地臣服於周邦就是他們唯一正確的選擇。如前所述，以邦國性質而言，武王克商不過是以文化落後的"小邦周"取代了"天邑商"；以道德品質而言，武王滅紂也無非是"以臣弒君""以暴易暴"而陰謀逆襲上位的軍事暴發戶，其立國建政的合理性與合法性大受天下所質疑。雖然他忍痛"褒封"了幾個所謂"先聖王"之後來替他減壓"分謗"；又分封了武庚禄父以杜天下悠悠之口，但畢竟不能在道義上服天下之心。於是"天命"便成爲一個無往而不勝的辯護辭，既是應對各方質疑的銅牆鐵壁，也是鎮服天下人心的萬能法器。

不過，武王的"天命"說雖有比較明確的針對性，但也毋庸諱言，其所謂"天維用重勤，興起我，罪勤我，無克乃一心"的說法，却頗有值得重視的思想價值。他的言下之意，當然首先是要告訴殷遺，周人之所以能得"天命"的眷顧，無非是他們勤勞所得的結果。[2]

---

[1]話，《說文》："會合善言也。從言昏聲。《傳》曰'告之話言'。譮，籀文話從言會。"是"話"之本義，即召集起來發佈"善言"。所謂"善言"，即《論語》"忠告而善導之，不可則止"之"善"字。則"話言"，猶今語所謂"召開會議，好好勸說開導"，與《尚書·盤庚》"話民之弗率"之意從同。如此訓解，方可傳達武王的語態與語氣。

[2]周公後來也屢提武王說過的這個話頭，《大誥》"爾惟舊人，爾丕克遠省，爾知寧王若勤哉"，即是其例。

但是，所謂“無克乃一心”的說法，却設立了“天”具有某種不變的德性，即：“天”無論在何時，無論在何地，對於任何人都是沒有偏愛的，一貫都是公正無私地獎勵勤苦辛勞的而懲罰遊手好閒的。由此可見，周武王之所謂“天”與“天命”，似乎涵攝著某種“放之四海而皆准”的恒定品格；同時，“天維用重勤”也蘊涵著某種“天道酬勤”的思想因數。因此，武王的“天命”說，不僅埋下了周人“天命哲學”繼續發展的先天種子，而且也直接開啟了“天道酬勤”這一衣被勤勞勇敢的華夏民族延續了幾千年的優良傳統。

然而，周武王的“恒定天命”說，却立刻遭到來自周邦内外不同力量的嚴重挑戰。由管蔡之亂所引發的武庚之叛，打亂了周武王“天命”說的既定邏輯。在暴亂即將發生的危機關頭，周人不免多少有些亂了方寸。我們仿佛聽到遙遠的歷史天空傳來周公飽含苦澀的聲音：

> 弗吊天降割於我家，不少延。洪惟我幼沖人，嗣無疆大曆服，弗造哲迪民康，矧日其有能格知天命！……有大艱於西土，西土人亦不静，越茲蠢。殷小腆，誕敢紀其敘。天降威，知我國有疵，民不康，曰“予復”，反鄙我周邦，今蠢今翼。

《尚書·大誥》開首這段文字，頗類於後世在國家危亡之際通電全國的告急文書。周公說，無情的老天爺降下災害於我們姬周家，一個接一個，使我們沒有稍事喘息的時機。其一，武王過早去世，繼位的君王尚在童年時代，難以履行君王這個責任無比重大的職位。其二，國家初立，君王幼弱，社會生活尚未走上康樂安寧的道路，“天命”的未來走向難以逆料。其三，西土將面臨一場不可避免的戰爭，周邦王室宗親同根相煎。然而，平定内亂，不免骨肉相殘，甚至投鼠忌器。其四，值此危難之際，“俾守商祀”的武庚禄父也乘機蠢蠢欲動，反圖周邦，妄圖復辟殷商王朝，另立殷人新統緒。總之，一句話：周邦的“天命”已然受到了嚴重威脅！

這是周公在宗周面對諸侯邦君及朝廷百官所發佈的公開講話，由於他害怕引起朝野上下普遍的人心浮動，並沒有把他内心真正的憂患和恐懼完全暴露出來。事實上，在公開發佈這個稱之爲“大誥”的戰爭動員令前夕，周公爲了事先達成平叛的共識，已經單獨與召公奭作了一次推心置腹的促膝長談，[1] 將他内心的恐懼與憂患，早就對召公奭無所保留地和盤托出了。這就是那篇《尚書·君奭》所記錄的周人内部最高層的私密談話。周公說：

> 君奭，弗吊天降喪於殷，殷既墜厥命。我有周既受，我不敢知曰厥基永孚於休，若天棐忱，我亦不敢知曰其終出於不祥。嗚呼，君已曰時我，我亦不敢寧於上帝命，弗永遠念天威越我民；罔尤違，惟人。在我後嗣子孫，大弗克恭上下，遏佚

---

[1] 參見拙作《西周末年的鑒古思潮與今文〈尚書〉的流傳背景——兼論〈尚書〉的思想意蘊》，《漢學研究》第十九卷第一期（2001年6月）。

前人光在家，不知天命不易，天難諶，乃其墜命，弗克經歷。嗣前人恭明德在今。
予小子旦，非克有正，迪惟前人光施於我衝子。又曰：天不可信。我道惟寧王德
延。天不庸釋於文王受命。

　　周公說，無情的老天爺已經給殷商降下了喪亡之災，殷人的"天命"也就隨之而墜落
了。我們周人雖然現在接受了殷人的"天命"，但是我不敢保證說，我們周邦這才剛剛開
始擁有的上天蔭庇是不是能夠永久地保持下去。"若天棐忱"，如果"天"是沒有誠信而不
可依賴的，那麼我也不敢保證說，我們周邦到最後會不會出現什麼不好的結局。雖然現在
"上帝"是站在我們周邦這一邊的，但我們也不敢就此放心大膽地安享於"天命"，而是必
須永遠牢記上天可怕的威嚴以及民眾可能對我們產生的怨恨。所有這一切都在於人事的努
力。如果我們的後代接班人，對上天與下民沒有敬畏之心，把我們先輩的光輝品德完全遮
蔽了或者放棄了，生長在深宮高牆之內，不懂得保有"天命"的艱難；而"天"又是靠不
住的，是不能盲目地依賴的，那麼遲早有一天就會喪失"天命"；因而也就再也沒有機會
可以永遠繼承我們先輩的光輝品德了。雖然我本人並沒有什麼正大光輝的德行可爲年輕的
君王作表率，但我可以將先輩的光輝品德傳教下移到我們年輕的君王身上去。周公反覆申
述這些說法，並作補充與歸納說，"天"是不可依賴的。我們要設法把文王之"德"延長下
去，不能讓它墜落失傳了。文王所接受的"天命"也不是一勞永逸的，"天"不會無條件地
永久眷顧於我們周邦。

　　周公不僅從周邦當前的政治危機中體會到"天命不易，天難諶"，也從殷人滅亡的既往
歷史中總結出"靡不有初，鮮克有終"的深刻教訓。他對召公說，"天壽平格，保乂有殷。
有殷嗣，天滅威"，意思是說，上天只把那些政治清明、社會安定、官吏正直、民心純樸的
邦國引爲同調，所以在成湯以來先世明王治理之下的殷商王朝，就一直得著上天的支持與
庇護。但到了殷人的後繼者商紂王的時代，上天就顯示了它的威嚴，突然便把商王朝滅亡
了。因此，"予監於殷喪大否，肆念我天威"，我們應該從殷人喪邦亡國的慘痛歷史中汲取
教訓，永遠牢記上天的威嚴與可畏。只有這樣，才能鞏固我們來之不易的"天命"，才能最
終使我們的新建周邦走向繁榮與昌盛，"則有固命，厥亂明我新造邦"。然而，有了好的開
頭，未必就有好的結局。最後，周公特別提醒召公說，"君，惟乃知：民德亦罔不能厥初，
惟其終"，沒有哪個人在開始的時候不是謹慎小心，兢兢業業，却很少有人能夠把這種良好
的品德堅持到最後。這個道理，我想您老兄也是非常明白的。由此可見，無論是現實的危
機，還是歷史的啟示，周人深刻地意識到"天命"是難以把握的。

　　郭沫若認爲，周人說"天不可信"，"天難諶"乃至"天命不於常"，是"對於天取著懷
疑的態度"。他說，"周人一面在懷疑天，一面又在仿效著殷人極端地尊崇天"，而"極端尊
崇天的說話是對待殷人或殷的舊時的屬國說的，而懷疑天的說話是周人對著自己說的"。這
就意味著，"周人之繼承殷人的天的思想只是政策上的繼承，他們是把宗教思想視爲了愚民
的政策。自己儘管知道那是不可信的東西，但拿來統治素來信仰它的民族，却是很大的一

個方便"。[1]郭氏之說，初看似覺頗爲有理，細按之却不盡其然。因爲他完全脱離了具體的歷史背景而孤立地理解周人"天不可信"或"天命靡常"的思想内涵。事實上，所謂"天命不易，天難諶"，與其說是周人"對天取著懷疑的態度"而不相信"天命"，毋寧說是周人在當下的政治危機中因篤信"天命"而萌生了巨大而沉重的憂患意識。[2]

顯而易見，周邦的政治秩序出現了危機，周人的"天命"學說便做出了重大的觀念調整。周武王那套"天維用重勤""無克乃一心"的"恒定天命"說，初可應對殷人的質疑與不滿，却不能解決當下現實中周邦突如其來的政治危機。於是在篤信"天命"的前提下，萌生"天命不於常"的憂患意識也就情有可原了。然而，如何應對這"不可信""不於常"的"天命"，在這"天命靡常"的憂患意識之中，便順理成章地導出了"以德配天"的自律意識。

有鑒於此，周公自問自答地對君奭說，"在昔上帝，割申勸寧王之德，其集大命於厥躬？惟文王尚克修和我有夏"，"亦惟純佑、秉德、迪知天威，乃惟時昭文王迪見，冒聞於上帝；惟時受有殷命哉！"周公說，在過去的那些日子，"上帝"爲什麽經過不斷地反復觀察先父文王的德行而後把天之"大命"降臨到他的身上呢？因爲先父周文王能夠長久地讓我們周邦互相團結，彼此和睦。也是因爲我們周邦的朝臣，個個德配其位，人人能稱其職，懂得敬畏天命，不敢冒犯上天的威嚴，從而輔助先父文王創造了邦國的良好社會風氣與政治秩序。明君賢輔的所有這些善德與善政，都被上帝一一看在眼裹。正是由於這些美好的德行與善政，我們周邦才得到了上帝的認可，因而就從上帝那裹接受了殷人的"天命"。

因爲周文王滿足了"上帝"對"德"的要求，所以就從上帝那裹獲得了"天命"。根據同樣的邏輯，如果要保住周邦現已到手的"天命"，除非繼續仿效先父文王"修和我有夏"；否則没有更好的辦法。傅斯年說，"一切固保天命之方案，皆明言在人事之中。凡求固守天命者，在敬，在明明德，在保乂民，在慎刑，在勤治，在無忘前人艱難，在有賢輔，在遠憸人，在秉遺訓，在察有司，毋康逸，毋酗於酒。事事托命於天，而無一事舍人事而言天，'祈天永命'，而以爲'惟德之用'。如是之天道即人道論，其周公之創作耶？抑當時人本有此論耶？"[3]傅氏所羅列的這些"固保天命"的"人事方案"，都可以看作周人所謂"以德配天"這個"德"的具體内涵。歸納傅氏所列舉的這些具體之"德"，實際上就是周公之所謂"閔於天越民"，亦即"敬天"與"保民"兩個大的方面。不過，傅氏之說不免稍有夾纏之弊，因爲周人之所謂"德"，除却有關國家治理的行政舉措及其政策法令之外，作爲國

---

[1]郭沫若：《先秦天道觀的進展》，《郭沫若全集·歷史編》第1卷，人民出版社1982年版，第334—335頁。

[2]近人楊寬亦不同意郭氏的看法。楊氏說："《詩》《書》中關於'天''帝'之語，不外敬畏稱頌與呼號怨憤，如《詩·大雅·板篇》亦云'上帝板板，下民卒瘏'，蓋於怨恨憤激之時，不免作怨天疑天之辭，非於天道觀念有突變也。亦猶今日民間頗不乏怨天恨命之言，而其尊天尚命之觀念實未嘗稍變。蓋以天帝有意想人格，故怨之。怨之尊之，言行相反，而其天道觀念初無不同也。"氏著：《中國上古史導論》，《古史辨》第7册上篇，開明書店1941年版，第122—123頁。

[3]歐陽哲生編：《傅斯年全集》第2卷，湖南教育出版社2003年版，第585頁。

家最高統治者的君王，其個人行爲及其道德品格也是影響國家政治與社會治理的重要因素，如傅斯年所列舉的“毋康逸，毋酣於酒”，即是其例。而《尚書·無逸》則更是周公對年幼的成王進行君王品德教育的課訓之辭。由此可見，所謂“德”，實際上包含着兩個方面的内涵，既關乎國家治理的政治舉措，也關乎君王本身的個人品行。因爲這兩個方面都對國家的政治秩序以及民情風俗具有或直接或間接的社會影響力。

周人在現實政治危機中强烈地感覺到“天命靡常”的憂患與恐懼，由此而悟到了“以德配天”的儆戒與自律，從而豐滿與完善了“天命哲學”的理論内涵。經過這番調整、充實與提高之後的“天命”學說，其作爲思想武器，便更加具有了無堅不摧、所向披靡的强大威力，用它來鎮服天下人心，彈壓殷商遺民的不滿與反抗，克奏奇功。而且，這個經過重新加工淬火的思想武器最爲鋒利之處，就是用這套“以德配天”的“天命”說，把那些不滿周人壓迫而試圖反抗的殷商遺民推向了十分窘迫的二難境地，讓他們舌矯而不能舉，有口而不能辯，只好忍氣吞聲，自甘認命了。

大抵在管蔡之亂與武庚之叛的特殊時期，那些遷徙到宗周的殷遺可能產生了徘徊與觀望，甚至還可能出現個別逃亡現象；因而周人不得不採取抓了又放，放了又抓等軟硬兼施的辦法，對這些殷遺做了耐心細緻的“馴化”工作。[1]除了針對逃亡者進行個別打擊與說服之外，周公還集中對這些殷遺做了兩次訓話：一是消滅了奄君薄姑之後，在宗周對“四國多方”及“殷侯尹民”的訓話，即《多方》；一是東都洛邑建成之後，在洛邑對“殷遺多士”的訓話，即《多士》。這兩篇文誥的基本主旨，就是對勝國遺民宣講周人新近從剛剛結束的動盪與流血之中所領悟到的“以德配天”的“天命”學說，以消除他們的抵觸與反抗情緒。因此，周公這兩篇訓辭，無非是要講明有關“天命”的三個歷史事實：

第一，有夏圖帝之命，成湯革夏。

《多方》說：

> 洪惟圖天之命，弗永寅念於祀，惟帝降格於夏。有夏誕厥逸，不肯戚言於民，乃大淫昏，不克終日勸於帝之迪，乃爾攸聞。厥圖帝之命，不克開於民之麗。乃大降罰，崇亂有夏，因甲於内亂，不克靈承於旅，罔丕惟進之恭，洪舒於民。亦惟有夏之民叨懫，日欽劓割夏邑。天惟時求民主，乃大降顯休命於成湯：刑殄有夏。

周公說，“天命”是任何時候都必須敬畏的。夏王朝最大的失誤就是鄙棄“天之命”，沒有把虔誠地祭祀上帝時刻牢記在心；因此上帝便對夏王朝降下了警告。然而，夏桀對上

---

[1]《多方》說，“爾乃不大宅天命，爾乃屑播天命，爾乃自作不典”，“我惟時其教告之，我惟時其戰要囚之，至於再，至於三”，即是其證。周公訓斥說，你們不從長遠觀察“天命”，以爲有一點暫時的風吹草動，周邦就要變“天”了；你們事事處處與“天命”相違背；你們觸犯規矩，破壞法紀，行爲多有不軌。爲此，我多次教育你們，告誡你們；也不斷地一而再，再而三地反復抓了放，放了抓，就是要讓你們徹底清醒過來，不要有任何不切實際的幻想。

帝的警告却置若罔聞，不僅不關心民生疾苦，反而更加放縱自己。於是上帝就對夏桀降下了嚴屬的懲罰，讓夏王朝更加混亂不堪：夏桀的寵妃妹喜與朝臣伊尹穢亂於後宮，夏王朝各級官員也無不愛財如命，敲骨吸髓，百般荼毒百姓。夏朝百姓也越發利慾熏心，貪財好貨，把損公肥私當作最大的快樂。夏王朝的政俗民風，就這樣在上行下效的惡性循環之中一天天地敗壞了。上天要爲天下百姓重新尋找主人，於是便給成湯下達了一道光榮而偉大的命令：“刑殄有夏！”成湯因此率領你們各個邦國一起滅亡了夏王朝，從而取代夏桀，做了天下百姓的新主人。在《多士》訓詞中，周公也說，“惟帝不畀，惟我下民秉爲，惟天明畏”，上帝是不會盲目地把“天命”下降給任何人的，他要觀察下民的所作所爲，然後再作判斷，因爲上天的威嚴一絲不苟，是決不含糊的。“有夏不適逸，則惟帝降格，向於時夏”，夏桀不能節制他的昏德亂行，上帝給他降下警告，進行規範與引導；可是夏桀拒不遵循上帝的命令，繼續荒淫無度。於是上帝只好收回了夏桀的“王命”，給他降下了懲罰，因而命令你們的先祖成湯革了夏王朝的“天命”，讓天下的優秀人物來治理天下四方，“乃命爾先祖成湯革夏，俊民甸四方”。

　　第二，我周克堪用德，帝命割殷。

　　成湯革了夏王朝的“天命”，率領你們多邦的民衆，取代夏桀做了天下的“民主”，建立了殷商王朝，於是謹慎地設置了各種政教措施，勸誘天下之民。周公在《多方》中說，“乃惟成湯，克以爾多方，簡代夏作民主，慎厥麗，乃勸厥民刑，用勸”。因此，你們殷商王朝自成湯“以至於帝乙，罔不明德慎罰，亦克用勸；要囚，殄戮多罪，亦克用勸；開釋無辜，亦克用勸”，採取了正面引導以及處罰犯罪等各種有效措施，鼓勵與教化天下百姓，所以自成湯至於帝乙，便一直享有“天命”。周公在《多士》中也說，你們殷商王朝得了“天命”之後，“自成湯至於帝乙，罔不明德恤祀，亦惟天丕建保乂有殷。殷王亦罔敢失帝，罔不配天其澤”，殷商各代君王，無不在“敬天”與“保民”兩個方面做出了很多成效，配得上天帝的恩澤。可是，“在今後嗣王，誕罔顯於天，矧曰其有聽念於先王勤家”，到你們後來的商紂王，不僅没有善德善政上聞於天，更是把先祖勤勞於王家的歷史傳統完全抛棄了。縱情享樂，荒淫無度，“誕淫厥泆，罔顧於天顯民祇”，完全不顧忌上天的威嚴。“惟時上帝不保，降若茲大喪”，因此，上帝對殷商王朝再也不加庇佑，終於給他們降下了如此之大的災難。周公的《多方》之誥則說得更爲明白，“惟我周王靈承於旅，克堪用德，惟典神天。天惟式教我用休，簡畀殷命，尹爾多方”，意思是說，正是由於我們周邦的文王和武王以善德恩覆於天下民衆，也以善政贏得了祭祀上天與神靈的機會，因而上天也就給我們周人降下了福祉，讓我們取代了殷人的“天命”，來主宰和統治你們四國多邦。這也就是“弗吊旻天大降喪於殷，我有周佑命，將在明威，致王罰，勑殷命終於帝”的根本原因。因此，周公於《多士》嚴辭訓斥那些不滿與反抗的殷遺說，“非我小國敢弋殷命，惟天不畀，允罔固亂，弼我，我其敢求位”！意思是說，並不是我們小小的周邦敢於覬覦你們殷商大國的“天命”，而是因爲上天再也不看好你們，不願意把“天命”繼續給予你們殷邦。因爲你們的商紂王，把撒謊騙人的把戲表演得無比誠實，簡直就跟真的一樣；還把殘酷鎮壓民衆的反抗當作維持政權穩固的法寶。這不正好幫了我們周邦的大忙，把天下的百姓統統逼到我們周邦這一邊了嗎？所以上天便命令我們周邦說：去剝奪殷人的"天命"吧，然後把勝利的消息報告於天帝！"有命曰：割殷！告勑於帝！"這哪里是我們周人膽敢奢求天子的大位呢！

第三，殷人役用夏人，周邦援例。

《多士》說：

> 惟爾知，惟殷先人有册有典，殷革夏命。今爾又曰：夏迪簡在王庭，有服在百僚。予一人惟聽用德，肆予敢求爾於天邑商？予惟率，肆矜爾。非予罪，時惟天命。

周公在洛邑對"殷遺多士"說，正如你們所知道的，你們殷商的先人留下了許多文書和典册，裏面記載了不少"殷革夏命"的歷史往事。所以現在你們之中也還有人援引你們殷商的早期歷史對我說，我們殷人革了夏王朝的天命，也把夏王朝的優秀人才選拔到我們殷商的王庭，讓他們在朝中各個部門擔任職務。是的，你們說得不錯，我們之所以把你們選拔出來，也正是援引你們殷商王朝曾經對待夏人的方法，根據你們自己的德行與才能，給予你們一定的職位，讓你們老老實實地服務於我們周邦。這並不是我要斗膽把你們這些殷人從"天邑商"那個"天朝上國"請到我們小小的周邦來吃苦受罪，而是因爲你們殷人如同夏王朝一樣喪失了"天命"；所以我出於對你們的同情與憐憫，就像當年你們殷人同情與憐憫夏人一樣，收留了你們。你們當初如何對待夏人，我們周邦也就如何對待你們殷人！難道這是我們周邦的過錯嗎？這實在是上天的命令與安排！

周公提醒殷遺回憶這些夏殷之際的歷史往事，目的在於利用"以德配天"的歷史邏輯，既要解釋有殷何以取代了有夏的"天命"，也要解釋周邦何以成功地完成了"割殷"的壯舉。因此，如果殷人肯定"殷革夏命"是正當與合理的，那麼也就必須承認周人"割殷"乃是同樣的正當與合理。因而喪失"天命"的殷人必須老老實實地臣服於周邦，正如當年夏人所以有幸獲得"迪簡在王庭，有服在百僚"的生存際遇，無非是心甘情願地奔走效力於殷邦一樣，自認喪邦亡國而甘願忍恥含垢，以服從"天命"的殘酷安排而已。於是周公用"以德配天"的"天命"學說將殷遺多士推向了歷史邏輯的二難境地。這就是：

要麼採取歷史虛無主義，否定本民族的輝煌過去，違心地指責"殷革夏命"之非義；要麼接受喪邦亡國之既成事實，直面當下的慘淡人生，俯首貼耳地臣服於周邦，無怨無悔，奔走效力以"自求多福"。

而尤爲吊詭的是，"告爾殷多士，今予惟不爾殺，予惟時命有申：今朕作大邑於茲洛，予惟四方罔攸賓；亦惟爾多士攸服奔走臣我多遜"，周公將公然强迫殷人效力於周邦，演繹成周人的懷柔與寬大，用"刀下留人"的招數，賺得殷遺感戴周人的不殺之恩。又將掠奪役使殷遺多士的智慧與才能，說成是援引因循"殷革夏命"的舊例，也是借用殷人老祖宗曾經役用夏人的手段；因而無論是"刀下留人"以沽寬大懷柔之名，還是借殷人之故技以役使殷遺之才智，都不過是"以其人之道，還治其人之身"而已。面對如此詭譎的政治韜略，如此窘迫的邏輯困境，以至無論周公的講話態度如何强硬，語氣多麼凌厲，甚至其生活境遇如何悲慘，那些喪邦亡國的"殷遺多士"也只好忍氣吞聲，無言以對。除非自認悲苦，改變心態，"作新民"於周邦，別無良策！

綜上所述，周人的"天命"說並非一成不變，而是隨著西周初年社會人事的動盪與播遷，其理論內涵與邏輯結構也是不斷變化與更新的。武王的"天命"說，其初衷是要杜塞天下悠悠之口，爲自己"以臣弒君"的逆襲行爲做辯護，從而解釋周人建政立國的合理性與合法性。但是，由於武王早逝，管蔡稱亂，武庚反叛，值此風雨飄搖的動盪之際，周人忽然意識到"天命不於常"的憂患與恐懼，於是將武王"天維用重勤"的"恒定天命"說略加改造與補充，便自然而然地產生了"以德配天"的儆戒與自律。然而，這"以德配天"的儆戒與自律，同時也是一把可以左右兩割的雙刃劍：周人內部可以用它來激勵自身的德行與修養，自覺地提升國家治理的思想水準與政策能力。其於勝國遺民則可以鎮撫他們的抵觸與反抗，只要殷人稍有絲毫不老實的跡象，就可以祭起這道"以德配天"的緊箍咒，把他們推向歷史與邏輯的"二難困境"；從而迫使他們要麼承認"殷革夏命"之非義，要麼接受"天命"的既定安排，安分守己，服服帖帖地效命於周邦。

然而，周人經過了"以德配天"的充實改造而適於左右兩割的"天命"學說，隨着西周初年那些勝國遺民的逐步謝世，新生代的族群矛盾也不斷弱化，其左右兩割的歷史使命亦告完成。不過，這段歷史雖然結束了，但是其理論價值却超越了具體的時代，從而在未來的歷史傳統中產生了無比深遠的思想影響。周人自始至終都保留著這個"以德配天"的思想傳統以自儆與自勵固不待言，從周公移封康叔於妹邦的《康誥》、《酒誥》與《梓材》三篇誥詞，以及周公與召公在營建洛邑時的談話《召誥》與《洛誥》，乃至《詩經》中《大雅》與《小雅》的許多篇章，我們自會發現這一思想傳統是多麼地源遠而流長。而且在中國幾千年的政治思想史上，這個"以德配天"的"天命"傳統同樣是一線貫注而從未間斷的，無論是漢儒董仲舒《春秋繁露》的"天人合一"之論，還是宋代道學家朱熹的"天理人欲"之辨，無不從周人的"天命哲學"挹取其思想，抽引其端緒，從而開出新的人文傳統。

七、本文結論

經過几代人的韜光養晦，以屈求伸，終於出奇不意地創造有利時機，周武王於"甲子朝"一舉戰敗了商紂王，顛覆了殷商王朝。然而，以建政立國的性質而論，周人是以文化落後的"小邦周"取代了文化先進的"大邑商"；以建政立國的方式而言，周武王是"以臣弒君"而陰謀逆襲上位的軍事暴發戶。因此，無論是文化的發達程度，還是科學技術的先進水準，地處西偏的"小邦周"遠遠落後於"天邑商"。不僅東部大片土地與民人的管控，還有對先進的殷商科學技術的接管，對於文化落後的周民族而言，都面臨着巨大的歷史挑戰。而且，在道義與人心方面，如何杜塞天下悠悠之口，消除殷商及其多方屬國的不滿與不屑，以及殷商舊有科學技術人才的安撫與利用，也直接關係到新建周邦的社會繁榮與政治穩定。爲此，西周初年在治理策略上採取了一系列行之有效的具體措施：第一，以"天下之中”的地域觀念營建東都洛邑以管控殷商故地，並且利用勝國遺民打造代表華夏文明正統的政治中心與文化中心；第二，以“藩屏周室”爲目的的諸侯封建，並沒有打破殷商既定的社會格局而是保留舊有的生產關係，從而保證了社會生產力的迅速復蘇與社會組織機能的正常運轉；第三，以別具匠心的“士”這一新型徽號籠絡與利用殷商文化與科技人才，從而創造了繼軌商人而光耀千秋的青銅文化；第四，創立“以德配天”的“天命哲學”以鎮撫殷商遺民的不滿與反抗，因而保障了西周初年的社會穩定，有利於社會的和諧發展。正是因爲周人“逆而取之，順以治之”地採取了這些有效的社會治理與管控策略，克商不到十年，周人便迎來了“刑措四十年而不用”的成康盛世。不僅如此，周人所創造的思想文化遺產也衣被了華夏民族數千年的文明史。毋庸諱言，直到當代，這些文化遺產仍然自覺不自覺地在我們的現實生活中發揮着極其重要的作用與影響。

（作者簡介：程水金，北京大學文學博士，南昌大學特聘教授，博士生導師。）

藝文新詮

正學

嵇康再認識

劉康德　邱彥超

摘要：嵇康是魏晋時代重要的思想家和歷史人物。通過研讀《嵇康集》，本文從三個方面對嵇康做了一番新的認識。首先，在哲學思想方面，認爲嵇康繼承和發揚了莊周"無"的精神，即一種無所不包、無所不融、無所不兼，齊萬物於一體的精神。具體表現在其對於"養生""聲音""宅之吉凶""人之明膽"等問題上，都堅持對立雙方或諸多方面的兼融和統一。其次，從嵇康的心路歷程出發，分析了作爲曹氏姻親的嵇康何以在社會政治環境的巨變中，由平和、包容而轉向了激憤和尖銳，以至其"兼融"的思想最終並未"兼融"下自身。最後，考察了《嵇康集》的版本和流傳。《嵇康集》可能編成於西晋太康年間，而在東晋時期已有六七萬言的體量。此後，在從南朝蕭梁直至宋代的編訂過程中，《嵇康集》的卷數和名稱都有所變化。直至明代，才有了我們今天看到的兩個相對確定的版本：吳寬叢書堂鈔本《嵇康集》（十卷）和黃省曾南星精舍刻本《嵇中散集》（十卷）。現代以來，又出現了以吳鈔本爲底本的魯迅輯校本《嵇康集》，和以黃刻本爲底本的戴明揚《嵇康集校注》。通過以上三方面的研究，希望全方位地展現和還原歷史中的嵇康以及其作品。

关键詞：嵇康；《嵇康集》；魏晋；思想

前言

筆者對於魏中散大夫嵇康（字叔夜）的最初認識，可追溯到 1981 年第六期《復旦學報》上發表的文章：《試論嵇康的哲學思想》。所以，距離當時四十年之久的今天，再著此文，算是對嵇康的再認識了。

爲了更好地再認識嵇康，筆者又將反映嵇康思想的《嵇康集》重新翻出，襲用明吳寬叢書堂《嵇康集》用朱墨兩筆校閱之方法，也用紅筆黑筆將《嵇康集》中的論辯文章的論辯雙方分別標識：正方爲嵇康的觀點、辯詞用黑筆標出；反方的觀點、辯詞則用紅筆標出。然後逐字逐句地研讀，小心翼翼地評判。標點和斷句都不輕易放過，生怕生出"亥豕"之誤、"焉馬"之錯。以期走近嵇中散，重識嵇叔夜。

一

　　經過一段時間的研讀，筆者認爲，嵇康的自我評價確實不虛："老子莊周吾之師。"（《與山巨源絕交書》）。因爲通篇《嵇康集》里散發着老子思想，洋溢着莊周精神（具有極大寬容度的"無"，是無所不包、無所不融、無所不兼；它兼融所有於其中，齊萬物於一體）。

　　以下讓我們來看看它的具體表現。

（一）

　　對於養生，嵇康認爲"獲數百年"，是可以做到的。只是它要兼融"仲尼之至妙""田父之至拙"（《答難養生論》），"又守之以一，養之以和，和理日濟，同乎大順"（《養生論》）。這樣，養生數百年"並非虛也"。具體而言，是要兼融"育形"與"養神"之統一，所謂"形神相親，表裏俱濟"（《養生論》）。

　　先看"育形"。"育形"必靠食材。對於"育形"養生的食材，嵇康認爲應該要"並而存之"（《答難養生論》），"既言上藥，又唱五穀"（《答難養生論》）；既要"菽麥"，也要"黍稷"；既要"平原之棗栗"，也要"池沼之菱芡"；既要"紫芝黃精"，也要"金丹石菌"，更要"瓊蘂玉英"和"朝露"……這樣做到"准性理之所宜，資妙物以養身"（《答難養生論》）。嵇康認爲，食物方面兼融和平衡，才能延年益壽。

　　與此同時，養生者還要"知厚味之害性"（《養生論》）。有些食物"初雖甘香，入身臭腐，竭辱精神，染污六腑，鬱穢氣蒸，自生災蠱，饕淫所階，百疾所附。味之者口爽，服之者短祚"（《答難養生論》），所以要將這些食材"棄而不顧"（《養生論》）。此外，養生者更要知道"穰歲多病，饑年少疾"，"富貴多殘"，"野人多壽"，"涼瘦者遲竭，温肥者早終"（《答難養生論》）等等這些道理，才能有助於"育形"，從而養生。

　　再看"養神"。配以"育形"的"養神"是要做到"清虛靜泰，少私寡欲"（《養生論》），"混乎與萬物並行，不可寵辱"（《答難養生論》）。在養神者眼里："西施與嫫母同情"，"糟糠與精粹等甘"（《答難養生論》），齊萬物一體而"視榮辱如一"（《答難養生論》）。養神者應當"不以毀譽爲歡戚"，"不以榮華肆志，不以隱約趨俗"（《答難養生論》），而是"以無罪自尊，以不仕爲逸"（《答難養生論》），"以醇白獨著，曠然無憂患，寂然無思慮"（《養生論》）。這樣方能"遊心乎道義，偃息於卑室，恬愉無遱而神氣條達"（《答難養生論》）。此外，養神者還要"知名位之傷德，故忽而不營"（《養生論》）。這樣才能"養神"，從而養生以延年益壽。

　　如果要將"育形"與"養神"統一，就得兼融"滅名利、除喜怒、去聲色、絕滋味、聚精神"於一體，這樣"五者無於胸中，則信順日濟，玄德日全，不祈喜而有福，不求壽而自延"（《答難養生論》）。然後再"蒸以靈芝，潤以醴泉，晞以朝陽，綏以五弦，無爲自得，體妙心玄，忘歡而後樂足，遺生而後身存"，就"可與羨門比壽，王喬争年"了（《養生論》）。

　　在這裏，不管是"滅名利、除喜怒、去聲色、絕滋味、聚精神"，還是"蒸以靈芝，潤以醴泉，晞以朝陽，綏以五弦”，嵇康强調的就是養生之“兼融”，缺一不可，這樣才能延年益壽。所以，嵇康在《難養生論》中最後總結說：既使（人）“或有行逾曾閔，服膺仁義，動由中和，無甚大之累，便謂仁理已畢，以此自臧而不盪喜怒，平神氣而欲却老延年者，未之聞也”；（人）“或抗志希古，不榮名位，因自高於馳騖”；（人）“或運智禦世，不嬰禍故，以此自貴。此於用身甫與鄉黨齗齒耆年同耳，以言存生，蓋闕如也”；（人）“或棄世不群，志氣和粹，不絕穀茹芝，無益於短期矣”；（人）“或瓊糇既儲，六氣並禦，而能含光內觀，凝神復樸，棲心於玄冥之崖，含氣於莫大之涘者，則有老可却，有年可延也”。“凡此數者，合而爲用，不可相無，猶轅軸輪轄，不可一乏於輿也”（《答難養生論》），這樣才能養生。

反之，不能養身更生者，均在於“不兼無功”（《養生論》）而偏恃（偏見）（《養生論》），才會導致“單豹營內”而“致斃”，“張毅趣外”而“失中”（《答難養生論》）的災禍。這就如同“齊以誠濟西取敗，秦以備戎狄自窮”，“此皆不兼之禍也”（《答難養生論》）。

（二）

再讓我們看看“宅之吉凶”。

當有人明確提出“宅無吉凶攝生論”時，嵇康却認爲天下“神祇遐遠，吉凶難明”（《難宅無吉凶攝生論》），故不可簡單獨斷地否定“宅之吉凶”。嵇康說：“吾怯於專斷，進不敢定禍福於卜相，退不敢謂家（宅）無吉凶也。”（《難宅無吉凶攝生論》）

實際情況也確實如此。“安宅葬埋”之吉凶，既可證實也可證僞。因爲，既可找出“安宅葬埋”無吉凶之例證，也可找出“安宅葬埋”有吉凶之例證。所以嵇康提出，即便有吉凶之例證，也不可謂吉宅能獨成福，“但謂君子既有賢才，又卜其居，復順積德，乃享元吉。猶夫良農既懷善藝，又擇沃土，復加耘籽，乃有盈倉之報耳”（《難宅無吉凶攝生論》）；反之，即便有凶宅，也不可“謂凶宅能獨成禍”。它一定是兼融諸多（矛盾）於其中才形成的禍。

因此，簡單獨斷地認爲“宅無吉凶”，既無意義，也沒道理。“今見愚民不能得福於吉居，便謂宅無善惡（吉凶），何異睹種田（者）之無十千，而謂田無壤脊耶？良田雖美，而稼不獨茂；卜宅雖吉，而功不獨成。相須之理誠然，則宅之吉凶，未可惑也”（《難宅無吉凶攝生論》）。在嵇康看來，那些簡單認爲“宅無吉凶”的人和簡單認爲“宅有吉凶”的人一樣，是不懂“相須”（兼融所有於其中）之理。

嵇康進而認爲，對於看相、占卜乃至擇日，均不能簡單化。這些關乎“天下微事”，是“言所不能及，數所不能分。是以古人存而不論。神而明之，遂知來物，故能獨觀於萬化之前，收功於大順之後。百姓謂之自然而不知所以然。若此，豈常理之所逮耶？今形象著明，有數者猶尚滯之。天地廣遠，品物多方，智（知）之所知，未若所不知者衆也。今執辟穀之術，謂養生已備，至理已盡；馳心極觀，齊此而還，意所不及，皆謂無之。欲據所見，以定古人之所難言，得無似螻蛄之議冰耶？”（《難宅無吉凶攝生論》）

總之，嵇康認爲，如若“信徵祥”，則千萬不能“棄人理之所宜”；如若“守卜相”，則千萬不能絕“陰陽之吉凶”；如若“持智力”，則千萬不能“忘天道之所存”（《難宅無吉凶攝生論》）。對於諸如此類的"天下微事"，一定要"兼而善之"（《難宅無吉凶攝生論》），使"人鬼同謀、幽明並濟"（《答釋難宅無吉凶攝生論》），不能簡單獨斷、偏於一區，這樣才能防"疑怪之論生，偏是之議興"（《難宅無吉凶攝生論》）。

（三）

還讓我們看看人之明膽（人之見識和勇氣）。

當有人認爲"人有膽可無明，有明便有膽"時，嵇康則認爲"明以陽曜，膽以陰凝"（《明膽論》），人本該（陰陽）二氣存於一體（《明膽論》）、明膽集於一身。因爲人膽（竅）通於目，目應膽而外見（目）爲明（引申爲見識）。所謂"明膽""膽明"就是這個意思（引申爲見識與勇氣）。"明膽"一定相聯相關，集於一身、存於一體。所以，"豈可謂有陽（明）可無陰（膽），有陰（膽）可無陽（明）耶？"（《明膽論》）

如果誰是"專明無膽，則雖見不斷，專膽無明，則違理失機"（《明膽論》）的話，那一定是他偏受了什麼，所以嵇康說"偏受者守其分"（《明膽論》）。那麼，這樣的人一定是很難成就事業的。

而作爲一個禀賦陰陽正常的人來說，一定是"特鍾純美，兼周外（目、明：陽）內（膽：陰），無不必備"（《明膽論》）的。"相須以合德"（《明膽論》），這樣才能"至明能無所惑（見識），至膽能無所虧（勇氣）"（《明膽論》），從而成就一番事業。在嵇康看來，賈誼就是這樣一位"明膽自足相經"的人，故"能濟事"（《明膽論》）。這就叫"兼之者博於物"（《明膽論》）。

在這裏，嵇康同樣用"兼融所有於其中""集明膽於一體"的觀點來解釋人之見識（明）和勇氣（膽）。

（四）

嵇康還將"兼融所有於其中"的理念運用到對音樂的理解上。所不同的是，這裏的"兼""融"被置換成了另一說詞："中"或"和"。

"中"或"和"在《中庸》里是這樣說的："喜怒哀樂之未發謂之中，發而皆中節謂之和。"它是指人的"喜怒哀樂"尚未發作時的一種心靈圓融和諧的狀態；即便人的"喜怒哀樂"發作時也要恰到好處不落偏斜（中和）。這裏的"圓融和諧"和"不落偏斜"表現在傳統音樂中，就是"和"。

嵇康繼承傳統的"樂者，天地之和"（《禮記·樂記》）的理念，提出"聲音和比"（《聲無哀樂論》），認爲音樂中的"五音八聲"一定要相濟相成，使音聲的清濁大小、長短徐急、哀樂剛柔，達到充分和諧："姣弄之音，挹眾聲之美，會五音之和，其體贍而用博，（眾聲挹）故心役於眾理，五音會，故歡放而慾愜"（《聲無哀樂論》），"八音（聲）會諧，人之所悅，亦總謂之樂"（《聲無哀樂論》）。

所以，嵇康說："聲音和比，感人之最深者也"，"宮商集比，聲音克諧，此人心至願，情慾之所鍾"（《聲無哀樂論》）。進而提出："音聲有自然之和，而無係於人情；克諧之音，成於金石，至和之聲，得於管弦也"（《聲無哀樂論》）。

這種和諧的音樂，對應的正是和諧的社會："和心足於內，和氣見於外，故歌以叙志，舞以宣情，然後文之以采章，照之以風雅，播之以八音，感之以太和，導其神氣，養而就之，迎其情性，致而明之，使心與理相順，氣與聲相應，合乎會通，以濟其美。故凱樂之情，見於金石，含弘光大，顯於音聲也。若以往，則萬國同風，芳榮濟茂，馥如秋蘭，不期而信，不謀而誠，穆然相愛，猶舒錦彩，而粲炳可觀也。大道之隆，莫盛於兹，太平之業，莫顯於此。故曰："移风易俗，莫善於樂。'"（《聲無哀樂論》）

（五）

這音樂的"和"——"大和爲至樂"（《聲無哀樂論》）又與"養之以和"（《養生論》）的養生理論天然合一。《養生論》這樣說："守之以一，養之以和，和理日濟，同乎大順。"於是也即回到上述養生理論上的"兼融"。所以"兼融"即"中和"，"中和"即"兼融"。這在嵇康那裏是詞不同而意相同，且根深蒂固地存在於嵇康的腦海裏。所以嵇康會說自己是老莊（無所規定的"無"是"融"所有於其中，"兼"一切於本體的）之徒。盡管有時實施起來相當不易。

在嵇康那裏，看似對立的雙方都可以被兼融和中和，如管叔、蔡叔、文王、武王和周公。《管蔡論》是這麽說的："昔文武之用管、蔡以實，周公之誅管、蔡以權"，"三聖所用信良，周公之誅得宜，管、蔡之心見理，尔乃大義得通，内外兼叙，無相伐負者"。因爲，在嵇康看來，時空的變化，可以使原本看似對立的理念相互兼融、中和及轉化。

先看時間的作用。嵇康說："人從少至長，降殺好惡有盛衰。或稚年所樂，壯而棄之；（或）始之所薄，終而重之。"（《答難養生論》）想想我們每個人不都有這樣的表現嗎？

再看空間的作用。嵇康說："當其所悦，謂不可奪；值其所醜，謂不可歡；然還城易地，則情變於初。苟嗜慾有變，安知今之所耽，不爲臭腐？曩之所賤，不爲奇美邪？"（《答難養生論》）這就如同，"蚺蛇珍於越土，中國遇而惡之；黼黻貴於華夏，裸國得而棄之"（《答難養生論》）。這"越之蚺蛇""華之黼黻"經過空間的變化（"還城易地"），就成了"中國之蚺蛇""裸國之黼黻"。

在這裏，經過時空的變化，[1]這惡與好、臭腐與奇美、輕薄與厚重都得以被兼融、中和和轉化。所以，嵇康的兼融所有、中和一切的理念是相當深刻的。

（六）

任何思想理念，均是時代的反映、現實的總結。嵇康兼融所有、中和一切的思想理念自然也是時代的反映和現實的總結。

---

[1]嵇康的"時空觀"非常有特點，他往往將時空交融在一起叙述。如在《答難養生論》中他說到："遠雖大""近雖小"。接著，又將這種交融在一起的時空與人相聯繫，說"遠雖大，莫不忽之；近雖小，莫不存之"，乃"常人之情"。因爲人在其中起作用，所以包括諸如時間遠近、空間大小乃至宅之吉凶等方面的認識就會顯得頗具特色："藥之已病，其驗交見（近），故君子信之；宅之吉凶，其報睠遥（遠），故君子疑之。"（《答釋難宅無吉凶攝生論》）

　　我們知道，魏晉時代是一個社會激劇變化，亂象叢生的時代。在這樣的社會情形下，原有的思想意識形態——儒家思想無法應對社會的變動、涵蓋社會的亂象，只能以具有極大寬容度、包容性的"無"（老莊）的思想來應對。

　　這無所不包、無所不兼、無所不融的"無"融所有於其中、齊萬物於一體，包含着應對亂象社會的所有思想工具。它遠遠優於規定干這不能干那（禮）的儒家思想。這就導致了魏晉時代的名士們紛紛信奉老莊精神，崇尚老莊思想。這在王弼的《老子指略》里有明確的交代。王弼說："法者尚乎齊同而刑以檢之，名者尚乎定真而言以正之，儒者尚乎全愛而譽以進之，墨者尚乎儉嗇而矯以立之，雜者尚乎眾美而總以行之。"在王弼看來，諸如法、名、儒、墨諸家皆偏執一孔、有爲一方，所以也必然有它的局限性，那就是："執之者則失其原"，"有由則有不盡"。這些偏執一孔、有爲一方，不能兼融中和和相通所有的學說，是不能涵蓋和應對那個亂象叢生和變動激烈的魏晉社會的。而只有一種"不宮不商，不溫不涼""既能宮又能商""既能溫又能涼"的"無"（帶有極大寬容度和包容性）的思想才"足以府萬物官天地"。所以，王弼在《老子指略》中明確指出："《老子》之書，其幾乎可一言而蔽之。噫！崇本息末而已矣。"由此，也使老莊思想成爲魏晉時代的精神、魏晉名士之愛好。嵇康的思想也就應運而生。

（七）

　　這"融所有於其中"的話語，換成嵇康的另一說法，是"轅、軸、輪、轄不可一乏於輿"（《答難養生論》），即"一車融轅、軸、輪、轄於其中"。[1] 這種說法在魏晉期間非常普遍。曹植就因"一豆融豆豉、豆萁於其中一體"而作《七步詩》：[2]

　　　　文帝嘗令東阿王七步中作詩，不成者行大法。應聲便爲詩曰："煮豆持作羹，漉菽以爲汁。萁在釜下燃，豆在釜中泣。本自同根生，相煎何太急？"帝深有慚色。（《世說新語·文學》）

　　《三國志·魏書·曹植傳》注引《典略》中還有曹植對楊修說的話："蘭茞蓀蕙之芳。"這不就是說"一芳草可爲蘭、可爲茞、可爲蓀，也可爲蕙"？即一芳草融蘭、茞、蓀、蕙於

---

　　[1]嵇康在《琴賦》中還有類似的說法："其山川形勢，則盤紆隱深，磪嵬岑嵓。互嶺巉巖，岞崿嶇崟。"即是說：一山融"岞、崿、嶇、崟、磪、嵬、岑、嵓"於其中。
　　[2]這"融所有於其中"（"兼諸多於一體"），不僅對曹植來說不陌生，可以說，古代士人頭腦中大都有這種觀念和說法。余嘉錫在《世說新語·言語》中注引《古文苑·卷十二》董仲舒《山川頌》："巃嵸蘲摧，嵬崔嶵巍"。這也就是說，在董仲舒看來，山可爲巃，可爲嵸，可爲蘲，可爲摧；可爲嵬，可爲崔，可爲嶵，可爲巍"，也即"山融諸多於自身一體"。此外，"鬼怪"也可"爲魖爲魅爲魍爲魎"。這也就是說，"鬼融魖魅魍魎於自身一體"。上述這些觀念和說法，在邏輯上被界定爲概念的屬種關係問題，在易學上則被置換成"一形兼未形之形"（一卦之象可以具備其未有之象），如乾（卦）可"爲天，爲圜，爲君，爲父，爲玉，爲金，爲寒，爲冰，爲大赤，爲良馬，爲老馬，爲瘠馬，爲駁馬，爲木果"（《易·說卦傳》）。

其中一體。

當曹植在因"一豆融豆、豆豉、豆秸於其中一體"而作《七步詩》的同時，魏晉時期的其他名士們也在敘述著這一語言程式。如：一草藥既爲"遠志"又爲"小草"：

謝公始有東山之志，後嚴命屢臻，勢不獲已，始就桓公司馬。於時人有餉桓公藥草，中有"遠志"。公取以問謝："此藥又名小草，何一物而有二稱？"謝未即答。時郝隆在坐，應聲答曰："此甚易解，處則爲遠志，出則爲小草。"謝甚有愧色。桓公目謝而笑曰："郝參軍此過乃不惡，亦極有會。"（《世說新語·排調》）

這種"一物而有二稱"——"融諸多於其中"的語言程式，還表現在"茶"上。一茶既爲"茶"又爲"茗"：

任育長年少時，甚有令名。武帝崩，選百二十挽郎，一時之秀彥，育長亦在其中。王安豐選女婿，從挽郎搜其勝者，且擇取四人，任猶在其中。童少時，神明可愛，時人謂育長影亦好。自過江，便失志。王丞相請先度時賢共至石頭迎之，猶作疇日相待，一見便覺有異。坐席竟，下飲，便問人云："此爲茶，爲茗？"覺有異色，乃自申明云："向問飲爲熱爲冷耳。"嘗行從棺邸下度，流涕悲哀。王丞相聞之，曰："此是有情癡。"（《世說新語·紕漏》）

"一物有二稱"，同樣"一物又具二義。"如"當歸"，既可爲中藥，又可引申爲"當歸來"之含義。即"當歸"融"當歸"之藥性和"當歸"之含義於其中。《三國志·蜀書·姜維傳》中注引孫盛《雜記》：

初，姜維詣亮，與母相失，復得母書，令求當歸。維曰："良田百頃，不在一畝，但有遠志，不在當歸也。"

引申開來說，"竹林七賢""建安七子"等稱謂也都是這種語言程式的具體表現：一竹林融七賢（阮籍、嵇康、向秀、劉伶、山濤、王戎、阮咸），一建安兼七子（孔融、陳琳、王粲、徐幹、阮瑀、應瑒、劉楨）。更有甚者，"一天下兼魏、吳、蜀於其中"，"一家庭融龍、虎、狗於一門"，"一個人兼多元多重（性格）於一身"均是這一關鍵詞（融諸多矛盾於其中）在魏晉時期的具體表現。

（八）

一人融諸多矛盾於其中（一人兼多元多重於自身）的例子，《世說新語》中就有提及：

顧劭嘗與龐士元宿語，問曰："聞子名知人，吾與足下孰愈？"曰："陶冶世俗，與時浮沈，吾不如子；論王霸之余策，覽倚仗之要害，吾似有一日之長。"
（《世說新語·品藻篇》）

這是說，龐統（龐士元）自認爲自己融世俗沉浮與王霸倚仗於一體。
又如《三國志·魏書·陳泰傳》說：

　　文王問陔曰："玄伯（陳泰）何如其父司空（陳群）？"陔曰："通雅博暢，能
以天下聲教爲己任者，不如也；明練簡至，立功立事，過之。"

這是說，陳群、陳泰父子都兼融天下聲教與立功立事於一身，只是二者的側重點不同
而已。
還如《三國志·魏書·陳驕傳》說：

　　（陳）登曰："夫閨門雍穆，有德有行，吾敬陳元方兄弟；淵清玉潔，有禮有
法，吾敬華子魚；清修疾惡，有識有義，吾敬趙元達；博聞強記，奇逸卓犖，吾敬
孔文舉；雄姿傑出，有王霸之略，吾敬劉玄德。"

這是說，陳登想做一名融"有德有行、有禮有法、有識有義、奇逸卓犖、有王霸之略"
於一體的名士。
這種情形一直保持到東晋。如《世說新語·品藻》說："明帝（東晋司馬紹）問謝鯤：
'君自謂何如庾亮？'答曰：'端委廟堂，使百僚準則，臣不如亮。一丘一壑，自謂過之。'"
言下之意，謝鯤認爲自己既能穿朝服出入朝廷，也能脫朝服隱於山林，融二者於自身一體。
《世說新語·品藻》又說："明帝問周伯仁：'卿自謂何如庾元規？'對曰：'蕭條方外，亮不
如臣；從容廊廟，臣不如亮。'"這是說，周伯仁能融"蕭條方外"（隱居）與"從容廊廟
（從政）"於自身一體。
這種"融諸多矛盾於自身一體"最爲典型的人物要數東晋名士郗鑒。《世說新語·品藻》
說："卞望之云：'郗公體中有三反：方於事上，好下佞己，一反；治身清貞，大修計較，
二反；自好讀書，憎人學問，三反。'"
人"兼融諸多矛盾於自身一體"的說法，還受到劉劭《人物志》的肯定。劉劭在《人
物志·體別》中說："中庸之德，其質無名……能威能懷，能辯能訥。"劉劭認爲，人如果
只是"能大而不能小"，不能融"大小""辯訥"於一體，兼"多元多重"於一身，這就好像
"函牛之鼎不可以烹雞"（《人物志·材能》）一樣，不足取。
對於"（人）融諸多矛盾於自身一體"，哲學家王弼似乎想在學理上將其證明。王弼在
《周易略例·明爻通變》中借《周易》的體例說明這樣的道理："合散屈伸，與體相乖。"其
中，"體"爲卦體、卦義，而"合散屈伸"則是指"爻"的變化："有合有散、有屈有伸。"
如"萃"卦，卦義爲"聚合"，但其中的"六二"爻却是"靜退"而"不慾相就"，與衆爻

相異（合中有散）。這說明一卦體之卦義是"有合有散，有屈有伸"的。引申開來說，"一"之本體並不單一，它融"合散屈伸"諸多矛盾於一身，猶如哲學上說的"一之雜多"。落實到魏晉之個人就是"（人）融諸多矛盾於自身一體"，一人兼多元多重於自身一體。

魏晉人物的這種"融諸多矛盾於自身一體"，"一人兼多元多重於一身"即能威能懷、能大能小、能辯能訥、能言能行的特點，有力地衝擊著人物單一執着的秉性，使得魏晉人物的性格流向多元和善變，從而進一步加劇了社會的撕裂和分崩。因爲，無論如何，社會中人物品性的單一執着是有利於社會穩定和有序的。

而社會的撕裂、分崩、亂象叢生，也進一步反作用於魏晉社會的人物必須要"融多元多重於自身一體"，以極大寬容度和包容性的"無"（老莊）的思想來應對這亂象叢生、分崩撕裂的魏晉社會。這種"兼融所有一切於其中"的思想寶庫里有着應對一切的思想武器。比如，作爲"竹林七賢"的山濤，就因爲深契老莊，並兼尊顯之達官與清高之名士於一身，而混得風生水起。

既然山濤能如此，那麼同爲"七賢"的嵇康且在思想層面秉持老莊的無所不融、無所不包，融所有於其中、兼多元於一體，就沒有理由不能善終。然而，事實却恰恰相反：才入壯年（四十歲）的嵇康被司馬氏集團所殺害。這也就使得我們有必要對嵇康思想内核以外的情形作若干思考。

二

對於嵇康的被害，魯迅先生講得非常到位："嵇康的送命，並非爲了他是傲慢的文人，大半倒因爲他是曹家的女婿。"（《再論"文人相輕"》）

這點，嵇康似乎也有認識。他在《答難養生論》中說到社會有這麼一種特點："是非之情先著，故美惡不能移。"這隱約地透露了當時社會對於認識人和認識物的區別：不同於認識物，認識人往往是將他的社會屬性（"是非之情"）摻雜其中。所以，嵇康作爲曹家女婿的這一社會屬性，決定了嵇康在曹氏與司馬氏集團政治鬥爭中的走向，所謂"美惡不能移"。在這裏，嵇康似乎有些囿于宿命。

那麼，嵇康又是怎樣成爲曹家女婿的呢？這還得從嵇康的身世說起。

嵇康的祖上原居會稽上虞（今浙江上虞）。大概爲了避仇怨，遷徙到譙國銍縣的嵇山北側（今安徽濉溪縣臨渙集西十五千米）。所以史書是這樣記載的：

（嵇）康家本性奚，會稽人。先自會稽遷於譙之銍縣，改爲嵇氏。取稽字之上山以爲姓，蓋以志其本也。一曰銍有嵇山，家於其側，遂氏焉。（《三國志·卷二十一》注引虞預《晉書》）

此外，王隱的《晉書》還補充了嵇康先祖遷徙的原因：

　　嵇本姓奚，其先避怨徙（從）上虞，移譙國銍縣。以出自會稽，取國一支，音同本奚焉。（《世說新語·德行》注引王隱《晋書》）

　　所以，唐修《晋書》這樣綜合：“嵇康，字叔夜，譙國銍人也。其先姓奚，會稽上虞人。以避怨徙焉。銍有嵇山，家於其側，因而命氏。”[1]

　　對於史料所記載的嵇康先祖爲了避仇，而從會稽上虞遷徙至譙國銍縣的逃難經歷，侯外廬先生曾補充過另一種觀點。他認爲遷徙是爲了以賤驟貴而攀附曹氏。侯外廬先生在《中國思想通史》第三卷《魏晋南北朝》第五章《嵇康的心聲二元論及其社會思想、邏輯思想》中說：“考（嵇）家居譙國，乃曹魏發跡之地，則自其父由賤族而攀附升騰，實極爲可能之事。又考曹操的出身，也極模糊……他（曹操）與袁（紹）氏的四世三公比，貴賤美醜，相去天淵。又考《魏志·夏侯惇傳》，也只籠統地說：‘夏侯惇，沛國譙人，夏侯嬰之後也’，其父祖怎樣，都沒有提……可見在曹魏興起之機，譙人以賤驟貴，原甚平常。數其父祖，俱不能舉，即在曹氏夏侯氏猶然。”所以，“嵇氏改姓及自會稽移徙一事是可疑的，他很可能本出寒素，指山爲姓，乃詭稱移徙，由奚改姓”。侯先生的觀點可備一說。

　　遷徙到曹魏發家之地的譙國後，嵇康之父嵇昭（字子遠）進入到曹魏集團的體制内，督軍糧，治書侍御史（掌律令）。而嵇康後來又以同鄉與曹魏宗室聯姻。

　　據史料記載，魏明帝景初二年（238），嵇康十六歲，因著《游山九咏》而被魏明帝稱奇。此後，在嵇康二十歲左右時，被曹操的兒子沛穆王曹林看中，把女兒長樂亭主下嫁給他（一說長樂亭主爲曹林的孫女）。這樣，嵇康成了皇室的外戚，遷郎中、拜中散大夫。有了中散大夫這個虛衘和六百石的俸禄，嵇康舉家遷往曹魏宗室聚集的河内郡，並在山陽居住了長達二十年之久，直至被司馬氏集團殺害。

　　如果社會政治安定，天下還是被曹氏集團掌控，那麼，嵇康安逸悠然的生活一定能夠持續下去。然而，此時却是曹氏集團與司馬氏集團爭權奪位之時期。所以嵇康的不幸，也正是處在這個歷史時期：攀附曹氏的負面影響被突顯了出來。

　　與山陽同屬河内郡的温縣（今河南温縣），便是司馬懿的家鄉。與曹操出身寒族不一樣，司馬懿是豪族出身。並且司馬懿的權術與狡詐一點不比曹操差。就倆人爲政治需要而裝中風之事來看，司馬懿一點都不輸於曹操。[2]

　　當曹魏執政不久，司馬氏集團就以勛臣伺攫其後，並步步進逼，逐漸控制曹魏政權，

　　[1]爲了避仇而遷徙他地改姓的事，在古代是常有的。如王充的祖上就因殺人結仇，而改姓遷居。史料記載，嵇康的先世祖上爲避仇怨，離開會稽，到北方譙國銍縣定居。銍縣有山，嵇康祖上便以故鄉的會稽山來命名，而簡稱“嵇山”。同時又用“嵇”字代替同音的“奚”字而爲姓。在古音中，“奚”“嵇”“稽”三字的讀音是相同的。這種“同音（省聲）通用”的例子，在古人姓名中很常見，如：春秋戰國時代吳國的“伯嚭”，在《吳越春秋》裏作“白喜”，在《論衡》裏作“帛喜”。“稽”字去“旨”加“山”而成“嵇”，於是便有了嵇康祖上避仇遷徙他地而改姓之說。
　　[2]見拙文《曹操與司馬懿的中風》，載於《新民晚報·國學論譚》，2015年1月25日。

正所謂"螳螂捕蟬，黃雀在後"。既然曹氏能逼漢帝禪位，司馬氏又何嘗不能？

為此而展開的魏晉嬗代的政治鬥爭是慘烈的，造成的社會影響也是巨大的。巨大的政治風暴席捲了朝野的所有人，以致"朝寡純德之臣，鄉乏不貳之老"。正所謂今是曹魏大臣，明則輸心司馬氏。因為不如此，則殺身之禍旋踵即至。而當時理論上的"才性四本"論（合同離異）即是此現實的反映，身在其中的嵇康不能不受影響。以下讓我們來具體看看嵇康的心路歷程。

三

司馬氏剷鋤異己，始於正始十年（249 年，四月後為嘉平元年），其時嵇康 27 歲。從 249 年司馬氏發動高平陵政變，到咸熙二年（265）司馬昭病亡，司馬炎繼位晋王，魏晋嬗代經歷了十六年的時間。而被害於景元三年（262）的嵇康經歷了其中大部分的時間。[1] 飽經滄桑的嵇康，思想也因此而發生了巨大的變化。

應該說，高平陵政變（249）之前的嵇康生活是安逸悠然的。曹家女婿的身份使他能在山陽與洛陽兩地均有居所，還不時地往來於其間。

嵇康居住的山陽故城在今天的河南省焦作市以東修武縣西北 17.5 千米，即現在的雲台山風景區一帶，此地正是豫、晋交界處。在這太行山支脈清秀幽靜的山水間，嵇康隱居其中，並時常與阮籍、山濤、向秀、劉伶、阮咸等名士肆意酣暢，從而開啟了一段名噪一時的"竹林之游"。所謂"竹林七賢"即自此得名。他們摒棄舊法、嘯傲山林、彈箏撫琴、飲酒咏詩、清談玄理，"或率爾相攜，觀原野，極游浪之勢，亦不計遠近；或經日乃歸，復修常業"（《太平御覽》卷四〇九引《向秀別傳》）。

這段經歷在嵇康的《酒會詩》中有充分的表現："樂哉游苑中，周覽無窮已。百卉吐芳華，崇臺邈高峙。林木紛交錯，玄池戲魴鯉……坐中發美讚，異氣同音軌。臨川獻清酤，微歌發皓齒。素琴揮雅操，清聲隨風起……"（《酒會詩》其一）這首詩記錄了竹林好友宴會時的優美景色和熱烈場景，以及嵇康愉悅的心情，並隱約透露出嵇康對這種悠逸生活的嚮往。

因為竹林間是如此的美好，所以嵇康的心態和性格是平和的。《世說新語·德行》："王

---

[1] 關於嵇康卒年的說法，歷來眾說紛紜。《三國志·魏書·卷二十一·王粲傳》：（嵇康）"至景元中，坐事誅。"裴松之注："《本傳》云：'康以景元中坐事誅'。而干寶、孫盛、習鑿齒諸書，皆云正元二年，司馬文王反自樂嘉，殺嵇康、呂安……其實不然……山濤為選官，欲舉康自代，康書告絕，事之明審者也。案《濤行狀》，濤始以景元二年除吏部郎耳。景元與正元相較七八年……又《鍾會傳》亦云'會作司隸校尉時誅康'，會作司隸，景元中也。"然而，"景元中"具體是哪一年？筆者認為，"中"在中國傳統文化里有特殊的含義。如一季三月：孟仲季，仲（中）月在一季三月之中。又如按名字：伯仲叔來說，"仲"（中）處兄弟三人之"中"。以此來看，"景元"共五年（260—264），那麼嵇康被害於"景元中"，顯然當在景元三年（262）。所以，司馬光在《資治通鑑》卷七八"景元三年（262）"說："康與濤書，自說不堪流俗，而非薄湯武……昭遂殺安及康。"

戎云：'與嵇康居二十年，未嘗見其喜慍之色。'"劉孝標注引《康別傳》曰："（嵇）康性含垢藏瑕，愛惡不爭於懷，喜怒不寄於顏。所知王濬沖在襄城，面數百，未嘗見其疾聲朱顏。"嵇康自己也說"性不傷物"（《幽憤詩》）。《晉書·嵇康傳》亦稱："（嵇康）恬靜寡慾，含垢匿瑕，寬簡有大量。"

所以，之後嵇康自稱"剛腸疾惡，輕肆直言，遇事便發"（《與山巨源絕交書》），實在是被險惡的社會環境所迫，是說給司馬氏政治集團聽的，脾氣是向著敵對勢力發的。所謂"不涉經學"（《與山巨源絕交書》），是為了拒絕山濤邀其做司馬氏政治集團的官而說的掩飾的話。

生長在崇尚禮教（盡管是虛偽）的魏晉社會，是不可能"不涉經學"的。既然涉及經學，那便不可能不學儒家立德、立功、立言之聖教。所以，生活在這個大環境下的嵇康是不可能"不涉經學"，也不可能不想做官立功的。只是不屑做敵對勢力的官員罷了。如果是被本政治集團（曹魏政治集團）邀請做官，嵇康未必會拒絕。因為嵇康畢竟是曹氏皇室的女婿。舉家遷往曹氏宗室聚集地河內郡之山陽縣本身就能說明些問題。成為皇室外戚的嵇康遷中郎、拜中散大夫，不就是曹魏的官員嗎？盡管是些虛銜。

而嵇康的心態和性格之所以由平和、包容轉向激憤、尖銳，實在是社會政治環境的巨變和殘酷的政治鬥爭所造成的。嵇康在文章中經常會講到環境對人的影響："頸處險而瘦，齒居晉而黃"（處險則頸瘦，居晉則齒黃）（《養生論》），"穰歲多病，飢年少疾"（《答難養生論》）。所以，環境對人的影響，就像"樹養不同（環境），則功收相懸"（《養生論》）。

這還只是一般環境對人的影響，如果是特殊的社會環境（殘酷的政治鬥爭）對人的影響那就更大了。所以，在嵇康的文字中常會留下這樣的字眼："投命之禍""不測之機""攻肌之慘、駭心之禍"（《釋私論》）等。這必將向嵇康的心態和性格變化投下強烈的催化劑。[1]所以，這殘酷的社會政治鬥爭，對嵇康來說，怎麼可能做到"泊然無感"（《養生論》）？尤其關係到自身政治利益的時候，又怎麼可能做到"愛憎不棲於情，憂喜不留於意"（《養生論》）？

在這種關係到自身政治利益的鬥爭中，沒有人能夠"不問天下事，只讀老莊書"，更不可能像莊周那樣"呼馬即馬，呼牛即牛"。所以，嵇康所說的"老莊吾之師"也只僅僅停在書面，留存虛名而已。

正始十年，也即嘉平元年（249）的高平陵政變，在嵇康原本平和的心態與性格上激起了強烈的震蕩。是"年春正月甲午，天子謁高平陵，（曹）爽兄弟皆從。是日，太白襲月"（《晉書·宣帝紀》），司馬懿矯太后之詔，廢曹爽兄弟。罪名是"背棄顧命，敗亂國典，內則僭擬，外專威權；破壞諸營，盡據禁兵；群官要職，皆置所親……看察至尊，候伺神器，離間二宮，傷害骨肉。天下洶洶，人懷危懼……"（《三國志·魏書·曹爽傳》）。司馬懿後又以曹爽與何晏等陰謀反逆，誅殺曹爽兄弟、何晏、鄧颺、丁謐、畢軌、李勝、桓范、張

---

[1] 還可參閱筆者拙文《嵇康鍛鐵、服藥及其關係》一文，載於《復旦學報》1987年第2期。

當等人，並夷三族。

其中，同屬曹家女婿的何晏的被害，在嵇康内心留下的傷痕是深刻的。"同命相憐"的感覺使嵇康說出這樣的話："戮撻所施，必加有罪。"（《管蔡論》）這有點"欲加之罪，何患無辭"的味道，爲何晏他們鳴冤叫屈。

然而，嵇康盡管說出上述這樣的話語，但是他可能還是像諸如陳泰、蔣濟、許允這些曹魏老臣那樣，只希望除掉曹爽等人，而不想動搖曹魏政權的根本，即不希望曹魏嬗代的事情發生（即只希望修剪枝葉而不去動搖樹根）。所以，此時名義上的曹魏政權（實質上司馬氏執政）如果邀請嵇康做官，來維護名義上的曹魏政權，嵇康未必會拒絕。因爲嵇康曾做這樣的底線設計："欲官不識君位，思室不擬親戚。"（《答難養生論》）即既使做官，只爲勤勤懇懇、踏踏實實，決不敢覬覦君位，而是做這政治機器上的可靠的螺絲釘，就像思念女色却並不願淫污親戚。此時的嵇康應該是多麼希望司馬氏也像自己那樣"兼融"所有，"包容"一切啊。然而實際情況却徹底擊碎了嵇康的幻想。

嘉平三年（251），揚州刺史王凌在淮南起兵反抗司馬氏。司馬懿逼死王凌，誅楚王曹彪，並收其餘黨，夷三族，暴尸三日。王凌之子王廣也在這場鬥爭中喪生。顯然，司馬氏是要斬草除根！嘉平六年（254），司馬師殺李豐及夏侯玄，夷三族。後又以荒淫不孝罪廢黜皇帝曹芳。至此，才性之辯中的李豐、王廣都在政治鬥爭中消亡。這一係列的殺戮，使嵇康感覺到手執利器的司馬氏集團正步步緊逼，向他靠近。嵇康的心情陡然緊張："詳觀凌世務，屯險多憂虞……夷路值枳棘，安步將焉如？"（《答二郭三首》其三）隨之而來的便是内心的驚恐："坎壈趣世教，常恐嬰綱羅"（《答二郭三首》其二），"雲網塞四區，高羅正參差"（《兄秀才公穆入軍贈詩十九首》其一）。

與此同時，嵇康做了一係列的思想準備和反思。尤其是在兩大敵對勢力、雙方力量彼此消漲的過程中，如何做人？嵇康做了思索："吾寧發憤陳誠，讜言帝庭，不屈王公乎？將卑懦委隨，承旨倚靡，爲面從乎？寧愷悌弘覆，施而不德乎？將進趣世利，苟容偷合乎？寧隱居行義，推至誠乎？將崇飾矯誣，養虛名乎？寧斥逐兇佞，守正不傾，明否臧乎？將傲倪滑稽，挾智任術，爲智囊乎？寧與王喬、赤松爲侶乎？"（《卜疑》）

然而此時的魏晉社會，由於政治鬥爭的需要，軍事上往往"奇謀潛構""運智御世"（《答難養生論》），從而導致社會到處是"智巧滋繁，人情萬端"（《卜疑》）。人已不可能機心不存、泊然淳樸了。社會也不可能出現"行私者無所冀""立公者無所忌"（《釋私論》）的情形了。人再也不可能"不察於有慶而後行"，"不論於是而後爲"（《釋私論》）。所以，嵇康之前的反思因上述社會情形的出現而瞬間失去意義。

正元二年（255）正月，與夏侯玄、李豐等友善的鎮東將軍毋丘儉與揚州刺史文欽起兵于淮南。聞訊後的嵇康不再徘徊。他放棄了幻想與猶豫，準備參與鬥爭。《三國志·魏書·王粲傳》附《嵇康傳》裴松之注引《世語》："毋丘儉反，（嵇）康有力，且欲起兵應之。"嵇康要爲本集團的利益（也即自身利益）抗爭一下、熱血一把。可惜，還没等嵇康起兵，司馬師已率兵將毋丘儉等鎮壓了。毋丘儉被殺，文欽敗走東吳。嵇康此時的悲憤與無奈是可以想象的。

甘露二年（257），鎮東大將軍諸葛誕起兵淮南壽春。取代司馬師的司馬昭挾持皇帝、皇太后討伐諸葛誕，於次年四月殺諸葛誕，並夷三族。至此，曹魏政治勢力被徹底擊垮（淮南三叛均被司馬氏集團平定：司馬懿逼死王淩，司馬師殺毌丘儉，司馬昭誅諸葛誕）。軍政大權、進退百官，均在司馬昭的掌控之中。曹魏皇帝已如同行屍走肉。甘露五年（260）已被徹底架空的皇帝曹髦見"威權日去，不勝其忿，乃召侍中王沈、尚書王經、散騎常侍王業，謂曰：'司馬昭之心，路人所知也。吾不能坐受廢辱，今日當與卿等自出討之。'"（《三國志·魏書·三少帝紀》裴松之注引《漢晉春秋》）然後，"帥童僕數百，鼓譟而出"，前往攻打司馬昭。而司馬昭的心腹賈充的部下成濟，竟揮戈直刺曹髦，洞穿胸膛而"刃出於背"。曹髦被殺，死於非命。這種力量對比懸殊下的曹髦反撲而被弑，在嵇康看來是："輕丸斃翔禽，纖綸出鱣鮪。"（《酒會詩》其一）

嵇康眼睜睜地看著本利益集團的人被司馬氏集團一一削割。這如同是在削割他自己的心頭肉，其痛苦、無奈和悲憤不言而喻。此時的嵇康是絕望的。然而，在絕望之餘，嵇康尋思：既然不能在反抗司馬氏集團中起兵出力（如慾興兵助毌丘儉），那麼出聲總是可以的吧。嵇康決不做"縮頭烏龜"，他要批判敵對勢力，要爲本集團的利益發聲和吶喊。

既然要爲本集團的利益發聲吶喊，那麼"顯情"（發聲吶喊）就是"公"，"匿情"（不吱聲）就是"私"。所以，在嵇康看來，此時（兩大敵對勢力鬥爭之際）的"公私"問題遠比"是非"和"善惡"問題（因爲不同的利益集團有各自的"是非觀"和"善惡觀"）來得重要。"私以不言爲名，公以盡言爲稱"（《釋私論》）。那些在高壓手段之下的"匿情矜吝"，實質上是"助紂爲虐"，是"小人之至惡"。而像嵇康自己那樣"虛心無措"的"淑亮者"，才是"君子之篤行"。只有"心無措於是非"，"心不存於矜尚，情不係於所慾"，才能達到"物情順通"（天道）、"越名教而任自然"的"公"的境界（《釋私論》）。

嵇康既然要爲本集團的利益發聲吶喊，那麼便隨時準備着付出代價，哪怕是獻身："吾將無我"——"及吾無身，吾又何患"（《釋私論》）。嵇康要"豁出去"了。所以，他對自己的膽量做了考察。在嵇康看來，"明膽"盡管異氣，但可以"自足相經"，"故能濟事"（《明膽論》）。在這非常時期，只有做到"至明能無所惑，至膽能無所懾"（《明膽論》），才能有"豁出去"的底氣。所以，對於司隸校尉鍾會的造訪，他"揚槌不輟，傍若無人，移時不交一言"（《世說新語·簡傲》）；對於司馬昭的征辟，他"既有絕世之言，又從子不善，避之河東，或云避世"（《三國志·魏書·王粲傳》注引《魏氏春秋》）；對於散騎侍郎山濤的舉薦（爲吏部郎），他索性奮筆寫了《與山巨源絕交書》，述說了做官的"九患"。可見，嵇康要像管寧割席一樣，與敵對勢力劃清界限。

有了這一系列思想態度的轉變和行爲準備，嵇康的性格日趨激憤。他要像烈馬那樣翹尾蹦跳，顛翻枷鎖，不受羈勒，逆風馳騁而超軼絕塵（"長而見羈，則狂顧頓纓，赴蹈湯火……愈思長林而志在豐草"——《與山巨源絕交書》）。嵇康激烈地批判起敵對勢力及醜惡社會現象：

下逮德衰，大道沉淪。智慧日用，漸私其親。懼物乖離，攘臂立仁。利巧愈競，繁禮屢陳。刑教争施，天性喪真。季世陵遲，繼體承資。憑尊恃勢，不友不師。宰割天下，以奉其私。故君位益侈，臣路生心。竭智謀國，不容灰沈……若乃驕盈肆志，阻兵擅權。矜威縱虐，禍崇丘山。刑本懲暴，今以脅賢。昔爲天下，今爲一身……喪亂弘多，國乃隕顛……（《太師箴》）

這個社會"勸百姓以尊己，割天下以自私"（《答難養生論》）。然而嵇康的理想社會却應該是："聖人不得已而臨天下，以萬物爲心，在宥群生，由身以道，與天下同於自得。"（《答難養生論》）所以，嵇康進一步否定了整個社會的文化基礎，以及統治者手裏的"法寶"：

以明堂爲丙舍，以誦諷爲鬼語，以六經爲蕪穢，以仁義爲臭腐；觀文籍則目瞧，修揖讓則變傴，襲章服則轉筋，譚禮典則齒齲。於是兼而棄之，與萬物爲更始。（《難自然好學論》）

至此，作爲曹家皇室女婿的嵇康則必死無疑了。元帝景元三年（262），司馬昭藉口"吕安事件"，殺害嵇康。[1] 嵇康悲壯的一生畫上了句號。

激烈的社會政治鬥争並没有"兼融"下嵇康。嵇康的"兼融"只是一厢情願。由此看來，無論是"兼融"，還是被"兼融"，都是需要條件的。它（"兼融"）大概也是需要和諧的社會作爲基礎的。

嵇康没有被社會"兼融"下來，然而他留下的文字却被"兼融"了下來，即我們現在看到的《嵇康集》。

四

我們現在看到的《嵇康集》，實際上在西晉已經有了。《三國志·魏書·邴原傳》注引荀綽《冀州記》中説到：

鉅鹿張貔，字邵虎。祖父泰，字伯陽，有名於魏。父邈，字叔遼，遼東太守，著名《自然好學論》，在《嵇康集》。

今《嵇康集》有張叔遼《自然好學論》及嵇康《難自然好學論》。可見荀綽所言不虛。

荀綽爲西晉秘書監荀勖之孫。《晉書·荀勖傳》説到："（荀）綽字彦舒，博學有才能，撰《晉後書》十五篇，傳於世。永嘉末，爲司空從事中郎，没於石勒，爲勒參軍。"而羯人

---

[1] 嵇康被害次年，阮籍便代鄭沖執筆，擬相國晉公勸進之文。向秀也被時局所迫而入洛。此外，許多原本持觀望態度者亦因大局已定，而投入司馬氏集團的懷抱。此後，曹魏政權便過渡到司馬晉政權。

石勒於西晉永嘉年間（307—313），攻城略地，俘獲甚衆，並於公元 319 年稱趙王，建立後趙政權，隨後開始"建社稷，立宗廟"，在冀州集衣冠人物爲"君子營"，重用漢族有才幹之士。而荀綽既"没於石勒，爲勒參軍"，居留冀州而撰《冀州記》，那麽其中提到的《嵇康集》必定已在此前編成。

而最有可能編成《嵇康集》的時間當在西晉太康年間。鐘嶸在《詩品序》中説到：

　　　　太康中，三張、二陸、兩潘、一左，勃而復興，踵武前王，風流未沫，亦文章之中興也。

《嵇康集》大概也隨"中興"而編成。

西晉後期中原大亂，宗藩多絶，王室淪覆，導致晉室東渡——"五馬浮渡江，一馬化爲龍"（瑯琊、汝南、西陽、南頓、彭城五王同至江東，最終瑯琊王司馬睿嗣統登上帝位——元帝）。而同爲瑯琊王氏的王導是元帝的擁立者。"王（導）丞相過江，止（只）道《聲無哀樂》（嵇康著）、《養生》（嵇康著）、《言盡意》（歐陽建著），三理而已"（《世説新語·文學》）。可見，嵇康的文章對王導等名士的影響不容小視。難怪東晉秘書監孫盛（約 310—380）在其《魏氏春秋》中説："（嵇）康所著文論六七萬言，皆爲世所玩咏。"（《三國志·魏書·王粲傳》注引《魏氏春秋》）這裏，孫盛不僅指出了嵇康文章的影響力，同時也指出了《嵇康集》的體量：六七萬言。

體量六七萬言的《嵇康集》在南朝蕭梁時期被分爲十五卷，録一卷。著録於《隋書·經籍志》。魏徵（580—643）撰《經籍志》時，南朝梁代的國家藏書應該早已不復存在。但根據《元徽元年四部書目録》《七志》《梁天監六年四部目録》《梁東宮四部目録》《文德殿四部目録》《七録》等梁代公私逯録，《隋書·經籍志》所説"《嵇康集》梁十五卷，録一卷"，應該是可信的。

經過歷史的更迭和社會的動亂，《嵇康集》的編訂情況在隋朝有了變化。《隋書·經籍志》在"集部""別集類"明確著録"魏中散大夫《嵇康集》十三卷"。同時於"經部""春秋類"著録"《春秋左氏傳音》三卷，魏中散大夫嵇康撰"；"史部""雜傳類"著録《聖賢高士傳讚》三卷，嵇康撰、周續之注"。

到唐朝，《舊唐書·經籍志》和《新唐書·藝文志》都著録"《嵇康集》十五卷"。對於隋唐兩朝所録《嵇康集》卷數不同的説法，魯迅先生認爲："《嵇康集》在梁有十五卷，録一卷，至隋佚失二卷。唐世復出而失其録。"（《嵇康集序》）姚振中則做這樣的解釋："案此十五卷，或並《左傳音》《聖賢高士傳》《稽荀録》及他家贈答詩文，合爲一編者。"（《隋書經籍志考證》）

同時，《舊唐書·經籍志》"春秋類"著録《春秋左氏傳音》八種。前七種有主名（無嵇康），第八種"又十二卷"，無主名，當是多人著作，可能包含嵇康的三卷。"雜傳類"著録"《高士傳》三卷，嵇康撰；《上古以來聖賢高士傳讚》三卷，周續之撰"。《新唐書·藝文志》"雜傳類"著録"嵇康《聖賢高士傳》八卷；周續之《上古以來聖賢高士傳讚》三卷"。

唐末五代,《嵇康集》的編訂進一步變化。至宋,王堯臣等於宋仁宗年間編著的《崇文總目》里,《嵇康集》被著録成十卷。此後,《郡齋讀書志》《直齋書録解題》《宋史·藝文志》等也都著録有"《嵇康集》十卷"。此外,南宋王楙在他的筆記——《野客叢書》中對《嵇康集》的卷數作了這樣的說明:

> (嵇)康喜談理,善屬文。撰《高士傳贊》。作《太師箴》《聲無哀樂論》。僕得毗陵賀方回家所藏繕寫《嵇康集》十卷。有詩六十八首……《集》又有《宅無吉凶攝生論》難上、中、下三篇,《難張叔遼自然好學論》一首,《管蔡論》《釋私論》《明膽論》等文。其詞旨玄遠,率根於理,讀之可想見當時之風致。《崇文總目》謂《嵇康集》十卷,正此本爾。唐《藝文志》謂《嵇康集》十五卷,不知五卷謂何?

這種謂《嵇康集》十卷的說法,大概一直持續到元代(見馬端臨《文獻統考·經籍考》)。

伴隨著《嵇康集》卷數的變化,《嵇康集》的名稱也多有變化。有稱《嵇康集》的,有稱《嵇叔夜集》的,有稱《嵇中散集》的,有稱《中散大夫嵇康集》的,有稱《嵇康文集》的,還有稱《嵇中散文集》的。此外,《三國志·魏書·王粲傳》附《嵇康集》注引有《康集目録》,《世說新語·德行》第十六條劉孝標注引有《康集敘》,《世說新語·棲逸》第二條劉孝標注引有《康集序》,《文選·卷四十三》嵇康《與山巨源絕交書》李善注引有《嵇康文集録》注等。

以上,《嵇康集》的卷數和名稱,以及版本的變化,都說明《嵇康集》在明代以前的流傳並沒有確定和統一的標準。

直到明代,才有了我們今天看到的,相對確定的兩個版本的《嵇康集》:明成化、弘治年間長洲藏書家吳寬(字原博,號匏庵,1435—1504)的叢書堂鈔本《嵇康集》十卷(書末有顧廣圻、張燕昌、黃丕烈跋),和明嘉靖四年(1525)黃省曾(字勉之,1490—1540)南星精舍刻本《嵇中散集》十卷(書前有黃省曾自序,末署嘉靖乙酉——1525)。

這兩種本子應該都源於宋本。因爲南宋王楙在《野客叢書》卷八中曾說:"得毗陵賀方回家所藏繕寫《嵇康集》十卷……《崇文總目》謂《嵇康集》十卷,正此本爾。"所以,魯迅先生在《嵇康集序》中說:"知二本根源實同。"

但盡管鈔本和刻本的卷數相同(《嵇康集》十卷),二者所收録的詩作數量却不盡同。所以,十卷本的《嵇康集》在宋明之前很可能存在不同的本子。

早於黃刻本的吳鈔本出現後,被多人(或多次)校改。用魯迅先生的話來說是"一用墨筆""二以朱校"(《嵇康集序》)。然而,鈔本的鈔者爲誰?校者又爲誰?[1]已無法考定。校者是一人,還是二人?抑或是一人多次校改?也都無法知道。但校改後的鈔本《嵇康集》

---

[1]用朱筆校鈔本者中有吳志忠(字有堂,號妙道人),大概是可以確定的。道光二十七年(1847)烏程程慶餘《嵇康集校跋》記載:"吳君志忠已據鈔宋原本校正,今硃筆改者是也。"

的文字更接近刻本是顯而易見的。不僅如此，校者經常會在鈔本上批注“刻本”如何如何。所以，可以推測，校者以刻本校改了鈔本，並且，校者很有可能晚於嘉靖四年（1525）黃省曾刻本，並看到過黃刻本。如果不晚於黃省曾刻本的話，也只能說明校者依據了一本與黃省曾刻本相同的本子。但是這個本子又在哪里？只能存疑了。

隨著吳鈔本和黃刻本，以及吳鈔本校改文字的面世，後人在閱讀《嵇康集》（或《嵇中散集》）時也必然會對二者有不同的看法。在明代，黃刻本似乎更受歡迎。坊間出現了不少以黃刻本爲底本的刻本，如：明萬曆中新安程榮校刻本《嵇中散集》十卷；明萬曆、天啟年間新安汪士賢校刻本《嵇中散集》十卷，後收入《漢魏諸名家集》；明張燮校刻本《嵇中散集》六卷，收入《七十二家集》（魯迅認爲“張燮本更變亂次第”）；明婁東張溥校刻本《嵇中散集》（不分卷），後收入《漢魏六朝百三名家集》；等等。

直到清代，陸心源《皕宋樓藏書志》稱：時“所通行者，惟明刻二本，一爲黃省曾校刊本，一爲張溥《百三家集》本”。此外，清代還出現了以黃省曾刻本爲底本的另外兩種《嵇康集》校刻本：一是，收录《乾坤正氣集》中的《嵇康集》（姚瑩、顧沅、潘錫恩編）；二是，收录《漢魏六朝名家集初刻》中的《嵇叔夜集》（丁福保編）。不僅如此，黃省曾刻本還被收录《四庫全書》，以及《四部叢刊》和《四部備要》中。

然而，在清代藏書家那裏卻往往是肯定吳鈔本（或鈔本原鈔）而貶抑黃刻本（或鈔本校改文字）。如黃丕烈在《吳寬叢書堂鈔本跋》中說：“此《嵇康集》十卷，爲叢書堂鈔本，且匏庵手自讎校，尤足寶貴。”此外，魯迅先生也持這樣的看法。他在一九三五年九月二十日致臺靜農的信中說：“此書（《嵇康集》鈔本）佳處，在舊鈔（原鈔），舊校却劣，往往據刻本（《嵇中散集》）抹殺舊鈔，而不知刻本實誤。”

受清代藏書家青睞的吳鈔本，最早藏於吳縣浙籍人士汪伯子（念貽）家中。黃丕烈跋云：“知其人（汪伯子）乃浙籍而寄居吳門者，家饒富，喜收藏骨董……是書（《嵇康集》）之出於其家固宜。後人式微，物多散佚。”乾隆戊子（1768）冬日，《嵇康集》鈔本歸張燕昌（芑堂）收藏。後鈔本又藏於鮑廷博（淥飲）的“知不足齋”。然而不久，鮑廷博因“年老患病，思以去書爲買參之資”（黃丕烈《嵇中散集跋》）。於是嘉慶丙寅年（1806），鈔本“時隔三十九年，又歸故土”，而轉歸黃丕烈（蕘圃）收藏。此後，鈔本再從黃丕烈處轉於王雨樓珍藏。道光十五年（1835）十一月初九日吳縣吳志忠《嵇中散集校跋》記載：“余向年知王雨樓表兄家藏《嵇中散集》，乃叢書堂校宋鈔本，爲藏書家所珍秘，從士禮居轉歸雨樓。今乙未冬，向雨樓索觀，並出副錄本見示。”其副本後歸陸心源皕宋樓收藏；[1] 而正本則歸學部圖書館收藏，民國初歸京師圖書館（繆荃孫《清學部圖書館善本書目》）。

現代以來，又出現了兩種《嵇康集》的本子：以叢書堂鈔本爲底本的魯迅輯校本《嵇康集》，和以黃省曾刻本爲底本的戴明揚的《嵇康集校注》。

---

[1] 對於叢書堂鈔本的“副本”，黃丕烈手中也有“用別本手校”的“副本”備閱，只是“於丁卯歲爲舊時西賓顧某借去，久假不歸，遂致案頭無副，殊爲可惜”（黃丕烈《嵇中散集跋》）。這些“副本”到底爲何種本子？不得而知。

魯迅先生於一九一二年開始，本着"排擯舊校，力存原文（保留吳鈔本原鈔）"的原則（魯迅《嵇康集序》），輯校吳寬叢書堂鈔本（參校的有黃省曾等諸家《嵇康集》刻本，及《三國志》注、《晋書》、《世說新語》注、《文選》注等）前後十餘遍，於一九二四年完成。1938 年 6 月由魯迅紀念委員會輯入《魯迅全集》第九卷排印出版。後於 1946 年 10 月再版（有部分排印錯誤）。1956 年 7 月，文學古籍刊行社爲了紀念魯迅先生逝世 20 週年，將魯迅先生手抄校稿本《嵇康集》影印出版。此影印本於 1981 年被新版《魯迅全集》第十卷收録。

魯迅先生的《嵇康集》可謂當今之善本。他不僅校勘了《嵇康集》，還爲之作了《序》《跋》，以及《嵇康集考》《逸文考》《著録考》等文，開啟了對《嵇康集》的版本與源流、卷數與名稱、目録與逸文等的考證和研究。可謂開啟了一門"嵇康學"。

魯迅先生之後，又有兩位學者對叢書堂《嵇康集》鈔本作了校勘。其一是葉渭清的《嵇康集校記》（連載於《國立北平圖書館館刊》第四卷第二號至第九卷第六號）。其校勘在釐正文字、疏通文意，特別是在疏解疑難字句方面作了很多工作，並發表了一些有價值的見解。其二是馬叔倫的《讀書續記》中的《校記》。作爲葉渭清的好友，馬叔倫在葉渭清所校的《嵇康集》的基礎上拾遺補缺。盡管校記不多，但其中時有高見呈現。

1962 年 7 月，人民文學出版社排印了戴明揚教授的遺著《嵇康集校注》十卷。《校注》以黃省曾刻本爲底本，以別本（包括吳寬叢書堂鈔本和明刻諸本，以及諸書引載者共計七十餘種）校之。戴明揚教授對《嵇康集》的校注，開始時間應不會晚於二十世紀三十年代中，何時成書尚無明確記載。[1] 一分耕耘，一分收穫。花費多年心血博覽群書而完成的《嵇康集校注》非常有特點。其書在校勘上，不僅吸收了叢書堂鈔本、魯迅輯校本，以及葉渭清、馬叔倫等人的校勘成果，還力補其闕，匡正其誤。在注釋上，盡管借鑒了一些舊注，但大部分注釋都是開拓性的，使《嵇康集校注》成爲第一本通注《嵇康集》的本子。此外，該書還系統地輯録和整理了嵇康的生平史料，以及歷代諸家對嵇康的評論，都具有較高的參考價值，爲我們後人進一步研究嵇康提供了方便。

當《嵇康再認識》一文殺青之時，又有一部《嵇康集詳校詳注》面世（張亞新撰）。看來，"嵇康學"在繼續，嵇康的再認識也將進一步深入。

（作者簡介：劉康德，復旦大學哲學學院教授；邱彥超，復旦大學圖書館館員。）

---

[1] 魯迅先生在一九三五年九月二十日致臺靜農的信中已提到此書。又鑒於戴明揚教授病逝於一九五三年，所以，《嵇康集校注》可能成書於二十世紀四十年代後期。

略說蘇軾書牘、雜記及題跋之作的文學美感

熊禮匯

摘要：本文略說蘇軾書牘、雜記及題跋之作的文學美感。首言書牘的文學美感及其表現手法。說書牘，分上書、與書、答書、謝書四類而言。上書往往借說理自占地步；謝書常從大處遠處說來，看似自占地步，實爲找到燭照其事、盡顯其美的角度，以馳騁筆墨；與書則稱心而言者多；答書多針對來書所言下筆，或言他事他理，總離不開來書内容的引發。次說雜記，主要從其破體作法及其抒懷言之的美感特質着眼。破體或謂變體，表現爲以論爲記、以箴爲記、以辨爲記、以哀祭文爲記、以詩爲記、以賦爲記。其美感特質，則出自蘇子之人生感受、生存智慧、性情氣質及其特有的人文精神和廣博深厚的知識積累。最後說題跋的文化價值和文學美感。說題跋的文化價值，主要用蘇子原作展現其所記時人文化活動、蘇子個人文化活動的具體内容和行文特點。說題跋的美感特徵，則歸納爲識見美、人性人情美和蘇子幽默風趣的性格美三類。此外，還說到語言有味或謂意味深長也是題跋的美感特徵之一，說到觀察題跋的文學美，要注意文中飄逸情致和現實生活氛圍的統一。特別指出：此類題跋的出現，說明經過蘇軾等人的努力，古人所明之道，其内涵正在擴充，該文類與作者現實人生的距離正在大幅度地縮短，在古文内部已經出現一種以表現個人日常生活内容爲主、具有張揚自我的藝術精神和寫實風格，以及寫法不拘格套、篇幅短小、語言活潑有味的"小文"文類。從這個角度看，蘇子文中有我，真實表現個人日常生活内容（包括感受）的題跋，在古文發展史上的地位，確實不可低估。

關鍵詞：蘇軾；書牘；雜記；題跋；文學美感；破體；小文

蘇軾無疑是唐宋時期著名的古文家。但自從明人說蘇文有"小文小說""高文大策"之別以後，人們多將其文分爲古文（概指所謂"高文大策"）和小品（指所謂"小文小說"）兩類，似乎兩者有天壤之別。實則蘇文中的"高文大策"和"小文小說"具有大體相同的藝術精神，只是藝術風貌略有不同（主要表現在篇幅的大小和修辭手法、語言風格的差異上）。蘇軾小品文的出現，應被視爲其對古文發展的一大貢獻。

凡大家古文，皆有獨特的神理、風韵、氣味，和個性化的文學美感，蘇文亦不例外。"高文"如《潮州韓文公廟碑》，人皆見序文之識見美、氣勢美、言詞美及銘文之詩意美，所謂"此文庸手必鋪敘昌黎在潮政績，致潮人思慕立廟報功，此常調也。文掃去一切，見得昌黎生於道喪文弊之後，以匹夫挽回數百年氣運，其關係於世道甚大，自應享千秋俎豆

之報，命意甚高"。[1]殊不知此文序言踔厲，不掩氣焰光彩；歌詞奇麗悲壯，峭刻有如韓詩，還深含作者"借酒杯澆塊磊"的抒情意味。[2]再如《方山子傳》，人皆知其爲活人作傳，故別於尋常傳體，通篇不提傳主世系與生平，但何其着眼於方山子的由俠而隱，且步步俱用虛筆，煙波生色，以寫人物爲俠爲隱之風神；强調其"稍壯，折節讀書，欲以此馳騁當世，然終不遇"，和特記二人岐亭相遇互問之"何爲而在此"，所蘊含的悲慨意緒，却知之者少。惟林紓云："通篇眼目在'欲以此馳騁當世，然終不遇'二語，東坡亦正欲馳騁當世，竟謫黃州，正自悲其不遇耳。宋時小人好摭人短，東坡不敢發其牢騷，故借方山子以抒其意。'何爲在此'，似疑其不應謫也；'所以至此'，似隱示以無罪見謫也；'不答而笑'，則嘲諷之意寓其中，譏其不遇時而尚馳騁，故不能不蹶其霜蹄。"[3]林氏所言，未必句句深契蘇子之心，但他說傳中隱含作者身世之感，因而富有文學意味，却是深具審美眼光的。又如小品《贈別王文甫》中寫蘇軾在黃州送文甫弟子辯過江："僕送之江上，微風細雨，葉舟橫江而去。僕登夏隩尾高丘以望之，仿佛見舟及武昌，乃還。"寥寥數語，蘇子江上送別鄉親，遙望、久望行舟之形象，戀戀不捨之神情，皆躍然紙上。抒情意味之濃，不在李白別詩《送孟浩然之廣陵》之下。可見，蘇軾古文，衆妙兼具。無論"高文"還是"小文"，總有個自己在內，符合文學本是人學的特點，而優秀之作無不具有引人入勝的文學美感。由於"高文""小文"體制有別，功用有異，內容不一，蘇軾創造文學美感的方法也是多種多樣。此文即略說書牘、雜記及題跋之作的文學美感，及其相關的創作方法，以見蘇文之一妙。

一、書牘的文學美感及其表現手法

蘇軾書牘之作甚多。孔凡禮校點之《蘇軾文集》，將篇幅較長、話題較爲重要者列入"書"類，將篇幅較短或篇幅不短而話題囿於個人生活內容者列入"尺牘"類。若按受書對象或致書目的分類，則可分爲上書、與書、謝書、答書四種。在諸多文體中，書牘當爲最應、最易坦露作者胸懷的文體，其文學美亦緣此而生。蘇軾無論何種書牘，都有心口如一、不失本色、主體性强的特點。只是表現手法靈活多變，行文亦如風行水上，文理隨生隨滅。

蘇子題名上書者多，有的本爲奏議，如《上神宗皇帝書》《再上皇帝書》等；有的論政言事，上呈執政大臣，如《應制舉上兩制書》《上韓魏公論場務書》《上文侍中論榷鹽書》《揚州上呂相公論稅務書》等；有的向高官名士表達干謁、進見、交遊願望，如《上富丞相書》《上曾丞相書》《上韓太尉書》《上王兵部書》《上梅直講書》《上劉侍讀書》等。三類上書，論

---

[1]蔡鑄《古文評注補正》卷九。林雲銘《古文析義》卷六亦謂："如此立意，則韓公爲天下萬世之韓公矣。"

[2]儲者欣謂"'不能安其身於朝廷之上'，公自道耳……此碑終是借酒杯澆塊磊，未爲確論也"(《唐宋十大家全集錄·東坡先生全集錄》卷五)。

[3]林紓《選評〈古文辭類纂〉》卷七。

内容之私密性，當以第三類最强。由於作書者與受書者身份、地位懸殊，和致書干謁、進見的有求於人，行文措詞之難亦以此類爲最。也正因爲出語困難，作者才有可能在争取話語主動權的過程中，致力於表達藝術的創新，使得此類上書文學個性突出，風格顯然。故唐宋古文大家皆精於此類上書之作，而文風各異。茅坤即云："若韓昌黎所投執政書，其言多悲慨；歐公所投執政書，其言多婉曲；蘇氏父子投執政書，其言多曠達而激昂，較之子固（多'紆徐曲折之言'），醒人眼目，特倍精爽。"[1]

蘇子上書以求干謁、進說，修辭策略與韓、歐同，就是自持甚高，或謂自占地步，巧妙營造平等對話或暢所欲言的平臺。只是蘇子作文好發議論，且善於乘氣馳騁作論，故其自占地步，多借說理完成。而所說之理，必與作者、受書者爲人或爲政或爲學或爲文密切相關，有利於提供理由，以增强作者干謁、進說的合理性。

蘇子應制舉時，所作《上富丞相書》《上曾丞相書》，都是通過說理自占地步，博得主動馳騁其說的話語權，顯出作者年輕氣盛、說大人而意氣昂揚的形象美，和善於言說表現出的藝術美。前者即從古代"戰國""危國"乘"間（間隙、空子）"而入的進說之道說起，繼而說今世士人"欲進說於明公之前"，却無"間"可入，極言詳言富公功德才學之高，以見其得天之"全"。然後遍引古今聖賢所爲，規勸富公"居全"求"偏"。既用"夫子居其全，而收天下之偏，是以若此巍巍也"加以勉勵，又用范公"取人"之"長""自爲"之"短"提供借鑒，最後才說到自家獻文進說之事。顯然，作者在書中無所忌諱地規勸富公，是基於他對富公得天之"全"的頌揚，而頌揚自然得體，又得益於對古代"戰國""危國"進說之道的議論。反過來說，有此議論，才引出了對富公的頌揚和規勸，才有了行文的酣暢淋漓和恣肆蕩漾之美，也才顯出了作者的"頌而不諂，援而不卑"（茅坤語）。

《上曾丞相書》，也是借說理自占地步，爲進說之合理性增强說服力。有意思的是，所說之理正是對韓愈當年投執政者書自占地步之理（即此書所謂"王公大人""貧賤之士""相需之急，不啻若左右手"）的否定。謂士人干謁、求進，不應"用是說"而當出於誠。因爲"扣之者急則應之者疑，其辭誇則其實必有所不副"。故"凡皇皇汲汲者，舉非吾事也"，更何況"明公之風"出類拔萃，"度量宏遠"，"尤不可以誇辭而急扣者也"。接着作者即大談其十五年來體會到的爲學之"難"，及其獨立觀察、思考，務求自得於心的治學方法和原則。此爲自我介紹，也是以誠相告。而强調"以此自信，而亦以此自知其不悅於世。故其言語文章，未嘗輕至於公相之門"，則意在表明他的"敢獻其文凡十篇"，是出於真誠之心和慎之又慎的態度。總之，此書論干謁之道，頌揚曾公，自我介紹，"敢獻其文"，皆不離"誠"，"誠"誠爲作者進說所持自占地步之理的關鍵字，而行文却未用一個"誠"字。蘇子以詞達意之妙，於此可見一斑。此文具有的文學美感，除了立論"駁落"韓說所形成的見識美以外，[2]蘇子自道爲學特點及以誠待人的自信、自負心態，和出語的灑脱、自在，也給

---

[1]茅坤《唐宋八大家文鈔·南豐文鈔·上范資政書》評語。

[2]儲欣《唐宋十大家全集錄·東坡先生全集錄》卷八《上曾丞相書》評語："昌黎先生案，容易駁落耶？前半尤作者著意之筆。"

人以美感。而論理所用譬喻，所謂"鬻千金之璧者，不之於肆，而願觀者塞其門"，"坐於五達之衢，又呶呶焉自以爲希世之珍，過者不顧"，其對比之鮮明，比喻之形象，涵義之深刻，達意之明白、準確，亦在顯出蘇子說理用語的文學意味。

　　蘇子上書進說，通過自占地步，以把握話語的主動權，所持之理的要義往往集中在一關鍵字上，只是有的隱而不出（如《上曾丞相》之"誠"字），有的則反復出現。如《上劉侍讀書》，即以"天下之所少者，非才也，氣也"立論，而以"氣"爲關鍵字。不但以"才"形"氣"，還單寫一"氣"、合論"才氣"，反復論述"氣"的重要，實爲頌揚劉公"起於徒步之中……而列於士大夫之上，橫翔捷出，冠壓百吏，而爲之表"，及"奮臂而取兩制"，"抗顏高議，自以無前"張本。故下寫劉公功名過人處，幾爲一論述其才其氣的人物論，結論是天下人於其功名之盛無可非議，實乃"其氣固有以大服於天下矣"。而能暢所欲言地稱美劉公功名事業，自能顯出作者對他的瞭解和景仰之深，縮短彼此感情上的距離，活躍氣氛，大有利於陳述作者的"願望"。《上梅直講書》，實於梅公有謝恩之意，通篇寓意於說理之中，但說得雅而不俗、氣盛言宜，而以"樂"爲其關鍵字。書從周公富貴不如夫子貧賤之樂，說到從歐、梅"爲人，意其飄然脫去世俗之樂"，說到自己應試之文爲歐、梅所取，"有大賢焉而爲其徒"，種種富貴榮耀皆無以易此樂，說到梅公爲人爲文的"有樂乎斯道"，皆不離"樂"字。總題可謂作者"士遇知己之樂"，言此既能表露蘇子自負心態，又於梅公推尊之至，而人物性情顯露和話語技巧所蘊含的文學美亦應運而生。蘇子上書，也有說理言事而重在抬高自己身價的。《上王兵部書》前半大談"相馬之說"，而發揮說"士之賢不肖，見於顏面，而發洩於辭氣，卓然其有以存乎耳目之間。而必曰：久居而後察，則亦名相士者之過矣"。而說"執事（指王兵部）之賢"，亦少有遜辭，直言"庶幾乎一目之眄，或有以信（伸）其平生爾"；"恐他日以不見執事爲恨也，是以不敢不進"。似已超越自占地步以求平等對話，而有居高臨下之意。茅坤謂其"奇氣"，[1] 王文濡謂其"雄肆"，有戰國策士遊說之風，[2] 實乃其爲文乘氣馳騁議論使然。話說得痛快直白，雖能見出作者爲人率直的本色美，卻少了行文紆徐婉曲的藝術美和言外之味。

　　蘇子與書多稱心而言，不同於上書的刻意經營，這與作者作書的主動傳遞信息、傾訴心事、陳述意見，以及受書對象的身份特徵（平輩、晚輩等）有關。論其內容的獨特和文學意味之濃，當以謫居之作爲最。與書值得注意的內容大體有三。

　　一是對謫居地社會現實的關心和對地方政府施政的建議。蘇軾謫居期間，曾多次致書友人，表達他不說話（論政）、不作文的決心，以及即使作文也秘不示人的願望。但他在黃州，卻在《與朱鄂州書》中，詳言"岳鄂間田野小人，例只養二男一女，過此輒殺之。尤諱養女，以故民間少女多鰥夫"，希望鄂州長官朱某務必採取措施杜絕這一兇殘愚昧的陋俗，並告訴他具體的施政方法。又在惠州，作《與程正輔書》，向程某反映他調查所得的情

［1］茅坤《唐宋八大家文鈔》之《東坡文鈔》卷九《上王兵部書》評語。
［2］王文濡《評校音注古文辭類纂》卷三十《上劉兵部書》引劉大櫆評語。

況："本州諸軍，多闕營房，多二人共一間，極不聊生。其餘即散居市井間，賃屋而已。不惟費耗，軍人因此窘急作過。又本都無緣部轄，靡所不爲，公私之害，可勝言哉。"並建議官家組織駐軍自己動手，就地取材，修建瓦房，以除"此數十年積弊"。這正顯現出蘇軾無論地位尊卑、處境順逆，都不忘憂國憂民的本色，以及高明的政見、務實的才幹。

二是向友人和晚輩述說作文體會，尤其是對自己文風特徵和寫作經驗的介紹，顯得特別珍貴。像《答謝民師書》說對方"書教及詩賦雜文"，"大略如行雲流水，初無定質，但常行於所當行，常止於所不可不止。文理自然，姿態橫生"。又說"（孔子）又曰：'辭達而已矣。'夫言止於達意，即疑若不文，是大不然。求物之妙，如繫風捕影，能使是物了然於心者，蓋千萬人而不一遇也。而況能使了然於口與手者乎？是之謂辭達。辭至於能達，則文不可勝用矣"。說"歐陽文忠公言文章如精金美玉，市有定價，非人所能以口舌定貴賤也"，以及《與王庠書》說的"辭至於達，止矣，不可以有加矣"，皆爲蘇子論文的經典言論。難得的是作者出語灑脫、自然，有談話風，且說得有味。

三是真實表述謫居生活，顯出遷客蘇子身處逆境的"感悔"心態和他特有的豁達、開朗、幽默的性格。如其《與章子厚參政書》云："軾自得罪以來，不敢復與人事，雖骨肉至親，未肯有一字往來。""及在囹圄中，追悔無路，謂必死矣。""追思所犯，真无义理，與病狂之人蹈河入海者無異。方其病作，不自覺知……及至狂定之日，但有慚耳。""異時相識，但過相稱譽，以成吾過，一旦有患難，無復有相哀者。"皆爲其獲罪心態、謫居處境的真實寫照。而在黃州《與王元直書》云："僕頑鈍如此，其廢棄固宜。但猶有少望，或聖恩許歸田里，得歟段一僕與子衆丈楊宗文之流，往來瑞草橋，夜還何村，與君對坐莊門吃瓜子、炒豆，不知當復有此日否？"在惠州《與參寥子書》云："某到貶所半年，凡百粗遣，更不能細說，大略只似靈隱天竺和尚退院後，却住一個小村院子，折足鐺中，糙米飯便吃，便過一生也得。其餘，瘴癘病人，北方何嘗不病？是病皆死得人，何必瘴氣？但苦無醫藥。京師國醫手裏死漢尤多。參寥聞此一笑，當不復憂我也。"在儋耳《與程秀才書》云："此間食無肉，病無藥，居無室，出無友，冬無炭，夏無寒泉，然亦未易悉數，大率皆無耳。惟有一幸，無甚瘴也。近與小兒子結茅數椽居之，僅庇風雨……尚有此身，付與造物，聽其運轉，流行坎止，無不可者。"此類與書的文學意味，既蘊涵於所述生活場景中，更隱含在作者的敘說語氣和言其所言的情思涌動中。此外，與書或作通問之辭，或道一時之感；或有告人以理、言切而盡者（如《與李方叔書》謂"足下未甚有得於中而張其外者……猶冀足下積學不倦，落其華而成其實"），或有出言率易、語帶詼諧者（如《與王定國書》謂"寵示二詩，讀之聳然。醉翁有言，窮者後工，今公自將達而詩益工，何也？莫是作詩數篇以餉窮鬼耶？"又《與鮮於子駿書》謂"近却頗作小詞，雖無柳七郎風味，亦自是一家。呵呵！"），亦或有嚴詞峻語、拒人所言者（如《與葉進叔書》駁對方"謂僕不能把臂服膺以示無間"，有言"足下獨不亮乎？""足下聰明過人，無世事不通，獨不知物理之有參差者乎？"）。但以信筆而書，抽心而言爲其共性。

蘇子答書內容、寫法、文風皆同與書相近。各篇具體內容則主要圍繞對方來書所及之事而言。如《答張文潛縣丞書》，言及蘇轍"其文如其爲人，故汪洋淡泊，有一唱三歎之聲，而其秀傑之氣，終不可没”，言及“文字之衰，未有如今日者也，其源實出於王氏”云云，實因對方“惠示文編，三復感歎”。《答劉沔都曹書》，言及“蕭統集《文選》，世以爲工，以軾觀之，拙於文而陋於識者”云云，蓋因對方示以其所編録之蘇軾詩文二十卷。《答李琮書》，細說王天常所言邊事，蓋因李琮與書“問及”其事。而《答李昭玘書》有謂“軾所以得罪，正坐名過實耳。年大以來，平日所好惡憂畏皆衰矣，獨畏過實之名，如畏虎也”，蓋因“來書累幅，首尾句句皆所畏者”。《答李端叔書》，言及“得罪以來，深自閉塞，扁舟草履，放浪山水間，與漁樵雜處，往往爲醉人所推罵，輒自喜漸不爲人識”，亦因其所謂“軾每怪時人待軾過重，而足下又復稱說如此”。至於内容相近者，如《答黄魯直書》謂“凡人文字，當務使平和，至足之餘，溢爲怪奇，蓋出於不得已也”；《答虔倅、俞括書》說“物固有是理，患不知之，知之患不能達之於口與手。所謂文者，能達是而已”，持論即和《與謝民師書》同。而《答秦太虚書》和《與王定國書》，都說到在黄州“廩入既絶”，“每月朔便取四千五百錢，斷爲三十塊，掛屋梁上，平旦用畫叉挑取一塊，即藏去叉”事。而文風相近幾乎使人難以區别。不但像《答秦太虚書》的“瑣瑣散散，敘來自有佳致”，“無一毫裝點，純是真率”，及信筆而書，盡言直言，而意趣蕭疏、出語“如打鄉談”，同與書無二。就是像《答陳師仲主簿書》借“詩能窮人”命題開玩笑，說對方“其詩日已工，其窮殆未可量”，又進一步用食河豚“美則食之，何與我事”爲喻作爲戲言，以博對方“爲我一笑”一類 諧言謔語，在與書中亦在在有之。

　　謝書謝恩於人，須出語遜讓，態度恭敬，措詞之難，並不亞於上書。大凡傾訴感激之心，總要說得在理、中聽。“在理”是要標舉對方施恩的合理性和難能可貴，“中聽”是要說得得體，過分誇耀或言不由衷，都會顯得庸俗或虚僞。好的謝書，應該是互爲知音者心靈溝通的產物。蘇子作書謝恩，往往從大處遠處說來。看似如同上書自占地步，其實並非爲了搭建主動言說的平臺，而是要找到一個燭照其事、盡顯其美的角度。由於開局可觀，馳騁議論的空間很大，也帶來言說的自由、主動。名篇《謝歐陽内翰書》，實在唐宋古文發展的歷史背景下，從歐公“恭承王命，親執文柄”，“必得天下之奇士以塞明詔”的角度，敘說蘇子得以“擢在第二”的意義，和表達知遇之恩，即說得在理、中聽。而將歐公擢拔蘇子、不顧士人“群嘲而聚罵者動滿千百”，說得如此意義深遠、事關重大，蘇子承恩自然非比尋常，感恩亦爲應有之事。故行文從容自在，暢所欲言，以至文末謂“夫豈惟軾之幸，亦執事將有取一二焉”，顯出青年蘇子意氣昂揚的神態。《謝梅龍圖書》，謝梅堯臣閱卷擢取之恩，則從古今取人之不同說起，謂梅公“憂恤天下，慨然有復古之心，親較多士，存其大體……使士大夫皆得寬然以盡其心……君子以爲近古”。再說“軾長於草野，不學時文，詞語甚樸，無所藻飾”，而爲梅公所取。“意者執事欲抑浮剽之文，故寧取此以矯其弊。”也是從大處、遠處說來。言及梅公所爲之目的、意義，無形中將其感恩境界提升至個人得失層面之上，而行文自由度亦隨之大增。蘇子謝書，惟《謝張太保撰先人墓碣書》，直接就張公特將蘇洵《辨奸》載入其墓表事，表達謝意。言謝則主要圍繞張公一見《辨奸》“以爲與我意合”，及將其載入墓表，能使蘇洵作《辨奸》爲時人“信”和“信於後世”作論。核心觀點是若不信，則“使斯人（指王安石）用區區小數以欺天下，天下莫覺莫知，恐後世必

有秦無人之歎"。此言雖兼贊蘇、張的能"覺"、能"知",而重點在表彰其父。稱謝既直言
"恭覽涕泗,不知所云","流涕再拜而謝",又以"黃叔度淡然無作,郭林宗一言,至今以
爲顏子"譬喻張公所爲。黃、郭之喻自爲巧言,不單高抬張公,而於其先人亦是讚譽有加。
就行文看,也有高占地步的作用。

二、雜記古文的破體作法及其抒懷言志的美感特質

　　蘇軾生平不愛作行狀、墓碑文字,論者以爲其不擅敘記之作。其實蘇子今存敘記文
字極多,而且特點顯著。《蘇軾文集》第十一、十二卷即收"記"六十一篇,第七十二、
七十三卷收"雜記"二百零四篇,又第六十六、六十七、六十八、六十九、七十、七十一
卷題跋類收以記命名者六十一篇。統觀其文,可見幾點:一是所記對象衆多,不限於亭臺
樓閣,且所敘內容豐富,不限於人情人事、文化活動;二是所用記體正體者少,變體者多;
三是寫法由敘事爲主變爲以抒懷言志爲主;四是抒懷言志由敘事的寓理、寓情、寓氣、寓
識其中,變爲於敘事之外別求義理、別尋情事以言志抒懷;五是散文篇幅由大變小、寫法
由刻意經營變爲信筆揮灑。這些說明,蘇子生平頗爲重視雜記類散文的寫作,並有意對其
文體體制、功用、書寫手法大膽革新,目的是增強其文學性,豐富其美感特質。本來,韓
愈宣導古文,除了在思想上復興古道外,另一個重要任務就是要阻絕駢文內竭外侈文風的
流行。而要用古文的文風阻絕作爲美文的駢文文風之弊,古文就必須具有獨特的甚至較駢
文爲優的文學性和美感特質。故從韓愈到歐陽修,他們從事古文創作,無論是沿用舊有的
文體(如書牘、哀祭文、墓碑),還是採用新創的文體(雜記、贈序),都竭力追求其文學
性,擴大再現人生的容量,充分吸納其他文類(包括駢文)文體創作經驗、藝術表現手法
爲古文所用。蘇軾雜記類散文的新變現象,即由繼承韓、歐此種散文創新傳統而來。體制
和寫法的創新,自會帶來雜記類古文美感特質的變化。

　　一般來說,敘記文之正體,應以敘述事實爲主,就事直書爲其基本寫法。其美感特質
多由所敘之事、敘事手法、敘事語言及寄寓敘事之中的理、情、氣、識而定。蘇子作記,
多爲變體,敘記文字之美感特質多種多樣,主要出自作者個人的人生感受、生存智慧、性
情氣質、人文精神和廣博深厚的知識積累。各篇古文的美感特質,則與其修辭策略和選用
的題材(或表述的內容)密切相關。

　　蘇子記之變體,最爲常見的修辭策略,是以論爲記。按記中議論成分多少,實有全篇
作論或簡記其事而以議論爲主者、敘事論理各半者和納議論於敘事者之分。全篇作論者,
當以《醉白堂記》爲代表。此記除開篇說"韓公作堂於私第之池上"外,餘皆爲論。詳言
韓琦、白居易的"有""無"和相同之處,反復相形較量,將韓琦一生的功業、本領、道德
和盤托出。謂其堂名"醉白",乃"推其同者而自托",實爲"古之君子,其處己也厚,其
取名也廉"。顯出蘇子對韓琦的無限尊崇之意。據說王安石讀此記,嘗言"此韓白優劣論

爾"，[1]人謂其爲戲言，實已道出它以論爲記的修辭策略。此記正是通過比較作論，按特定的價值觀勾勒出韓琦勳業、才幹、品格過人的高大形象，充分表達作者的景仰之心，而其美感特質則主要顯現爲韓琦的人格精神和蘇子的尊顯之意。

《蓋公堂記》《莊子祠堂記》，也是以論爲記。前者宣導蓋公以"清淨"安定民生的"治道"，表達作者目睹新法紛更的看法。只是說理特借醫爲喻和敘說史事完成。借醫爲喻，寫盡庸人擾事形態，強調人本無疾而"三易醫而疾愈甚"，"是醫之罪，藥之過也"。用的是寓理於敘事中、詳說故事而顯明其理的手法。明說其理，則通過復述曹參用蓋公之言治齊、治天下獲得成功的史事，點示要義。其美感所在，當見於與民休息而天下安的政見和庸醫擾事害人的故事。後者幾可稱爲一"莊子研究"的學術論文。作者不同意《史記》關於《莊子》"作《漁父》《盜蹠》《胠篋》，以詆訾孔子之徒，以明老子之術"的看法，"以爲莊子蓋助孔子者"，"皆實予而文不予，陽擠而陰助之，其正言蓋無幾。至於詆訾孔子，未嘗不微見其義"。又謂《莊子》中《寓言》與《列禦寇》本爲一篇。其說自爲一家之言，有所謂新見之美。

蘇子作遊記亦以論爲記，《遊桓山記》，即就其與二三子遊桓山於宋司馬桓魋墓前鼓琴事作論。謂魋乃"古之愚人也。余將吊其藏，而其骨毛爪齒，既已化爲飛塵、蕩爲冷風矣，而況於椁乎？況於從死之臣妾、飯含之貝玉乎？使魋而無知也，余雖鼓琴而歌可也。使魋而有知也，聞余鼓琴而歌知哀樂之不可常、物化之無日也，其愚豈不少瘳乎"。作歌亦謂"司馬之惡，與石不磨"云云。劉塤說蘇子作此記"感慨深長，超然物化"，[2]王文濡亦謂"此殆有所指，故其詞憤厲，聲氣迸出"。[3]此記可謂義正詞嚴，既顯出作者的曠達，又反映出他的疾惡如仇，而兩者皆爲難得的人性之美。

敘事、議論各半者，則有《凌虛臺記》《超然臺記》《放鶴亭記》。《凌虛臺記》前半敘事，記太守陳公築臺經歷，將臺成前後觀山所見寫得活靈活現，遠非形象生動所能形容。所言"杖履逍遙於其下，見山之出於林木之上者，纍纍如人之旅行於牆外而見其髻也"；"人之至於其上者，恍然不知臺之高，而以爲山之踴躍奮迅而出也"，自能給人以文學美感。而後半有云："夫臺猶不足恃以長久，而況於人事之得喪，忽往而忽來者歟？蓋世有足恃者，而不在乎臺之存亡也。"實就臺名凌虛作論或認題所得立意，"非罵太守，非勉太守，亦非賣弄自家了悟也"。[4]而其論之高，足可稱爲識見之美。

《超然臺記》，前半議論，後半敘事。前說超然物外，自得其樂，立意從臺名"超然"中來，實是對人生經驗的總結，對一種人生智慧的闡述。後半詳敘作者自錢塘移守膠西，不爲境遇所困的自得之樂，記登臺四望所見山水關塞引發的懷古之思，記四時遊觀於臺之事，都表明他的闡述超然物外，正是在抒發其遊於物外、無往而不樂的襟懷。故此記給人

［1］王明清《揮塵前録》卷七《東坡知舉時劉無言論效醉白堂記》。

［2］劉塤《隱居通議》卷十五。

［3］王文濡《評校音注古文辭類纂》卷五十六。

［4］林雲銘《古文析義》二編卷七。

的美感，既在於它爲人邁向快樂人生提供的新思路，又在於作者欲與人分享的快樂情懷。

《放鶴亭記》，也是前半敘事，後半議論。敘事寫山人所作之亭。寫亭，既寫其位處形勝之地，及登臺所見景象："春夏之交，草木際天，秋冬雪月，千里一色。風雨晦明之間，俯仰百變。"又寫山人二鶴："甚馴而善飛。旦則望西山之缺而放焉，縱其所如，或立於陂田，或翔於雲表，暮則傃東山而歸。"所寫所見四時景象，尤其是山人放鶴縱其所如、二鶴自由翱翔的場面，頗能引發讀者想象，使之進入心靈放飛的審美境界。議論全借蘇軾與山人飲酒於亭的告語說出，意在申言隱居之樂。論理的巧妙，在於借經典文獻和史實，既就養鶴事，說南面之君不如隱士之樂；又就飲酒事，說"荒惑敗亂""若酒者"亦無害於山林遁世之士。說養鶴自因臺名而發，說飲酒則因前言"飲酒於斯亭而樂之"而來。至於篇末系以《放鶴》《招鶴》之歌，自對上言隱居之樂有陪襯作用，同時也是對山人放鶴情事的細化或補充。

納議論於敘事之中者，蘇子記中甚多，《喜雨亭記》當爲首例。此記寫爲亭志喜事，表達作者未雨先民而憂、既雨後民而喜的情懷。情義健康、崇高，而行文語調輕鬆、活潑，文學意味濃厚。記分四段，除次段敘說築亭期間民因"彌月不雨"而憂，到官吏、商賈、農夫因雨如願而至歡樂異常外，其他三段都是納議論於敘事中。即使末段所引歌詞，也是敘論結合，而謂"一雨三日，繄誰之力"，"不可得而名，吾以名吾亭"云云，層層推原，如金聖歎所說："此是特特稱出以雨名亭妙理，非姑涉筆爲戲論也。"[1]

《墨君堂記》亦敘亦論，寫法別致。該記稱竹爲君，用和竹君晤談的形式敘說文與可"厚君""賢君"的事實，特別描述他蘸墨"揮灑奮迅而盡君之德"的種種畫面，贊其"可謂得其情而盡其性"。敘事兼發議論，方將與可愛畫墨竹的興致、繪製墨竹的特色及其墨竹達到的藝術境界悉數道出。此記之美，不單顯現在表達方式的巧妙上，還包含在作者對與可墨竹畫藝無限推崇的情意上，而這種情意，在記中沒有明言却無處不在。

大抵蘇子以論爲記，立論或與所記對象（如亭臺樓閣等）特點直接相關，或間接相關，或了不相關。間接相關、了不相關者，皆屬"別求義理以寓襟抱"。就作者而言，是出於抒發志士情懷、表達人生感受的需要；就記述對象而言，是爲了在其中注入一種人文精神，以增强其存在的價值；就寫作角度而言，則是爲了强化古文以理、氣、情、法、辭爲要素的文學性。

像《中和勝相院記》，爲寺院作記，立論却於僧人取"慢侮不信"態度。敘議結合，除揭露一般僧侶爲成佛所經歷的"言之使人悲酸愁苦"的種種"勞苦卑辱"外，還用譏諷不屑的語氣說"長老"之"戒"，"爲愚夫未達者設也"，斥其"是外道魔人"。通篇於僧於佛不無調侃戲笑之意，顯然是爲了表達作者對佛門某些亂象的厭惡情緒。

《思堂記》，堂主本欲作者以其"凡吾之所爲，必思而行之"立意，作者却反其意而言之，大談"余天下之無思慮者"的體會。所謂"遇事則發，不暇思也"，"言發於心而衝於

---

[1] 金聖歎《天下才子必讀書》卷十五。

口，吐之則逆人，茹之則逆余。以爲寧逆人也，故卒吐之"，"且夫不思之樂，不可名也"。

《李氏山房藏書記》，因藏書思及讀書，圍繞古昔書少而讀者多，後世書多而讀者少作論。實有感於"後生科舉之士，皆束書不觀，遊談無根"，欲"使來（藏書房）者知昔之君子見書之難，而今之學者有書而不讀，爲可惜也"。表達的是對當時社會上不讀書風氣的不滿。

《鹽官大悲閣記》，雖爲僧居則造千手眼觀世音像，爲大屋以居之而作，其立論以重學篤行爲歸，却非專爲居則造像築閣而言，而意"以風（諷諭）吾黨之士"。故論之縝密、細微，既以烹食、釀酒爲喻，說厨師酒匠不學基本技能而"求精於數外，而棄跡以逐妙"的荒謬；又明言"今吾學者之病亦然"，且細道學者如何棄"所宜盡力"者而不學，專"學其不可載於書而傳於口者"。而慨歎世風不古，直呼"廢學而徒思者，孔子之所禁，而今世之所尚也"。

《靈壁張氏園亭記》，不惟前半所寫園亭內外景象，頗具美感，所謂"其外修竹森然以高，喬木翁然以深"，園內則"蒲葦蓮茨，有江湖之思；椅桐檜柏，有山林之氣；奇花美草，有京洛之態；華堂廈屋，有吳蜀之巧"。以虛言實，形神兼出。而且後半對"古之君子，不必仕，不必不仕"的議論，以及用虛擬手法敘說蘇子歸隱後"歲時往來於張氏之園"的打算，也使人對其人生態度的曠達和對愜意生活的嚮往，不無稱許之意。

《四菩薩閣記》，記作者與浮屠人惟簡對話，討論如何長守四板菩薩像不失的辦法，實爲納議論於敘事中。本來蘇子明白"此明皇帝之所不能守，而焚於賊者也，而況於余乎"，亦知"不可取者存乎子（指惟簡），取不取者存乎人"，而有意記述與惟簡反復討論（類似於辯論）守畫之難，實是通過議論抒發作者的喪父之痛，曲折表達他對"先君"的深切懷念。所謂"長謝先人之日，結成至性之文"。[1]欲探四菩薩板終不可守之理，當讀蘇子《墨妙亭記》所謂"凡有物必歸於盡，而恃形以爲固者"，"乃幾於不知命也夫"。不過蘇子於孫莘老建墨妙亭收藏吳興境內所有碑刻之舉，却稱美不已。既在言其治政之美的背景下，敘述孫公搜羅前人遺作以編集、作亭以藏古人碑刻，又發議論稱其保存地方傳統文化的行動爲"知命"之舉。其說自爲讚美孫公而發，但論述中以君子養生、治國爲喻，謂"君子之養生也，凡可以久生而緩死者無不用；其治國也，凡可以存存而救亡者無不爲，至於不可奈何而後已。此之謂知命"。用積極有爲的奮鬥精神詮釋"知命"要義，見識之深之新之美，即使今人亦當確認無疑。

蘇子以論爲記，無論論因事起，還是事外立意，皆由自道心得、獨抒性靈而定，故其所云原創性多，新異感强。而爲了表達得體，使之具有說服力或感染力，作者會有意無意地採用其他文體的表現手法。一是以贈序爲記。贈序是韓愈首創的古文文體，兼用說理、抒懷、敘事的手法贈人以言。蘇子《張君墨寶堂記》，寫法即與贈序相近。前半敘事以說理，謂世人共同嗜好的是"美飲食，華衣服，好聲色"，却爲愛好"彈琴弈棋，蓄故法書圖

---

［1］浦起龍《古文眉銓》卷六十九。

畫”者所笑；“彈琴”者又爲“以有言語文章”“表現於後世者”所笑，“以有言語文章”者
又爲“以爲當以功名聞於世”者所笑；而主功名者“猶未免乎笑”。針對“世之相笑”沒有
止境的現實，作者評論說：“人特以己之不好笑人之好，則過矣。”其說並未簡單否定“蓄
故法書圖畫”者的愛好，實爲後半敘說張君“家世好書，所蓄古今人遺跡至多”留有餘地。
但後半敘事言理並不循此以進，而是引蜀諺“學書者紙費，學醫者人費”續以爲論，告以
未學入政，其患甚大。再以同情語道張君懷才不遇的處境，對其好書作深層次的詮釋，自
然說出對他的希望。話說得鄭重而含蓄，張君自會明白蘇子勉其就功名、治政事、深鑒其
言而務學的用心。此記立論與題目有關，但於墨寶堂卻言之甚少，重點在寫人，且持論並
不褒揚“好書”，而取相反看法。究其實，作者對張君沉溺於書、築堂藏其所書石刻，並不
以爲然，故作記以勸，而在寫法上取用贈序者多。孫琮即謂“昌黎送人序時有此法，子瞻
祖以作記。神明變化之中，固亦時似恒似”。[1]論其美感成因，自當顧及贈序文學要素及其
所起的作用。

　　二是以箴爲記。《王君寶繪堂記》，寫法與《張君墨寶堂記》相似，也是通過說理表達
作者對友人習好的看法，只是說理觀點更爲鮮明、舉證更爲聳人聽聞，持論自占地步更高，
言辭更爲尖銳。孫琮即謂“此是以箴爲記，蓋因其所好，發出一段議論。議論既暢，既作
記，意亦完。又另是一格文字”。[2]王君喜好書畫，作寶繪堂以蓄其所有，蘇子作記則於其
所好有規箴之意，開篇即說其規箴之理：“君子可以寓意於物，而不可以留意於物。”繼而
發揮其說，謂“寓意於物，雖微物足以爲樂，雖尤物不足以爲病。留意於物，雖微物足以
爲病，雖尤物不足以爲樂”。且引老子之言、聖人行爲爲證。又舉劉備、嵇康等人爲例，說
“寓意”之“樂”；舉鐘繇、宋孝武、王僧虔、桓玄、王涯爲例，說“留意之禍”。然後自道
經歷：“少時，嘗好此二者。”“既而自笑曰：‘吾薄富貴而厚於書，輕死生而重於畫，豈不顛
倒錯謬、失其本心也哉？’自是不復好。”“於是乎二物者常爲吾樂而不能爲吾病。”而在篇
末直言以箴爲記的用意：“恐其不幸而類吾少時之所好，故以是告之，庶幾全其樂而遠其病
也。”直言、明言、盡言，警戒意味甚濃。行文如箴，只是句式未用四言韵語。[3]王君讀記，
亦明蘇子規箴之意，但以記用桓玄、王涯好書畫“害其國，凶其身”事，爲“不祥”（實言
之駭人心目，最能使人警醒），請易之。蘇子答曰：“不使則已，使即不當改。”[4]

　　三是以辨爲記。代表作爲《石鐘山記》。該記作三層佈置，先辨駁，既說酈道元因
“簡”致“疑”，所謂“水石相搏，聲如洪鐘”而名石鐘之說的靠不住；又說李渤以“陋”
爲“得”，扣石聆聲以得石鐘山山名之實的荒謬。次記作者父子夜探石鐘奧秘、終有所得
的經歷，而謂微波湧入山下“石穴罅”發出的噌吰之聲，恰如“周景王無射”之音；大石
“空中而多竅，與風水相吞吐”發出的“窾坎鏜鞳”聲，恰如“魏莊子歌鐘”之音。意謂山

---

[1]孫琮《山曉閣選宋大家蘇東坡全集》卷六。
[2]孫琮《山曉閣選宋大家蘇東坡全集》卷六。
[3]箴文多以四言韵語爲之，蘇軾今存《東交門箴》，即用四言韵語。
[4]佚名《木筆雜抄》卷一，又見呂留良《晚村先生八家古文精選（三）》。

名石鐘，即緣於此。最後做出論斷，所言雖就考辨結果而言，意在"歎酈元之簡而笑李渤之陋"，但最具認識論意義的話，却是"事不目見耳聞而臆斷其有無，可乎"。[1]蘇子作記，雖不贊成酈道元論辨的簡單化，但行文却借鑒了《水經注》用文學手段作考辨文字的方法。如寫月夜乘舟深入山石間所見景象："大石側立千尺，如猛獸奇鬼，森然欲搏人。而山上棲鶻，聞人聲亦驚起，磔磔雲霄間。又有若老人咳且笑於山谷中者，或曰：'此鸛鶴也。'"不但寫石化靜爲動，形神俱出，連同鳥飛鳥鳴，顯出陰森恐怖氣氛，而且寫鶻鸛或翔或鳴，以聲襯靜，更能彰顯石鐘之聲。又記考察過程，從小童扣石到聞噌吰、窾坎鏜鞳之聲發於水上，並非直行如線，而是"以'心動欲還'跌出'大聲發於水上'，才有波折，而興會更覺淋漓"。[2]又記從小童扣石硿硿焉"余固笑而不信"，寫到"笑謂邁曰"云云，在在顯出蘇子的瀟灑自得和幽默風趣，難掩其風神之美。前人謂此"以辨體爲記體"，[3]或謂"東坡此文，直以記爲考"，[4]但讀者欣賞它的美感，千萬不要僅僅停留在辨、考的理性思考上，而忽略了它自然表露作者性情的文學性。

四是以哀祭文爲記。代表作爲《文與可畫篔簹谷偃竹記》。與可歿於元豐二年（1079）正月，蘇軾七月在湖州曝晒書畫，目睹與可所贈偃竹圖，"廢卷而哭失聲"，而有是記。記以哀祭文爲之，一片真情深情充溢字裏行間，表達的是作者對死者不能自已的傷感情懷。悲情之美，一如哀辭、祭文所言。只是此記寫法，取用了中國傳統詩文常見的以樂寫悲益顯其悲的藝術辯證法，語句也未用四言韵語形式。突出特點是莊語諧語並用，且言之娓娓，具體入微。前半說與可畫竹理念、方法，即用莊語，雖然有謂"畫竹必先得成竹於胸中""今夫夫子之托（意）於斯竹"，可用短語概括其說，但多數文字皆描叙其事以言之。如謂"畫竹必先得成竹於胸中，執筆熟視，乃見其所欲畫者，急起從之，振筆直遂，以追其所見，如兔起鶻落，稍縱則逝矣"。後半更是諧語滿篇，說得生動、風趣。從寫與可厭"四方之人持縑素而請者"，"投諸地而罵曰：'吾將以爲襪！'"到寫與可"發函得詩，失笑，噴飯滿案"，詳叙二人書畫往還故事，有如小說家言。不但死者生前的個性特徵顯露無遺，作者爲人的詼諧、風趣，甚至滑稽，也觸處可見。而從其交往亦可見出二人的親密無間和蘇子痛失親友的悲傷情懷。故記雖以叙事内容爲題，實用哀祭文以樂寫悲的抒情手法記述二人"親厚之情"。記末即云："昔曹孟德《祭橋公文》有'車過''腹痛'之語，而予亦載與可疇昔戲笑之言者，以見與可於予親厚無間如此也。"

五是以詩爲記。蘇子以詩爲記，特點有二。一爲記中描叙、議論，追求詩詞境界，不經意地顯露詩情、詩意、詩境之美。這一特點，大量存在於記中描繪自然景象、人文景觀

---

[1]王文濡《評校音注古文辭類纂》卷五十六引曾國藩語，云："上鐘岩與下鐘岩，皆有洞可容數百人，深不可窮，形如覆鐘。乃知鐘山以形言之，非以聲言之，道元、子瞻皆失事實也。"曾氏所言近乎真，亦賴"目見"而得。

[2]王文濡《評校音注古文辭類纂》卷五十六引劉大櫆語。

[3]蒲起龍《古文眉銓》卷六十九。

[4]林紓《選評古文辭類纂》卷九。

和作者遊觀感受的文字中。也有記文通篇敘議如詩者，名篇《記承天夜遊》即是。記中不單寫景如詩，重要的是寫人興致、舉動、感慨，也顯得詩意盎然。就是末句"黃州團練副使蘇某書"，特別標明遷客蘇子的謫宦官名，也有難以言說的詩味、詩趣。二爲行文引述詩詞作品，使之成爲敘事、議論的有機成分。像《文與可畫篔簹穀偃竹記》引蘇子和與可往還詩作敘事，即是。《記遊松江》有云："子野年八十五，以歌詞聞於天下，作《定風波令》，其略云：'見說賢人聚吳分，試問也，應傍有老人星。'坐客歡甚，有醉倒者。"則是引詞敘事。而像《喜雨亭記》謂"既以名亭，又從而歌之曰"，《放鶴亭記》謂"山人聽然而笑曰，乃作《放鶴》《招鶴》之歌曰"，《遊桓山記》謂"二三子喟然而歎，乃歌曰"，《雩泉記》謂"軾以是愧於神，乃作《吁嗟》之詩，以遺東武之民，使歌以祀神而勉吏云"，《雪堂記》謂"予且爲子作歌以道之，歌曰"等，無論"歌""歌之"還是"作歌"，均爲敘事内容之一部分。作詩作歌，或渲染其事，增强抒情氣氛；或突出感受，加重論斷分量；或補充文意，平添事外遠致，總會帶來文風的活潑和詩、歌特有的美感。

　　六是以賦爲記。蘇子之賦多爲文賦，論者視爲賦之變體，不以爲然。劉師培即謂杜牧《阿房宮賦》及苏子前後《赤壁賦》，"非騷非賦，非論非記，全乖文體"。[1] 蘇子以賦爲記，實將其文賦"非論非記"、亦論亦記的特點及其好鋪陳、好用主客對話形式行文的習慣用到記文寫作中。《雪堂記》當爲其代表作。蘇軾謫居黃州，曾多次作書與人言及自己"獲罪"之由，如謂"軾所以得罪，正坐名過實耳"，[2] 又僕細思所以得患禍者，皆由名過其實，造物者所不能堪"。[3] 作記亦謂"退伏思念，求所以自新之方，反觀從來舉意動作，皆不中道，非獨今之所以得罪者也"。[4]《雪堂記》，其實也是蘇子反思獲罪緣由、以求"自新"的作品。前《赤壁賦》聊借曹公發感慨，抒發蘇子特有的遷客情懷，具體寫法則用"蘇子"與"客"的對話表達出來。對話似有抵牾處，實則二人所云皆爲作者心曲中語。看似"一難一解，悠然曠然"（張伯行語），尤其是"蘇子"所云，或謂其"瀟灑神奇，超塵脫俗"（謝枋得語），乃"痛陳其胸前一片空闊了悟"（金聖歎語），主要内容卻是"感慨榮謝"，"憤世嫉邪"（儲欣語），帶有强烈的身世之感。《雪堂記》亦用主客問對形式，暢言蘇子反思獲罪緣由及求"自新"的想法。《雪堂記》中"客"所言"散人之道"，謂"子有惠矣，用之於内可也。今也如蝟之在囊，而時動其脊脅，見於外者，不特一毛二毛而已……名之於人，猶風之與影也，子獨留之。故愚者視而驚，智者起而軋，吾固怪子爲今日之晚也"。又邀其"爲藩外之遊"，言勢利、名譽、陰陽、人道，皆不足以爲藩，"所以藩予者，特智也爾"。且細說"智存諸内"，"發而爲言"，"形而爲行"，"使子欲嘿不欲嘿，欲息不欲息，如醉者之恚言，如狂者之妄行，雖掩其口執其臂，猶且喑鳴踶齧之不已，則藩之於人，抑又固矣"。意謂求"名"揚"智"，誠爲蘇子獲罪之因，正因如此，他反對蘇子築堂而繪雪於四壁。因爲

[1] 羅常培整理劉師培《漢魏六朝專家文研究》之《文章變化與文體遷訛》。
[2] 蘇軾《答李昭玘書》。
[3] 蘇軾《答李方叔書》。
[4] 蘇軾《黃州安國寺記》。

"人之爲患以有身，身之爲患以有心。……身待堂而安，則形固不能釋；心以雪而警，則神固不能凝。子之知（智）既焚而燼矣，燼又復然（燃），則是堂之作也，非徒無益，而又重子之蔽蒙也"。蘇子回答也巧，既用黄帝遊以適意，遺其玄珠作比，承認爲求"適然"，"則意暢情出，而忘其本"，但"意不久留，情不再至，必復其初而已矣"。並説雪堂妙用："人而有知也，升是堂者，將見其不溯而傯，不寒而栗，凄凛其肌膚，洗滌其煩鬱，既無炙手之譏，又免飲冰之疾。彼其趨趨利害之途、倡狂憂患之域者，何異探湯執熱之俟濯乎。"蘇子説登雪堂能收到"凄凛肌膚，洗滌煩鬱"、爲之警醒的"環境效應"，使之成爲大別於那些如同探湯執熱而等待洗濯的追名逐利、限於憂患之中的人。其説實乃"客曰"之補充，同爲蘇子反思所得"所以自新之方"。至於蘇子"作歌以道之"的，是他對"客"開導的表態，意謂自己如今的狀況是："不知五十九年之非而今日之是，又不知五十九年之是而今日之非。吾不知天地之大也寒暑之変，悟昔日之癯而今日之肥。""感子之言"，則"始也抑吾之縱而鞭吾之口，終也釋吾之縛而脱吾之鞿"。再度申説構築雪堂本意："是堂之作也，吾非取雪之勢，而取雪之意。吾非逃世之事，而逃世之機。吾不知雪之爲可觀賞，吾不知世之爲可依違。性之便，意之適，不在於他，在於群息已動，大明既升，吾方輾轉，一觀曉隙之塵飛。""取雪之意"，"逃世之機"，不"依違"於世，便性適意，一任自然，這大概就是遷客蘇子所取的人生態度，也是他寄寓雪堂之意。《雪堂記》無疑是表達作者人生感慨、抒發遷客情懷的作品，基本寫法類似文賦，用語精妙却大不如二《赤壁賦》。又反復對話，且言之過細，顯得冗長而美感不多。

　　檢閲蘇軾雜記，爲了增强表達人生感受、生命感悟、社會感觸，以及抒發個人情懷的功能，爲了豐富雜記古文的文學美感，蘇子幾乎將所有文體可用的表現手法都用到了雜記的寫作中，試圖將所有文體可用的美感質素移植到雜記中，有的獲得了成功，有的却不太理想。[1] 最突出的特點是以論爲記，即使取用其他文體的表現方法，也離不開議論説理。其一，蘇子愛以論爲記，有重視創作主體性的因素，因爲論説以發明己意爲主，即以自己爲主；敘記本以敘述事實爲主，即以客觀事物、事實（旁及相關人物）爲主。其二，蘇子之記，有敘事議論平分秋色者，而議論成分多於敘事成分者多，有的敘事甚至僅有寥寥數語，一筆帶過而已。其三，由於敘事別求義理以言志，別求義理以抒懷，不但記的敘事成分減少，敘事功能弱化，緣於敘事而生的美感特質也隨之萎縮。其四，因爲以論爲主，故其記多以識見見長，其美感亦多因議論而生。其五，由於重視説理，淡化敘事，記"就事直書"的特徵逐漸消失，而代之以議論爲主，構思則將立論的高遠新異和論述的巧妙合理作爲中心內容。其六，蘇子作記，敘事説理都注重寫作者的人生經驗、際遇、情感，因而其記能真實反映他不同境遇中的人性表徵，呈現不同性質的人情美，不同形象的風神美，而以個

---

　　[1]劉師培認爲"文體不能遷訛"，從前引對前後《赤壁賦》的批評，即可見出他對蘇軾愛作變體的不以爲然。而其謂"敘記本以敘述事實爲主，若加空論，即爲失體……議論之文……蓋論説以發明己意爲主，或駁時人，或辯古説，與敘記就事直書之體迥殊。所謂變化者，非謂改敘記爲論説，或儕敘記爲詞賦也"（羅常培整理劉師培《漢魏六朝專家文研究》），其實也是對蘇軾以論爲記的批評。

性的真率、曠達、機警、灑脫、詼諧、幽默、風趣給人留下的印象最深。

當然，蘇軾爲了增強雜記言志、抒懷的功能和相應的美感特徵，並不限於取用諸多文體表現藝術，特別是論說之道，爲記所用。就敘事題材而言，也有他的選擇標準。特別是一些應人所求的雜記，所敘之事，往往要看其能否寓理、寓情、寓氣於其中。概括言之，可謂另求他事以言志，或別求他事以抒懷。如《石氏畫苑記》，本應詳敘畫苑事，却明言"今幼安好畫，乃其一病，無足録者，獨著其爲人之大略云爾"，實出於對幼安爲人（"在稠人中，耳目謖謖然，專求其所好""又善滑稽，巧發微中，旁人抵掌絶倒，而幼安淡然不變色。與人遊，知其急難，甚於爲己"）的欽佩和嚮往。《密州通判廳題名記》，不記歷來密州通判官員事蹟，而特記自己和通判趙君的交往，自是藉以表達二人相知之深。而記中說"余性不慎語言，與人無親疏，輒輸寫腑臟，有所不盡，如茹物不下，必吐出乃已。而人或記疏以爲怨咎，以此尤不可與深中而多數者處"，以及就趙君請作壁記，謂"吾將托子以不朽"并說："今余頑鄙自放，而且老矣，然無以自表於後世，自計且不足，而況能及於子乎！雖然，不可以不一言，使數百年之後，得此文於頹垣廢井之間者，茫然長思而一歎也"，分明是在抒發自己的人生感慨。而像《眉州遠景樓記》，撇遠景樓"登臨覽觀之樂、山川風物之美"而不言，詳敘"吾州之俗，有近古者三"，[1]雖與蘇軾去鄉久，於樓"不能道其詳"有關，但主要還是出於對故鄉（傳統文化）的熱愛和思念，而借言他事以抒發懷鄉之情。《瓊州惠通泉記》，更是以瓊州三山庵庵下泉名來歷作爲敘事內容。而泉名"惠通"，意謂庵下泉水與江南惠山泉水相通，言此正可一寫蘇子思念大陸之心。

受作記別求他事以言志、抒懷的影響，自黄州以後，蘇子敘事爲記，尤其是記敘個人生活瑣事爲記的作品逐漸增多，有一種向現代散文所謂内容個人性、私密性和日常生活性、非關國家社會重大題材轉換的趨勢。比如寫於黄州的《記遊定惠院》、寫於惠州的《記遊松風亭》、寫於儋州的《書上元夜遊》，即是。[2]又由於所敘之事小而少，行文亦不刻意經營，於是不拘篇幅、不拘格套、不拘雅俗，被後人稱爲小品的散文體式便出現了。

三、題跋的文化價值和文學美感

《蘇軾文集》收題跋十三卷（第六十六卷至第七十一卷），按題跋對象不同，分爲雜文（九十二題九十三首）、詩詞（一百八十題一百八十五首）、書帖（一百一十八題一百二十六首）、畫（三十二題三十五首）、紙墨（七十九題七十九首）、筆硯（三十五題五十七首）、琴棋雜器（十四題三十五首）、遊行（六十二題六十五首）八類，共六百七十五首。題、跋

---

[1]《眉州远景楼记》言眉州民俗近古者三，即"其士大夫貴經術而重氏族，其民尊吏而畏法，其農夫合耦以相助"。特別說到："始朝廷以聲律取士，而天聖以前，學者猶襲五代之弊，獨吾州之士，通經學古，以西漢文詞爲宗師。方是時，四方指以爲迂闊。至於郡縣胥史，皆挾經載筆，應對進退，有足觀者。"

[2]《書上元夜遊》，《蘇軾文集》將其列入題跋類。題跋所收以書名題者，不少屬於記體，詳見下節。

本爲兩種處於文體分類最基層的文體名稱，這裏似乎是作兼體名稱用。故各類題跋每首篇名文體名稱不一，有題、跋、書、記、評、論、辨。而題有題、題後之分，如《題文選》《題唐太宗帖》《題淵明飲酒詩後》；跋有跋、跋後之分，如《跋退之送李願序》《跋文與可墨竹》《跋嵇叔夜養生論後》；書有書、書後之分，如《書太白廣武戰場詩》《書石晋筆仙》《書瓦硯》《書秦少遊詞後》；記如《記袁宏論佛》《自記吳興詩》《記少遊論詩文》《記遊白水嵒》；評如《評韓柳詩》《評詩人寫物》《自評文》《評草書》《評滋端硯》；論如《論董秦》《論書》《論漆》；辨如《辨杜子美杜鵑詩》《辨法帖》。其中以書命題者，“書”多作“書寫”解，並非文體名。如《書遊靈化洞》《書遊垂虹亭》《書上元夜遊》，就是書寫《遊靈化洞記》《遊垂虹亭記》《上元夜遊記》，如果蘇子把《記遊定惠院》寫下來，自可稱爲《書遊定惠院》。“書後”似有文體意味，如《書黃子思詩集後》，文中即有云“獨評其詩如此”。有的記則爲辨，如《記退之“拋青春”句》，實是辨“拋青春”爲酒名，與《辨杜子美杜鵑詩》性質同。又如《記子美八陣圖詩》，乃托子美夢告蘇子語，辨明杜詩本義，亦可視爲辨體。蘇子題跋，内容豐富，形式不拘一格，篇幅長短不一，多數可稱爲小品文。論其特點，似可就文化價值和文學美感兩方面而言。

（一）題跋的文化價值

審視蘇軾題跋的文化價值，可從兩方面看。一爲題跋的寫法。其細目雖有題、題後、跋、跋後、書、書後、記、評、論、辨之分，但主要分爲敘事和議論兩類，而以見聞廣、見識新取勝。二爲題跋内容十分豐富，分類所列有雜文、詩詞、書畫、筆墨紙硯、琴棋雜器、遊行等，幾乎將文士所有的文化活動（包括文學創作、藝術活動、户外遊行等）及其文化生活相關之物，都涵蓋其中。所言見聞、見識雖出自蘇子之口，却能反映蘇軾所處時代主流文化的某些特徵和以蘇軾爲代表的北宋文化精英文化生活的趣味和品位。

北宋文化精英大都具有很高的文學藝術修養，像蘇軾不但是才華橫溢的文學家，而且擅長書法、繪畫，懂音樂，能品鑒筆墨紙硯琴棋的精妙和粗劣。甚至在海南親自用松明作墨，“得佳墨大小五百丸”[1]。蘇子的親友、門生弟子以及崇拜者，大都於文學藝術創作、品評、收藏各有所能所好，熱衷於類似的文化活動。比如文學家讀書、作文、寫詩、填詞，自爲其本分。讀書有得，自以爲所見新異有價值，便寫在書前書後、文前文後。也有親友、後生著書、作文、寫詩請人作跋的，於是各種名目的題跋就誕生了。又作詩以後，有請人或他人主動作和詩的；有將前人作品（或抄録的佛經）、時人作品、自家作品寫下來送人的；有專記他人詩作、言行、趣事的；有評論他人詩文或他人文學見解或記述他人文學藝術觀點的；有自記詩文創作過程或遊行活動的；有自書詩文，自評詩文、書法，甚至敘論筆墨紙硯的，於是名曰記或評或書或書後的題跋大量出現。此類題跋蘊涵的文化資訊極多，

---

[1] 蘇軾《記海南作墨》：“己卯臘月二十三日，墨灶火大發，幾焚屋，救滅，遂罷作墨。得佳墨大小五百丸，入漆者幾百丸，足以了一世著書用。仍以遺人，所不知者何人也。餘松明一車，仍以照夜。”

試看：

　　1. 蘇子題跋所記時人的文化活動

　　《記歐陽公論文》言：“頃歲孫莘老識歐陽文忠公，嘗乘間以文字問之。云：‘無它術，唯勤讀書而多爲之，自工。世人患作文字少，又懶讀書，每一篇出，即求過人。如此，少有至者。疵病不必待人指摘，多作自能見之。’此公以其嘗試者告人，故尤有味。”

　　《記永叔評孟郊詩》言：“歐陽永叔嘗云：‘孟東野詩：鬢邊雖有絲，不堪織寒衣。就使堪織，能得多少？’”歐陽公之幽默，於此可見。

　　《記董傳論詩》言：“故人董傳善論詩。予嘗云：‘杜子美不免有凡語，已知仙客意相親，更覺良工心獨苦。豈非凡語耶？’傳笑曰：‘此句殆爲君發。凡人用意深處，人罕能識，此所以爲獨苦，豈獨畫哉。’”

　　《記少遊論詩文》言：“秦少遊言：‘人才各有分限。杜子美詩冠古今，而無韵者殆不可讀。曾子固以文名天下，而有韵者輒不工。此未易以理推之也。’”

　　《記温公論茶墨》言：“司馬温公嘗曰：‘茶與墨政相反。茶欲白，墨欲黑；茶欲重，墨欲輕；茶欲新，墨欲陳。’予曰：‘二物之質誠然，然亦有同者。’公曰：‘謂何？’予曰：‘奇茶妙墨皆香，是其德同也；皆堅，是其操同也。譬如賢人君子，妍醜黔晳之不同，其德操韞藏，實無以異。’公笑以爲是。”

　　諸多題跋所記時人對詩文、書畫以及文房四寶的品評，不但持論可貴，而且反映出當時文士門相處的活動內容。又題跋中如《記子由詩》《記參寥詩》《記白鶴觀詩》《記觀右壁詩》《記西邸詩》《記謝中舍詩》《記裏舍聯句》《記寶山題詩》《記沿流館詩》等，記不同詩人、在不同地方所寫的詩句，所記詩有的實有文獻價值，所敘事實爲詩之“本事”。

　　2. 題跋所記蘇軾個人的文化活動

　　題跋既爲蘇軾所作，可以說每篇散文都是他文化活動的載體，而作題作跋作書作記作評作辨，皆爲其文化活動。現分類摘要介紹若干題跋的內容如下：

　　（1）雜文

　　《書淵明孟府君傳》：陶淵明，孟嘉外孫，作《嘉傳》云：“‘或問聽絲不如竹，竹不如肉，何也？’曰：‘漸近自然。’而今《晋書》乃云：‘漸近使之然。’”則是閭里少年鄙語。雖至細事，然足以見許敬宗等爲人。

　　《跋退之送李願序》：歐陽文忠公嘗謂晋無文章，惟陶淵明《歸去來》一篇而已。余亦以謂唐無文章，惟韓退之《送李願歸盤谷》一篇而已。平生願效此作一篇，每執筆輒罷，因自笑曰：“不若且放教退之獨步。”退之尋常詩，自謂不逮李、杜，至於《昔尋李願向盤谷》一篇，獨不減子美。

　　《書子厚、夢得造語》：子厚《記》云：“每風自四山而下，震動大木，掩冉衆草，紛紅駭綠，蓊葧薌氣。”柳子厚、劉夢得皆善造語，若此句，殆入妙矣。夢得云：“水禽嬉戲，引吭伸翮，紛驚鳴而决起，拾彩翠於沙礫。”亦妙語也。

　　《書子由超然臺賦後》：子由之文，詞理精確，有不及吾，而體氣高妙，吾所不及。雖各欲以此自勉，而天資所短，終莫能脫。至於此文，則精確、高妙，殆兩得之，尤爲可貴也。

（2）詩詞

《題蔡琰傳》：劉子玄辨《文選》所載李陵與蘇武書，非西漢文，蓋齊梁間文士擬作者也。予因悟陵與武贈答五言，亦後人所擬。今日讀《列女傳》蔡琰二詩，其詞明白感慨，頗類世所傳《木蘭詩》，東京無此格也。建安七子，猶涵養圭角，不盡發見，況伯喈女乎？又琰之流離，必在父死之後。董卓既誅，伯喈乃遇禍。今此詩乃云爲董卓所驅虜入胡，尤知其非真也。蓋擬作者疏略，而范曄荒淺，遂載之本傳，可以一笑也。

《辨杜子美杜鵑詩》：（王）誼伯謂"西川有杜鵑，東川無杜鵑，涪萬無杜鵑，雲安有杜鵑"，蓋是題下注……誼伯誤矣……是篇句落處，凡五杜鵑，豈可以文害辭、辭害意耶？原子美之意，類有所感，托物以發者也。亦六義之比興，《離騷》之法歟？按《博物志》，杜鵑生子，寄之他巢，百鳥爲飼之。今江東所謂"杜宇曾爲蜀帝王，化禽飛去舊城荒"是也。且禽鳥至微，猶知有尊，故子美云"重是古帝魂"，又云"禮若奉至尊"。子美蓋譏當時之刺史，有不禽鳥若也。嚴武在蜀，致職以資中原，是"西川有杜鵑"；杜克遜在梓州，爲朝廷西顧憂，是"東川無杜鵑"。凡其尊君者爲有也，懷貳者爲無也，不在夫杜鵑之真有無也。

《對韓柳詩》：韓退之詩云："水作青羅帶，山爲碧玉簪。"柳子厚詩云："海上群山若劍芒，秋來處處割愁腸。"陸道士云："二公當時不相計會，好做成一屬對。"東坡爲之對曰："繫悶豈無羅帶水，割愁還有劍芒山。"此可編入詩話也。

《記所作詩》：吾有詩云："日月出東門，步尋東城遊。城門抱關卒，怪我此何求。吾亦無所求，駕言寫我憂。"章子厚謂參寥曰："前步而後駕，何其上下紛紛也？"僕聞之曰："吾以尻爲輪，以神爲馬，何曾上下乎？"參寥曰："子瞻文過有理似孫子荊。子荊曰：'所以枕流，欲洗其耳；所以漱石，欲礪其齒。'"

《書參寥論杜詩》：參寥子言："老杜詩云：'楚江巫峽半雲雨，清簟疏廉看弈棋。'此句可畫，但恐畫不就爾。"僕言："公禪人，亦復愛此綺語耶？"寥云："譬如不事口腹人，見江瑤柱，豈免一朵頤哉！"

《記里舍聯句》：幼時里人程建用、楊堯咨、舍弟子由會學舍中，天雨，聯句六言。程云："庭松偃仰如醉。"楊即云："夏雨凄涼似秋。"余云："有客高吟擁鼻。"子由云："無人共吃饅頭。"坐皆絕倒，今四十余年矣。

《書清泉寺詞》：黃州東南三十里，爲沙湖，亦曰螺師店。余將買田其間，因往相田。得疾，聞麻橋人龐安時善醫而聾，遂往求療。安時雖聾，而穎悟過人，以指畫字，不盡數字，輒了人深意。余戲之曰："余以手爲口，君以眼爲耳，皆一時異人也。"疾愈，與之同遊清泉寺。寺在蘄水郭門外二里許。有王逸少洗筆泉，水極甘，下臨蘭溪，溪水西流。余作歌云："山下蘭芽短浸溪，松間沙路淨無泥，蕭蕭暮雨子歸啼。誰道人生難再少？君看流水尚能西，休將白髮唱黃雞。"是日，極飲而歸。

蘇軾題跋從多方面記述了他的文化活動，言之最多最詳的應該是他的文藝創作和評論。其中有不少是寫他自己夢中所作詩文、評論意見的，也有寫他夢見別人所作詩文的。像作於海南的《眾妙堂記》，就是"以夢中語爲記"。而《記夢中論左傳》《書夢祭句芒文》《記夢中靴銘》《夢南軒（作文'坐於南軒'云云）》《記夢中句》《記參寥詩（飲茶詩）》《記夢詩文（夢客所攜詩及若銘贊者）《書子由夢中詩》，讀之，無不令人既佩服蘇子的才氣，又爲其癡迷於創作以至夢寐以求而動容。

（3）書、畫

《題魯公帖》：觀其書，有以得其爲人，則君子小人必見於書。是殆不然。以貌取人，且猶不可，而況書乎？吾觀顏公書，未嘗不想見其風采，非徒得其爲人而已，凜乎若見其誚盧杞而叱希烈，何也？其理與韓非竊斧之說無異。然人之字畫工拙之外，蓋皆有趣，亦有以見其爲人邪正之粗云。

《跋王荊公書》：荊公書得無法之法，然不可學，學之則無法。故僕書盡意作之似蔡君謨，稍得意似楊風子，更放似言法華。

《論君謨書》：歐陽文忠公論書云：“蔡君謨獨步當世。”此爲至論。言君謨行書第一，小楷第二，草書第三。就其所長而求其所短，大字爲小疏也。天資既高，輔以篤學，其獨步當世，宜哉！近歲論君謨書者，頗有異論，故特明之。

《評草書》：書初無意於佳，乃佳爾。草書雖是積學乃成，然要是出於欲速。古人云“匆匆不及，草書”，此語非是。若“匆匆不及”，乃是平時亦有意於學。此弊之極，遂至於周越仲翼，無足怪者。吾書雖不甚佳，然自出新意，不踐古人，是一快也。

《題醉草》：吾能醉後作大草，醒後自以爲不及。然醉中亦能作小楷，此乃爲奇耳。

《自評字》：昨日見歐陽叔弼。云：“子書大似李北海。”予亦自覺其如此。世或以謂似徐書者，非也。

《題自作字》：東坡平時作字，骨撐肉，肉没骨，未嘗作此瘦妙也。宋景文公自名其書鐵線。若東坡此帖，信可云爾已矣。

《書舟中作字》：將至曲江，船上灘欹側，撐者百指，篙聲石聲犖然，四顧皆濤瀨，士無人色。而吾作字不少衰，何也？吾更變亦多矣，置筆而起，終不能一事，孰與且作字乎？

《跋文與可墨竹》：（人求與可畫，至終歲不可得，或問其故。）與可曰：“吾乃者學道未至，意有所不適，而無所遣之，故一發於墨竹，是病也。今吾病良已，可若何？”然以余觀之，與可之病，亦未得爲已也，獨不容有不發乎？余將伺其發而掩取之。彼方以爲病，而吾又利其病，是吾亦病也。

《書黄筌畫雀》：黄筌畫飛鳥，頸足皆展。或曰：“飛鳥縮頸則展足，縮足則展頸，無兩展者。”驗之信然。乃知觀物不審者，雖畫師且不能，況其大者乎？君子是以務學而好問也。

《書戴嵩畫牛》：蜀中有杜處士，好書畫，所寶以百數。有戴嵩《牛》一軸，尤所愛，錦囊玉軸，常以自隨。一日曝書畫，有一牧童見之，拊掌大笑，曰：“此畫鬥牛也，牛鬥，力在角，尾搐入兩股間，今乃掉尾而鬥，謬矣。”處士笑而然之。古語有云：“耕當問奴，織當問婢。”不可改也。

（4）紙墨、筆硯、琴棋

《書雪堂義墨》：元祐二年十二月二十一日，駙馬都尉王晉卿致墨二十六丸，凡十餘品。雜研之，作數十字，以觀其色之深淺。若果佳，當搗和爲一品，亦當爲佳墨。予昔在黄州，鄰近四五郡皆送酒，予合置一器中，謂之雪堂義樽。今又當爲雪堂義墨也耶？

《書潘衡墨》：金華潘衡初來儋耳，起灶作墨，得煙甚豐，而墨不甚精。予教其作遠突寬灶，得煙幾減半，而墨乃爾。其印文曰“海南松煤東坡法墨”，皆精者也。常當防墨工盜用印，使得墨者疑耳。此墨出灰池中，未五日而色已如此，日久膠定，當不減李廷珪、張遇也。

《書鄭君乘絹紙》：僕謫居黃州，鄭元輿君乘亦官於黃。一日，以此紙一軸，求僕書云：“有故人孟陽，酷好君書，屬予多爲求之。”仍出孟君書數紙。其人亦善用筆，落筆灑然，雖僕何以加之。鄭君言其意勤甚，殆不可不許。後數日，適會中秋，僕與客飲江亭，醉甚，乃作此數紙。時元豐四年也。明日視之，乃絹也。然古者本謂絹紙，近世失之云。

《書杜君懿藏諸葛筆》：杜叔元君懿善書，學李建中法。爲宣州通判，善待諸葛氏，如遇士人，以故爲盡力，常得其善筆。余應舉時，君懿以二筆遺余，終試筆不敗。其後二十五年，余來黃州，君懿死久矣，而見其子沂，猶蓄其父在宣州所得筆也，良健可用。君懿膠筆法，每一百枝，用水銀粉一錢，上皆以沸湯調研如稀糊。乃以研墨，膠筆永不蠹，且潤軟不燥也。非君懿善藏，亦不能如此持久也。

《書唐林夫惠硯》：行至泗州，見蔡景繁附唐林夫書信，與余端硯一枚，張遇墨半螺。硯極佳，但小而凸，磨墨不甚便。作硯者意待數百年後，硯平乃便墨耳。一硯猶須作數百年計，而作事乃不爲明日計，可不謂大惑耶？

《文與可琴銘》：文與可家有古琴，予爲之銘曰：“攫之幽然，如水赴谷。醳之蕭然，如葉脫木。按之噫然，應指而長言者似君；置之枵然，遺形而不言者似僕。”與可好作楚詞，故有“長言似君”之句。“醳”“釋”同。鄒忌論琴云：“攫之深，醳之愉。”此言爲指法之妙爾。

《書李嵒老棋》：南嶽李嵒老好睡。衆人飽食下棋，嵒老輒就枕，數局一展轉。云：“我始一局，君幾局矣？”東坡曰：“李嵒老常用四脚棋盤，只着一色黑子。昔與邊韶敵手，今被陳搏爭先。着時似有輸贏，着了並無一物。”歐陽公夢中作詩云：“夜涼吹笛千山月，路暗迷人百種花。棋罷不知人換世，酒闌無奈客思家。”殆是謂也。

（5）遊行

《書臨皋亭》：東坡居士酒醉飯飽，倚於幾上，白雲左繞，清江右洄，重門洞開，林巒坌入。當是時，若有所思而無所思，以受萬物之備，慚愧！慚愧！

《記遊松風亭》：余嘗寓居惠州嘉祐寺，縱步松風亭下，足力疲乏，思欲就床止息。仰望亭宇，尚在木末。意謂如何得到。良久忽曰：“此間有甚麼歇不得處？”由是心若掛鉤之魚，忽得解脫。若人悟此，雖兩陣相接，鼓聲如雷霆，進則死敵，退則死法，當恁麼時，也不妨熟歇。

《書海南風土》：嶺南天氣卑濕，地氣蒸溽，而海南爲甚。夏秋之交，物無不腐壞者。人非金石，其何能久？然儋耳頗有老人，年百餘歲者，往往而是，八九十者不論也。乃知壽夭無定，習而安之，則冰蠶火鼠皆可以生。吾嘗湛然無思，寓此覺於物表，使折膠之寒，無所施其冽；流金之暑，無所措其毒，百餘歲豈足道哉！彼愚老人者，初不知此特如蠶、鼠生於其中，兀然受之而已。一呼之温，一吸之涼，相續無有間斷，雖長生可也。莊子曰："天之穿之，日夜無隙，人則固塞其竇。"豈不然哉。九月二十七日，秋霖雨不止，顧視帷帳，有白蟻升餘，皆已腐爛，感嘆不已。信手書。時戊寅歲也。

《書上元夜遊》：己卯上元，予在儋州，有老書生數人來過，曰："良月嘉夜，先生能一出乎？"予欣然從之。步城西，入僧舍，歷小巷，民夷雜揉，屠沽紛然。歸舍已三鼓矣。舍中掩關熟睡，已再鼾矣。放杖而笑，孰爲得失？過問先生何笑，蓋自笑也。然亦笑韓退之釣魚無得，更欲遠去，不知走海者未必得大魚也。

選讀上述題跋，即知蘇子一生閱歷何等豐富，知識何等淵博。其交結之人可謂形形色色，所經之事真是林林總總，幸有他的勤於動筆，善於敘論，後人於其文化活動的諸多細微末節方能了然於心。而蘇子題跋記他人之言行，多摻入自己的言談舉止；記自己的言行，多以他人的言論行爲作陪襯，故能反映時人的共生相，富有既具典型性又有普適性的文化價值。

（二）題跋的文學美感

蘇子題跋的文學美感，既出自題跋豐富的題材、內容，也出自題跋特有的藝術表現形式。前者主要表現爲識見美、人性人情美、作者的個性美，後者主要表現爲行文的自由靈活、語言的生動有味和小品的飄逸情致、現實氛圍。

先說前者。一是識見美。題跋之作蓋因特定對象而起，凡作題跋，總要於其所言對象有感受，有心得，有創見。蘇子作文本來擅長議論，以識見勝，故其題跋評議者多，識見新異、高明者多。所謂識見美，是說一種見解能益人心智，不單能改變傳統看法，言人之未能言，還能在滿足讀者求知美感需要的同時，打破傳統思維模式，提供新的思路和思辨方法。新知卓見是一種美，尤其是對所論問題較爲熟悉而且有所思考的讀者來說，往往能使之產生"正得我心"或意想不到、竟然得之的審美快感。獲得美感的讀者，或會心一笑，或因大喜過望而擊掌稱妙。

蘇子題跋新見創見太多，見識之美應是此類文字文學魅力形成的重要因素之一。如其論人，謂"士居平世，僥倖以成功名者，何可勝數，而危亂之世，豪傑之士湮没而無傳者，亦多矣，悲夫"；[1]謂"今居士（指歐陽修）自謂六一，是其身均與五物爲一也。不知其有物耶，物有之也？居士與物均爲不能有，其孰能置得喪於其間？故曰：居士可謂有道者也"；[2]謂"予觀范景仁、歐陽永叔、司馬君實皆不喜佛，然其聰明之所照了，德力之所成就，皆佛法也。梁武帝築浮山堰灌壽春以取中原，一夕殺數萬人，乃以面牲供宗廟，得爲知佛乎！以是知世之喜佛者未必多，而所不喜者未易少也"。[3]論人生態度，謂"'秋菊有

---

[1] 蘇軾《跋李氏述先記》。

[2] 蘇軾《書六一居士傳後》。

[3] 蘇軾《跋劉咸臨墓誌》。

佳色……聊復得此生。’靖節以無事、自適爲‘得此生’，則凡役於物者，非失此生耶？”[1]
論養生術，謂“出輿入輦，命曰‘蹶痿之機’；洞房清宮，命曰‘寒熱之媒’；皓齒蛾眉，
命曰‘伐性之斧’；甘脆肥濃，命曰‘腐腸之藥’。此三十二字，吾當書之門窗、幾席、縉
紳、盤盂，使坐起見之，寢食念之”。[2]其論詩文獨特見解，可謂新見迭出，從蘇、李、蔡
琰、阮籍、嵇康、謝靈運、鮑照、陶潛、蕭統到王績、王維、李、杜、韓、柳、劉、白、
孟郊、韋應物、司空圖、李煜等，到北宋歐陽修、張先、蘇舜卿、梅聖俞、蘇轍、黃庭堅、
秦觀等，蘇子有些論斷，至今還仍爲學人所用。如其《自評文》謂“吾文如萬斛泉源，不
擇地皆可出，在平地滔滔汨汨，雖一日千里無難。及其與山石曲折，隨物賦形，而不可知
也。所可知者，當行於所當行，常止於不可止，如是而已矣。其他雖吾亦不能知也”。這
應是蘇子對黃州以後散文創作感受最貼切的描述。又《評韓柳詩》謂“柳子厚詩在陶淵明
下，韋蘇州上。退之豪放奇險則過之，而溫麗靖深不及也。所貴乎枯淡者，謂其外枯而中
膏，似淡而實美，淵明、子厚之流是也。若中邊皆枯淡，亦何足道”。皆爲名言。而《書樂
天香山寺詩》，謂“白樂天爲王涯所讒，謫江州司馬。甘露之禍，樂天在洛，適遊香山寺，
有詩云：‘當君白首同歸日，是我青山獨往時。’不知者，以樂天爲幸之，樂天豈幸人之禍
者哉，蓋悲之也”。亦爲有見。又如論書畫筆墨紙硯等，也是各有見地。論書有謂“書必有
神、氣、骨、肉、血，五者缺一，不爲成書也”。[3]謂“書法備於正書，溢而爲行、草，未
能正書而能行、草，猶未嘗莊語而輒放言，無是道也”。[4]又謂“書不在於筆牢，浩然聽筆
之所之，而不失法度，乃爲得之。然逸少所以重其（指其子獻之）不可取者，獨以其小兒
子用意精至，猝然掩之，而意未始不在筆，不然，則是天下有力者莫不能書也”。[5]謂“古
人得筆法有所自，張（旭）以劍器，容有是理。雷太簡乃云聞江聲而筆法進，文與可亦言
見蛇鬥而草書長，此殆謬矣”。[6]論畫有謂“畫以人物爲神，花、竹、禽、魚爲妙，宮室、
器用爲巧，山水爲勝，而山水以清雄奇富、變態無窮爲難”；[7]謂“觀士人畫，如閱天下馬，
取其意氣所到。乃若畫工，往往只取鞭策、皮毛、槽櫪、芻秣，無一點俊發，看數尺許便
倦”。[8]論墨則謂“世人論墨，多貴其黑，而不取其光。光而不黑，固爲棄物。若黑而不光，

---

[1] 蘇軾《題淵明詩二首》之二。
[2] 蘇軾《書四戒》。此外，蘇軾《書四適贈張鶚》謂“吾聞《戰國策》中有一方，吾嘗服之，有效，故以奉
傳。其藥四味而已，一曰‘無事以當貴’，二曰‘早寢以當富’，三曰‘安步以當車’，四曰‘晚食以當肉’。”亦
爲養生之術。
[3] 蘇軾《論書》。
[4] 蘇軾《跋陳隱居書》。
[5] 蘇軾《書所作字後》。
[6] 蘇軾《書張少公判狀》。又《跋文與可論草書後》：“與可之所見，豈真蛇耶，抑草書之精也？”又《書張
長史書法》：“世人見古有見桃花悟道者，爭頌桃花，便將桃花作飯吃。吃此飯五十年，轉沒交涉。正如張長
史見擔夫與公主爭路，而得草書之法。欲學長史之書，日就擔夫求之，豈可得哉！”
[7] 蘇軾《跋蒲傳正燕公山水》。
[8] 蘇軾《又跋漢傑畫山二首》之二。

索然無神采，亦復無用”。[1]論筆則謂“筆若適士大夫意，則工書人不能用。若便於工書者，則雖士大夫亦罕售矣。屠龍不如履狶，豈獨筆哉”。[2]論硯有謂“硯當用石，如鏡用銅，此真材本性也。以瓦爲硯，如以鐵爲鏡。人之待瓦、鐵也微，而責之也輕，粗能磨墨、照影，便稱奇物，其實豈可與真材本性者同日而論哉”。[3]論琴有謂“琴不百年，則桐之生意不盡，緩急清濁，常與雨暘寒暑相應，此理與茶相近（茶性，新舊相交，則香味復）”。[4]蘇子所作論斷，大都超出知識層面而有理趣之美，有的雖就某一具體事務而發，却含有適應範圍更廣的意義。

二是人性人情美。人性、人情，是文學作爲人學表現形式最引人矚目、最動人心魄、最能令人感同身受、最易支配受衆情感世界、最易影響讀者人生導向，亦即最能產生審美效應的美感要素。蘇子題跋，往往寥寥數語就能寫出各類人物的真性情，勾勒出生動的人物形象。

像《跋送石昌言引》，借石之口稱讚彭任（字有道）：“有道長七尺，而膽過其身。一日坐酒肆，與其徒飲且酣，聞彥國（富弼字）當使不測之虜，憤憤推酒床，拳皮裂，遂自請行，蓋欲以死扞彥國者也。”幾句話就描繪出一位充滿愛國情懷、置死生於度外的俠義之士。

《記郭震詩》，則通過記述郭詩說明他已預感蜀中將亂，再說他“遂走京師上書，言蜀將亂不報。昔年，其言乃效，震竟不仕”。又特寫其“將死，其友往問之，側臥欹枕而言。其友曰：‘子且正身。’震笑曰：‘此行豈可復替名哉！’”在作者筆下，郭震性情的袒露，是那樣真實、自然，後世讀者於其憂念國事、報國無門和至死詼諧餘習猶在，亦易生崇敬、嘆惜、喜愛之感。不僅彭、劉等系心國事、敢於有爲，其性情透露出崇高人文精神的人物，形象感人，就是一些別具個性的人物也使人過目難忘。

像《書劉庭式事》，寫庭式娶盲女爲妻，妻亡“逾年哀而不衰，不肯復娶”，且謂“吾若緣色而生愛，緣愛而生哀，色衰爱弛，吾愛亦忘。則凡揚袂倚市、目挑而心招者，皆可亦吾妻也”；《書黃州詩記劉原父語》，記原父，借陳元龍語以明爲人之“雅趣”，所謂“夫閨門雍穆，有德有行，吾敬陳元方兄弟；淵清玉潔，有禮有法，吾敬華子魚；清修疾惡，有識有義，吾敬趙元達；博聞强記，奇逸卓犖，吾敬孔文舉；雄姿傑出，有王霸之略，吾敬劉玄德。所敬如此，何驕之有？餘子瑣瑣，亦安足録哉”。且謂“平生我亦輕餘子，晚歲人誰念此翁”。二劉所爲所言，無論品行、格調高下，性情之真亦非常人可比。其他如“慷慨奇士”“死之日，家無一錢，但有書三萬軸，畫數百幅耳”的劉景文；[5]那位“墨既精妙而價不二，士或不持錢求墨，不計多少與之”，“一日，忽取欠墨錢券焚，飲酒三日，發狂浪

［1］蘇軾《書懷民所遺墨》。

［2］蘇軾《書吳說筆》。

［3］蘇軾《書青州石末硯》。

［4］蘇軾《題萬松嶺惠明院壁》。

［5］蘇軾《記劉景文詩》。

走，遂赴井死"的賣墨者潘谷；[1]那位在蘇軾謫居惠州後，爲解蘇過之憂，自願攜書，從蘇州"涉江度嶺，徒行露宿，僵僕瘴霧，黧面繭足以至惠州"，"得書徑還"，"問其所求"，僅願"得數字"的卓契順；[2]那位"飲酒食肉"，且能"賦蒸豚"詩，被授與"紫衣師號"的蜀僧；[3]那位求蘇軾寫字，而提供紙張云"大小不得過此"，"且先於卷首自寫數字，其意不問工拙，但恐字大費紙不能多耳"，結果被蘇軾"懲其失言"而"乾没"其紙的杜介，[4]皆爲人生自有活法的性情中人。其可愛處，正在於其性情的差異性和真實性。像《書淵明詩二首》之二云："張安道飲酒初不言盞數，少時與劉潛、石曼卿飲，但言當飲幾日而已。歐公盛年時，能飲百盞，然常爲安道所困。聖俞亦能飲百許盞，然醉後高叉手而語彌温謹……若僕者，又何其不能飲，飲一盞而醉，醉中味與數君無異。"[5]文中所云，雖不如杜甫《飲中八仙歌》生動，却也勾勒出一幅文士聚飲圖，給人合理想象飲者性情提供了很大空間。

其實，題跋中人性、人情的顯露，並不完全依賴於人物形象的塑造和故事情節的展開，而多半出自作者的即興作論或偶發感慨。如遇大雪，蘇子有感，《書雪》即謂"黄州今年大雪盈尺，吾方種麥東坡，得此，固我所喜。但舍外無薪米者，亦爲之耿耿不寐，悲夫"。其"悲"與其《喜雨亭記》所言之"喜"，皆從蘇子與民同憂的大愛之心自然流出，實屬可貴。又如《書舟中作字》，謂"將至曲江，船上灘欹側，撐者百指，篙聲石聲犖然，四顧皆濤瀨，士無人色，而吾作字不少衰，何也？吾更變亦多矣，置筆而起，終不能一事，孰與且作字乎"。《題雲安下岩》，謂"子瞻、子由與侃師至此，院僧以路惡見止，不知僕之所歷有百倍於此者矣"。所謂"吾更變亦多矣"，"僕之所歷有百倍於此者矣"，是說旅途的艱難兇險，也是對仕途人生風波險惡、禍端頻生的感慨，是作者歷經磨難、處變不驚心態的自然反應。《書田》，感慨"吾無求於世矣。所須二頃稻田，以充饘粥耳。而所至訪問，終不可得。豈吾道方艱難時無適而可耶？抑人生自有定分，雖一飽，亦如功名富貴不可輕得也耶"。買田初訪不利，本屬常有之事，但蘇子却很自然地將其與"吾道方艱難時無適而可"和"人生自有定分，雖一飽不可輕得"聯繫在一起，可見二者對他造成的心理壓力之大，亦可想見他因心性備受遷客境遇摧抑、折磨而帶來的痛苦之深。他如《書蜀公約鄰》，拒與公卿爲鄰，謂"范蜀公呼我卜鄰許下。許下多公卿，而我襃衣箬笠放浪於東坡之上，豈復能事公卿哉"。"要且堅忍不退，所謂一勞永逸也"。《書遺蔡允元》寫蘇子"閒居六年，復出從仕"，"復官之意殆似小兒遷延避學"，皆爲久爲遷客心情之真實寫照。而其讀陶詩，多

---

[1]蘇軾《書潘谷墨》。

[2]蘇軾《書歸去來詞贈契順》。

[3]蘇軾《書蜀僧詩》。

[4]蘇軾《書杜介求字》。

[5]蘇軾《題梅聖俞詩後》："梅二丈長身秀眉，大耳紅頰，飲酒過百盞，輒正坐高拱，此其醉也。"《書東皋子傳後》："予飲酒終日，不過五合，天下之不能飲，無在予下者。然喜人飲酒，見客舉杯徐引，則予胸中爲之浩浩焉，落落焉，酣適之味，乃過於客。"《書韓李詩》："與柳展如飲酒，一杯便醉，作字數紙。"《題子明詩後》："吾少年望見酒盞而醉，今亦能三蕉葉矣。"

是以己之性情揣摩詩人之性情，如《録陶淵明詩》，謂“‘清晨聞扣門……吾駕不可回’。此詩叔弼爱之，予亦爱之。予嘗有云：‘言發於心而衝於口，吐之則逆人，茹之則逆予，以謂寧逆人也，故卒吐之。與淵明詩意不謀而合。’”實則借陶詩以道性情。《書淵明酬劉柴桑詩》，寫蘇子因夏秋季節驟變，而“顧念茲歲，屈指可盡。陶彭澤云：‘今我不爲樂，知有來歲不？’此言真可爲惕然也”，表達的是作者和五柳先生同有的人生感悟，以及對生死不測、無法把握的憂惕之心。《書淵明乞食詩後》，直呼“哀哉！哀哉！非獨余哀之，舉世莫不哀之也。飢寒常在身前，聲名常在身後，二者不相待，此士之所以窮也”。蘇子哀陶，也是自哀，所感所云盡爲其人生體驗，侃侃而言正反映出他作爲性情中人的特點。蘇子的有感即發、不掩性情不單見於讀書，還見於觀景論事，《題合江樓》謂“青天孤月，故是人間一快。而或者乃云不如微雲點綴，乃是居心不淨者常欲滓穢太清”，固有“好罵人”（黃庭堅語）之嫌，却也是性情如此、不吐不快使然。

　　三是蘇軾幽默風趣的性格美。蘇軾論人，欣賞“善戲謔，有風味”者，[1]本人亦好謔善謔。其性格曠達、豪放、爽朗，而又機警、幽默、風趣，每每見於詩文之中。而其幽默、風趣，在書序、雜記、尺牘，題跋中時有所見，似以題跋（書牘次之）表現最爲充分。蘇子自謂“平生好與與可劇談大噱”，[2]並在懷念與可的《文與可畫篔簹谷偃竹記》中詳載二人“疇昔戲笑之言”，其實豈止與可，凡與之交往較深者，都有可能成爲傾聽其戲笑之言的對象。他不但自己爲人詼諧，對他人的幽默、風趣，也十分欣賞。如前引《記郭震詩》，即詳記郭震臨死如何拿自己的死開玩笑，並謂其“雖平生詼諧之餘習，然亦足以見其臨死而不亂也”。而歐陽修難得幽默一次，他聽到歐公有云：“孟東野詩‘鬢邊雖有絲，不堪織寒衣’，就使堪織，能得多少？”[3]即鄭重記入書中。

　　至於他自爲題跋，出語幽默、風趣，特有詼諧之美者，更是不勝枚舉。如論詩，有謂：“醉後，誦孟東野詩云：‘我亦不笑原憲貧。’不覺失笑。東野何緣笑得原憲？遂書此以贈夢得。只夢得亦未必笑得東野也。”[4]“顏生稱爲仁……人當解意表。’此淵明《飲酒》詩也。正飲酒中，不知何緣記得此許多事。”[5]“盧仝詩云：‘何時得去禁酒國？’吾今謫嶺南，萬户酒家有一婢，昔嘗爲酒肆，頗能伺候冷暖。自今當不乏酒，可以日飲無何，其去禁酒國矣。”[6]“王梵志詩云：‘城外土饅頭，餡草在城裏。每人吃一個，莫嫌無滋味。’己且爲餡草，當使誰食之？’爲易其後兩句云：‘預先着酒澆，圖教有滋味。’”[7]“書李太白詩云：‘遺我鳥跡書，飄然落岩間。其字乃上古，讀之了不閑。’戲謂柳生，李白尚氣，乃自招不識字，

[1]蘇軾《張子野戲琴妓》。
[2]蘇軾《跋文與可論草書後》。
[3]蘇軾《記永叔評孟郊詩》。
[4]蘇軾《書孟東野詩》。
[5]蘇軾《書淵明飲酒詩後》。
[6]蘇軾《書盧仝詩》。
[7]蘇軾《書王梵志詩》。

可一大笑。不如韓愈倔強，云：‘我寧屈曲自世間，安能隨汝巢神仙’也。”[1]“魯直作此詞，清新婉麗。問其得意處。自言以水光山色，替却玉肌花貌。此乃真得漁父家風也。然才出新婦磯，又入女兒浦，此漁父無乃大瀾浪乎？”[2]自論書有謂：“潘延之謂子由曰：‘尋常於石刻見子瞻書，今見真跡，乃知爲顏魯公不二。’嘗評魯公書與杜子美詩相似，一出之後，前人皆廢。若予書者，乃似魯公而不廢前人者也。”[3]“書此以遺生，不得五百千勿以予人。然事在五百年外，價直如是，不亦鈍乎？然吾佛一坐六十小劫，五百年何足道哉！”[4]“此紙可以鎭錢祭鬼。東坡試筆，偶書其上。後五百年，當成百金之直。物固有遇不遇也。”[5]

其自道爲人、趣事，有謂：“僕文章雖不逮馮衍，而慷慨大節乃不愧此翁。衍逢世祖英睿好士，而獨不遇，流離擯逐，與僕相似。而衍妻悍妬甚，僕少此一事，故有‘勝敬通’之句。”[6]可見，戲笑謔噱實爲蘇子話語的一種重要方式，甚至因習慣而成爲一種藝術趣味，成爲一種話語風格，進而演變爲一種個性特徵。像前引其謂“吾以尻爲輪，以神爲馬，何曾上下乎”，回答章子厚對其詩的批評；改《觀音經》之“還著力於本人”爲“兩家總沒事”；謂當以咒法傳王君，咒辭曰：“汝是已死我，我是未死汝。汝若不我祟，吾亦不汝苦。”[7]謂“（王）十六及第，當以鳳碌風字大硯與之。請文甫收此爲據。十六及第，當以石綠天猊爲僕作利市也”；[8]而當其“在湖州，坐作詩追赴詔獄，妻子送余出門，皆哭。無以語之，顧老妻曰：‘子獨不能如楊處士妻作一詩送我乎？’”[9]幾乎處置任何事情、在任何境遇中，蘇子都難改其幽默、風趣的特性。說話幽默、風趣，不但要知識面廣，善於聯想，還要爲人達觀、睿智、機靈，心態健康，尤不可少。蘇子題跋用語的幽默、風趣，既顯出作者的詼諧性格，也帶來了文章的生動、活潑。又由於趣事趣語對讀者語言中樞喜樂神經的衝擊，常常引發捧腹絕倒的審美效應，因而諧趣謔味乃是蘇子題跋重要的文學美感質素。

再說後者。和尺牘一樣，蘇子題跋亦屬小說小文之類。所謂小說小文，相對高文大策而言，主要指其內容、題材並非理關倫理道德、宗教信仰，事關國計民生、軍政謀略，以及涉及諸多重大集體意識、公共話題者，而是以表現作者個人的文化生活感受爲主；其次指其寫法不同於高文大策的刻意經營、章法嚴謹，莊語居多而篇幅較大，而是寫法自由靈活，信手信口，動有姿態，如風吹水，自成文理，而放言、謔語居多。篇幅雖有字數超過

［1］蘇軾《書韓李詩》。

［2］蘇軾《跋黔安居士漁父詞》。

［3］蘇軾《記潘延之評予書》。

［4］蘇軾《書贈宗人鎔》。

［5］蘇軾《戲書赫蹏紙》。

［6］蘇軾《題和王鞏六詩後》。

［7］蘇軾《書咒語贈王君》。

［8］蘇軾《書贈王十六二首》之二。

［9］蘇軾《題楊樸妻詩》：“真宗東封還，訪天下隱者，得杞人楊樸，能爲詩。召對，自言不能。上問臨行有人作詩送否，樸言：‘無有。惟臣妻一絕云：且休落魄貪杯酒，更莫倡狂愛咏詩。今日捉將官裏去，這回斷送老頭皮。’上大笑，放還山，命其子一官就養。”

五百者，但絕大多數都在兩百字以內，有的甚至一句兩句即成一完篇。

蘇子題跋、尺牘一類小文、小說，受到明代性靈派散文家的追捧，在於它在人們竭力摹仿古人用古文體式、古文法度、古文語言闡述古道的大背景下，爲主張"獨抒性靈，不拘格套"的散文革新者，提供了一種既能充分抒發性靈、又具有文學美感的文學形式。蘇子題跋題材內容，無論是見聞，還是見識，總的特點就是小。凡一點見聞、一點感受、一點心得，皆可成文。如果說人生歲月消逝如同流水，其小文小說掬入手中的不過是流水一滴。正因爲小，所以便於表述；又因爲各篇題材不同，所以寫法多樣。

像《跋陳氏歐帖》，主要內容就是復述歐帖所言"古詩中時復要一聯對屬，尤見工夫"云云；《記虜使誦詩》，謂"昔余與北使劉霄會食，霄誦僕詩云：'痛飲從今有幾日，西軒月色夜來新。公豈不飲者耶？'虜亦喜吾詩，可怪也"。二文即以一點見聞爲跋。

《書李主詩》，謂"'心事數莖白髮，生涯一片青山。空林有雪相待，古路無人自還。'李主好書神仙隱遁之詞，豈非遭離世故，欲脫世網而不得者耶"；《題柳子厚詩》，謂"詩須要有爲而作，用事當以故爲新，以俗爲雅。好奇務新，乃詩之病。柳子厚晚年詩，極似陶淵明，知詩病者也"。二文皆以讀詩心得爲主題。

《書子美自平詩》，謂讀《玄宗實錄》，知杜詩"自平宮中呂太一"，指玄宗平息中官呂太一叛於廣南事，而非唐時有自平宮。《書退之詩》，謂讀小說，知退之《青龍寺》詩終篇言赤色，乃用鄭虔居寺取柿葉學書事寓意其中，二文皆以讀書所得知識爲跋。

《書柳公權聯句》，謂"唐文宗詩曰：'人皆苦炎熱，我愛夏日長。'柳公權續之曰：'熏風自南來，殿閣生微涼。'惜乎，時無宋玉在其旁也"。《書拉雜變》，謂"司馬長卿作《大人賦》，武帝覽之，飄飄然有凌雲之氣。近世學者作拉雜變，便自謂長卿，長卿固不汝嗔，但恐覽者渴睡落床，難以凌雲耳"。《題鳳山詩後》，謂"楊君詩，殊有可觀之言，長韻尤可喜，然求免於寒苦而不可得。悲夫，此道之不售於世也久矣"。三文皆以對某一文學現象或世風的不滿爲跋。

《書謗》，謂"吾平生遭口語無數，蓋生時與韓退之相似，吾命宮在斗、牛間，而退之身宮亦在焉。故其詩曰：'我生之辰，月宿南斗。'且曰：'無善名以聞，無惡聲以揚。'今謗吾者，或云死，或云仙。退之之言，良非虛耳"。《書聖俞贈歐陽闐詩後》，謂梅公均有詩以鳳喻歐喻蘇，而二人年邁，"固窮亦略相似，於是執手大笑，曰：'聖俞之所謂鳳者，例皆如是哉！'天下皆言聖俞以詩窮，吾二人者又窮於聖俞，可不大笑乎"。二文皆以人生感慨爲跋。

《書請郡》，謂"今年，吾當請廣陵，暫與子由相別。至廣陵逾月，遂往南郡。自南郡詣梓州，溯流歸鄉，盡載家書而行。迤邐致仕，築室種果於眉，以須子由之歸而老焉。不知此願遂否，言之悵然也"。《書贈柳仲矩》，謂"柳十九仲矩，自共城來，持太官米作飯食我。且言百泉之奇勝，勸我卜鄰。此心飄然，已在太行之麓矣"。二文皆以一時想法、思緒爲跋。

而《題廣州清遠峽山寺》，謂"若於淙碧軒之北作一小閘，瀦爲澄潭，使人過閘上，雷吼雪濺，爲往來之奇觀"。《記遊松風亭》，記其"足力疲乏，思欲就床止息"，忽然想到"此間有甚麼歇不得處"。《書上元夜遊》，記其夜遊回家，放杖而笑，"蓋自笑也，然亦笑韓退之釣魚無得，更欲遠去，不知走海者未必得大魚也"，三文皆以生活中的一點感受、感悟，甚至是一點想法、一種意識流動過程爲題爲跋。

從引文可見，蘇子題跋內容雖然豐富，各篇題材卻顯得單一、簡約，不以完備、繁複爲佳。而題材小而單一，自然便於行文自由、靈活，起止隨意，以至出語跳躍，得心應手地說出最重要的事實和見解。

蘇子題跋的表述方式，可用直言其事、直陳其理概括。而用語淺近、明白，在事明意達的前提下，盡力把話說得生動、形象、有趣，則爲其行文之特點。從上引多篇題跋顯現蘇子幽默、風趣個性的文字就可見一斑。如他說定惠院東"山上多老枳木，性瘦韌，筋脉呈露，如老人項頸。花白而圓，如大珠累累，香色皆不凡"。[1]《題白水山》謂"時荔子累累如茨實"。說書法："夷甫獨超然如群鶴聳翅，欲飛而未起也。"[2]說用徐偃筆寫字，有筋無骨，"筆鋒如着鹽曲蟮，詰曲紙上"，[3]說"歐陽文忠公用尖筆乾墨，作方闊字，神采秀發，膏潤無窮。後人觀之，如見其清眸豐頰，進趨裕如也"。[4]而說"僕醉後，乘興輒作草書十數行，覺酒氣拂拂，從十指間出也"，[5]皆形容得好。

大抵蘇子題跋語言的生動有趣，除了愛講幽默風趣的俏皮話外，就是愛用會用比喻說話。如其論詩文，像說辯才"平生不學作詩，如風吹水，自成文理。而參寥與吾輩詩，乃如巧人織繡耳"；[6]說張子野詩筆老妙，可以追配古人，"而世俗但稱其歌詞……皆所謂未見好德如好色者歟"；[7]說"魯直詩文，如蝤蛑、江瑤柱，格韵高絶，盤飧盡廢，然不可多食，多食則發風動氣"；[8]說常建詩"竹徑通幽處，禪房花木深"，歐公雖愛賞，"然於公何足道，豈非厭飫芻豢、反思螺蛤耶"；[9]如其論書法，有謂"學書如溯急流，用盡氣力，船不離舊處"。[10]如其論筆墨硯，說諸葛筆佳，制法難學，"如北苑茶、內庫酒、教坊樂，雖弊精疲神，欲強學之，而草野氣終不可脫也"。[11]說他人學諸葛散卓筆制法，只能得其形似而無其法，"如人學杜甫詩，得其粗俗而已"。[12]說吳說筆寫字頗適人意，而"若用今時筆工虛鋒

---

[1]蘇軾《記遊定惠院》。
[2]蘇軾《題晋人帖》。
[3]蘇軾《書魯直是藏徐偃筆》。
[4]蘇軾《跋歐陽文忠公書》。
[5]蘇軾《跋草書後》。
[6]蘇軾《書辯才次韵參寥詩》。
[7]蘇軾《題張子野詩集後》。
[8]蘇軾《書黃魯直詩後二首》之二。
[9]蘇軾《書常建詩》。
[10]蘇軾《記與君謨論書》。
[11]蘇軾《書諸葛筆》。
[12]蘇軾《書諸葛散卓筆》。

漲墨，則人人皆作肥皮饅頭矣"。[1]說自己望見"有人出墨數寸"，就"知其爲廷珪也"，並謂"凡物莫不然，不知者如烏之雌雄，其知之者如烏、鵠也"。[2]說"用褪墨硯如騎鈍馬，數步一鞭，數字一磨，不如騎騾用瓦硯也"。[3]又如說若逵所抄經書："而此字畫，平等若一，無有高下，輕重大小。云何能一？以忘我故。若不忘我，一畫之中，已現二相，而況多畫。如海上沙，是誰磋磨，自然勻平，無有粗細；如空中雨，是誰揮灑，自然蕭散，無有疏密。"[4]如說自見歐公"欲釋位歸田，可謂切矣"，"公發於至情，如饑者之念食也"。[5]又如說"達者與不達者語。譬如與無舌人說味。……問東說西，指空畫地，如心疾，如睡語"[6]云云。他如同論佛理，《記袁宏論佛》取"食鹿"爲喻，《跋王氏華嚴經解》取"賣豬"爲喻等。所用比喻或雅或俗，或明喻暗喻，或單喻博喻，或喻中有喻，或出喻即了，或出一喻而作引申，無不將所喻之事說得形象、生動，將所喻之理說得淺顯、明白、清楚。

蘇子論人重"風味"，衡言亦重其"有味"，[7]故爲題跋，語言有味或謂意味深長，亦爲其美感特徵之一。其題跋語言有味，表現在多個方面。一是見識新穎深刻，耐人體味。其論世論人，評議詩文藝術，均以識見勝，如上引諸多語句，義豐語儉，說理多不展開，妙義所在，琢磨再三始能完全把握。而琢磨其義實即體味其妙，琢磨愈深則所得愈多。像《跋子由老子解後》，謂"使戰國時有此書，則無商鞅、韓非；使漢初有此書，則孔、老爲一；晉、宋間有此書，則佛、老不爲二；不意老年見此奇特"；《書摩詰藍田煙雨圖》，謂"味摩詰之詩，詩中有畫。觀摩詰之畫，畫中有詩"。言之概括，均爲結論，自有深義可尋。即使文中偶出一句兩句感慨語，如《書淵明詩》謂"噫嘻，以夕露沾衣之故而犯所愧者多矣"；《書蘇子美金魚詩》，謂"苟非難進易退而不妄食，安能如此壽耶"；《記遊松風亭》，謂"此間有甚麼歇不得處"，將人生體驗、感慨融入見識之中，意味尤爲深長，亦更耐人體味。

二是所言之事、所寫之人、所記之言讀來有味。所言之事及人者，如《書孟德傳後》所言嬰兒、醉人以及未及知者不懼虎的故事，《書徐則事》所言徐則與楊廣周旋事，《記郭震詩》所言郭震事及其人，《記清泉寺詞》所言聾醫龐安時事及其人，《書杜介求字》所言杜介事及其人，《書歸去來詞贈契順》所言卓契順事及其人等。事有故事性，人有個性，有的還有趣味性，自然讀來興味盎然。

所記之言，一是指題跋所記他人之言，如《書黄州詩記劉原父語》所記劉原父所說陳元龍的話，《記徐陵語》所記徐陵回答他人咎其多忘、每不識人的話："公自難記，若曹、劉、沈、謝輩，暗中摸索，亦合認得。"《記李邦直言周瑜》所謂"周瑜二十四，經略中原，

---

[1]蘇軾《試吳說筆》。
[2]蘇軾《書廷珪墨》。
[3]蘇軾《評淄端硯》。
[4]蘇軾《書若逵所書經後》。
[5]蘇軾《跋歐陽文忠公書》。
[6]蘇軾《跋赤溪山主頌》。
[7]蘇軾《書歐陽黄牛廟詩後》即謂聞宜都令朱嗣先語："感其言有味，故爲録之"。

今吾四十但多睡善飯”，《記郭文語》所記郭文與溫嶠的對話，《記歐陽公論文》所記歐公論文“無它術”云云，《記永叔評孟郊詩》所記歐公評語等。此類話不但有理趣，還有風趣，能見出言說者的性情、神韵，讀時豈可囫圇吞棗。二是指題跋中引用的作品，如《記子美逸詩》之詩，《書王梵志詩》之詩，《自記吳興詩》之詩，《跋歐陽寄王太尉詩後》之詩，《書潁州禱雨詩》之詩，《書蜀僧詩》之詩，《書曇秀詩之詩》《題楊樸妻詩》之詩等，它們各有詩味、風格和藝術表現形式，自宜細加品鑒。當然更多的是指題跋敘議用語的有味。關於題跋用語的有味，前面的相關論述已多處言及，此處就不再詳說。

　　觀察蘇子題跋的文學美，人們往往忽略一點，那就是文中飄逸情致和現實生活氛圍的統一。講飄逸情致好理解，人們很容易就想到文中的詩畫境界，想到它們所反映的超塵脱俗的高雅活動，想到它們所表達的爲一般文士所難於企及的生命觀念和人生方式，津津樂道於《記承天夜遊》《題合江樓》《書贈何聖可》所蘊涵的奇情異境。却常常忘記一點，即此類情境都是在作者特有的現實生活背景下產生的。而於《蓬萊閣記所見》《記遊松風亭》《書上元夜遊》等，尤其是《記遊定惠院》則注意不夠。以爲日常生活，瑣瑣細細，過於寫實，不足爲奇。實則直接寫“我”，寫我的日常生活，而且是原原本本、“流水賬”式地寫我的日常生活經歷，真實自然地再現某些過程（包括心理活動）。真所謂信手信口，隨物賦形，動有姿態，而行止必然。即如《記遊定惠院》，看似流水賬式地記述，實非巨細不遺，而是有所選擇；看似真實自然地再現，亦非照相般“寫真”，而是有所“修飾”，有所“加工”。這樣表現出來的日常生活，就既具現實生活的本色美，又有高於生活的文學美。尤爲重要的是，此類題跋的出現，說明經過蘇軾等人的努力，古文所明之道，其内涵正在擴充，該文類與作者現實人生的距離正在大幅度地縮短，在古文内部已經出現一種以表現個人日常生活内容爲主、具有張揚自我的藝術精神和寫實風格，以及寫法不拘格套、篇幅短小、語言活潑有味的“小文”文類。從這個角度看，蘇子文中有我、真實表現個人日常生活内容（包括感受）的題跋，在古文發展史上的地位，確實不可低估。

2019 年 2 月 17 日至 4 月 14 日於哭寮灣嶼海雲端酒店

（作者簡介：熊禮匯，武漢大學文學院教授。）

名學研究專欄

正學

名家始於刑名變於儒道法成於別墨辨[1]

王小虎　程水金

摘要： 由於起源和來源的混淆、討論標準和側重點的不同，以及皆試圖總結出一個不變的更加根本之起源的思維定勢，學術界對於名家思想的起源衆說紛紜。事實上，這些說法皆忽略了先秦名家並非像儒家那般是一個嚴謹學脉的事實，即代表先秦名家的鄧析、尹文、惠施、公孫龍四人之間没有直接的師承而往往是私淑自洽。正因爲四人皆本有其他師承，名家思想的階段性和跳躍性才非常明顯，故此思想的起源不可能只是最初的那一個。換言之，只有依于先秦名家的現實學術歷程去分階段地具體探索其思想發展的内在邏輯，才能明瞭其真實的思想起源，才能厘清名家思想發展的兩條内在線索，也才能把握名家學脉之整體與本質。

關鍵詞： 刑名；形名；正名；與衆共治；惠施；公孫龍

先秦有没有名家？學者有持否定答案，如虞愚和胡適先生，[2]也有學者持肯定答案，如吕思勉[3]、勞思光[4]和馮友蘭[5]等先生，且後者是當前學術界的主流意見。還有很多學者都有相關表達，下詳。總之，絶大多數學者對先秦有名家無異議，有異議的是名家有哪些學者以及思想内容、學術宗旨、學脉承衍等問題。雖然對名家有哪些學者没有一致定論，但學界也有較一致的看法，主要還是依據和綜合《荀子·非十二子》、《莊子·天下》、《史記·太史公自序》和《漢書·藝文志》的觀點，即先秦有名家，主要以鄧析、尹文、惠施和公孫龍四人爲代表。然四者相去數百年，不可能私相授受、口耳相傳，再加之本身知識構成和學術經歷的不同，以及春秋戰國時期學術爭鳴、百家蜂起交融的文化背景，四者雖

---

[1] 本文是程水金教授主持的2018年度國家社科基金重大項目"先秦名學文獻整理及其思想流別研究"（項目批准號：18ZDA243）的階段性成果。

[2] 虞愚先生認爲先秦没有名家，見氏著，《中國名學》，上海：上海書店1992年版，第13頁。否定先秦有名家一說的著名人物是胡適先生。他明確指出古代没有名家之說，並將惠施、公孫龍當作墨家學者。見胡適：《諸子不出於王官論》，氏著，《中國哲學史大綱》，北京：商務印書館2011年版，第325頁。

[3] 吕思勉先生認爲先秦名學即"正名"之學，總共有兩派：一派"言正名之可以爲治，而其所謂名實者，則不越乎常識之所知。此可稱應用派，儒法家是也"；一派"則深求乎名實之原，以求吾之所謂名實者之不誤，是爲純理一派，則名家之學是也"。見吕思勉：《經子解題》，上海：華東師範大學出版社1995年版，第146頁。

[4] 勞思光先生也認爲先秦關於"名"的理論有兩支：一支是儒學；一支是辯者之學。見勞思光：《中國哲學史》第一卷，桂林：廣西師範大學出版社2005年版，第286頁。

[5] 馮友蘭先生則明確主張鄧析是中國名家的先驅。見馮友蘭：《中國哲學史新編》第一卷，第330頁。

然都被認爲是名家的代表人物，即思想上有一定的源流承續關係，但並非嚴謹的學脉和師承，往往是私淑自洽，故思想的階段性、特殊性和跳躍性非常明顯，體現爲理論焦點和核心論題的變遷，其被後人所稱呼的名家[1]也不能不因此呈現出曲折的發展歷程。而就事物一般的發展規律來説，孕育、發生、發展、成熟四個階段中的發展和成熟兩階段，都必然會融合新資源新思想或總結出相應地的新觀點或新思維，否則不能稱之爲發展和成熟。換言之，討論名家思想的起源，不能依于一時、一個階段或某一特定思想去追尋，而應該照顧到名家作爲一個完整學脉所有的孕育、發生、發展、成熟的階段性及其具體的承衍變化。故此，筆者認爲名家有廣義和狹義之分，廣義者則諸子皆談名或包含所有關於名之理論，[2]非本文所論；狹義者則以此四子爲代表，[3]爲一包含孕育、發生、發展和成熟四個階段（名家思想的整體過程包含但不限於此四個階段）的有機整體，其思想最初孕育於六經所代表的王官文化和"名實相怨"的社會現實，發生于鄧析與子產聚焦於法律的政治鬥爭，也就是"刑名之術"，發展變化於儒法道三家的治國之道，最後成熟於别墨的思維邏輯。

一、對討論名家思想起源之方法的檢討與反思

（一）名家思想起源諸説辨疑

關於先秦名家思想的起源，學界討論很多，歸納起來，主要有以下幾種説法。

1. 名家源于禮官辨

名家源于禮官的説法是"諸子出於王官"的分論點，是過去兩千餘年來的主流觀點，

---

[1]先秦時期並没有名家的稱呼，衹有辯者、辯士的稱呼，如《莊子·天下》記載："惠施以此爲大，觀於天下而曉辯者，天下之辯者相與樂之。"見郭慶藩：《莊子集釋》下册，北京：中華書局1961年版，第1105頁。勞思光先生認爲名家的稱呼"起自西漢"，當從司馬遷開始，見氏著，《中國哲學史》第一卷，第286頁。《史記·太史公自序》記載司馬談《論六家要旨》時説："名家苛察繳繞，使人不得反其意，專決於名，而失人情；故曰：使人儉而善失真。若夫控名責實，參伍不失，此不可不察也。"見司馬遷：《史記》，北京：中華書局1959年版，第3291頁。班固《漢書·藝文志》也説"名家者流"，名家之稱由此定論。需要説明的是，名家之名雖然是后人所起，但這並不影響先秦有名家的學脉發展。

[2]諸子皆有關於名的相關思想，這點毋庸置疑，因爲名是諸子思想得以闡揚、傳播的必然載體；對於先秦名家的廣義定論，伍非百先生認爲名家就是專門研究與"名"有關的學術問題的流派，如名法、名理、名言、名辯、名分、名守、形名、正名等，這顯然包括了儒、道、法諸家的理論。見伍非百：《中國古名家言》，北京：中國社會科學出版社1983年版，第5頁。筆者以爲，這種廣義的定論實際上並不可靠，會模糊先秦諸家的界限，也違背了司馬談《論六家要旨》時所以區分六家爲六家的宗旨。

[3]先秦名家並非衹有此四子，但就思想的特徵和成熟度、代表性以及可考資料來説，學術界一般較爲認可以此四子代表先秦名家。先秦其他名家如兒説，《韓非子·外儲説左上》："兒説，宋人，善辯者也。持'白馬非馬也'服齊稷下之辯者。"還有桓團、宋鈃、貌辯、昆辯、成公生、黄公等，見郭沫若：《十批判書》，北京：中國華僑出版社2007年版，第182—200頁；譚戒甫先生則主張自鄧析始后，還有田巴、毛公、綦母子等，見譚戒甫：《公孫龍子形名發微》，北京：科學出版社1957年版，第72頁。除鄧析四人外，其他名家材料稀缺，難以考證，一般存而不論。

由班固《漢書·藝文志》明確提到："名家者流，蓋出於禮官。"[1]直到清末曹耀湘開始有所懷疑，他在《墨子箋》中說："《志》(《漢志》) 中推墨家所出與其短長之處，所見不逮《淮南》遠甚，甯論史公與莊子乎？劉歆之敘諸子，必推本于古之官守，則迂疏而鮮通。"近人張舜徽先生在《廣校讎略·漢書藝文志通釋》中引用了曹耀湘的上述話語，並隨後評論說："要言不煩，其說是也。余平生論及斯事，守《淮南·要略篇》之論，以爲諸子之興，皆因時勢之需要，應運而起，不必有其淵源所自也。使徒牽于某家出於某官之說，則不足以明學術自身發展之因，而莫由推原其興替，故其說必不可通。"[2]而胡適先生《諸子不出於王官論》一文直接否定了先秦名家的存在，自然沒有源於禮官一說；[3]王琯《公孫龍子懸解》認爲"禮官"所掌僅僅是"文名"，而名家致力於"散名"，與禮官不同類。[4]

也有學者對《漢志》觀點表達了部分的支援，如章太炎先生《國故論衡》認爲禮官所守是爵名，古之名家確源于禮官，但尹文、惠施等後來者則是源於散名而非禮官；[5]譚戒甫先生也認爲《漢志》之言乃"溯古"之言，"諒不誣也"，[6]但區分了"形名"與"刑名"；王德箴先生認爲"名"從孕育到產生到運用都與人們的現實生活息息相關，後來被神農、黃帝等古君王用到治天下的禮樂法度上，到周代時，"名始有專司掌之者"，[7]由此"名家出於禮官"有一定道理。[8]

禮官或周禮是宗法制度的集中代表。若從周文疲敝而諸子繼之興起的社會歷史和學術史考察，則《漢書·藝文志》所列鄧析、尹文、惠施、公孫龍等名家源于禮官也就是周禮或六經，一定程度上是合理的。但學術會隨著歷史和社會階段的不斷演進而產生新的思想和觀點，尤其是現實的社會歷史原因對思想的孕育、發生、發展有著不可磨滅的影響，即諸子學所以大興和爭鳴的紛亂多元的社會歷史現實（皆邏輯地先"救世之弊"）與宗法禮制所以確立的一統的西周時代大不相同，其孕育的思想才會應于紛亂的現實而多元化。故此，一概說名家僅僅是源出禮官或周禮是有所偏頗的，首先是忽略了時代精神這一現實的社會歷史維度，其次是忽略了名家四子之間思想的差異性所體現的階段性的不同，這從王琯、章太炎等先生的觀點可以看出。且鄧析、尹文、惠施、公孫龍相去數百年，就算忽略其時代的社會歷史現實而單純地從思想傳承的角度來看，假定名家源于禮官可以成立，則名家之論包括新產生的思想都應該與周禮有必然的邏輯聯繫，然新的思想尤其是辯者之論層出不窮，特別是辯者二十一事，與禮官或周禮並無必然邏輯關係，則名家源于禮官一說

[1] 班固著、顏師古注：《漢書》第六冊，北京：中華書局1962年版，第1737頁。

[2] 張舜徽：《廣校讎略·漢書藝文志通釋》，武漢：華中師範大學出版社2004年版，第346—347頁。

[3] 胡適：《中國哲學史大綱》，第322—328頁。

[4] 王琯：《公孫龍子懸解》，北京：中華書局1992年版，第25頁。

[5] 章太炎：《國故論衡》，上海：上海古籍出版社2003年版，第117—118頁。

[6] 譚戒甫：《公孫龍子形名發微》，北京：科學出版社1957年版，第65頁。

[7] 如《禮記·樂記》記載："鋪筵、席，陳尊、俎，列籩、豆，以升降爲禮者，禮之末節也，故有司掌之。"見孫希旦撰、沈嘯寰等點校：《禮記集解》，北京：中華書局1989年版，第1011—1012頁。

[8] 王德箴：《先秦學術思想史》，南京：美吉印刷社1935年版，第169—170頁。

不能成立。

　　2. 名家起源于名實之争辨

　　這可能是現在學界的主流觀點，自《史記·太史公自序》"名家使人儉而善失真，然其正名實，不可不察也"開始。[1]馮友蘭先生認爲主要表現爲新興地主階級與奴隸主階級的政治鬥争，尤其是在刑法上，先驅應該就是做"竹刑"與子産作政治鬥争的鄧析。[2]李錦全、郭齊勇、馮達文等先生也主張名家起源于春秋末期的"名實之争"，且主要是反映新舊制度與事物之間"名""實"不符的矛盾，[3]"名實之相怨久矣。"[4]除此之外，多數學者在論述名家思想起源時，都會提到名實之争的問題。且就以上四位先生的觀點而言，其共同之處是春秋末期的"名實之争"即政治鬥争，即爲名家的起源；不同之處是馮友蘭先生認爲名家既然起源于春秋時期鄧析與子産的政治鬥争，則鄧析就屬於名家，而其他三位先生則認爲政治鬥争不是名家的主要内容，戰國時期的哲學論戰才是，所以名家的代表是惠施和公孫龍。

　　可以看出，四位先生之討論的核心區別在於對判定名家之標準有不同認識，如馮友蘭先生以名家的先驅和思想起源作爲認定名家的標準，其他三先生則以名辯思想這一核心内容判定名家。應該說，名家思想起源于名實之争的論斷是有道理的，因爲名實不符的矛盾是應於現實社會生活的需要伴隨新事物的不斷出現而自然出現的，並非開始於鄧析和子産的鬥争，而是貫穿於"名"的孕育發生到禮樂宗法制度崩壞的整個過程，突出表現爲整個禮樂宗法與新時代不斷涌現的新事物新思潮新制度的矛盾，因此孔子有"正名"之說，老子有"無名"之論，這都說明諸子有着一個共同的理論起源。但這並不能說明諸子或名家就只有或只應該有這一個理論起源，《吕氏春秋》論諸子起源認爲是"救世之弊"是明證，且不論這個說法是否正確合理，至少證明了諸子思想起源所應有的時代社會歷史現實這一維度。其實，鄧析既爲開山則應屬於名家發生的奠基人，這與其思想不爲惠施、公孫龍的核心並不矛盾，就如周敦頤開理學風氣却没有提出"天理""心統性情"但仍不失其爲理學開山之地位一樣。名家既然有着數百年的延續歷程，其思想的發展有階段的差異性理所應當，不同階段有不同的思想匯入才能更好地說明其有發展，則單純就思想發展的邏輯來說，其有不止一個思想來源也順理成章，這一點從名家的核心和起源雖然是名實問題但不全部是名實問題也可以看出。

　　3. 名家源于名辯思潮辨

　　有學者將名辯思潮與名家區分開來，此時的名辯思潮一般指萌芽於春秋末期的關於"名"的理論思潮，名家則常常被稱作名辯學派、詭辯學派，如劉捷宸先生認爲名辯思潮濫觴於春秋末期，是名家思想的來源，名家即爲詭辯學派，始于鄧析，經兒說、田巴的發展，

---

　　[1] 司馬遷：《史記》，第3289頁。

　　[2] 馮友蘭：《中國哲學史新編》第一卷，第126—128頁。

　　[3] 李錦全：《中國哲學史》上册，北京：人民出版社2001年版，第173—174頁。馮達文、郭齊勇主編：《中國哲學史》上册，北京：人民出版社2004年版，第144頁。

　　[4] 黎翔鳳：《管子校注》，北京：中華書局2004年版，第222頁。

到惠施特別是公孫龍時大成；[1]趙繼彬先生認爲"古代的名辯思潮，大概是萌芽於孔子時代，展開于孔墨對立，至孟、莊時代而達于鼎盛"，但名家則始自惠施和公孫龍；[2]孫波先生認爲名辯思潮是"名學"和"辯學"的結合，未明確提出名家，但認爲鄧析、尹文、惠施、公孫龍等如孔子、老子、孟子、荀子一樣，皆源于名辯思潮；[3]李樹琦先生則將鄧析、惠施、公孫龍三人歸屬爲名辯學派，與墨家一起構成先秦名學的一部分。[4]

　　將名辯思潮作爲名家思想的來源，雖然能將儒家、道家等關於"名"的思想與惠施、公孫龍爲代表的名辯思想區別開來，也能以"名辯思潮"將先秦所有關於"名"的理論概括起來，在一定程度上，與郭沫若先生泛論名家的選擇一致，[5]但終究是有欠妥當的，因爲名辯思潮中的名家，不是被稱作名辯學派、詭辯學派，就是被認爲是純粹的邏輯思想學派，可純粹的名辯邏輯只是名家思想的重要内容而不是全部，僅以此作爲名家思想的全部或首要的核心内容，是不合實際的，如鄧析與子產的政治鬥爭本就有着爲政和"明王"的目的内容，[6]尹文形名思想的實質是"察理"以實現"與衆共治"，[7]惠施和公孫龍雖然主張"專決於名"的思路，[8]但同樣有着"泛愛萬物"[9]、"化天下"[10]的爲政治國平天下的爲學宗旨。若鄧析、尹文、惠施和公孫龍的純粹名辯邏輯就是名家思想的全部，則"明王""與衆共治""泛愛萬物"和"化天下"的爲學宗旨就會與純粹邏輯的名辯產生矛盾，畢竟後者所論不是倫理政治和日用之間的社會現實問題，不能必然推出此爲學宗旨；而若主張此爲學宗旨另有來源，則等於肯定此爲學宗旨，也等於說名家之學不是源于鄧析等，前後矛盾。再者，名辯思潮的本質是名實問題，而名實問題並不僅僅開始於孔子時代，《禮記·祭法》曰"黄帝正名百物以明民共財"，[11]則一般意義上的名實問題是與宗法禮制和人們的生活息息相關的。

　　筆者以爲，惠施、公孫龍作爲名家"專決於名"的思想學脈，與其冀圖"專決於名"的思路表達"泛愛萬物""化天下"的爲政宗旨和學術理想並不矛盾，就如同黄老道家爲實

[1]劉捷宸：《稷下名辯思潮與名家》，《齊魯學刊》1983年第3期。

[2]趙繼彬：《中國哲學思想》，上海：上海書店1990年版，第78頁。

[3]孫波：《略論先秦時期的名辯思潮》，《學習論壇》2008年第5期。

[4]李樹琦：《先秦名辯思想的兩個特點》，《中州學刊》1986年第2期。

[5]郭沫若先生說："'名家'本來是漢人所給予的稱謂……故我們現在要來研討這一現象的事實，與其陷於漢人所謂'名家'，倒不如打破這個範圍，泛論各家名辯。"見郭沫若：《十批判書》，第183頁。不同的是趙繼彬先生認爲惠施公孫龍就是名家代表，但郭沫若先生則强調公孫龍的白馬之論紹述兒說。

[6]《鄧析子·無厚》明確說："循名責實，案法立威，是明王也。"見黄克劍：《公孫龍子（外三種）》，北京：中華書局2012年版，第231頁。可見"刑名之術"所代表新群體利益的政治鬥爭，仍然凸顯的是为政治國的現實關懷，"兩可"和"言意之辯"只是其實現目的的手段。

[7]王愷鑾：《尹文子校正》，上海：商務印書館1935年版，第10頁。

[8]司馬遷：《史記》，第3291頁。

[9]郭慶藩：《莊子集釋》下册，第1102頁。

[10]龐樸：《公孫龍子研究》，北京：中華書局1979年版，第2頁。

[11]孫希旦：《禮記集解》，第1204頁。

現治世目標而“合儒墨、兼名法”一樣。當然，惠施和公孫龍的爲治天下的宗旨和思想確與其所繼承的鄧析、尹文有異，集中表現爲：前者關於形名邏輯的討論更多更重甚至流露出詭辯的傾向，所以只有“泛愛萬物”“化天下”的思想口號却没有成系統的現實可用的措施，而後者則更多集中在“爲政”之上，這從鄧析的“竹刑”和尹文“與衆共治”的主張可以看出。

4. 名家出於別墨辨

此觀點最早可能出自《晋書·隱逸傳》所載魯勝《墨辯注敘》，“墨子著書，作《辯經》以立名本，惠施、公孫龍祖述其學，以正刑（別）名顯於世。”[1]陳澧也認爲“公孫龍之學，出於墨氏”。[2]孫詒讓在寫給梁啟超的信中說道：“嘗謂《墨經》楬舉精理，引而不發，爲周名家言之宗；竊疑其必有微言大義如歐士亞里大得勒之演繹法，培根之歸納法，及佛氏之因明論者。惜今書僞缺，不能盡得其條理；而惠施公孫龍竊其緒餘，乃流於儇詭口給，遂別成流派，非墨子之本意也。”[3]梁啟超先生說：“惠施、公孫龍，皆所謂名家者流也，而其學實出於墨。”[4]馮友蘭明確將宋鈃、尹文稱作是墨家的“支與流裔”。[5]錢穆先生認爲名墨相訾，“名源於墨”。[6]胡適先生反對名家尤爲激烈，直接否定了先秦名家的存在，他說：“古無名家之名也。凡一家之學，無不有其爲學之方術……故‘名家’不成一家之言。惠施、公孫龍皆墨者也。”[7]對此，很多學者做出反駁，如龐樸先生認爲，無論先秦有無名家皆不妨礙後人將其命爲名家進行研究，因爲後人研究的是先秦名家之實而非其名，有無“名家”之號不妨礙有無“名家”之實，更不妨礙後人的研究；[8]馮耀明先生反駁了胡適先生的觀點，明確主張先秦名家的存在；[9]鐘泰先生也駁斥了胡適先生所謂的惠施“泛愛萬物”、公孫龍“偃兵”[10]即是墨子“兼愛”[11]“非攻”[12]的觀點，主張名家始于鄧析，先於墨子，絶不出於墨；[13]勞思光先生則認爲“名家”之號雖起於漢代，但這並不是說先秦無此種關於名之理論，相反，今日所說的名家正是指運用符號和概念討論早期邏輯和形上學的公孫龍學派。[14]

［1］轉引自方授楚，《墨學源流》，北京：中華書局；上海：上海書店，1989 年版，第 211—212 頁。

［2］陳澧：《東塾讀書記·諸子書》，上海：世界書局 1936 年版，第 143 頁。

［3］見方授楚：《墨學源流》，第 219 頁。

［4］梁啟超：《墨子學案》，上海：商務印書館 1922 年版，第 165 頁。

［5］馮友蘭：《中國哲學史新編》第一卷，第 284 頁。

［6］錢穆：《墨子惠施公孫龍》，北京：九州出版社 2020 年版，第 201—208 頁。

［7］歐陽哲生主編：《胡適文集》第二册，北京：北京大學出版社 1998 年版，第 182 頁。

［8］龐樸：《公孫龍子研究》，第 102—108 頁。

［9］馮耀明：《公孫龍子》，臺北：東大圖書公司 2000 年版，第 28—29 頁。

［10］許維遹：《吕氏春秋集釋》，北京：中華書局 2009 年版，第 475 頁。

［11］吴毓江：《墨子校注》，北京：中華書局 1993 年版，第 152 頁。

［12］吴毓江：《墨子校注》，第 195 頁。

［13］鐘泰：《中國哲學史·名家不出於別墨論》，瀋陽：遼寧教育出版社 1998 年版，第 64—66 頁。

［14］勞思光：《新編中國哲學史》第一册，第 298—299 頁。

反思辯論的雙方可知，堅持"名家出於別墨"[1]一方主要認爲惠施、公孫龍之學出於墨學，由此進一步上升到對先秦名家有無及其起源的反思，並非都反對先秦有名家；反對"名家出於別墨"一方則首先肯定了先秦名家的存在，甚至有學者認爲名家先于墨學，《墨經》受到公孫龍的影響。[2]筆者以爲，"名家出於別墨"論雖不能成立，但不代表"部分名家出於別墨"論不能成立，如程水金先生主張鄧析、惠施、公孫龍獨膺"名家"之名，但"惠施、公孫龍乃嗣墨子之後而流爲名家者"。[3]名家既然不是一家一人，又延續數百年，且處於百家爭鳴互融的時代，則不同代表者各有思想起源和同一代表者有不同思想起源確在情理之中，這從惠施接受法家思想"爲魏惠王爲法"[4]和公孫龍游於稷下並主張"偃兵"可知。換言之，名家之中，就算惠施和公孫龍受到墨學影響，也應該是相互的，且並不是只有墨學一支來源，或者說墨學與名家的交融主要集中於純粹的名辯邏輯。事實上，先秦有"名家"（即關於名的理論，如名實、名理等符號或概念）討論之實而無"名家"之名已是學術界公認的事實，而問題先於概念或理論也符合哲學、社會學發展的內在邏輯，故此程水金先生定名家開始于鄧析，同時認爲惠施、公孫龍借鑒吸收墨學，有其獨到之處。

5. 名家源于刑名辨

名家即刑名家、形名家，"刑名"即"形名"，"名家源于刑名"等於說名家起源於鄧析的"刑名之術"，這與"名家源于名實之爭"的說法並不矛盾，因爲後者包含前者。馮友蘭先生即持此觀點。[5]高亨先生也認爲名家起源于當時社會歷史現實下鄧析運用邏輯從事政治鬥爭的事蹟；[6]汪奠基先生將"名家"與形名家、刑名家等同，認爲其不僅僅是惠施、公孫龍一派，而應該廣泛地包括所有的名辯學者在內。[7]郭湛波先生則認爲所謂"名家"是漢儒將形名學與正名學合在一起的偏見，先秦只有刑名學，也就是形名學，主要講的是中國的邏輯思想，既不是法術學，也與儒家講倫理的正名之學不同，發源于鄭國，始于鄧析，而由惠施、公孫龍承續。[8]譚戒甫先生則持不同看法。他認爲名家與形名家不同，前者是真正的"名家"，後者如《史記》《漢書》所載的名家，即鄧析、尹文、公孫龍之流，實際上應該叫做"形名家"。[9]

---

[1]別墨的說法源於《莊子》，《天下》記載："相裏勤之弟子五侯之徒，南方之墨者苦獲、已齒、鄧陵子之屬，俱誦墨經，而倍譎不同，相謂別墨。"見郭慶藩：《莊子集釋》下冊，第1079頁。

[2]龐樸：《公孫龍子研究》，第105頁。杜國庠：《杜國庠文集》，北京：人民出版社1962年版，第71—72頁。

[3]程水金：《中國早期文化意識的嬗變：先秦散文發展線索探尋》，武漢：武漢大學出版社2014年版，第675、683頁。

[4]許維遹：《呂氏春秋集釋》，第493頁。

[5]馮友蘭：《中國哲學史新編》第一卷，第128頁。

[6]高亨：《試談晚周名家的邏輯》，《山東大學學報》1963年第2期。

[7]汪奠基：《中國邏輯思想史》，武漢：武漢大學出版社2012年版，第47—48頁。

[8]郭湛波：《先秦辯學史》，北京：中華印書局1932年版，第1—10頁。

[9]譚戒甫先生說："史序漢志所論名家，輒與形名混同。今觀漢志名家，首列鄧析，竅與次列尹文、公孫龍、毛公皆屬形名。"見譚戒甫：《公孫龍子形名發微》，第74頁。

"形名"之說，先秦確有記載，如《莊子·天道》："故書曰：'有形有名。'形名者，古人有之，而非所以先也。"[1]《戰國策·趙策》："夫刑名之家，皆曰'白馬非馬'也。"[2]《管子·心術上》："物固有形，形固有名。"[3]但不能因爲有"形名"之說就認爲其與名家、刑名不同，實際上兩者的學術宗旨和核心指向是一致的，"考'名家'最著者鄧析，劉向稱'析好形名'，是鄧析乃'形名家'也。其次則惠施公孫龍，而魯勝謂'施、龍皆以正形名顯於世。'是施、龍亦'形名家'也。蘇秦謂'形名之家皆曰白馬非馬'，夫白馬非馬乃當時辯者之說，而蘇秦以屬之'形名家'，是當時辯者之徒亦形名家也。夫如是，則'形名'與'名'，乃古今稱謂之殊，非于'形名家'之外有所謂'名家'。"[4]筆者基本贊同伍非百先生的觀點，但認爲從思想的孕育、發生和字面的意涵來考察，"刑名"與"形名"確有不同，前者開始出現時聚焦法律並延伸至政治鬥爭，後者則有著更廣泛的内容，因爲"有形有名"還牽涉到物論乃至宇宙論而不僅僅是倫理政治和日用之間。換言之，兩者是在名家思想孕育、發生發展這個整體過程中所處的階段不同，爲學的宗旨和核心指向卻是一致的。要之，"刑名"即"形名"，是名家思想的發生階段，也是其中心問題；"形名"不就是"刑名"，是名家思想的發展成熟階段。前者是後者的中心基礎，後者是前者的延續發展。兩者互代應是後來發生的事，並非自"刑名"一出現就可以，這從韓非、蘇秦皆是戰國末時人可知。

6. 名家源于道家辨

江瑔先生認爲百家皆出於道家，名家淵源自道家"玄虛"一脉；[5]朱謙之先生以"古者刑名並稱，而皆歸本于黄老"主張名家發源于老子思想；[6]鐘泰先生說："是故吾謂名家自有宗趣，決不出於墨。若必求其相似，亦與莊子近而與墨子遠。"[7]郭沫若先生則說："公孫龍的白馬論紹述自兒說，他應該就是兒說的門徒。但他復以惠施之辯爲'樂'，足見他在思想派別上和惠施必有相同之處。惠施是道家派別，公孫龍應該也是屬於道家的。"[8]楊榮國先生則認爲惠施公孫龍將莊子的道邏輯化，追尋的是脱離現實的非社會的道。[9]

如果說名家源出於道家，則鄧析、尹文的刑名（形名）之術和惠施、公孫龍的名辯邏輯應該與道家的無名之說有著理論的淵源、邏輯的延續或旨趣的一貫，但實際上並無必然聯繫，誠如王琯先生所說"殊無是處"，[10]甚至在很大程度上背道而馳，如道家主張"不言

[1] 郭慶藩：《莊子集釋》中册，第 473 頁。

[2] 王守謙等：《戰國策全譯》，貴州：貴州人民出版社 1992 年版，第 537 頁。

[3] 黎翔鳳：《管子校注》，第 764 頁。

[4] 伍非百：《中國古名家言》，北京：中國社會科學出版社 1983 年版，第 6 頁。

[5] 李繼煌編：《古書源流》卷三《子部源流》，北京：商務印書館 1926 年版，第 44—45 頁。

[6] 朱謙之：《古學厄言》，上海：泰東圖書局 1922 年版，第 161 頁。

[7] 鐘泰：《中國哲學史·名家不出於別墨論》，第 66 頁。

[8] 郭沫若：《十批判書》，第 200 頁。

[9] 楊榮國：《中國古代思想史》，北京：人民出版社 1973 年版，第 255 頁。

[10] 王琯：《公孫龍子懸解》，第 15 頁。

之教"而名家却主張"辯勝",道家尚"靜"尚"虛"而名家崇"動"崇"論",兩者無思想的一貫可見一斑。

7. 名家源于"救世之弊"辨

名家源于"救世之弊"的說法是由諸子源於"救世之弊"的說法推論出來的。而後者則是由胡適先生根據《淮南子・要略》之論總結而出的,"諸子之學皆起於救世之弊,應時而興"。[1]張舜徽先生在《廣校讎略・漢書藝文志通釋》中也說:"余平生論及斯事,守《淮南・要略篇》之論,以爲諸子之興,皆因時勢之需要,應運而起,不必有其淵源所自也。"[2]有支持者就有反對者。梁啓超先生在評價淮南子有關"救世之弊"論時說:"獨《淮南》則尚論諸家學說發生之所由來,大指謂皆起於時勢之需求而救其偏敝,其言蓋含有相當之真理。雖然,其所謂時勢需求者,僅着眼於政治需求方面,似未足以盡之。政治誠足以影響學術,然不過動機而已。"[3]這等於說"世之弊"只是諸子興起的現實因由,而非是思想的根源、基因或精神傳承。牟宗三先生則認爲儒、墨、道、法四家不僅僅因緣於當時的外部環境更是針對"周文"疲敝而發。[4]這等於說諸子興起的思想根源是"周文"。筆者以爲,諸子的起源既不可以簡單歸結爲"救世之弊",也不能籠統說是應對"周文"疲敝而發,因爲諸子皆有其淵源所自,如儒家稱堯舜、墨家贊大禹、黃老慕黃帝等,且百家爭鳴互融延續了數百年,經歷多人的補充發展,諸子的思想不可能不應於時代的變化融入新元素、新思想而有所創新和突破,雖然這種更新變化本身就是發展,但也正好說明其來源不可能單一。若要講論清楚,則必須要還原到各家各派的思想發展的具體的歷史過程中,即在確定各家思想之特色、内容和脉絡的情況下,以思想孕育、發生發展的歷史過程爲參照物,才能兼顧各方面的意見得出具有唯一性和正當性的更全面的答案。對於名家起源的討論也應是如此。

然依照名家孕育、發生、發展和成熟的四個階段,則名家思想至少在後三個階段會體現出不同的特徵,不然不可稱之爲發生、發展和成熟。又由於此問題牽涉甚廣,當另文再論,此處只單就惠施、公孫龍的思想作一證僞的工作以判斷名家源于"救世之弊"的說法合理與否。學術界較爲公認的是,惠施、公孫龍已然走上了概念抽象的純粹邏輯的名辯道路,這在很大程度上脫離了現實的社會實際,流爲詭辯,雖然保有了"泛愛萬物"和"化天下"的爲學宗旨和目標,但既沒有理想的制度設計也沒有怎麼去做的系統理論,相反只是一種懸空的信念,與儒家、法家、黃老道家的"務爲治"有根本不同。如此,則名家源于"救世之弊"的說法不攻自破。

8. 名家源于"職業"說辨

與名家源于"救世之弊"的說法類似,名家源于特殊"職業"的說法是"諸子出於特

---

[1]歐陽哲生主編:《胡適文集》第二册,第181頁。

[2]張舜徽:《廣校讎略・漢書藝文志通釋》,第346—347頁。

[3]梁啓超:《飲冰室合集・淮南子要略書后》,北京:中華書局1989年版,第2頁。

[4]牟宗三:《中國哲學十九講》,上海:上海古籍出版社2005年版,第44頁。

殊職業"的推論。朱自清先生主張諸子其實都是一種"職業的士",因爲他們都會根據自己的知識和技能研究文化和制度,才會有百家爭鳴的局面;[1]傅斯年先生則提出"諸子出於特殊的職業"的說法,馮友蘭先生自謂受到傅氏的影響,[2]但傅先生的說法剔除了墨子,"戰國諸子除墨子外皆出於職業"[3],馮先生則在此基礎上集大成,"儒家出於文士,墨家出於武士……道家出於隱士,陰陽家出於方士,名家出於辯士,法家出於法術之士"。[4]聚焦到名家身上,朱自清和馮友蘭兩先生皆認爲訟師就是名家的起源。

　　筆者以爲,"職業說"有一定的道理,畢竟"士"這種新興的知識分子階層作爲職業來理解可以說得通,其本身就是爲君王、諸侯、大夫等服務的專門性人才,更遑論在"士"出現之前,職業人才都是官守。但若認爲諸子皆出於專門"職業"則很難站得住脚,因爲諸子本因不斷變化的時勢而產生,到戰國末期,"士"文化已經非常繁榮,百家爭鳴,並非所有的"士"始終保持著春秋末期的原有的官守職業,相反很多"士"適應時勢變化的需要以縱橫遊學爲業,也有當政者,或作爲當權者之幕僚,或不斷變換職業,如惠施和公孫龍,前者是魏國的相,後者是平原君的謀士,兩者相差甚遠,皆與"訟師"沒有必然的關聯,且公孫龍很受平原君器重,"平原君厚待公孫龍"。[5]則惠施和公孫龍都不必從事"訟師"這個職業謀求好的生活,這便消解名家源于訟師職業的動機。若謂名家的開山鄧析是訟師也很難成立。馮友蘭先生認爲春秋以前並無訟師,訟師是在鄧析子作"竹刑"後出現,因爲從鄧析學習的人很多,鄧析子成爲訟師第一人。[6]又從馮友蘭先生所列舉文士、武士、隱士、辯士、法術之士皆爲先秦實有之職業,則可知其同樣認爲訟師是先秦實有之職業,畢竟若不是,則"名家源于訟師"的說法前後矛盾。而鄧析所爲之所以爲先秦實有之訟師職業,馮先生所提的理由是從學的人很多,筆者以爲這樣的理由過於單薄。職業與思想不同,其形成應該是一種群體實踐,不能僅僅以個人爲標準,應該是一個被官方認可或容忍的較普遍的範圍,而不能是個別一小撮人私下裏的約定行爲,應該首先以獲得生產生活資料爲目的,可鄧析的本意是"務難子產"並非爲了生存,馮友蘭先生也將其定性爲政治鬥

---

[1] 朱自清:《經典常談》,北京:北京出版社2003年版,第79頁。

[2] 馮友蘭先生曾說:"后來我發現傅斯年的一篇稿子,其中說'諸子不同,由於他們的職業不同',這個說法給了我啟發。"見氏著:《三松堂自序》,第198頁。傅斯年認爲"諸子之出實有一個物質的憑藉",這個應該就是諸子賴以生存或存在的基本職業,"百家之說皆由於才智之士在一個特殊的地域當一個特殊的時代憑藉一種特殊的職業而生。"見傅斯年:《戰國子家敘論》,劉夢溪主編:《中國現代學術經典・傅斯年卷》,石家莊:河北教育出版社1996年版,第289—290頁。

[3] 傅斯年:《中國現代學術經典・傅斯年卷》,第289—290頁。

[4] 馮友蘭:《三松堂全集》第1卷,第199頁。關於諸子起源的問題,馮友蘭先生專門在《原儒墨》《原儒墨補》《原名法陰陽道德》《原雜家》四文中詳細說明,並與《先秦諸子之起源》一文全部收錄于《三松堂全集》第11卷中。

[5] 司馬遷:《史記・平原君虞卿列傳》,第2370頁。

[6] 馮友蘭:《三松堂全集》第11卷,鄭州:河南人民出版社2001年版,第347頁。

爭而不是爲了財貨，又因爲"爭財曰訟"，[1]這說明鄧析的所爲並非從事訟師職業或說訟師在鄧析時並非成熟職業。且鄧析的"竹刑"並没有受到子產的支持，子產之後雖然被用，却没見史籍記載鄧析爲訟師，關鍵是鄧析借助法律的政治鬥争不可能在短時間内就贏得足夠的話語權從而形成一種自上而下制度完善的專門的訟師職業，所謂的幫助别人解決法律問題應該只是私下裏的個人行爲，[2]類似智者一樣，不是普遍地被官方認可的行爲，不然他就不會被殺，而既然被殺，就說明執政者不完全認同鄧析的做法，就更不可能形成一種制度去讓更多的人學習他並成爲他那樣的人。换言之，鄧析代表的是新興群體的利益，所要挑戰的是舊群體的利益，没有官方的支持是不可能形成完善的訟師制度的，而獲得官方的支持是一個長期的過程，至少終鄧析一世是没有實現的，則鄧析的行爲只能是私下的個人行爲。惠施、公孫龍與鄧析相去數百年，思想的重心也從鄧析的現實的倫理政治關懷轉變爲脱離實際的純粹概念的邏輯名辯，則就算鄧析是訟師，也難以證立惠施、公孫龍是訟師。事實上，先秦的典籍多記載鄧析"兩可之說"或"言意分離"的辯論，[3]尹文、惠施、公孫龍等也都因爲善辯而被稱爲"辯者""辯士""察士"等，若其爲訟師，不應該幾無記載，應該說"辯士"等的稱呼在古人看來比"訟師"更加準確。故此，說鄧析傳授普通民衆法律知識的私下行爲類似後世訟師的所爲或作爲其發端則可，但認爲其所作所爲就是訟師這個被官方認可的普遍性的職業則有欠妥當。

（二）對名家起源討論方法的檢討與反思

以上八種說法，各有自己的道理，皆說出了名家思想起源的一面，雖然可能還没有窮盡所有觀點，但作爲反思的材料，已然足夠給筆者以指引。

1. 名家思想起源有諸多結論的原因

學者們之所以在討論名家思想起源時結論不同，主要有兩方面原因：

一是混淆了思想起源和思想來源的不同。一般而言，思想起源一定是思想來源，是指思想所以孕育並發生的那個最初的來源；但思想來源不必然是思想起源，要看這個來源對於思想本身的邏輯結構及其發展的意義，能且只能當這個意義特别重大時，才相應具有起源的意義，但畢竟不是最初的起源。在名家思想中，理論焦點和核心論題的討論常隨着階段性的變化而變化，表現爲：作爲發展階段的尹文吸收儒、法、道三家思想將鄧析聚焦于法律的代表新群體利益政治鬥争的"刑名之術"上升到以"天下"觀念爲邏輯前提的爲政

---

[1]《周禮·地官·大司徒》："凡萬民之不服教而有獄訟者，與有地治者聽而斷之，其附于刑者歸於士。"鄭玄注："争罪曰獄，争財曰訟。"賈公彥疏："獄訟相對，故獄爲争罪，訟爲争財。"見十三經整理委員會：《周禮注疏》，北京：北京大學出版社2000年版，第318—319頁。

[2]《吕氏春秋·離謂》："洧水甚大，鄭之富人有溺者。人得其死者。富人請贖之，其人求金甚多，以告鄧析。鄧析曰：'安之。人必莫之賣矣。'得死者患之，以告鄧析。鄧析又答之曰：'安之。此必無所更買矣。'夫傷忠臣者，有似於此也。"見許維遹：《吕氏春秋集釋》，《審應覽·離謂》，第487頁。

[3]許維遹：《吕氏春秋集釋》，《審應覽·離謂》，第486—489頁。

治國平天下的高度，[1]作爲成熟階段的惠施和公孫龍則更傾向于懸空尹文的"與衆共治"的政治理想轉而吸收和演繹《墨辯》的名辯邏輯，可見儒、法、道和《墨辯》對尹文、惠施、公孫龍影響極大，因而儒、法、道和《墨辯》也在某種程度上相對於名家思想具有了起源的意義，這便是名家源于"別墨""道家"等結論產生的原因。

　　二是討論的標準或側重點不同。有學者以名家的最初出現爲標準，則一般認爲是鄧析，這一點大多數學者不反對，而鄧析與子產的政治鬥爭的源頭是禮樂宗法，故有名家源于禮官、刑名（形名）、名實之爭的結論；有學者以名家的名辯邏輯爲標準，則鎖定名家爲惠施和公孫龍，起源則可能是墨學或名辯思潮；有學者依于可能的師承關係，如尹文師承宋鈃，得出名家源于黃老或墨家的結論；有學者認爲名家是一種職業；有學者將名學當做一種爲學之方，則諸子皆談；有學者以問題爲導向，則認爲名家應起于"名實之爭"；還有學者認爲應該考慮當時的社會歷史實際，則鄧析與子產的政治鬥爭或"救世之弊"應爲起源；等等。總而言之，由於標準不一，側重點不同，結論亦無窮盡。

　　筆者以爲，思想起源之說本有多個側面（就算一個側面也不能說就只能有一個起源），如人物、源頭問題、核心問題、爲學之方、社會歷史原因等，既可以在確定某個側面之後，再去具體探討，也可以面面俱到地去談論。但此兩種思考方法皆不如抓住名家思想孕育、發生、發展、成熟的實際歷史過程和思想邏輯之演變去整體反思好，畢竟名家之所以爲名家是因其所以獨立於百家學術之外自成一派的思想本身，而其思想發展的現實的歷史過程只有一個，也因此依于名家從孕育、發生到成熟的自有的內在理路去反思其思想和思維發展的整個邏輯過程的路徑才是更加根本的思考方法。若只依于名家思想孕育、發生、發展、成熟之一階段或某個要素、問題等爲標準去探討起源，固然可以，只能說聚焦於某個點，不能說沒有道理。

　　2. 基於名家思想發展之階段性和特殊性的考慮

　　就思想史發展的內在邏輯來說，任何一種思想不會突然出現，必定要經歷孕育、發生、發展和成熟的規律。孕育指的是思想所以脫胎而出的文化背景和思想根源，發生指的是思想經過孕育有了表達的需要後慢慢產生了基礎的概念和內容，發展則是在基礎概念之上形成一定的內容和體系的理論思想、核心觀點，成熟則是有了完備的概念、邏輯和更深入的思想體系。換言之，因爲物必有形，人們必須用"名"命"形"以指代物，所以《莊子·天下》說"形名者，古人有之"，這一階段是由現實的需要孕育出思想的階段，應是在書契之前，與文字的產生運用和人們的現實生活息息相關。後來"名"被用到禮儀法度宗教等倫理政治和日用之間上，如《禮記·祭法》曰"黃帝正名百物以明民共財"，商鞅說"神農既沒，以強勝弱，以衆暴寡，故黃帝作爲君臣上下之義，父子兄弟之別，夫婦妃匹之

---

[1]《莊子·天下》述說宋鈃尹文思想時明確說到："願天下之安寧以活民命，人我之養，畢足而止，以此白心……見侮不辱，救民之鬥，禁攻寢兵，救世之戰。以此周行天下，上說下教……不忘天下，日夜不休……圖傲乎救世之士哉……以禁攻寢兵爲外，以情欲寡淺爲內。"見郭慶藩：《莊子集釋》，第 1082—1084 頁。

合",[1] 記載這些禮樂宗法制度與思想的典籍是六經,諸子百家皆源出於六經,這是諸子百家皆有關於名的思想的原因。却又爲什麽出現不同呢? 這與諸家對待禮樂宗法制度的態度有直接關係,如孔子主張先禮後法所以强調"正名",老子主張無爲寡欲所以强調"無名",早期法家主張"一準於法"所以强調"刑名",鄧析也主張對舊法進行損益改良,與法家最爲接近,論域也相近,但法家强調"法與時移"的觀點改變法律甚至重新立法,鄧析則主張運用"言意分離""兩可"的方法應對法律,所以儘管鄧析之學也被稱作"刑名",却獨被《漢志》尊爲名家開山。當鄧析的這種論證方法被惠施、公孫龍進一步抽象和發展後,就形成了名家完備的名辯邏輯。所以六經所載的禮樂宗法制度及其時代和思想背景是名家的思想起源(也就是孕育階段),鄧析的"刑名"是名家思想的正式開始也就是發生的階段,尹文、惠施、公孫龍的"形名"是成熟階段。雖然各個階段性不同,但其思想的根源、爲政宗旨和理想目標皆是源出六經的爲政治國平天下,即"刑名"之所以聚焦於禮法制度與"形名"思想的學術宗旨與核心指向一致,這便是《戰國策》和《韓非子》以"刑名"與"形名"互代的原因之一。[2]

其次,撇開戰國諸子的思想根源不説,"刑名"與"形名"兩者被當作異名同實的另一個原因是不得不邏輯地先"救世之弊",即諸子思想的宗旨和目標不僅僅是"救世之弊",[3]但必須先從"救世之弊"開始,因爲戰國諸子身處亂世,皆以"救世之弊"爲己任,其思想也必須先面對"救世之弊"這一基礎的共同問題,這是先秦諸子"推天道以明人事"思路的體現,重點在於"用",則諸家思想皆集中以"救世之弊"爲首要任務而談爲政治國平天下,鄧析、尹文、惠施、公孫龍皆不例外。加之"形名"與"刑名"又有思想上的延續性,如同學者稱呼孟子、孔子弟子思想即可代表孔子儒學一樣,後世學者便以"刑名"與"形名"等同可互相代用。

當我們肯定先秦名家的存在,並由此探索其思想的孕育、發生、發展過程時,我們會發現,從開始到發展、成熟皆是名家的證成過程,在經歷數百年的發展後,有新思想新思

---

[1] 蔣禮鴻:《商君書錐指》,北京:中華書局1986年版,第107頁。

[2]《戰國策·趙策》:"夫刑名之家,皆曰白馬非馬也。"見王守謙等:《戰國策全譯》,貴州,貴州人民出版社1992年版,第537頁。"白馬非馬"是兒説、公孫龍的觀點,而兩人是著名的名家學者,則可知這裏的"刑名"實際上指的是"形名"。《韓非子·二柄》:"人主將欲禁奸,則審合刑名者,言與事也。"見王先慎:《韓非子集解》,北京:中華書局1998年版,第43頁。而《韓非子·主道》説:"有言者自爲名,有事者自爲形。形名參同,君乃無事焉。"見王先慎:《韓非子集解》,第28頁。兩處皆是講言與事,却用了"刑名"和"形名",可見韓非子認爲兩者等同可以代用,且尹文的形名思想在《吕氏春秋》中有記載,而后者的記載就反映在言、事之上,亦可見可見"形名"與"刑名"可以等同互用。其實,劉向《鄧析子敘録》將鄧析思想貫之以"刑名",就是將其與"形名"的混用,因爲《鄧析子》中多次討論到"形名"而並非衹有"刑名",如《無厚》:"夫明於形者,分不過於事。"《轉辭》:"循名責實,實之極也;按實定名,名之極也。參以相平,轉而相成,故得之形名。"這裏提到"分",亦可見尹文與鄧析的承續關係。

[3] 還有比"救世之弊"更高的理想和追求,因爲亂世之外還有理想社會如小康、大同的聖王之世,尤其是儒法道三家對聖王之世的某些禮法的損益自不屬於"救世之弊",包括周文王、周武王對夏殷之禮的損益當屬聖人之治的更高追求,以此類推。

維的匯入是理所當然之事，因爲發展即意味著創新，成熟即意味著現在是"新"而過去是"舊"。換言之，沒有新思想新思維匯入的發展和成熟不是真正的發展和成熟。從這個角度看，名家的發展和成熟兩個階段，也就是尹文和惠施、公孫龍所處階段，分別融入了儒、法、道的思想和墨家的思想，才更符合常理和邏輯，同時儒、法、道、墨四家的思想相對于名家即有了起源的意義。反之，要將名家的起源歸結爲一個根本的不變的最初原因的思路，是有欠妥當的，忽略了先秦名家並非像儒家那般是一個嚴謹學脈的事實，即代表先秦名家的重要學者相互之間沒有直接的師承而往往是私淑自洽，導致相互間思想的差異性極大，跳躍性十分明顯。

　　總而言之，若依於一個階段、某個人物或特定思想去討論起源，難免顧此失彼；若依于先秦名家的現實學術歷程去分階段地具體探索其思想發展的内在邏輯與起源，才能避免挂一漏萬，也才能把握名家學脉之整體與本質並更多兼顧到方方面面和諸家的意見。基於此，本文認爲應該區別"源於"和"始於"不同，前者指名家思想的來源和起源，聚焦鄧析就是指其"刑名之術"的起源，屬於思想的孕育階段；後者指名家思想的開始，屬於思想的發生階段。故此，可以說名家源于六經或宗法制度及其改良，始于鄧析的"刑名之術"，但不能說源于鄧析的"刑名之術"，發展變化于儒道法三家的治道，最終成熟於墨學的名辯邏輯。下面將分而述之。

二、名家始于刑名

　　鄧析是名家的開山，《荀子》中已有線索，如下：

　　　　不法先王，不是禮義，而好治怪說，玩琦辭，甚察而不惠，辯而無用，多事而寡功，不可以爲治綱紀；然而其持之有故，其言之成理，足以欺惑愚衆。是惠施、鄧析也。[1]

　　　　山淵平，天地比，齊秦襲，入乎耳，出乎口，鈎有須，卵有毛，是說之難持者也，而惠施、鄧析能之。[2]

　　除此外，《吕氏春秋·審應覽·離謂》中說到詭辯之士專門列舉了鄧析，且鄧析與子產同時[3]，則鄧析早於《莊子·天下》《史記》《漢書》所記載的尹文、惠施、公孫龍等人，應

---

[1] 王先謙：《荀子集解》，北京：中華書局 1988 年版，第 110 頁。
[2] 王先謙：《荀子集解》，第 44—45 頁。
[3]《漢書·藝文志》記載鄧析時說："鄭人，與子產並時。"並將鄧析列爲名家第一人。見班固著、顏師古注：《漢書》第六册，第 1736 頁。

爲名家開山。[1]

　　鄧析的思想被貼上“刑名之術”的標籤是從劉向《鄧析子敘録》開始的，“鄧析者，鄭人也，好刑名，操兩可之說，設無窮之辭。”[2]而所謂“刑名之術”主要體現在鄧析對子產的政治鬥爭中，如下：

　　　　鄧析操兩可之說，設無窮之辭，當子產之政，做竹刑。鄭國用之，數難子產之治。[3]

　　　　鄭國多相懸以書者。子產令無懸書，鄧析致之。子產令無致書，鄧析倚之。令無窮，則鄧析應之亦無窮矣……子產治鄭，鄧析務難之，與民之有獄者約，大獄一衣，小獄襦袴。民之獻衣襦袴而學訟者不可勝數，以非爲是，以是爲非，是非無度，而可與不可日變，所欲勝因勝，所欲罪因罪，鄭國大亂，民口讙譁。子產患之，於是殺鄧析而戮之，民心乃服，是非乃定，法律乃行。[4]

　　“子產治鄭”所定的“法律”實際上是對西周原有之禮樂宗法制度的改良，這從叔向的信中可以看出。晉國叔向在寫給子產的信中依夏、商、周之成法向子產提出異議，“夏有亂政而作禹刑。商有亂政而作湯刑。周有亂政而作九刑。三辟之興，皆叔世也。今吾子相鄭國而作封洫，立謗政，制參辟，鑄刑書，將以靖民，不亦難乎？”[5]馮友蘭先生認爲子產這裏的做法沒有新内容，就是把本來不公佈的刑法條文公佈出來。[6]筆者以爲馮先生所說合理，但公佈出來本身就已經不同於以前的禮治，就已經是改良，更不要說“立謗政”後“庶人議政”帶來的連鎖反應，畢竟在孔子看來真正的禮治是“庶人不議”，“天下有道，則庶人不議”，[7]而子產正是要借助“庶人議政”來降低爲政的風險，“猶防川。大決所犯，傷

---

　　[1]關於鄧析可能是法家的說法，如紀昀等認爲：“然其大旨主于勢統於尊，事覈于實，于法家爲近。”見永瑢、紀昀等纂：《四庫全書總目提要·子部十一·法家》，石家莊：河北人民出版社2000年版，第2567頁。鄧析好刑名之術本就體現在與子產就刑名法術的政治鬥爭中，所以其思想涉及法家的治道很正常，能否因此就認爲鄧析屬於法家？筆者以爲不合適，畢竟更早的相關記載如《荀子》《淮南子》《漢書》《隋書》《舊唐書》等都將其歸入名家，且鄧析之思想雖與法家有近似，但與法家的法、術、勢之理論卻又根本不同，反而多名實之論。而考察先秦諸子的思想，有相似或相同論域並不奇怪，如道家說“守中”而儒家講“中道”，儒家講“仁愛”而墨家也講“兼愛”，儒家有“正名”而名家也有“名實”之論，黄老既講道家也將法家還兼儒、墨，等等，所以僅僅以思想相似或在同一論域就將鄧析歸入法家，是有欠妥當的。
　　[2]見明張溥：《漢魏六朝百三家集》（收録于《摛藻堂四庫全書薈要·集部》，臺北：世界書局1985年版），卷九《劉子駿集》，第15—16頁。
　　[3]楊伯峻：《列子集解》，北京：中華書局2013年版，第211—212頁。
　　[4]許維遹：《吕氏春秋集釋》，《審應覽·離謂》，第487—488頁。
　　[5]洪亮吉撰、李解民點校：《春秋左傳詁》，北京：中華書局1987年版，第672—673頁。
　　[6]馮友蘭：《中國哲學史新編·上》，第123頁。
　　[7]楊伯峻，《論語譯注》，北京：中華書局1980年版，第174頁。

人必多，吾不克救也。不如小決使道，不如吾聞而藥之也。"[1]由此足見，子產的爲政正是對禮樂宗法制度的改良。

　　然則子產爲什麼進行改良？其目的是什麼？子產的改良實際上只是整頓"禮崩樂壞"造成的原有秩序的混亂。因爲在原有的秩序下，人們自覺遵行宗法禮制，約定俗成，不需要太多的"法律"，這是儒家和法家治道思想的根本不同；但"禮崩樂壞"之後，宗法禮制逐漸失去原有的約束力，便需要具有強制力和公信力的"法律"去引導和束縛。雖然更多的"法律"相對於原先的宗法禮制來說是損益，但子產依靠"法律"所要維護的仍然是舊有的利益群體，而不是反動。換言之，子產只是在修整改良舊秩序以使其更好地維護原有的利益群體，如《左傳·襄公三十年》記載：

　　　　子產使都鄙有章。上下有服。田有封洫。廬井有伍。大人之忠儉者，從而與之；泰侈者，因而斃之……從政一年，輿人誦之曰："取我衣冠而褚之，取我田疇而伍之。孰殺子產，吾其與之。"及三年，又誦之曰："我有子弟，子產誨之。我有田疇，子產殖之。子產而死；誰其嗣之？"[2]

　　從文中可以看到，子產只是用了一種新的方法或原則來排列組合或管理原有群體的資產或利益，並非是將它們分給其他群體。這實際上就是一種維護。子產的做法得到孔子的認可，"或問子產。子曰：'惠人也'"，[3]"子謂子產，'有君子之道四焉：其行己也恭，其事上也敬，其養民也惠，其使民也義。'"[4]甚至在《左傳·襄公三十一年》中，孔子直接評論子產的爲政之道，稱其爲仁，"人謂子產不仁，吾不信也。"[5]孔子所要追尋的是借由損益"周監於二代"形成的宗法禮制以實現"仁"，能以此評論子產的爲政，足見孔子對子產的肯定，以及子產爲政的主要內容和根本目的依然是恢復、維護和損益宗法禮制。

　　子產爲政的重要一條，《左傳·昭公六年》記載爲"鑄刑書"，就是將法律條文鑄刻在象徵權力和地位的鼎上。鄧析不滿子產所示律法，便將自己改動過的律法書刻在竹子上，以示對抗，其所作刑律由此被稱爲"竹刑"。一方刻在鼎上，一方刻在竹子上，可知子產所代表的群體與鄧析所代表群體的身份、地位大有不同。筆者認爲，子產所鑄刑書主要有兩大特點：第一，所鑄刑書並非是前所未有的新"法律"，實際上只是將周朝監于夏商二代所形成的禮法之制應於時勢進行損益整理並公佈出來；第二，所鑄刑書是爲了穩定"禮崩樂壞"的社會，是爲了回到更早地崇尚周代宗法禮制的時代，即所代表的是過去的"舊"的

[1] 洪亮吉：《春秋左傳詁》，《襄公三十一年》，第 628 頁。

[2] 洪亮吉：《春秋左傳詁》，《襄公三十年》，第 622 頁。

[3] 楊伯峻：《論語譯注》，《憲問》，第 148 頁。

[4] 楊伯峻：《論語譯注》，《公冶長》，第 47—48 頁。

[5] 洪亮吉：《春秋左傳詁》，《襄公三十一年》，第 628 頁。

勢力的利益，而不代表新形勢下新群體利益。鄧析恰恰是新興勢力的代表，所以要與子產作鬥爭，但鄧析的鬥爭不是革命，不是爲了推翻整個宗法禮制，而是要改良宗法禮制以使其符合或容納自己群體的利益，即"竹刑"並非是完全不同於子產"刑書"的全新法律，相反整體依然是子產的，只是對子產"刑書"的内容進行新的解釋，運用"兩可"[1]"離謂"[2]的辦法在子產"刑書"的利益群體中新增一極。一言以蔽之：子產的爲政是對禮樂宗法制度的改良（舊的"名"），其維護的仍然主要是舊群體的利益（舊的"實"）；鄧析代表新興群體的利益（新的"實"），其"務難"子產的改良，却不是如叔向那般依照西周原有禮治的思路，而是因子產的變化而"應之無窮"（新的"名"），故其"刑名之術"同樣圍繞"名實相怨"之現實，表現爲對禮樂宗法制度的改良。

　　鄧析究竟是用什麼方法來損益或改良宗法禮制的呢？《吕氏春秋·離謂》說得很清楚："言者，以諭意也。言意相離，凶也。亂國之俗，甚多流言，而不顧其實，務以相毀，務以相譽，毀譽成黨，衆口熏天，賢不肖不分。以此治國，賢不肖不分。以此治國，賢主猶惑之也，又况乎不肖者乎……夫辭者，意之表也，鑒其表而棄其意，悖。"[3]如果說與子產的政治鬥爭主要聚焦在"刑"這個内容上，那麼爲自己的"刑"尋找證據和辯護的方法，就是"名"，這就是鄧析的"刑名之術"。要之，"刑名之術"在鄧析那裏，天然就與治國、爲政融爲一體，其本質是對宗法禮制的損益或改良，目的是爲政參政，而不是純粹的名辯邏輯，這點從《漢書·藝文志》列"名家出於禮官"亦可得證明。

　　正是基於此，本文認爲名家源于"宗改"即禮樂宗法的改良，而不是鄧析的"刑名"，畢竟禮樂宗法的改良才是鄧析鬥爭的主戰場和終極目標，"循名責實，案法立威，是明王也"，"刑名之術"只是憑藉和手段。若說"名家起源于刑名"，則會產生如下誤解：一者會造成名家起源于鄧析的誤解，實際上鄧析既然已是名家開山，則其思想的根源才是名家的起源，說鄧析的思想内容是名家的起源是不合適的；二者，鄧析的"刑名之術"本來就以宗法禮制爲核心内容，是爲其宗法改良或損益宗法禮制服務的，其最終目的和根本宗旨是爲政參政，所以"名家起源于刑名"的說法容易造成"刑名之術"就是鄧析思想的全部和根本宗旨的誤解。由此，筆者以爲說"名家始于刑名"更爲恰當。

---

　　[1]典籍常載鄧析"操兩可之說，設無窮之辭"，《吕氏春秋·離謂》對此說得很清楚："洧水甚大，鄭之富人有溺者。人得其死者，富人請贖之，其人求金甚多，以告鄧析。鄧析曰：'安之。人必莫之賣矣。'得死者患之，以告鄧析。鄧析又答之曰：'安之。此必無所更買矣。'"見許維遹：《吕氏春秋集釋》，《審應覽·離謂》，第487頁。

　　[2]"言意相離"，就是離謂。

　　[3]許維遹：《吕氏春秋集釋》，《審應覽·離謂》，第486—489頁。

三、名家變于儒法道

從根本上說，鄧析的"刑名之術"是爲了損益禮樂宗法並爲此找到合理的辯護，尹文繼其餘緒，並受到儒、法、道三家思想的影響，這在《莊子·天下》述說宋鈃尹文思想時有集中體現：

> 不累於俗，不飾於物，不苟於人，不忮於衆，願天下之安寧以活民命，人我之養，畢足而止，以此白心……見侮不辱，救民之鬥，禁攻寢兵，救世之戰。以此周行天下，上說下教……其爲人太多，其自爲太少……不忘天下，日夜不休。曰："我必得活哉！"圖傲乎救世之士哉……以禁攻寢兵爲外，以情欲寡淺爲内。[1]

可見，尹文形名思想的核心關鍵字有"願天下之安寧以活民命""不忘天下""救世之戰""禁攻寢兵""情欲寡淺"等等，皆都是依循整個"天下"的邏輯而非依于一國之法或局限于一國之内。換言之，治國平天下是其思想的宗旨和目標，名辯只是實現和論證宗旨和目標的手段，且明顯有著儒、法、道三家思想的痕跡。

一般認爲，"天下"的觀念是儒、法、道三家的核心觀念。儒家是要恢復周禮歸於王道一統，法家是主張變革定於霸道一尊，道家則是以道應世安於"小國寡民"。三家雖有區別，但治國平天下的宗旨和目標却相同。學者們常因此主張三家應於"救世之弊"而起，筆者則以爲三家實際上都是對先王之道的繼承和發揮，先王之道有著"小康"和"大同"的理想與追尋，不僅僅限於"救世之弊"，但必能也必先"救世之弊"。換言之，就學術發生、發展和傳承的一般規律來說，名家延續到尹文，已然進入思想的發展階段，而想要發展就必須融入或創造新的思想。尹文的形名思想正是融入了儒、法、道三家的新鮮血液，將鄧析基於周天下分裂的致思路徑轉換成一統的以治國平天下爲宗旨和目標的路徑，並由此對其"刑名之術"進行損益。這符合思想史發展的内在邏輯。這種損益與孔子論孝是爲政的邏輯相似，[2]即對鄧析"刑名之術"進行反思和改造，由聚焦於法律的政治鬥爭上升到爲政治國平天下的全體，從而創造出能實現全體目標或察全體之理的形名思想。一言以蔽之：形名即爲政，形名爲爲政。與諸子百家本身的開放性一樣，尹文的提升和創造容納了儒、法、道三家思想而又有自己獨特的見解和學脉延續。

需要說明的是《尹文子》一書的真僞問題。前輩學者多持否定態度，如郭沫若先生認爲今本《尹文子》文字粗陋毫無精義，[3]梁啟超先生認爲今本《尹文子》的思想與《莊子·天

---

[1]郭慶藩：《莊子集釋》下册，第1082—1084頁。

[2]《論語·爲政》："或謂孔子曰：'子奚不爲政？'子曰：《書》云：孝乎惟孝，友于兄弟，施于有政。是亦爲政，奚其爲爲政？'"見楊伯峻：《論語譯注》，第20—21頁。

[3]郭沫若：《青銅時代》，北京：中國人民大學出版社2005年版，第187頁。

下》所載尹文思想不同，應是僞書，[1]馮友蘭先生認爲今本《尹文子》是僞書，不可用，[2]張岱年先生也斷定今本《尹文子》與《漢書·藝文志》所載不同，不能研究尹文思想，[3]以及古史辨派諸先生多認爲《尹文子》是僞書。[4]有證僞，就有證實。[5]筆者以爲，證僞多主觀論斷，且《尹文子》的真僞與《尹文子》能否作爲研究尹文的思想資料是兩回事，不能因爲今本《尹文子》不是原本就認爲其不能作爲研究尹文思想的資料。應該說，今本《尹文子》雖然不是《漢書·藝文志》著録的《尹文子》，而是經過仲長氏整理過的，但如同《論語》是由孔子弟子記録、《管子》是由後人編寫一樣，是可以作爲研究尹文思想的基本資料的。況且先秦典籍多爲弟子或後人所作，遠非一時一人完成，《尹文子》之可信不屬特例。

（一）"名正則治，名喪則亂"：對儒家的接受

"名"是用來描摹事物之"形"的，"形"則是"名"的所指物件，兩者應該是一種對應的關係，"名者，名形者也；形者，應名者也。"[6]這種對應關係有時候並非一一對應，"有形者必有名，有名者未必有形。"[7]可見，"形"和"名"之間，尹文雖然主張"形以定名"，[8]但更贊成"名以檢形"，[9]因爲"名"是一種主觀的描摹和抽象，其從一開始就是"正形者"，"名也者，正形者也"，[10]代表的是人們對於事物的認知和思維結果，"別彼此而檢虛實"，[11]不可以出現差錯，"形正由名，則名不可差。"[12]雖然"名不可差"，但"形"同樣不能丟，兩者是一種相即相需的關係，"形之與名，居然別矣，不可相亂，亦不可相無……今萬物具存，不以名正之則亂；萬名具列，不以形應之則乖。故形名者，不可不正也。"[13]這裏的"萬物"指的雖是宇宙總體，但牽涉到"名"，而"名"有三科，"一曰命物之名，方員黑白是也；二曰毁譽之名，善惡貴賤是也；三曰况謂之名，賢愚愛憎是也。"[14]可見，尹文的"名"主要指的是倫理政治和日用之間的人類必須面對和可以"名"的事

[1]梁啟超：《國學要籍研讀法四種》，北京：國家圖書館出版社 2008 年版，第 48 頁。

[2]馮友蘭：《中國哲學史新編》上，第 285 頁。

[3]張岱年：《張岱年全集》第四卷，石家莊：河北人民出版社 1996 年，第四卷，第 351 頁。

[4]顧頡剛編：《古史辨》第六册，海口：海南出版社 2003 年版，第 147—158 頁。

[5]周山：《〈尹文子〉非伪析》，《學術月刊》1983 年第 10 期。胡家聰：《〈尹文子〉與稷下黄老學派》，《文史哲》1984 年第 2 期。

[6]王愷鑾：《尹文子校正》，上海：商務印書館 1935 年版，第 3 頁。

[7]王愷鑾：《尹文子校正》，第 2 頁。

[8]王愷鑾：《尹文子校正》，第 2 頁。

[9]王愷鑾：《尹文子校正》，第 2 頁。

[10]王愷鑾：《尹文子校正》，第 1 頁。

[11]王愷鑾：《尹文子校正》，第 4 頁。

[12]王愷鑾：《尹文子校正》，第 1 頁。

[13]王愷鑾：《尹文子校正》，第 3 頁。

[14]王愷鑾：《尹文子校正》，第 2—3 頁。

物，“有理而無益於治者，君子弗言；有能而無益於事者，君子弗爲。”[1]這與儒家的禮治處於同一論域。又因爲尹文“正形名”的目的本就是爲了“定事”“察理”，“名以檢形，形以定名，名以定事，事以檢名，察其所以然，則刑名之與事物，無所隱其理矣”，[2]則可知“正形名”所察的“理”並非指向宇宙總體的“萬物”之“理”，而是“益於治者”“益於事者”。這與儒家指向禮治的“正名”相一致。換言之，尹文“正形名”的思想實質，不是延續鄧析的聚焦於法律的政治鬥爭，也不是純粹概念的邏輯名辯，而是上升到治國平天下的高度，表現爲孔子“正名”所指向的禮治精神，即治國平天下的爲政宗旨和聖人制禮法的本意，並非儒家禮法的內容和形式。論證有三：一者，《大道上》開篇，尹文就肯定並引用了孔子的“正名”爲自己的“形名”做注，“大道無形，稱器有名。名也者，正形者也。形正由名，則名不可差。故仲尼云：‘必也正名乎！名不正則言不順也。’”[3]孔子的“名正言順”是強調的自上而下的禮治，是“祖述堯舜憲章文武”的“聖人之意”，則尹文稱述“大道”的“形名”也應指向爲政治國平天下的“先王之道”，不然不會緊接着說“大道治者，則名、法、儒、墨自廢”；二者，孔子“正名”思想首先集中在爲政，[4]而爲政的中心內容是“君君、臣臣、父父、子子”，[5]則孔子的“正名”邏輯地先表現爲“正君臣”，尹文同樣認爲“正名”就是“正君臣”，“君不可與臣業，臣不可侵君事，上下不相侵與，謂之名正”，[6]可見“君”“臣”各有之“名”“分”，與“上”“下”各有之尊卑，同爲尹文和孔子爲政的核心；三者，尹文認爲聖王制禮樂的動機以及周以來禮樂精神主要表現爲“和”“節”，“聖王知人情之易動，故作樂以和之，制禮以節之”。[7]這與《論語·學而》強調“禮之用，和爲貴。先王之道斯爲美，小大由之，有所不行，知和而和，不以禮節之，亦不可行也”相一致，[8]故尹文“正形名”正“君”“臣”“上”“下”之“禮”就是“爲爲政”，就是“先王之道”的體現，因爲“君”“臣”“上”“下”之“禮”才是治亂的根由，《大道上》說：“上之所以率下，乃治亂之所由也。故俗苟渗，必爲法以矯之；物苟溢，必立制以檢之”，[9]《大道下》也說：“亂政之本，下侵上之權，臣用君之術”，[10]“法”在這裏是“禮”的補充，即“禮”具有邏輯先在性，先有“上”“下”才有自“上”而“下”或自“下”而“上”之

---

[1] 王愷鑾，《尹文子校正》，第8頁。

[2] 王愷鑾，《尹文子校正》，第2頁。

[3] 王愷鑾，《尹文子校正》，第1頁。

[4]《論語·子路》：“子路曰：‘衛君待子爲政，子將奚先？’子曰：‘必也正名乎！’”見楊伯峻，《論語譯注》，第133頁。

[5]《論語·顏淵》：“齊景公問政於孔子。孔子對曰：‘君君，臣臣，父父，子子。’”見楊伯峻，《論語譯注》，第128頁。

[6] 王愷鑾，《尹文子校正》，第16頁。

[7] 王愷鑾，《尹文子校正》，第14頁。

[8] 楊伯峻，《論語譯注》，第8頁。

[9] 王愷鑾，《尹文子校正》，第13頁。

[10] 王愷鑾，《尹文子校正》，第26頁。

"法"，如同先有"俗""物"但"俗"不"渗""物"不"溢"就不必要"爲法""立制"一樣。這與儒學相一致。

合而論之，可知尹文對於儒學之態度。晁公武《郡齋讀書志》甚至認爲尹文叛出名家之道而宗儒家之言，"今觀其書，雖專言刑名，然亦宗六藝，數稱仲尼，其叛道者蓋鮮。"[1]晁氏之說雖然極端，因爲尹文並沒有完全吸收儒家的禮治，更多的只是繼承其爲治天下的宗旨與"和"的精神，而以具體的法家治道充實其内容，但也證明了一個事實：尹文受到了儒學的影響，並在較大程度上繼承了儒學"正名"的禮治精神。其他論仁義、禮法、爲政之道者，同樣能看出尹文思想中的儒家痕跡，如《大道下》將"仁""義""禮""法"當作"治世之術"可爲證，[2]爲免煩瑣，姑不多論。

此外，尹文與孔子一樣認爲"正名"是治國和理事的基礎和根本，因爲"名"之外還有"分"，"正名"正是爲了"分明"，前者在物，後者在我，兩者之間有天然的區別，"名宜屬彼，分宜屬我。"[3]在尹文看來，只有物我的"名""分"確定，才能萬事中矩，私心合規，"名定則物不競，分明則私不行。"[4]確定地找到自己的位置並明瞭自身的人生價值和意義且安之若命，就是"分明"，知此並能推己及人至於天下，就能更好地爲政治國，"全治而無闕者，大小多少，各當其分。"[5]孔子雖沒有強調"名""分"的物我之别，卻直指其根本和要害：君臣之分。[6]"季孫之宰通曰：'君使人假馬，其與之乎？'孔子曰：'吾聞君取於臣謂之取，不曰假'……故孔子正假馬之名，而君臣之義定矣。'"[7]所謂的"正假馬之言"，其實就是正"名分"，而從"君臣之義定"就可知道"名分"對於治國理政的重要性和根本性。換言之，尹文强調"名分"不僅僅是爲了豐富"刑名之術"，其根本的目的在於依所"察萬物之理"爲政治國。

誠如《吕氏春秋·正名》所言："凡亂者，形名不當也。"而其後所舉"尹文見齊王"的例子則正是討論尹文對於爲政治國的見解，與《大道上》所載："失者，由名分混；得者，由名分察"相合，[8]這是明確的形名爲爲政的思路。筆者以爲，尹文的形名思想雖淵源

---

[1] 晁公武：《郡齋讀書志》上册，上海：上海古籍出版社 1990 年版，第 495 頁。

[2] 王愷鑾：《尹文子校正》，第 24 頁。

[3] 王愷鑾：《尹文子校正》，第 6 頁。

[4] 王愷鑾：《尹文子校正》，第 10—11 頁。

[5] 王愷鑾：《尹文子校正》，第 8 頁。

[6] 孔子認爲君臣之分對於父子和夫婦有著邏輯的先在性，或者說在忠孝兩難全時，"志士仁人"通常會選擇忠，因爲忠面向的是國家天下，孝則是家，"志士仁人，有殺身以成仁，無求生以害仁。"見楊伯峻：《論語譯注》，第 163 頁。仁的根本雖然是孝，但那主要是指行仁的出發點或教化的著手處，並非是對象和境界，換言之，仁的對象或境界主要是國家天下乃至一切人，絕不僅僅衹是孝的物件——父母長輩，所以忠是比孝更加超越的價值和意義。事實上，法家也有類似觀點，"臣事君，子事父，妻事夫，三者順則天下治，三者逆則天下亂，此天下之常道也。"見王先慎：《韓非子集解》，《忠孝》，第 510 頁。

[7] 許維遹：《韓詩外傳集釋》，北京：中華書局 1980 年版，第 201—202 頁。

[8] 王愷鑾：《尹文子校正》，第 4 頁。

于鄧析，但受到了孔子所代表之儒家的"正名"思想尤其是"以名正實"之思路的影響，從聚焦於法律的"刑名之術"上升到爲政治國平天下的治道，"名正則治，名喪則亂"，[1]其不變的宗旨是爲政治國平天下，其損益的内容是如何爲政治國平天下。

（二）"以名稽虚實，以法定治亂"：對法家的接受

因爲鄧析的"刑名之術"主要聚焦在法律層面的政治鬥爭，所以尹文接受法家的思想比較全面，且多是正面接受，這從其對"法""術""勢"皆有專門的論述可以看出。

首先，關於法。尹文認爲法有四呈，"一曰不變之法……二曰齊俗之法……三曰治衆之法……四曰平准之法。"[2]可見，"法"是公開的，是治國的根本原則，只要一切准於法度，則無論聰慧還是頑鄙，皆能得其所治，"以名稽虚實，以法定治亂……萬事皆歸於一，百度皆准於法……如此，頑囂聾瞽，可與察慧聰明同其治也。"[3]相反，"治國無法則亂，有法而不能用則亂。"[4]換言之，"治""亂"生於"治國"，即先有國才有"治""亂"，才需要"法定"，而國之存在依賴的是古聖賢所制的禮樂制度，但時移世易，禮樂制度崩壞且不合時宜，故"治國"需要"以名稽虚實"，則知"正形名"的"虚實"不是具體的"法"，也不是完全回復禮樂制度，而是"上之所以率下，乃治亂之所由也"的"上之所以率下"，即指向"和"的儒家"序尊卑"的禮治精神。

其次，關於術。尹文說："術者，人君之所密用。"[5]這與法家強調"術"是人君治理群臣的獨有技能相一致，"術者，因能而授官，循名而責實，操生殺之柄，課群臣之能者也，此人主之所執也。"[6]與法家不同的是，尹文大大豐富了"術"的内容，"仁、義、禮、樂、名、法、刑、賞，凡此八者，五帝、三王治世之術也。"[7]這裏的"術"明確包括了儒家、法家的治理思想。

最後，關於勢。尹文說："勢者，制法之利器……有勢，使群下得爲，非勢之重者。"[8]"勢"可以理解爲君王的權勢和地位及其所產生的"威儀"，所以必須"重"，即君王之"勢""重"，自然威權無上，群下不敢妄爲，"故人君處權乘勢，處所是之地，則人所不得非也。"[9]此與儒家強調"君子不重則不威"一貫，[10]也與法家"抱法處勢則治，背法去勢

---

[1] 許維通：《吕氏春秋集釋》，《正名》，第 426 頁。
[2] 王愷鑾：《尹文子校正》，第 3 頁。
[3] 王愷鑾：《尹文子校正》，第 6—7 頁。
[4] 王愷鑾：《尹文子校正》，第 23 頁。
[5] 王愷鑾：《尹文子校正》，第 3 頁。
[6] 王先慎：《韓非子集解》，《定法》，第 433 頁。
[7] 王愷鑾：《尹文子校正》，第 24 頁。
[8] 王愷鑾：《尹文子校正》，第 3 頁。
[9] 王愷鑾：《尹文子校正》，第 22—23 頁。
[10] 楊伯峻：《論語譯注》，第 6 頁。

則亂”一致。[1]

　　需要說明的是，尹文主張“正形名”要先於法治，兩者是邏輯的互補，是爲政治國平天下之過程的相承接的兩個不同階段，不是非此即彼的關係，即先“正形名”，才能施行完整的法治，“大要在乎先正名分，使不相侵雜，然後術可秘，勢可專。”[2]這裏“先正名分使不相侵雜”與“以名稽虛實”一貫，都不是指“法”，而是指繼承自聖人的“和”的禮治精神，亦可謂“法”的所以然。“術可秘”“勢可專”，雖然沒有專門提到“法”，但是法家談“術”和“勢”都是基於“法”的基礎，是不言而喻的。故此可知，尹文形名思想的實質在於先“正名分”再依照法家的治道思想爲政治國平天下。

（三）“大道治國”：對道家的接受

　　尹文的思想不止受到儒、法兩家的影響，還受到道家的影響，如下：

　　　老子曰：“以政治國，以奇用兵，以無事取天下。”政者，名法是也……奇者，權術是也……以求無事，不以取強。取強，則柔者反能服之。[3]

　　　老子曰：“民不畏死，如何以死懼之？”……此人君之所宜執，臣下之所宜慎。[4]

　　從引文中既可以看到道家思想的痕跡，也能看到尹文對於道家思想的改造，如“政者，名法是也”並不符合老子強調“無名”“不爭”“無爲”的治理思想，“奇者，權術是也”也不符合老子談兵的本意，因爲老子並不主張攻伐戰爭，而是教人持虛守靜，宣揚“小國寡民”，以道治天下，只有在“不得已”的情況下被動應對戰爭，“以道佐人主者，不以兵強天下……善者果而已，不敢以取強……果而不得已，果而勿強。”[5]尹文還沿用了老子的“道”，並以此作爲“法”之上的天下大治的最高境界或根本治法，如下：

　　　道行於世，則貧賤者不怨，富貴者不驕，愚弱者不懾，智勇者不陵，定於分也。法行於世，則貧賤者不敢怨富貴，富貴者不敢陵貧賤，愚弱者不敢冀智勇，智勇者不敢鄙愚弱。此法之不及道也。[6]

---

[1] 王先慎：《韓非子集解》，《難勢》，第 428 頁。
[2] 王愷鑾：《尹文子校正》，第 3 頁。
[3] 王愷鑾：《尹文子校正》，第 29 頁。
[4] 王愷鑾：《尹文子校正》，第 29 頁。
[5] 陳鼓應：《老子注譯及評介》，北京：中華書局 1984 年版，第 188 頁。
[6] 王愷鑾：《尹文子校正》，第 12 頁。

　　大道治者，則名、法、儒、墨自廢……老子曰：“道者，萬物之奧，善人之寶，
不善人之所寶。”是道治者，謂之善人；藉名、法、儒、墨者，謂之不善人。[1]

　　道不足以治則用法，法不足以治則用術。[2]

　　尹文所理解的“道”已非老子的“道”，而應該是雜糅儒、法兩家思想的“道”。無論
“道行於世”還是“法行于世”，尹文對於貧賤、富貴、愚弱、智勇的區分都一樣，這符合
黃老道家的立場，但不符合老子道家的論述，這便是《四庫全書總目提要》認爲《尹文子》
“合儒墨，兼名法”“出入于黃、老、申、韓之間”並列之爲雜家的原因。[3]本文認爲，僅僅
因爲尹文吸收儒、法、道的思想就認爲他屬於黃老一派有欠妥當，正如《易·繫辭下》所
言“天下同歸而殊途，一致而百慮”，[4]黃老道家所代表的是百家爭鳴交融互發的趨勢，故
雜取諸家的現象出現在各家各派，並非黃老一家獨有，如孟荀氣化宇宙論襲取道家、韓非
之學出於荀學、名家與墨家互取等，只是程度和方向不同，這才有黃老、雜家以及各家之
不同。尹文屬於名家，其在接受儒、法、道三家時與黃老道家雜取儒、法兩家思想有相似
性並不奇怪，但不能因此說尹文站在黃老道家的立場接受儒、法二家的思想，因爲黃老道
家的思想特徵是道、法兩家爲主，“道法結合，以道論法，兼采百家之長”，[5]而尹文“正形
名”的思想實質卻指向“和”的禮治精神並強調其邏輯地在“法”之先，以儒、法兩家爲
主。其不同可見一斑。故說尹文接受了黃老道家的思想則可，但不能說其就是黃老道家。
　　那麼尹文所接受的“道”究竟是怎樣？《說苑·君道篇》有如下記載：

　　齊宣王謂尹文曰：“人君之事何如？”尹文對曰：“人君之事，無爲而能容下。
夫事寡易從，法省易因，故民不以政獲罪也。大道容衆，大德容下，聖人寡爲而
天下理矣。書曰：睿（容）作聖。詩人曰：岐有夷之行，子孫其保之！”宣王曰：
“善！”[6]

　　可見，尹文的“無爲”不是“守柔處下”“致虛守靜”，而是強調爲政應該“事寡”“法
省”，使民衆“不以政獲罪”。這並非對齊國爲代表的當時政治制度的否定，只是提出了更
高的要求。換言之，與老子相比，尹文的“無爲”實是“有爲”，突出表現爲“容下”和
“容衆”。這裏的“容”顯然與老子“小國寡民”不同。因爲老子之意在於消除繁苛的政令

------

［1］王愷鑾：《尹文子校正》，第1—2頁。

［2］王愷鑾：《尹文子校正》，第2頁。

［3］永瑢、紀昀等：《四庫全書總目》，卷一百十七子部二十七雜家類一，第3030頁。

［4］王弼撰、樓宇烈校釋：《周易注校釋》，北京：中華書局2012年版，第249頁。

［5］白奚：《稷下學研究：中國古代的思想自由和百家爭鳴》，北京：三聯書店1998年版，第93頁。

［6］向宗魯：《說苑校證》，北京：中華書局1987年版，第2頁。

回復"無欲"的純樸本性從而引導出"不爭""不尚賢"的爲政宗旨，其"無爲"更多體現爲"消除"人爲而崇尚"自然"；可尹文的"容"則體現爲"簡省"，其主導者不是純樸的自然本性，而是人君的"大德"及其來源"大道"，是明確的"有爲"，正需要"尚賢"，是所以要"睿（容）作聖"和"夷之行"，其潛在的邏輯是"容"得越多，"德"越"大"，也越能顯"道"，"古之爲國者，無使民自貧富，貧富皆由於君，則君專所制，民知所歸矣。"[1]這是儒家爲政的精神。結合"事寡""法省"進行綜合考慮，尹文應是以道家的"無爲"與儒、法兩家的治道互參，得出"容"這個處於儒家"隆禮"、法家"重法"和道家"無爲"之間的中間立場，即"容衆"和"容下"。要之，"人君之事"在於"容下"，而"容下"就需要"有爲"，就是爲了"天下理"。

然則如何"有爲"以達"天下理"？或者說尹文所說的"道行於世"的局面怎樣實現？答案就是以"聖法"治天下，"聖法之治，則無不治矣。"[2]這裏的"聖法之治"不是老子追尋的聖人"獨治"，"太上，不知有之"，[3]自然不能無爲。在尹文看來，"聖法"的獲得本身就很難，因爲只有聖人才能制定聖法，"此萬世之利，唯聖人能該之"，[4]但過往聖人制定的"聖法"又因爲時移世易造成理解的偏差和適用性的變化，且"與衆共治"的"衆"和"與者"都不是聖人，則現實的"爲政"只能依托形名思想去詮解損益過往聖人制定的聖法才可能努力靠近"聖人之治"，卻永遠難以達到。這是一個見仁見智的過程和選擇，真正完美的"聖法之治"或老子的"以道治國"都只能是一種爲政理想。

要之，尹文雖然受到老子道家乃至黃老道家的影響，但尹文形名思想的本質主要體現爲儒學"爲政"和法家的"治道"的綜合，對於老子思想則更多體現爲改造而不是繼承和發揚，故此與老子相去較遠，而與儒、法更近。

（四）"貴其能與衆共治"：尹文形名思想的實質

除了反思和接受儒家"正名"思想的精神以確立"正形名"的先在原則，尹文還接受了法家的治道思想並以之作爲治理天下的具體的手段和準則，同時又貫之以對老子道家"以道治國"理念的改造和吸收，提出了"與衆共治"的觀點，如下：

> 爲善使人不能得從，此獨善也；爲巧使人不能得從，此獨巧也。未盡善巧之理。爲善與衆行之，爲巧與衆能之，此善之善者，巧之巧者也。所貴聖人之治，不貴其獨治，而貴其能與衆共治。[5]
>
> 是以聖人任道以夷其險，立法以理其差。使賢愚不相棄，能鄙不相遺。能鄙不

[1] 王愷鑾：《尹文子校正》，第32頁。
[2] 王愷鑾：《尹文子校正》，第30頁。
[3] 陳鼓應：《老子注譯及評介》，《十七章》，第130頁。
[4] 王愷鑾：《尹文子校正》，第32頁。
[5] 王愷鑾：《尹文子校正》，第9—10頁。

相遺，則能鄙齊功；賢愚不相棄，則賢愚等慮。此至治之術也。[1]

在尹文子看來，“聖人之治”即“至治之術”，是治理國家的理想參照。但“聖人之治”有兩種情況：“獨治”和“與眾共治”，且“與眾共治”更加可貴。何者？因爲“獨治”和“與眾共治”雖然對聖人來說没有本質差别，但對後繼者有很大影響，畢竟聖人也有退位不在之時，其後繼者不是聖人，則只能依賴“己意”而不是“聖人之意”治理天下。若聖人先前是自“己”出的“獨治”，則無法被繼承和延續；若聖人先前是“與眾共治”，“眾”說明是集體，則其治理必定不是自“己”出而是自“理”出，又“理”乃萬事萬物本有且不隨人的意志變化而變化，故後繼者可以通過“正形名”的方式“察理”從而在一定程度上繼承和延續“聖人之治”。這便是“貴其能與眾共治”的原因。如同“善”“巧”之理一樣，治理國家不能“獨善”“獨巧”，故“與眾共治”的精義就在於讓所有人充分參與——“共治”。就普通人來說，何以能參與？依於萬事萬物自身之“理”，如同“善”有“善”之理、“巧”有“巧”之“理”，“與眾共治”本就自“理”出，故原則上只要明瞭“理”就可以參與“共治”。普通人如何知萬事萬物之“理”？依於形名，“名以檢形，形以定名，名以定事，事以檢名，察其所以然，則形名之於事物，無所隱其理矣。”然則“理”有大、小、深、淺，普通人可以參與“共治”不代表必然能夠參與“共治”，更遑論願意不願意的情況，所以尹文特别强調“與”。聖人如何“與”？是“任道以夷其險，立法以理其差”。尹文這句話雖有互文之意，但“任道”和“立法”終究是有層次區别的（這種區别對聖人來說等於没有），因爲“法不及道”，所以從“至治之術”看，“任道”邏輯地先于“立法”並高於“立法”，“道不足以治則用法”。這與“正形名”邏輯地先於“法”相一致，又因爲“正形名”本就指向儒家“和”的禮治精神，則可知尹文的“任道”應内在地包含“和”的禮治精神。換言之，尹文强調“正形名”不是爲了肯定或固化“賢”“愚”“能”“鄙”等相互之間的等級和差别，而只是强調位置不同所以“名分”有異，“名分”有異但“任道”則同，故能“不相遺”“不相棄”，“智不能得誇愚，好不能得嗤醜，此爲得之道也。”[2]這樣的“至治之術”必然走向儒家“使老有所終，壯有所用，幼有所長，矜、寡、孤、獨、廢疾者皆有所養”的“大道之行”的局面，但也有不同。儒家“尚賢”，崇尚的是“人治”，而有“賢”則有“愚”，則可知儒家的“賢人政治”雖與“與眾共治”相似，但儒家的“眾”主要指的是“賢人”群體，且“禮”大於“法”；而尹文的“眾”指的是“能”“鄙”“賢”“愚”的全體，其主張“立法以理其差”也表明主要依賴的是自“理”的“法治”。尹文的思想與法家也有不同，法家崇尚霸道，君主定于一尊，既有“術”的奧妙統馭群臣，又有“勢”之重威懾天下，則其雖有群臣，反不如儒家的“賢人政治”那般和諧與開明。更不似老子道家“持虚守靜”“小國寡民”的“無爲而治”，因爲老子追尋的理想

---

[1] 王愷鑾：《尹文子校正》，第10頁。
[2] 王愷鑾：《尹文子校正》，第12頁。

社會形態必須有聖人治世才有可能實現，且就算有聖人治世也只能算是"人治"，與尹文的依賴"法"的"與衆共治"有本質不同。

　　然則是什麽樣的"法"可以讓"賢""愚""能""鄙"不相遺呢？或者說，尹文"與衆共治"依賴的根據是什麽？尹文的回答是：只有聖人才能制定的"聖法"，如下：

　　　　田子讀書，曰："堯時太平。"宋子曰："聖人之治，以致此乎？"彭蒙在側，
　　越次答曰："聖法之治以致此，非聖人之治也。"宋子曰："聖人與聖法，何以異？"
　　彭蒙曰："子之亂名甚矣。聖人者，自己出也；聖法者，自理出也。理出於己，己
　　非理也；己能出理，理非己也。故聖人之治，獨治者也；聖法之治，則無不治矣。
　　此萬世之利，唯聖人能該之。"[1]

　　"唯聖人能該之"的意思是作爲"與衆共治"之根據的"聖法"只能由聖人制定，即只有聖人制定的"聖法"才能"夷險""理差"，實現"無不治"。因爲"聖人"只能在一定程度上代表"理"，但本身並不是"理"，"理出於己，已非理也；己能出理，理非己也"，所以依賴"聖人之治"實際上等於依賴聖人一個人，等於"獨治"；而"聖法之治"依賴的則是萬事萬物的根本之"理"，而"理"在於萬事萬物本身，不在人的主觀意志，"用與不用，皆非我用，因彼所用與不可用，而自得其用"，[2]則依賴"聖法之治"等於依賴萬事萬物本身及其"理"，是謂"與衆共治"。尹文在這裏提出了"聖人之治"（人治）和"聖法之治"（法治）的問題，如果說儒家重"人治"，主張以禮制法、以法率下，法家重"法治"，強調以法督下、法術勢相結合，那麽尹文就是在兩者結合的基礎上強調"與衆共治"，即遵循聖人所制定的"聖法"（在儒家看來，禮法皆由聖人制定），在以法率下的同時，遵循"聖法"保護"萬世之利"的原則，以法督下，讓所有人都參與進來，從而達到"無不治"的目標。要之，尹文的"聖法"作爲"聖人之意"與儒家"聖人制禮法"的說法，思想精神和目標是一致的，都是追尋"和"的"生人之意"，只是具體實現的內容和路徑不同。

　　其實，老子的"以道治國"也隱含著尹文"與衆共治"的思想基因。因爲"小國寡民"實際上就是在很大程度上消除中間階層，"絕聖棄智""不尚賢""復歸於嬰兒"都是在最大程度上標榜人性最樸實的本然狀態，這就是最大的"與衆"，"天地不仁，以萬物爲芻狗；聖人不仁，以百姓爲芻狗"，[3]將人們的生活和國家安危都交還給人人都有的樸實人性或說人們自身的"持虛守靜"上，即"無爲而治"，"我無爲，而民自化；我好靜，而民自正；我無事，而民自富；我無欲，而民自樸"，[4]可以說是老子特色的"與衆共治"。

　　總而言之，尹文的形名思想是在接續鄧析"刑名之術"後整體提升到爲政治國平天下

---

[1] 王愷鑾：《尹文子校正》，第29—30頁。
[2] 王愷鑾：《尹文子校正》，第12頁。
[3] 陳鼓應：《老子注譯及評介》，《五章》，第78頁。
[4] 陳鼓應：《老子注譯及評介》，《五十七章》，第284頁。

的高度，既不局限在法律的政治鬥爭中，也不是爲了純粹的名辯邏輯。所謂的“變於”正是强調尹文受到儒、法、道三家思想的影響巨大，以至於後者有了起源的意義。

（五）小結

尹文形名思想的宗旨和目標是爲政治國平天下，是經儒、法、道三家思想的影響後對鄧析“刑名之術”的反思和改造，既不局限在法律的政治鬥爭中，也不是爲了純粹的名辯邏輯。筆者以爲，尹文形名思想的形成，首先是對儒家“正名”之思想精神和宗旨的高度認同和吸收，其次是對道家“以道治國”理念的改造和發揮，但同時又抛棄了儒、道兩家的具體的治道思路。因爲現實的政治鬥爭說明爲政治國平天下從來就不僅僅是一種理想，依賴聖人同樣只是一種奢望，且具體的人總是有着各種各樣的特性和不同，現實的社會和政治情實也總在不斷變化中，不可能全部預見，更不是完全由個人決定，即使是聖賢也不行，“天下萬事，不可備能。責其備能於一人，則賢聖其猶病諸？”[1]故此，尹文又接受了法家的治道思想，以“法”統貫“名”“分”並當作爲政治國平天下的法度和準則。要之，尹文是對儒、法、道三家的思想進行接受和改造，私淑自洽于鄧析的“刑名之術”，圍繞着爲政治國平天下的宗旨和目標，提出了“與衆共治”的思想。

從思想的精神和實質來看，尹文的“與衆共治”與儒家“正名”的治道思路最爲接近。主要體現在兩方面。一者，“聖法”只有“聖人”能制定，這與儒家强調聖人製作禮樂並無二致，則“與衆共治”說到底還是來源於“人治”。第二，尹文認爲“正形名”的目的在於“正名分”，是先於“法”的，[2]而“正名分”正是儒家所强調之禮的核心內容，“禮者，天地之序也”，[3]即儒學的“正名”即“正名分”也就是“正禮法”，“禮”又是“法”之根本或前提，“禮者，法之大分，類之綱紀也……故隆禮，雖未明，法士也”，[4]則尹文所謂的“正形名”很可能在一定程度上是指儒學的“隆禮”；再結合《禮記·仲尼燕居》“禮也者，理也”，[5]和《禮記·樂記》“禮者，理之不可易者也”，[6]以及《大道上》“名以檢形，形以定名，名以定事，事以檢名，察其所以然，則形名之於事物，無所隱其理矣”的思路，可知尹文的“正形名”正是爲了“察理”，也就是“察禮”。簡言之，尹文的“與衆共治”所追尋的是儒家“聖人之治”的和諧，是“各當其分”的“有序”，而不是法家獨尊下的森嚴等級的社會。然則尹文既然將儒家的禮治精神置於“法”之前並主張“與衆共治”，又爲什麼將“仁”“禮”等當作治國之術呢？“仁、義、禮、樂、名、法、刑、賞，凡此八者，五帝、三王治世之術也。”這正是尹文之提法與儒學的不同。尹文基於“正形名”的“與衆共治”依

---

[1] 王愷鑾：《尹文子校正》，第 7 頁。
[2] 這點與鄧析的思路是一致的，如《鄧析子·無厚》：“循名責實，案法立威，是明王也。”
[3] 孫希旦：《禮記集解》，《樂記》，第 990 頁。
[4] 王先謙：《荀子集解》，《勸學》，第 14 頁。
[5] 孫希旦：《禮記集解》，《仲尼燕居》，第 1272 頁。
[6] 孫希旦：《禮記集解》，《樂記》，第 1009 頁。

賴的是萬事萬物自有的無所不包的"理"，聖人體察萬事萬物之"理"制定出"聖法"，表現在人事上就是各自的順"理"之自然的"名分"，依此治國便是以"大道治國"，便能"無不治"，"全治而無闕者，大小多少，各當其分。"但是現實的社會沒有聖人，人們只有根據自己的理解去猜度"聖人之意"和執行"聖法"，不可避免地出現偏離"聖人之意"的情況，甚至借"聖法"之名滿足"私欲"之實，從而造成"禮崩樂壞"的現實。面對"名實相怨"的僵化禮法制度及由此衍生的所謂"賢人政治"，尹文對儒家的禮治進行損益，即繼承儒家禮治的精神而揚棄其內容，故此，尹文"正形名"指向的是聖人製作禮樂的本意，也就是"聖法"所具的"和""節"之意，而不是出於私意的人爲，也不是全面的"隆禮"，後者因爲人爲的加入只能作爲"治世之術"被接受。正因爲如此，尹文強調自"理"出的"聖法"，以區別於儒學強調的自"己"出的聖人"獨治"，畢竟禮樂的崩壞正是因爲其淪爲當權者爭權奪利的工具；"聖人之治"尚且是"獨治"，儒學"尚賢"所指向的"賢人之治"就更避免不了受私意的影響，"理出於己，已非理也；己能出理，理非己也。"[1]

　　從思想的具體內容和可施行的準則來看，尹文的"與衆共治"與法家的治道思想最爲相近，即兩者皆以"法""術""勢"的結合作爲實現爲政理想的主要手段。這是繼承儒學禮治精神的尹文必然要走的路。不同的是，尹文追尋的是"與衆共治"的和諧，法家強調的是絕對服從的霸道。

　　從思想的理想性和象徵意義來看，尹文所貴"聖人之治"的"與衆共治"與道家的"以道治國"最爲接近，與黃老道家的立場相似，但不是黃老道家，而只是繼承和改造了道家之"道"，突出表現爲對"無爲"的不同理解。其中，尹文主張融合儒、法兩家的"聖法"之"有爲"，能且只能當"聖法"得以施行的情況下才可能進入一種只依於"聖法"而無須"人爲"的"無爲"，與道家主張"不争""持虚守靜""守柔處下"的"無爲"有本質不同，也與黃老道家強調"道法結合、以道論法"的"無爲"有異。

　　總而言之，尹文的形名思想不在於語詞和概念的純粹邏輯的名辯，而在於爲政治國平天下，其所謂"正形名"是爲了察"理"（禮）以"正名分"，是爲了求"聖法"以正治國之道，是爲了"與衆共治"。

四、名家成于別墨

　　"名家成于別墨"指的是名家思想步入成熟的階段，其思想的標誌——名辯邏輯——受到墨學的影響而成。換言之，名家在思想因爲吸收了墨學的名辯邏輯才形成了較純粹的邏輯論辯並走向成熟，故墨學相對于惠施尤其是公孫龍便有了起源的意義。這一階段，一般認爲以惠施和公孫龍爲代表。需要說明的是，本文所說的"成於"特指的是名家思想發展的成熟階段吸收互鑒了墨學的名辯邏輯，並非主張名家是別墨。這從《莊子·徐無鬼》的

---

[1] 王愷鑾：《尹文子校正》，第30頁。

記載可以看出：

> 莊子曰："射者非前期而中，謂之善射。天下皆羿也。可乎？"惠子曰："可。"
> 莊子曰："天下非有公是也，而各是其所是。天下皆堯也。可乎？"惠子曰："可。"
> 莊子曰："然則儒、墨、楊、秉四，與夫子爲五。果孰是耶？"……惠子曰："今夫儒、墨、楊、秉，且方與我以辯，相拂以辭，相鎮以聲，而未始吾非也，則奚若矣？"[1]

"秉"，舊注爲公孫龍的字，鐘泰和方勇兩先生持此觀點。[2]筆者從其說。則可知莊子之問等於明確惠施之學與墨學不同，惠施的回答不但證明了莊子的觀點，而且說明惠施對於墨家之學非常的瞭解，有所借鑒吸收，應屬正常。再者，在《莊子·天下》中，莊子又明確將惠施和鄧析並舉，而惠施又有"無厚不可積也，其大千里"的論斷，應是遠紹鄧析《無厚》之說。如此，惠施、公孫龍、鄧析爲名家更合適。事實上，宋鈃、尹文也曾被認爲是墨家的學者，"不知壹天下、建國家之權稱，上功用、大儉約而僈差等，曾不足以容辨異、懸君臣；然而其持之有故，其言之成理，足以欺惑愚衆。是墨翟宋鈃也。"[3]尹文是宋鈃弟子，這等於說尹文也是墨學後裔，則有學者說惠施、公孫龍是別墨也就有證據了。筆者之所以堅持惠施、公孫龍是名家而非別墨，主要是因爲兩者只是借鑒或吸收了墨學的名辯邏輯，在論理學或邏輯學上有較爲純粹的成就，畢竟兩者有與墨學相似的名辯邏輯或思想觀念不能作爲就是墨學支裔的充分證據，這與黃老道家講道、法卻不能混同于道家、法家一樣，與尹文、惠施有法家思想但不能混同于法家一樣，也與儒家講名實卻不能混同于墨家、名家一樣，更與其時百家爭鳴互融皆邏輯地先應對"救世之弊"的學術風氣有內在的關聯。本文以爲，惠施和公孫龍如鄧析、尹文一樣，其學術的根本宗旨和終極目標依然是爲政治國平天下，而非僅僅限於純粹的邏輯名辯。換言之，名家的思想特色是純粹的名辯邏輯，但思想實質與其它諸家一樣，都是一貫地應于時世的"變"而思"救世"的爲政治國平天下之思想和方略。下面將分別從惠施、公孫龍的思想證明。

惠施的"合同異"之說主要在於強調事物的相對性，是爲其"去尊"之說服務的，[4]因爲"去尊"不是真的爲了去除諸侯、大夫等當權者的尊位和利益，也不是扶持當權者的對立面——底層的農民等——進入權力中心，而是要擁護獎勵耕戰上升的新群體的利益，即在

---

[1] 郭慶藩：《莊子集釋》，《徐無鬼》，第 838—840 頁。

[2] 鐘泰：《中國哲學史（一）》，第 65 頁。方勇：《莊子》，北京：中華書局 2010 年版，第 413 頁。

[3] 王先謙：《荀子集解》，《非十二子》，第 108—109 頁。

[4]《呂氏春秋·開春論·愛類》說："匡章謂惠子曰：'公之學去尊，今又王齊王，何其到也？'惠子曰：'今有人於此，欲必擊其愛子之頭，石可以代之。公取之代乎？其不與？施取代之。子頭所重也，石所輕也。擊其所輕，以免其所重，豈不可哉？齊王之所以用兵而不休，攻擊人而不止者，其故何也？'匡章曰：'大者可以王，其次可以霸也。'惠子曰：'今可以王齊王，而壽黔首之命，免民之死，是以石代愛子頭也，何爲不爲？'"《戰國策·齊策》中匡章也說："惠施之學去尊。"可見"去尊"應是惠施的重要思想。

原先的利益格局中新加入一極。這就需要思想上的根源和制度上的保障。"合同異"正在於表明新舊事物本質上相同，皆有其合理性，差別是由於立場和角度的不同造成的，即舊的事物不必然一直對而新的事物不必然總是錯，這就從理論上爲新群體的利益找到了空間和支點。惠施身爲當權者，自然不可能完全否定舊事物也就是舊群體利益，相反，他是在總體肯定舊事物的情況下提倡新事物的，則兩者的矛盾如何調和? 惠施找到了中間立場，他自命爲"治農夫者"，[1]說明在惠施看來，總共有三方：舊群體利益、新群體利益和農夫，新舊群體皆可成爲"治農夫者"，其中新群體正是農夫等通過獎勵耕戰上升而來。爲了確保新舊群體利益的和平共處，或者說實現兩者的融合以應對現實的世界，惠施接受了法家的思想，"爲魏惠王爲法"。在某種程度上說，惠施的"去尊"正因爲有了"合同異"的哲學基礎，才具有了正當性與合理性，因而也具有"立尊"的意義。這與"歷物十事"中的"泛愛萬物，天地一體也"是一貫的：既然"萬物畢同"是一個整體，則萬物與我俱是整體中息息相關的不可缺少的部分，如同身體這個整體中四肢之間的關係，自然要愛護。這種愛護與墨學的"兼愛"相似，但本質不同。墨學主張"遠施周遍，愛無差等"，而惠施雖然主張天地一體，但並沒有磨滅萬物之間的差別，而是認爲這種差別的存在種、屬等不同，具有合理性，"大同而與小同異，此之謂小同異。"[2]可見，惠施雖然從事物的相對性上升到概念和文字的演繹，具有了一定程度的純粹抽象的詭辯，但仍然有着對現實社會的關懷，其與墨學雖然都強調名辯邏輯，但對於治道的選擇不同，惠施依賴差序格局的法治，墨學主張愛無差等的人治，則兩者雖同有"泛愛萬物"的思想，却與儒學講"仁"與墨學講"仁"一樣，並不相同。

公孫龍雖然不是別墨，但其與後期墨家確實常常討論相似乃至相同的問題，如《墨經·經上》言"堅白，不相外也"，[3]公孫龍則主張"堅白離"；[4]《墨經·經說上》言"所以謂，名也；所謂，實也"，[5]《公孫龍子·名實論》說"夫名，實謂也"；[6]《墨子·小取》說："白馬，馬也，乘白馬，乘馬也"，[7]《公孫龍子·白馬論》說"白馬非馬"；[8]等等，可比較的地方還有很多，限於篇幅，茲不多論。[9]筆者認爲，僅憑思想論域的相似或相同就斷定公孫龍是別墨的理由是不充分的，更何況公孫龍與後期墨家的立論和觀點並不相同，前者多從無差異上立論，後者多從差異性上立論。雖然公孫龍侈談名辯邏輯，但是其思想的宗旨和終極目標仍然在一定程度上保

---

[1] 許維遹：《呂氏春秋集釋》，《不屈》，第496頁。

[2] 郭慶藩：《莊子集釋》，《天下》，第1102頁。

[3] 吳毓江：《墨子校注》，《經上》，第469頁。

[4] 龐樸：《公孫龍子研究》，《堅白論》，第40—42頁。

[5] 吳毓江：《墨子校注》，《經說上》，第471頁。

[6] 龐樸：《公孫龍子研究》，《名實論》，第49頁。

[7] 吳毓江：《墨子校注》，《小取》，第629頁。

[8] 龐樸：《公孫龍子研究》，《白馬論》，第12—15頁。

[9] 有學者對此專門做過一些對比，可見曾祥雲：《論〈公孫龍子〉與〈墨經〉的關係》，《湖南社會科學》2009年第2期。

留着爲政治國平天下的理想和指向，這從下面列舉的五點可以看出。第一，《公孫龍子·通變》說："暴則君臣爭而兩明也。兩明者，昏不明，非正舉也……兩明而道喪，其無有以正焉。"[1]可見公孫龍的"道"集中體現爲君臣之道，因爲"君臣爭"則"道喪"，這與前文所論尹文思想一致，也與儒家將君臣關係放在第一位一貫。第二，公孫龍主張"偃兵"，而"偃兵"正是對泛愛天下的表達，"趙惠王謂公孫龍曰：'寡人事偃兵十餘年矣而不成，兵不可偃乎？'公孫龍對曰：'偃兵之意，兼愛天下之心也。兼愛天下，不可以虛名爲也，必有其實。'"[2]第三，《公孫龍子·名實論》末言："至矣哉！古之明王。審其名實，慎其所謂"，這說明公孫龍將自己的"名實之論"歸極于"古之明王"，與鄧析的"明王"一貫，而所謂"古之明王"，實是先秦諸子共同稱頌者及其爲政之道，自炎黄以下，雖各有所贊，但總體來說皆是製作或完善禮樂法度的聖王，這等於公孫龍自己表明自己的"名實之論"不是爲了純粹的名辯邏輯，而同樣是"古之聖王"關心的倫理政治和日用之間。第四，公孫龍本身不是爲了純粹的名辯，而是想要借此正名實從而宣揚自己的一套思想，"欲推是辯，以正名實，而化天下焉。"[3]雖然《跡府》被學界認爲是後人補綴，但是六國後的公孫龍學派或弟子補上則無疑問，這恰恰代表了六國後學者對公孫龍的認識和評價，與許多先秦古書如《論語》《管子》《墨子》一樣，皆爲學派或弟子續寫而成，依然可以作爲研究其人的直接材料。第五，《列子·仲尼》記載樂正子輿譏諷公孫龍好怪而妄言，"子輿曰：'公孫龍之爲人也，行無師，學無友，佞給而不中，漫衍而無家，欲惑人之心，屈人之口，與韓檀等肄之'"，公子弁爲其辯護說"智者之言固非愚者之所曉"，又說"子不諭至言，而以爲尤也，尤其在子矣。"[4]這段話雖然不能正面證明公孫龍治國平天下的學術宗旨，但從側面也可以說明一個問題，即怪異之言不一定真的只是好怪異，還可能是爲了說明道理，與莊子的寓言一樣，公孫龍應是如此，"天下無指者，生於物之各有名，不爲指也。不爲指而謂之指，是無部爲指。以有不爲指之無不爲指，未可。"[5]綜上可知，公孫龍雖注重名辯邏輯，但其學術的宗旨和思想目標不是名辯邏輯，而是正名實以正君臣進而"化天下"的理想。只是這種理想較之鄧析與尹文、惠施，已經很大程度上脫離了現實社會歷史而懸空成爲言語之間的信念，故只有偶爾零星的"偃兵"之說，不成系統。

　　總而言之，名家發展到惠施和公孫龍時，爲政治國平天下的學術宗旨經歷了尹文的巔峰後逐漸走向衰落。如果說惠施接受法家思想還有着一定程度的現實關懷，則公孫龍就在更大程度上脫離現實縱情於概念和文字邏輯從而成就了詭辯的名聲。所謂的詭辯也不是完全吸收墨學，還有着鄧析的"兩可"和"言意分離"之說的淵源，其合理的本質是名實不相符的問題，發展到極端出現"絕而無交"的情況，[6]由是產生了抽象的詭辯。

---

　　[1]龐樸：《公孫龍子研究》，《通變論》，第33頁。
　　[2]許維遹：《呂氏春秋集釋》，第475頁。
　　[3]龐樸：《公孫龍子研究》，《跡府》，第2頁。
　　[4]楊伯峻：《列子集釋》，《仲尼》，第144—148頁。
　　[5]龐樸：《公孫龍子研究》，《指物論》，第22頁。
　　[6]黎翔鳳：《管子校注》，《宙合》，第222頁。

五、結論：名家思想的兩條內在線索

概念是思想的基石，概念不同，思想的內涵、脉絡、範圍也都不同。當"名家"被從最廣泛的意義來講，就是所有關於"名"的思想，稱其爲"名學"也不過分，諸子皆談；當"名家"被從狹義的意義來講，本文特指的是前所論的名家四子，以爲政治國平天下爲學術的宗旨和思想目標，最初起源于禮樂宗法的改良，開始于鄧析的"刑名之術"，變化發展於儒法道三家的治道，吸收借鑒墨學而形成自己的名辯邏輯。事實上，"名家"之稱雖然是後人所加，但先秦確實有名家思想的發展脉絡，這點與黃老道家之名稱出現在漢代而思想萌生於先秦一樣。筆者以爲，名家這條思想發展的歷史邏輯脉絡具有唯一性和正當性，對它進行梳理，不但能更歷史更邏輯地把握名家思想的起源問題，更可以揭示名家思想內部的承衍關係，避免依於一個階段、某個人物或特定思想討論起源時的顧此失彼，同時也消除了非要爲名家思想尋找一個根本的起源的思維定式，還可以從本源上解決"刑名"與"形名"不同却可以互爲代用的問題。而若撇開此條思路，則名家思想的起源問題會因爲起源與來源的混淆、討論標準和側重點的不同而答案無窮盡。

根據思想史發展的一般規律，名家思想有但不止於孕育、發生、發展和成熟四個階段。其中，孕育是最初的起源，是思想文化背景和現實的社會歷史實際，諸子皆源出於六經和對當時社會歷史實際的應對（也就是邏輯地先應對"救世之弊"），名家也不例外。所以說名家的思想起源首先是指最早的開山學者的思想來源，而不是他的思想。故此，筆者以爲說名家起源于"刑名之術"不合適，說名家起源于禮制宗法的改良更爲合適，兼顧了思想文化背景和當時的歷史實際。發生指的是名家思想的開始，始於鄧析借助"兩可""言意分離"之方法改良禮制宗法的"刑名之術"。發展指的是尹文將鄧析的聚焦於一國一法的政治鬥爭上升到爲政治國平天下的高度和整體，以儒家的"正名"精神爲實質和引領，以法家的"法""術""勢"相結合爲內容和手段，以道家的"大道治國"爲最高理想，提出"與衆共治"的爲政理念。成熟則以純粹的名辯邏輯的形成爲特徵，主要指的是惠施和公孫龍，但實際上兩者並非只是爲了純粹地名辯邏輯，而是如鄧析、莊子一樣，借助可怪、荒誕之詞以表達自己的思想，畢竟尹文已然將爲政治國平天下的學術宗旨和思想目標確立，已然將"與衆共治"的理想政治模型提出，留給二人的就是怎麼表達和如何辯護的問題，雖然兩者本著辯者"好與人異"、與衆不同的態度和角度，但爲政的宗旨和理想的目標並未完全偏離，這從惠施"泛愛萬物"和公孫龍"化天下""君臣爭即道喪"可以看出思想的承續關係，只是更多時候這種最高理想流爲懸空的脫離實際的信念而被純粹的名辯邏輯取代。要之，名家思想最初起源于禮制宗法的改良，故始於"刑名"；其後變於儒、法、道和成於別墨，也就是在起源的意義上接受了儒、法、道、墨四家的治道和名辯邏輯，最終形成了以爲政治國平天下爲學術宗旨和思想目標、以"形名"邏輯爲特徵的學派。

實際上，從名家思想的內在邏輯出發，自鄧析至於公孫龍有著兩條發展線索：第一條線索是爲政治國平天下，鄧析發展到尹文達到巔峰，再到惠施和公孫龍則漸漸流爲懸空的脫離實際的信念；第二條線索是純粹概念的名辯邏輯，則自鄧析至於公孫龍發展到巔峰，成爲名家思想獨具一格的特徵。這正符合《漢書·藝文志》的記載："名家者流，蓋出於禮官。古者名位不同，禮亦異數。孔子曰：'必也正名乎！名不正則言不順，言不順則事不成。'此其所長也。及訐者爲之，則苟鉤鈲析亂而已。"[1]即尹文在遠紹鄧析"刑名之術"的基礎上，吸收儒家"正名"的精神，並接受了法家、道家的思想，正面提出"與衆共治"的理念，"形名"爲爲政，此時爲政治國平天下的學術宗旨已然達到巔峰；後繼者惠施、公孫龍等則力圖以荒誕、可怪之論從側面申發治國平天下的宗旨，却由於"逐萬物而不返"陷入"專決於名"的討論中，[2]以至於懸空了尹文的爲政宗旨與邏輯，使得自己"泛愛萬物""化天下"成了"無所措手足"的口號，終造成"鉤鈲析亂"的印象。故此，兩條線索實際上是"二而一"的關係："刑名"是"形名"的發展階段和中心問題，但"形名"不僅僅是"刑名"，可若從中心問題或學術宗旨出發，則"刑名"可代"形名"，如同儒家以人爲最貴而以人道之善代替天道一樣；名家是形名家，但名家不僅僅是刑名家，但若從學脉的延續發展和學問的終極關懷來說，則"形名"可代"刑名"，如同儒家主張天道包含人道而以天道之誠代替人道一般。

　　不得不說一句的是，名家爲政治國平天下的學術宗旨和思想目標之所以經歷了過山車式的歷程還始終存在，根本原因是諸子百家皆邏輯地先"救世之弊"，名家也不例外。而所謂過山車式歷程，主要指的是從鄧析的"明王"，到尹文融合儒、法、道三家的"與衆共治"，爲政治國平天下的思想發展到頂峰，雖然多有"兩可""言意分離"的辯論，但仍有着現實的社會倫理與政治的關懷；再到惠施和公孫龍，兩者本意是以怪誕、邏輯的辯論表達"泛愛萬物"和"化天下""明王"的終極關懷（這在當時應該是一種常態，如《莊子》《列子》之書），結果却反而陷入怪誕和邏輯之中，使得原本現實的倫理政治關懷逐漸衰弱成爲虛幻的寄托，儘管存在却成爲空洞的言語之間的不成體系的信念，而替之以純粹的名辯邏輯的大力發展，淵源于鄧析並吸收墨學的成果，最終達至巔峰，甚至流於詭辯，莊子由是批評惠施"逐萬物而不返"，公孫龍則在這條路上走的比惠施還遠。要之，先秦名家之發展有着以上兩條線索，是同時並進的自然過程，既不能依於純粹邏輯地論辯說名家只有抽象的詭辯，也不能依于爲政治國平天下的學術宗旨認爲名家與諸子一樣關注現實的社會歷史。換言之，對於名家的評價問題不可以偏於一方，更不能一棍子打死，畢竟兩條線索都有其合理的因素，詭辯只是一個極端，並不是全部，我們應該具體問題具體分析。

　　（作者簡介：王小虎，南昌大學國學研究院副教授，中國社會科學院哲學所博士後，碩士生導師；程水金，北京大學文學博士，南昌大學特聘教授、博士生導師。）

---

[1] 班固著、顏師古注：《漢書》第六册，第1737頁。

[2] 莊子評論惠施思想"逐萬物而不返"，見郭慶藩：《莊子集釋》，《天下》，第1112頁。《史記》則記載名家"專決於名"，見司馬遷：《史記》，《太史公自序》，第3291頁。

《墨子·小取》匯校匯注匯評（一）^[1]

張宜斌

摘要：本文匯集歷代校勘、注釋《墨子·小取》篇的研究成果與相關材料，加以匯校、匯注、匯評。

關鍵詞：《墨子·小取》；匯校；匯注；匯評

夫辯者^①，將以明是非之分 [1]，審治亂之紀 [2]，明同異之處 [3]，察名實之理 [4]，處利害 [5]，決嫌疑焉^② [6]。

【匯校】

①吳毓江："辯"，陸本、茅本作"辨"。

姚振黎：明嘉靖陸活字本，隆慶童刊本、茅坤《墨子批校》（以下簡稱茅校）："辯"均作"辨"。

王維庭：芝城館本、涵春樓本，"辯"作"辨"，皆形似之誤也。

②孫詒讓："決嫌疑"句。

胡適：孫詒讓以焉字屬下讀，是也。焉作乃字解，説詳王念孫《讀書雜志》七之一，頁一，及餘編，頁十三。張純一、顧實、譚戒甫、陳癸森、姚振黎、陳高傭、王讚源、張榮明等人從之。

姜寶昌："焉"，孫詒讓屬下句，作"焉摹略萬物之然"。按："焉"，用爲語氣詞，表敘述某種情況。本敘述句從發語詞"夫"作起，而以語氣詞"焉"作結，頗爲順適。故不取孫校。王維庭校同。

【匯注】

[1] 胡適：辯即今人所謂推論，乃是分別是非真僞之方法。

胡國鈺：辯所以求真理，故論是非最爲重要。

魯大東：辯者，討論事物之是非，而有所爭執者也。

伍非百：此節總示"辨"之作用。"辨"有通局二義。通言之謂"辨論"，一切言議屬之。局言謂之"思辨"，本文辯字屬之。《經》曰："'辯'，爭彼也。辯勝，當也。"《説》曰：

---

［1］本文系國家社科基金重大項目"先秦名學文獻整理及其思想流別研究"（18ZDA243）階段性成果。

"辯，或謂之牛，或謂之非牛，是爭彼也。是不俱當。不俱當，不必或不當。不若當犬。"
言"辨"爲爭相非難之語。其辭具有正負二面，一謂之是，一謂之非，共認一前件而互拒
其後件。一方成立，即一方毁滅，決不能俱立俱破，而爲一立一破者也。故又曰："謂辯无
勝，必不當，說在辯。"《說》曰："所謂非同，則異也。同則其謂之之狗，其或謂之之犬也。
異則或謂之牛，其或謂之馬也。俱無勝。俱無勝，是不辯也。辯也者，或謂之是，或謂之
非，當者勝也。"蓋言辯無勝論者，所舉之同異二謂，均不謂之真正之辯。真正之辯，惟具
之是之非正負兩面，不能並立者，始足以當之。故曰："俱無勝，是不辯也。辯也者，或謂
之是，或謂之非也。"其公式詳《墨辯解故》下《荀子》曰："名也者，所以期名累實也。
辭也者，兼異實之名以論一意也。辨說也者，不異名實以喻動靜之道也。"又曰："實不喻，
然後命。（名）命不喻，然後期。（辭）期不喻，然後說。說不喻，然後辨。"名、辭、說、
辯四者積累而上。名爲辯之始，辯爲名之終。可見"辯"字在名學上，具有專釋，不可泛
解。"將"，用也。"夫辯者，將以明是非之分"六句，謂辯之作用，有此六種。"是非之分"
謂"彼此"也。《經說》曰："正名者，彼此。謂彼而彼，則唯乎彼，其謂行彼。謂此而此，
則唯乎此，其謂行此。"蓋言是非生於彼此。當其未生，僅有彼此之封；及其既析，乃有是
非之見。《莊子齊物論》："其次有封矣，而未始有是非也。"即此義。自区分封域之彼此，
一變而爲表示意見之是非，而是非乃若真有一是非也者。其實仍彼此界域之區分而已矣。
故是此則非彼，是彼則非此，毫無疑義，互爲立破。所以謂之是者，以其此此也。所以謂
之非者，以其彼彼也。謂此爲此，而彼非此，則彼爲非矣。謂彼爲彼，而彼非此，則此爲
是矣。辯者之責任，即在指明此所謂之屬彼屬此，能將彼此區分，指示明確，則辯之能事
畢矣。故辯之第一作用，在"明是非之分"。

　　譚戒甫：《淮南書》曰："至是之是無非，至非之非無是，此真是非也。若夫是於此而
非於彼，非於此而是於彼者，此之謂一是一非也。"《齊俗》夫是非封界，原有定軌，世人
妄執，輒起紛爭。《莊子》所謂"彼亦一是非，此亦一是非；是亦一無窮，非亦一無窮也"。
故曰"言惡乎隱而有是非"。以上皆見《齊物論》意謂是非之有，於言無所依據也。但墨家
不然，謂是非所依據者惟辯。故曰："辯也者，或謂之是，或謂之非，當者勝也。"《下經》
第三十五條然何由而當？曰："辯勝，當也。"《上經》第七十四條復何由而能辯勝邪？墨家
於此，因立軌範以明之，《小取篇》大取末段亦屬辯術。是也。

　　姚振黎：二罪相訟以言治之於其間，謂之辯，引申爲凡兩造是非之爭。諸子於"是非"
之辯，持論無出以下三類——《莊子·齊物論》云："彼亦一是非，此亦一是非；是亦一無
窮，非亦一無窮也。"之"言惡乎隱而有是非"，《淮南子·齊俗訓》云："至是之是無非，
至非之非無是，此真是非也。若夫是於此而非於彼，非於此而是於彼者，此之謂一是一非
也。"之"無是無非之真是非"，及《墨子》"辯勝，當也。"分之甚明之是非。《大取篇》云：
"殺一人以存天下，'非'殺一人以利天下也；殺己以存天下，'是'殺己以利天下。""一人
指，'非'一人也；是一人之指，乃'是'一人也。"可證辯之結果，能得確當之是非解決
者，方爲辯也。

　　王冬珍："明是非之分"，《淮南書》曰："至是之是無非，至非之非無是，此真是非也。

若夫是於此而非於彼，非於此而是於彼者，此之謂一是一非也。"夫是非封界，原有定軌，世人妄執，輒起紛爭。《莊子》所謂"彼亦一是非，此亦一是非；是亦一無窮，非亦一無窮也。"故曰："言惡乎隱而有是非。"意謂是非之有，於言無所依據也。墨家則不然，謂是非所依據者惟辯。故曰："辯也者，或謂之是，或謂之非，當者勝也。"然何由而當？曰："辯勝，當也。"復何由而能辯勝？依《小取》篇之方法也。

周雲之：此"辯"不限於指一般的辯論，而是指辯學，即今之邏輯推理之學。

孫中原：辯，辯論，引申爲關於辯的學問，即辯學，中國古代邏輯學。"是非"，真理與錯誤。

王讚源：辯，辯論。引申爲關於辯的學問，即辯學、邏輯學。明是非之分，辯明是與非的分別。

陳高傭：墨家所謂辯，兼有二義，一是談辯，二是思辯。……思辯屬於自悟，談辯屬於悟他。自悟是學，悟他是教。墨家重學也重教，自悟又要悟他，所以要思辯，更要談辯。《說文》八部："分，別也。"明是非之分就是認清是非的分別。這是辯的重要意義。是非是由於人們對於客觀現實事物的認識而有。能正確反映客觀現實的認識爲是，不能正確反映客觀現實的爲非。

姜寶昌："夫"，發語詞，用於句首，表提示。"辯"，指辯說、辯論。……"將"，指想、意欲。……"將以"，猶意欲用以，貫挈"明是非之分，審治亂之紀，明同異之處，察明實之理，處利害，決嫌疑"六項。此言辯論、辯學之功用一。

王維庭：是非不辯不明，辯所以"明是非"。辯之最大功用，在"明是非"。

張榮明：辯，今謂邏輯。此明何爲"辯"，從宗旨、內容、學術原則三個方面做了界定。此處之"辯"，亦爲辯學。"將以明是非之分"，邏輯之是非，非實踐之然與不然，後文"是而然""是而不然"准此。此言辯學的邏輯功能。

[2] 伍非百："紀"，綱要也。爲政者欲求治而去亂，必先求得此治亂之綱要所在，提之挈之，以爲施政標準，而後因革興廢乃可得言也。例如一人一義，十人十義，百人百義，千人千義，各是其義，而非人之義，此其亂在"無政長而不能尚同一義"之故。又如人有餘力不能相勞，餘財不能相分，良道不能相教，父子不孝慈，兄弟不和睦，君臣不仁忠，人與人相賊殺，家與家相竊奪，國與國相攻伐，此其亂在"自愛而不愛人"之故。又如天下之爲國者，莫不欲其國之治而惡其亂，欲其國之富而惡其貧，欲其人之衆而惡其寡；然而不得治而得亂，不得富而得貧，不得衆而得寡，此其故在"不能任賢使能，而用親用貴用近習"所致。是故欲求治而去亂者，必先求得治亂之綱紀。然後或尚之，或非之，以爲治亂之術。則若網在綱，有條而不紊矣。故"審治亂之紀"，爲辯之第二作用。

譚戒甫：墨家以辯爲可以審治亂之紀，故謂計其所以治亂者爲智者之事。如論尚同云："知者之事，必計國家百姓之所以治者而爲之，必計國家百姓之所以亂者而辟（避）之。然計國家百姓之所以治者何也？上之爲政，得下之情則治，不得下之情則亂。何以知其然也？上之爲政，得下之情，則是明於民之善非也。若苟明於民之善非也，則得善人而賞之，得暴人而罰之也。善人賞而暴人罰，則國必治。上之爲政也，不得下之情，則是不明於民之善非也。若苟苟不明於民之善非，則是不得善人而賞之，不得暴人而罰之。善人不賞而暴人不罰，爲政若此，國衆必亂。故賞罰不得下之情，不可而（以）不察者也。然計得下之情，將奈何可？故子墨子曰：'唯能以尚同一義爲政，然後可矣。'"《尚同下》又論兼愛云："聖人以治天下爲事者也，必知亂之所自起，焉（乃）能治之；不知亂之所自起，則不能治。當察亂何自起？起不相愛。若使天下兼相愛，則天下治。故天下兼相愛則治，交相惡則亂。"《兼愛上》由是觀之，以尚同言，得下情則治，不得下情則亂；以兼愛言，兼相愛則治，交相惡則亂；所謂治亂之紀也。則能審乎此。

詹劍峰：墨家以辯來審察天下何以治及何以亂，亦即明其"所以然"。既知天下治亂的原因，則能找出天下治亂的規律，故曰："辯也者，將以審治亂之紀。"

姚振黎：《小取篇》係講論理學之應用，且用論理之方式以說明墨學精義，故於開宗明義即提綱挈領論"辯"之意義與切用；以《尚同》言，在"得下情則'治'，不得下情則'亂'。"以《兼愛》言乃因"兼相愛則'治'，交相惡則'亂'。"唯辯能審治亂之紀，正"取辯於一物而原極天下之污隆"。

馮友蘭：分別是非，就是進行思想斗爭；這是與社會整個制度和秩序有關係的。辯就是要分別哪一方面的意見引到"治"，哪一方面的意見引到"亂"，這就是"審治亂之紀"。

莫紹揆：所謂"審治亂之紀"不應該是審國家社會政治制度的治亂。……這裏"審治亂之紀"，"治"指正確，"亂"指"不正確、混亂"。《左傳》中記載有"治命""亂命"的名詞（指正當的遺囑，不正當的遺囑），可代表先秦時代對"治亂"的正確用法。《公孫龍子》中有一段話："……其以當不當也，不當而當，亂也……其以當而當也，以當而當，正也。"（見《正名》）這裏的"正、亂"便是《小取》裏的"治亂"，它正是辯學裏的主要概念。

王冬珍："審治亂之紀"，墨家謂辯可以審治亂之紀，故謂計其所以治亂者爲智者之事，爲聖人之能。

孫中原：審，審察。紀，綱紀，道理。

王讚源：審察治和亂的原因。紀，綱紀、法則、原因。

陳高傭：《說文》采部："宷，悉也。知宷諦也。""悉，詳盡也。"宷即審字。古文、籀文爲宷，篆文爲審。審即明悉、清楚、瞭解。《說文》系部："紀，別絲也。"段注："別絲者，一絲必有其首，別之是爲紀。衆絲皆得其首，是爲統。統與紀義互足也。"審治亂之紀，就是瞭解國家社會所以治亂的根源（即頭緒）。

姜寶昌："審"，指審察、考究。《廣韻》："審，詳審也。""紀"，指端緒、頭緒《說文》："紀，絲別也。"王筠句讀："紀者，端緒之謂也。"此言辯論、辯學之功用二。首先，墨家運用辯論，以求達成闡釋自己政治思想主張和社會倫理觀念之目的。其主張和觀念得以認同與踐行，則天下治，否則天下亂。其次，墨子曾數遣弟子直接參政，意欲通過辯說與應對，說服各自所在國之君上接受並推行墨道，以求平亂返治。墨子及其後學之講道與參與社會實踐活動，其意均在通過辯論影響社會之視聽，審察治亂之端緒。

王維庭：言"明是非"，即繼之以"審治亂"者，是非之爭，莫大於"治亂之紀"，治亂之紀，即治亂之道也。治亂之道，有關於天下億萬人之利害，故"明是非"所爭者尤在天下之大是大非，則於治之道，不得不辯，而辯之更宜詳審也。十論各篇與各派所爭者，皆天下治亂之道。

張榮明：辯學服務於社會生活爲治，破壞社會生活爲亂。紀：綱紀。社會實踐、社會認知爲辯學之綱紀。此言辯學的社會功能。

[3] 伍非百："同異"爲"彼此"之所自出。在思辯原則上，關係最大，可謂爲原則之原則。因明邏輯，皆極注意於此。中國古代名家，尤重視之。《荀子·正名篇》論所爲有名，曰"別同異"。論所緣以同異，曰"緣天官"。論制名以樞要，曰"同則同之，異則異之"。全篇文字，皆以"別同異"爲事。可見同異爲正名明辨之範疇，幾於凡有思考言議者均莫能外，依之而後能緣起，據之而能推行，援之而能判斷。然同異又爲最易混淆之件。同中有異，異中有同，同異之間，出入交互，千差萬別，稍一流轉，便成滑離。故非精於辯者，不易知其同異之所在。同有多種之同，異有多種之異，倘不能分析精密，確知其離合，則觀同觀異，鮮有不蹈歧誤者。故辯之第三作用，在"明同異之處"。

譚戒甫：同異之處，爲辯學之最要者，故須明之。

李漁叔："同異"之辯，不僅是墨家辯學中極重要的論題，也是當時許多人皆討論的問題，如楊朱、毛公、惠施等人均有同異之辯，惟主張與墨子異。

姚振黎：辯別同異，爲辯者持論所必循之途徑與重要之功用。

馮友蘭：是非之所以分歧，由於兩方面的主張反映客觀實際中的差別，辯就是要搞清這些差別，這就是"明同異之處"。

王讚源：明辨同與異的所在。

陳高備：《説文》几部："處，止也。"引申爲處所、地方、地點。"明同異之處"，就是分明事物的相同和相異之點。

姜寶昌："同"指事物相同、齊一之關係，與"異"相對，爲中國古代邏輯研究對象。此言辯論、辯學之功用三。自然界、人類社會之事物成千累萬，無其代數，其間關係亦多種多樣，難以臚列。其中最爲一般、最爲普遍、最爲人們所注目者，乃同異關係。凡論事物之關係，首論同異，理所當然。已爲吾人所認知之事物必有其名，而名表現爲概念與詞語之二重性。僅就概念而言，又必有其内涵與外延。比較事物之同異，其實質爲比較其内涵與外延之同異。墨家雖未明言於此，却似乎已經悟出其中若干消息。

王維庭："明是非"，"審治亂"，則必有"同異"之爭，故繼之以"明同異之處"也。同異之爭，歷來最爲紛紜，亦最爲劇烈。莊周"混同異"，而同異仍在也。惠施"合同異"，而同異仍在也。墨家"別同異"，以事物本有同異也。於物論紛紜之中，能分清同異之所在，分清同異之所以爲同異，分清同異之相反又相因，分清同異之更有雙重性，則可謂"明同異之處"矣。

張榮明：邏輯與社會認知一致爲同，邏輯與社會認知不同爲異。

[4] 顧實：同則是也，異則非也。正名定實則治，炫名失實則亂，承上文而言也。公孫龍曰："合同異，離堅白"，《莊子·秋水篇》堅白即名實也。今論理學謂思想之原則，不出二大別，一曰同異之原則（law of identity and difference），二曰理由之原則（law of

sufficient reason）。理由亦即名實也。同異有處，以類言，以空間言；名實有理，以故言，以時間言。

伍非百：《經》曰：“所以謂，名也。所謂，實也。”名者何？我所藉以稱物之符號也，……實者何？我意中所感之物之形色音聲臭味，及其他種種表德之總概念也。實只能自喻，不能喻之於人，必藉名以爲喻。故名實最易淆混。因：（一）名與實之本體，不必同一。名無固實，約而命之。假有人焉，不遵守其約，則名實固可移易。如“犬可以爲羊”“丁子有尾”諸論是已。（二）名與實之關係，如代表者之於主人。許由曰：“名者實之賓也。”代表者之言論，固可以認爲主人之言論，然代表者，究非主人。設所代表過當，則失主人之意。名之與實，其關係亦正類此。設有人任名太過，以爲名之離合，即實之離合，名之有無，即實之有無，則結果必生出許多詭異駭俗之論。如“馬非馬”“見侮不辱”“黃馬驪牛三”等說是也。《荀子》謂天下之擅作名而亂正名者，大率不外“三惑”。三惑謂“以名亂實”“以實亂名”“以名亂名”也。而“三惑”之興，皆由於不察名實之過。故辯之第四作用，在“察名實之理”。

譚戒甫：此“名實”字，與下“以名舉實”異用。如《非攻下篇》云：“今天下之所以譽義者，其說將何哉？雖使下愚之人必曰：‘將爲其上中天之利，而中中鬼之利，而下中人之利，故譽之。’今天下之諸侯將，猶多皆免（勉）攻伐并兼，則是有譽義之名而不察其實也；此譬猶盲者之與人同命白黑之名而不能分其物也，則豈謂有別哉？”按盲人知白黑之名，不能分白黑之實，則昧於辯學者，猶之盲人也。此譬，《貴義篇》言之尤詳，茲引之云：“今瞽者曰：‘鉅者白也，黔者黑也。’雖明目者無以易之。兼白黑，使瞽取焉，不能知也。故我曰‘瞽不知白黑’者，非以其名也，以其取也。今天下之君子之名仁也，雖禹湯無以易之；兼仁與不仁，而使天下之君子取焉，不能知也。故我曰‘天下之君子不知仁’者，非以其名也，亦以其取也。”此謂天下之君子徒知仁義之名，而不察仁義之實，殆未嘗致力於辯也。故《非攻上篇》云：“今有人於此，少見黑曰黑，多見黑曰白，則以此人不知白黑之辯矣。今小爲非，則知而非之；大爲非、攻國，則不知非；從而譽之謂之義：可謂知義與不義之辯乎？是以知天下之君子辯義與不義之亂也。”蓋天下之君子苟明乎辯，則仁與不仁，義與不義，名實之理若白黑之察，又何患不能取邪！

詹劍峰：墨家所指的“實”即個別的具體的事物，刺激感官而引起感覺的東西，它不依賴思維而客觀地存在，并先於思維而存在。至於“名”，是概念，是反映的形式，是模擬實相而成，故應用實以正名，反過來則控名以責實。所謂“察名實之理”者，即察此等道理也。

李漁叔：名即事物之名。墨家將名分爲達名、類名、私名三種。實即名所指的個體。

姚振黎：《說文》云：“名，自命也。從口從夕，夕者，冥也。冥不相見，故從口自名。”又云：“實，富也，從宀貫，貫爲貨物。”老莊主張無名，《莊子·駢拇篇》於“名實”持反對之見曰：“駢於辯者，累瓦結繩，竄句遊心於堅白同異之間，而敝跬譽無用之言。”楊朱亦云“名無實，實無名。其爲名者偽矣。”“實者固非名之所與也。”墨辯則以別同異、明是非，斷定事之嫌疑與利害，不可不察名實之理。

馮友蘭：在辯的過程中，必需先把名實的關係搞清楚。假使在辯論中，雙方所用的相同的名并不指相同的實，或相同的實而雙方用不同的名來指，辯論就無法進行，所以辯要"察名實之理"。

王讚源：考察名與實的道理。名，事物的名稱。實，名所指的事物對象。

陳高傭：《經上》第八十一條《說》云："所以謂，名也；所謂，實也；名實耦，合也。"合是命題。實是命題的主詞，是表達現實事物的，是要說的對象。因此說："所謂，實也。"名是命題的賓詞，是表達現實事物的屬性的，是關於現實事物的說明。因此說："所以謂，名也。"……人們對於現實事物的認識是否正確，即人們對於現實事物所作的判斷（或命題）是否正確地反映客觀現實的問題。判斷是思維的開始，也是思維的終了，而思維的全部過程也祇是判斷的聯繫和發展。無論思辯或談辯，基本上就是判斷的構成、聯繫和發展。因此所謂"名實之理"，基本上就是"名實耦"的理，就是判斷的理。

姜寶昌："察"，指評審、細究。《爾雅·釋詁》："察，審也。""實"為客觀對象，"名"為對客觀對象之指謂，"實"為固有，"名"為人擬，"名"為"擬實"之用。當"實"尚未被吾人所認知時，可以無"名"。而凡有"名"，則必指其特定之"實"。墨家謂，辯論、辯學，意欲用以詳審事物名實對當之理。

王維庭："明是非之分，審治亂之紀，明同異之處"，其標準在"察名實"，故繼之以"察名實之理"也。辯不能違離事實，故"察名實之理"使名實相合，則"是非之分"明矣，"治亂之紀"審矣，"同異之處"明矣。然後足以"處利害，決嫌疑"矣。

張榮明：名實相應之理，以社會實踐為標準。

[5] 孫詒讓：《國語·魯語》云："智者處物。"韋注云："處，名也。"《淮南子·說林訓》云："見之明白，處之如玉石。"

魯大東：以利為義之準則，故不利必不義也。損己而愛天下，義，猶利也；自私而賊害於人，必不義也。此墨子實利主義之精神也。

伍非百：《經》曰："利，所得而喜也。害，所得而惡也。"《說》曰："所得而喜，則是利也，其害也，非是也。所得而惡，則是害也。其利也，非是也。""是"，指所得者也。利害本無定名，而以所得者之為喜為惡別之。在此方為利，而在彼方則為害。在此物為害，而在彼物則為利。譬如魚處水而生，人處水而死，鷙獸伏草，馴禽依人，各以自身所受為利害之標準。故利害之際，倚伏萬端，方以為利，而害即伏其中。方說為害，而利又得於外。或名為利，而實乃害。或名為害，而實則利。或利多而害少，或害多而利少。非有至精之權衡，則不能去取得當。如遇盜人而斷指以免身，其斷指，害也。免身，利也。斷指以存腕，取小害以存大利也。非樂，弗愛其子也，而可以利子。節葬，弗愛其親也，而可以利親。殺一人以存天下，非殺人以利天下也。殺己以存天下，是殺己以利天下也。凡此去取之間，皆非精於辯者不能處，故辯之第五作用在"處利害"。

吳毓江：《漢書·谷永傳》注云："處，謂決斷也。"

譚戒甫：國於大地，人於斯世，所與生存奔競者，利害而已矣。利害之來，倏忽無端，取舍不明，輒得其反；《墨辯》於此，常三致意焉。故曰："利，所得而喜也。害，所得而惡也。"(《上經》第二十六、二十七兩條）人之常情，大抵如此。然人之欲惡無定，則所得之利害亦何嘗有定哉？曰：在於正。故曰："欲正權利；惡正權害。"《上經》第八十四條正必以權，故《大取》云："於所體之中而權輕重之謂權。權，正也。"以權爲正，因而取舍得其所正。譬如"遇盜人而斷指以免身：其遇盜人，害也；斷指以存腕，利也。"此所謂"利之中取大，害之中取小也。害之中取小也，非取害也，取利也。"然"利之中取大，非不得已也；害之中取小，不得已也。"故曰："害之中取小，求爲義，非爲義也。"蓋義與利害之間，有志功焉。故曰："義，利；不義，害：志功爲辯。"以上皆引自《大取》。所以墨子每以興利除害爲仁人之事。其論兼愛曰："仁人之事者，必務求興天下之利，除天下之害。今吾本原兼之所生，天下之大利者；吾本原別之所生，天下之大害者也。"《兼愛下》又論非樂云："仁者之事，必務求興天下之利，除天下之害；將以爲法乎天下，利人乎則爲，不利人乎則止。且夫仁者之爲天下度也，非爲其目之所美，耳之所樂，口之所甘，身體之所安，以此虧奪民衣食之財；仁者弗爲也。是故子墨子之所以非樂者，非以大鐘鳴鼓琴瑟竽笙之聲以爲不樂也；姑嘗厚措斂乎萬民，以爲大鐘鳴鼓琴瑟竽笙之聲，以求興天下之利除天下之害而無補也。是故子墨子曰：爲樂非也。"《非樂下》由是以觀，墨家之處利害，其辯之明概可知矣。

李漁叔：墨家重功利，是以於利害之辯特爲精密。《經上》云："欲正權利，惡正權害。"《大取篇》云："利之中取大，害之中取小。"

姚振黎：墨子獨以利爲務，屢言"交相利"，以國家百姓之利爲重，其利必義；不義之利，不得謂之利也，若《易・乾・文言》云："利者，義之和也。"墨子未嘗違背也。故《經說下》云："義，利也。"墨子之利，未有不能利人而利己者，故其"利"之界說及利他之精神，與儒家所斥之利迥殊。且經上云："利，所得而喜也；害，所得而惡也。"墨家得公利而喜之道德思想，較邊沁"最大多數之最大幸福"猶有過之，其欲天下人得利也。

馬宗霍："處"與"決"爲對文，則處猶斷也，"處利害"言能斷利害也。《後漢書・楊球傳》："其章奏處議。"李賢注云："處，斷也。"

馮友蘭：辯發生了這些作用，就可以看出來兩方面的主張中，哪一方面符合於"國家百姓人民之利"，哪一方面於國家百姓人民有害，這就是"處利害"。

孫中原：處：判別，處置。

王讚源：衡量利益和禍害。處，裁制、決斷、衡量、判明。利，利益。《經上》第二十六條："利，所得而喜也。"害，禍害。《經上》第二十七條："害，所得而惡也。"

陳高傭：處，分別，即處分、處理的意思。"處利害"，就是處理利和害的問題，就是用思辯和談辯把利害問題處理得當。

姜寶昌："處"，指決斷、裁制。"利"，指利益，即《經上》第二十六條"利，所得而喜也"，《經說上》第二十六條"利。得是而喜，則是利也。其害也，非是也"之"利"。"害"，指禍害，即《經上》第二十七條"害，所得而惡也"，《經說上》第二十七條"害。得是而惡，則是害也。其利也，非是也"之"害"。此言辯論，辯學之功用五。墨家謂，辯論、辯學，意欲用以裁制利害之取捨。

[6] 顧實：辨同析異，正名定實，則利害自見，嫌疑自去。《墨子》書中屢言"興天下

之利，除天下之害。"《大取篇》所謂 "利之中取大，害之中取小"，即以處利害也。《經上》九七章曰："彼舉然者，以爲此其然也，則舉不然者而問之。"《經下》一章曰："我以此其不然也，疑是其然也。"皆將以決嫌疑也。

伍非百："嫌疑"，謂疑似之間也。可彼可此，可出可入者是。

譚戒甫：墨辯論疑，有 "逢、循、遇、過" 四者，《下經》第四條而決疑每由於擢；故曰："擢慮不疑，說在所謂。"《下經》第五十條以謂 "疑無謂也"，《下經》同條 "無謂則疑也"，《下經》第四條然無謂之大者，令人迷惑，莫若於嫌疑之際。故《呂覽》云："使人大迷惑者，必物之相似也；相似之物，此愚者之所大惑，而聖人之所加慮也。疑似之迹，不可不察。"（《呂氏春秋·疑似篇》）章學誠曰："辯論烏乎起？起於是非之心也。是非之心烏乎起？起於嫌介疑似之間也。"（《文史通義·習固》）嫌介疑似，極不易決，因而是非莫定；必先有以識之，而後能爲裁斷。范曄謂應劭撰《風俗通》，以 "辯物類名號，識時俗嫌疑"。（見《後漢書》）蓋擅辯事者，首當明物類名號，乃能識時俗嫌疑而資判決，此正墨家之所優爲也。

詹劍峰：嫌，似也；疑，惑也。蓋事物在嫌介之間者，每不易決定，唯 "辯" 能助以決之。

裴學海：此 "焉" 字當訓 "則"（例見《經傳釋詞》二）。言辯之目的，將以明是非，審治亂，明同異，察名實，處利害，決嫌疑，則必用如下之方法——"摹略萬物之然，論求群言之比。……""必" 字略去耳。

馮友蘭：有些似是而非的言論也不能迷惑人民，發生欺騙作用，這就是 "決嫌疑"。

孫中原："決"，判明，決斷。"嫌疑"，疑問，疑難。

王讚源：決斷嫌疑。決，解決。嫌疑，疑惑不能解決的事理。《呂氏春秋·疑似》："使人大迷惑者，必物之相似也；相似之物，此愚者之所大惑，而聖人之所加慮者也。疑似之跡，不可不察。" 章學誠在《文史通義·習固》中說："辯論烏乎起？起於是非之心也。是非之心烏乎起？起於嫌介疑似之間也。"

陳高傭：《說文》水部："決，下流也。" 段注："引申爲決斷。" 女部："嫌，疑也。" 決嫌疑就是決斷人們對於事物的疑難問題。

姜寶昌："決"，指斷案、判決、了斷。"疑"，指懷疑、疑惑，即《經說下》第七十條 "夫名以所明正所不智（知），不以所不智（知）疑所明，若以尺度所不智（知）長" 之 "疑"。此言辯論、辯學之功用六。

王維庭：似是而非之說爲 "嫌疑"，最易以僞亂真也。"決嫌疑"，則能辯真僞也。利害不易處，而能處焉。嫌疑不易決，而能決焉。至是，則辯之能事畢矣。墨家之辯，非如當時侯門貴公子之座上客，取笑樂於主人，以奇談詭辭勝人爲樂者比也。"焉" 猶 "也" 也（見《經傳釋詞》卷二）。"決嫌疑焉"，即 "決嫌疑也"。

張榮明：辯學與社會認知之間的利害、嫌疑。

【匯評】

曹耀湘：凡物非兩則無辯，一是一非，一治一亂，一同一異，一名一實，一利一害，兩相較而辯生焉。從是五者以求之，於《辯經》之旨，思過半矣。

邢子述：按墨子此文，注者每視爲《墨辯》總論，殊不知乃論格式也。茲就原文區爲四類。第一類，摹略萬物之然，論求羣言之比；第二類，明是非之分，審治亂之紀；第三類，明同異之處，察名實之理；第四類，處利害，決嫌疑焉。以此四類，與今名家之說，相互比較，而論演繹法之格式也。今夫演繹法者，以三辭之位變化，構成種種之格，固極錯綜之能事也。然其可備用者，亦僅四格式也。而此四格式中，使研求至於盡美，則唯一格式焉可用也。此四格式，或稱曰"四圖式"，墨子則名曰"四體"也。

張純一：此六者，明辯之大用，通篇之總叙也。

樂調甫：以上釋辯，可以兩言該括曰"別同異"，曰"明是非"。凡辯者，第一步觀異同、察名實，第二步乃明是非、審治亂，故《墨辯》只是別同異、明是非，而以斷定事物之嫌疑與利害而已。

吳毓江：言辯之用有"明是非"等六項。《韓詩外傳》曰："辯者別殊類使不相害，序異端使不相悖，輸公通意，揚其所謂，使人與知焉，不務相迷也。"《史記·平原君傳》集解引《別錄》鄒衍語，與《韓詩外傳》略同。《中論·覈辯篇》曰："辯之爲言別也，爲其善分別事類而明處之也，非謂言辭切給而以陵蓋人也，使論者各盡得其願，而與之得解。"言辯之用意皆相近。

陳癸淼：此節言辯之功用。辯在政治與倫理上可收"明是非之分，審治亂之紀"之效。在知識與邏輯上，可收"明同異之處，察名實之理"之效。而落在人之爲人處事上，則可"處利害，決嫌疑"。依此，人無時無地無事無學不需用"辯"，"辯"之用大矣哉。

姚振黎：墨子之"辯"，西洋謂之邏輯，乃分別是非真僞之方法。《論語·子路篇》孔子曰："名不正則言不順，言不順則事不成，君子名之必可言也，言之必可行也。君子於其言，無所苟而已矣。"況墨子貴行，故《小取篇》於治亂、名實之是非同異，詳審而明辯之，以是非同異斷定事物之嫌疑與利害，必須明辯之六意義；若明是非，則知諸侯侵略他國，擄掠財物爲不義，闡明《非攻》之論。依"辯"審治亂，則《尚同》《兼愛》之說昭明；至如《大取篇》云："以臧（葬）爲其親也而愛之，愛其親也；以臧爲其親也而利之，非利其親也。"以同一厚葬，而一是一非相對，厚葬之可愛其親乎抑利其親乎？疑似之間一時莫斷，亦唯賴辯。以上言辯之六大功用。辯，於政治與倫理言之，有"明是非之分，審治亂之紀"之效；於知識與邏輯言之，有"明同異之處，察名實之理"之效。至於吾人爲人處事，則可"處利害，決嫌疑"。依此，人無時無地無事無學不需用"辯"，"辯"之用大矣哉。

周雲之：從認識目的來說，"辯"就是要達到"明是非""別同異"和"察名實"這三個目的。從"辯"的實際作用來說，則是要達到"審治亂""處利害"和"決嫌疑"這三方面的作用。

梁周敏：上述辯的六項任務，皆爲辯之大用，其核心是"明是非之分""別同異之處"。凡辯者，第一先觀異同，察名實，明是非，此內容言明了邏輯學的根本作用，體現了邏輯學是求真的科學。第二步乃審治亂，處利害，決嫌疑，表明了邏輯思想在實際生活中的應用。墨辯的理論強調重用的精神，其歸結全在用字上。從辯的六項任務可以看出，在論戰中形成的墨辯邏輯學，不僅僅是從對大量實際問題的論證、辯駁中提煉出的各種思維的邏輯方法，更重要的是，它又是將這些邏輯方法應用於各種實際問題的分析、論證和推理的一種鬥爭武器。這是墨辯邏輯學的一個基本特點。

王讚源：墨家辯學相當於廣義的邏輯學，類似於二十世紀七十年代末、八十年代初以來在西方興起的批判性思維（Critical Thinking）。

姜寶昌：在辯論、辯學六項功用中，"明是非之分""明同異之處""察名實之理"三項可視爲認識功用，而"審治亂之紀""處利害""決嫌疑"可視社會實踐功用。必先"明是非""明同異""察名實"而得其正，而後"審治舌"處利害""決嫌疑"可得其功矣。

　　　　摹略萬物之然①[1]，論求群言之比[2]。以名舉實[3]，以辭抒②意[4]，以說出故[5]。以類取，以類予[6]。有諸己不非諸人；無諸己不求諸人[7]。

【匯校】

①俞樾："然"字無義，疑當作"狀"。狀誤爲"肽"，因誤爲"然"。

胡適：俞說非也，然字不誤。《經下》云："物之所以然，與所以知之，與所以使人知之，不必同，說在病。"《說》曰："物或傷之，然也。見之，智也。告之，使智也。"此然字之義。然即如此。

張純一《墨子間詁箋》：俞（樾）說然字無義，未確。其疑"然"當作"狀"，意是；而破"然"爲"狀"則非。

顧實：俞樾曰："然，當作狀。"非也。《老子》曰："吾何以知衆甫之然哉！"其"然"字亦作"狀"。然本作"肽"，"肽""狀"二字，形近而誤。下文云："假者，今不然也。"又云："子然，我奚獨不可以然也。"又云："其然也，有所以然也。"又曰："或乃是而然，或乃是而不然。"《經下》一章曰："止類以行人，彼以此其然也，說是其然也。我以此其不然也，疑是其然也。"皆即此然也。況墨經所用然字極多，俱可覆案也。

②吳毓江：寶曆本"抒"作"杼"。王維庭校同。

【匯注】

[1] 俞正燮："摹略，即今言之模量，古言之無慮。"

孫詒讓：《說文解字·手部》云："摹，規也。"《淮南子·本經訓》高注云："略，約要也。"

曹耀湘："摹"，索也。"略"，取也。"然"者，理之同也。

胡適：《說文》："摹，規也。"《漢書·揚雄傳》音義引《字林》："摹，廣求也。"又《太玄·玄圖》篇注："摹者，索而得之。"又《太玄·法》篇注："摹，索取也。"《廣雅·釋詁》："略，求也。"又《方言二》："略，求也。就室曰挭，於道曰略"。據以上諸書，是"摹略"有探討搜求之義。"摹略萬物之然"，只是要人研究"物之所以然"。

張純一："摹"，《漢書·楊雄傳義音》引《字林》："廣求也"。"然"謂萬物之現相與實相，即下文"其然也有所以然也"之然。言於是即萬物顯然之現相，廣求其極約要之實相。

現相，別也，其然也。實相，兼也，其所以然也。……使立辯者，無不以物理的實驗爲標準也。此立辯第一綱要。

顧實："摹"亦變作"摸"，摸索也，捫搎也，通作"譕"。即《經上》六章之"譕知"也。"略"轉爲"掠"，掠取也。"摹略"轉曰："譕略"曰"謀略"。

伍非百："摹略萬物之然"二句，總示"辯"之目的。"摹"，求也。"略"，規也。"摹略"，有探討搜求之意。"然"謂事物之真象。是者還他一個是，非者還他一個非，各還其本然而不加以矯飾，是之謂"然"。"摹略萬物之然"，謂搜求一切事物之真象也。因"萬物之然"，最不易搜求。或求之而不得，或得之而非真。非有至精之方法，不能爲最確之獲得。故辯者於此，極注意焉。

譚戒甫："摹略"者，總括大凡之詞也。此親知用"摹略"二字，猶《因明入正理論》謂現量爲"無分別"。"然"者自然，亦即現象。"萬物之然"，猶云萬物之自然現象，即萬物之自相。蓋吾人以覺官摹略現觀萬物之自相，不起羣言分別（羣言見後，此即《理門論》所謂"現量遠離一切種類名言"，《正理論》所謂"現量離名種等所有分別"），謂之親知。

杜國庠：所謂"摹略"，就是廣求而約要起來的意思。《經說上》云："知也者，以其知過物而能貌之。""貌之"，也就是摹略。從主觀的能動說，謂之"貌"，謂之"摹略"；若從客觀被貌的結果說，就是反映。并且"摹略"還含有規摹略取的意思和"過物"的"與物過從"相習的意思，關聯起來說，可見墨家所見的認識，是一種無窮地去接近事物的過程。這是一種科學的見解。

陳癸淼：然，狀也。摹略萬物之然，謂模擬描摹萬物之情狀也。亦即了解客觀世界之情狀條理也。

鐘友聯：摹略萬物之然，是指我們的感官直接摹略萬物之自然現象，是指我們對於外在現象的親證知識。

王冬珍："摹"，《太玄注》曰："摹者，索而討之"，又曰："摹，索取也。"《廣雅·釋詁》曰："略，求也。"《方言二》曰："略，求也。"故"摹略"者即探討搜求之意。而"摹略萬物之然"者，則搜求觀察萬之現象也。

周雲之："摹略"乃如實概括地反映之意。

譚業謙：摹略，揣度，認識也。

孫中原：摹略：反映，概括。然：本來面目，包含然和所以然，即現象和原因。

王讚源：摹略：探討搜求。摹：《漢書·揚雄傳》"參摹"，蕭該《音義》引《字林》："摹，廣求也。"《太玄經·玄告》"規生三摹"，范望注："摹者，索而討之。"略：《廣雅·釋詁》："略，求也。"《淮南子·本經》："其言略而循理。"高誘注："略，約要也"。"摹略"意即複寫、抽象。

陳高傭：《說文》手部："摹，規也。"《韻會》云："謂所規仿也。""摹"即今人所謂摹仿。《說文》田部："略，經略土地也。"段注："引申之，規取其地亦曰略地。""摹略"即"摹仿略取"的意思。然是實在、真實。"摹略萬物之然"，即摹仿略取事物的真相，即今人所謂正確反映客觀現實，這是就感性知識而言，是從人們通過感覺所獲得的事物的印象而言。

姜寶昌：摹，指摸索、探求。"略"，指求取、獲得。"然"，代詞，指事物之現象或狀貌如此。此言辯論之準備一。墨家認爲，立論或駁論，決不能如不可知論者和詭辯論者以憑空想象和玩弄詞語爲能事，相反，必得首先探索搜求論題所涉種種事物之眞實現象或狀貌，以爲形成判斷和進行推理之原始材料。

王維庭："摹略"二字一義，"摹略"即探索。"摹略萬物之然"，即探索萬物之情狀也。（狀指現象，情指本質。）墨者多博學，通《詩》《書》，讀《百國春秋》，又研習數學、光學、力學，爲當代科技大師，亦當代博物雄辯之大師。墨家之辯，不空言理，多取象以明理。證之《經》與《經說》，證之《大取》，其例不可勝舉。

張榮明：摹略：描摹，表達。萬物之然：萬物狀況。

[2] 曹耀湘："論"與"掄"同，擇也。比，校也。

胡適："摹略萬物之然，論求群言之比"，二分句是推論之大法。謂搜討萬物之現象，而以言辭表示之，以便比較參觀而求知其間交互之關係。例如"牛有角，馬無角"，皆所謂群言之比也。

胡國鈺：此節論辯之如何進行。"比"即"俰"，論理學中所謂附性法也（Contribution）。謂當辯論之際，或就萬物探討其理，或就群言搜求其是非。

沙韞輯：搜求萬物之現象，而以言辭表示之，以便比較參觀而求其間交互之關係。"摹略"一句是觀察，"論求"一句是推理，此思考之總綱也。

張純一：即群言審核異同，比較是非，求充符乎萬物之諦理。決定無違，而後立量。言足令敵印證，決定智生。否則違法自相，義成躊躇顛倒，未免自誤誤人矣。例如墨者貴兼，儒者非兼，因儒者不知萬物體分於兼故。詎知兼則交相利，天下治。別則交相害，天下亂也。故"論求群方之比"，爲立辯第二綱要。

顧實："論求"，即今用邏輯法也。"羣言"者，六藝百家言也。《史記‧滑稽傳》孔子曰："六藝於治一也。"《淮南子‧氾論訓》曰："百家殊業而皆務于治。"《法言‧吾子篇》楊子雲曰："众言混淆，則折諸聖。"然墨家取羣言而更繩以邏輯法也。《經上》六八章之"伦"，即此"比"也。蓋墨家摸取萬物之實然，以求眞相，而後論求羣言之差比，斯其所以言有物也。下文乃臚列方式，適合於今邏輯法。

伍非百："求"，探討也。"論求"，猶今言"討論"。"比"，屬也，今言比次。《禮記》："屬辭比事，《春秋》教也。"謂連屬其事物，比次其辭句，而是非褒貶之義自見，乃《春秋》之所以爲教也。……"論求群言之比"，謂討論一切名字辭句之排列。此"言"字，包"名"與"辭"二者在內。名，今謂之字，又謂之名詞。"辭"，今謂之句，又謂之命題。古人用言字，有指句者，有指字者，如曰"願得三言"，曰"海大魚"，《戰國策》此以"海大魚"三字爲三言，是指字也。如曰"《詩》三百篇，一言以蔽之，曰思無邪"，此以"思無邪"一句爲一言，是指句也。蓋字句之排列，其先後增省，與所推求之理論，是非眞妄，大有關係。故論求群言之比，爲辯之第二目的。

譚戒甫：《淮南‧本經篇》高注："推，求也。""推"訓"求"，則"求"亦可訓"推"；然則論求，猶今所謂推論（to reason）。羣言，猶因明所謂種類名言。羣即種類。《易‧繫辭》："人以類聚，物以羣分"，則羣亦類義。言即名言。《論語·子路篇》："名不正則言不順"，是也。蓋吾人將一切種類名言，分別推論，因而得有是非然否之判斷於其間者，正合因明比量之理，亦與《下經》第七十條所謂"說知"相同。

杜國庠："焉摹略萬物之然"二句，說明所以同異的根源，在於"物之然"。不明白"萬物之然"，就不能知"類"，這是屬於親知的事體，是直接的知識；而所謂"羣言"，則屬於間接的知識，聞知的事體。所以必須加以比論，務求正確。然而這就進入說知的範圍了。

陳癸森：論求，探究也。比，錯雜也。《禮記·樂記》："比物以飾節。"注："比，雜也。"論求群言之比，謂探究群言錯綜複雜之情狀也。

鐘友聯：論求羣言之比，這是指從現有的知識，推知未知的知識，或解明隱含的概念。這是從推論得帶的知識。

姚振黎：墨子喜稱道詩書及孔子所不修之百國春秋；去禮之繁文縟節、右夏而左周，恐樂以致熹音湛湎，遂變文而反之質，復倡非命、因以去《易》，其於六藝百家、取精用宏而終成一家；則群言當爲六藝百家言，亦即譚氏《發微》所謂一切種類名言也。《經上》云："物之所以然，與所以知之，與所以使人知。"之層次，於《小取篇》出以"摹略萬物之然，論求群言之比"；欲廣求自然間真實之所然，而得約要之所以然，必須辯者客觀考察事物之真相，就"所以然、所以知之、所以使知之"三情況，分別論列，概括出規律、法則。探論各種說辭表述之真偽關系，使語言思維經屬辭比事之論式，仍精密適當，與事無違，則可推知正確之結論。

王冬珍："論求群言之比"者，乃討論比較各種現象交互之關係也。

刘文清："摹""略""論""求"諸字皆可有求取、擇取義，至若"然"字可有應然義，"比"字可有擇善而從之義，故所謂"摹略萬物之然"爲求取萬物之應然者，"論求群言之比"乃擇取群言之善者而從之，二句適相對成文，其旨則在分別説明《大取》《小取》之所以謀篇也。

孫中原："論求"，討論，探求。"群言"，各種言論。"比"，比較是非利害得失。

王讚源：討論探求各種言論的類別。比，《說文》段《注》："例也，類也。"

陳高傭：《说文》羊部："羣，輩也。"引申爲類聚的意思。《經上》第三十二條云："言，出舉也。"《經說》云："言，謂也。"言猶（由）名致也。《經上》第三十一條云："舉，擬實也。"《經說》云："告以文名舉彼實故也。"言即語言，即判斷或命題。羣言即相類、相近、互有聯繫的一些命題。《說文》比部："比，密也。"引申爲比附、聯繫。"論求羣言之比"，即講究有關係的一些命題的互相聯繫。

姜寶昌："比"，指比度、考校。《廣韻》："比，校也。"《漢書·石奮傳》："是以切比閭里，知吏奸邪。"顏師古注："比，校考也。"是其證。"羣言"，指圍繞某一論題而有多種言論。此言辯論之準備二。墨家認爲，立論或駁論，決不能如不可知論者和詭辯論者以憑空想象和玩弄詞語爲能事，於"摹略萬物之然"之同時，尚須就針對某一確定論題而出現之多種言論，逐一進行反復論證，審慎推求，以考校其是非然否。

王維庭："論求"二字一義，即今語"研究"也。"羣言"所包至廣，蓋指當代百家之學說也。"比"即條理，物相比者有次序，即有條理。"論求羣言之比"，即深究百家學說之是非異同而得其條理也。諸家多謂"比"爲"比較"，論求羣言之比較，詞義弗順。

張榮明："論求"，探究，辨析。"羣言"，人們的各種言說。"比"，比類。《禮記·學記》："古之學者，比物丑類。""論求群言之比"，分析各種言說的類別。"摹略萬物之然，論求群言之比"，乃綜述辯學內容，隨後五句是具體方面。

[3] 孫詒讓：《經說上》云："舉，告以文名，舉彼實也。"

胡適：《經說上》云："所以謂，名也；所謂，實也。"一切事物皆是實，實之稱謂爲名。《公孫龍子》："夫名，實謂也"，是也。《經上》云："舉，擬實也。"孫云："《說文》，擬，度也。謂量度其實而言之。"《經說》說"舉"字云："舉，告以文名舉彼實也。"文名即是文字，古曰名，今曰字。名之爲用，所以擬度一物之物德，被以文字，使可舉以相告。若無名則必須指此物而後知爲此，指彼物而後知爲彼，不惟不勝其煩，其用亦易窮矣。

胡國鈺："以名舉實"，是墨子最重要的主張，墨子最反對離實言名。《經上》曰："舉，擬實也。"《經說上》曰："告以文名，舉彼實也。"當戰國之時，離實而言名者極多，若"狗非犬"，"孤駒未嘗有母"等皆是。若持"以名舉實"之說以當之，則其說不攻自破。蓋離實而言，則孤駒不當有母；以有母之駒不當稱爲孤駒也。但若就孤駒之實而言，則此駒固嘗有母也。

郎擎霄：以名舉實即以名擬事物，吾人於各各事物，必以名擬之，始便於敘述，若見一馬，不以"馬"擬其實使對方了解，必得將馬之形狀一一示之，始知所言爲何物。

支偉成：一切事物，謂之實。實之稱謂，謂之名。就文法及論理之法式言之，實爲主詞（subject），名爲表詞（Predicate）。凡概念必當經過一番綜合比較方得；有一特別概念，即以一特別名號示之，此之謂"以名舉實"。

梁啓超："所以謂，名也。所謂，實也。"此二句釋名實二字最精要，若指此書稱之曰《墨子》，書爲所謂、是實，《墨子》爲所以謂、是名。《經說下》云："舉彼堯也，是以名示人也；指是虎也，是以實示人也。"釋名實二境，尤爲明顯。實爲客觀之對境，名爲主觀之概念；將對境攝取成爲概念，概念對境，一致吻合，即爲"名實耦"。

張純一：實者，法自相也。得法自相，相符不違，境屬現量。如實制名，成真比量。即《經說上》云："名實耦，合也。"是爲真知。（《莊子·大宗師》云："有真人而後有真知。"）由是比事屬辭，可無差誤。設名與實離，用名以亂實，即不能自悟悟他矣。……故循名核實，其真諦在能"以名舉實"，是爲立辯第三綱要。

伍非百："名""辭""說"，爲構成"辯"之三要件。"名"，今言"名詞"。以一字或多字爲之。如曰"白"、曰"馬"、曰"白馬"者，皆是。《荀子》曰："名聞而實喻，名之用也。累而成文，言之儷也。用儷俱得，謂之知名"，言以單字或多字凡以喻一實者，皆名也。名與實之關係，實不自喻，因名而喻。名不自命，因人而命。如有物澤然而黃，滋然而甘，鬱然而香，橢然而圓者，吾命之曰橘。此澤然而黃，滋然而甘，鬱然而香，橢然而圓者，實也。橘，則其名也。既賦以名，則因名而紀實。他日一聞"橘"之名，便知"橘"之實也。實之本體在乎物，因感覺而簿之於心。心之綜合繫乎念，因語文而宣之於口。故名者非他，乃吾人所用之一種符號，以紀心之概念、所存系之實體也。名非是實，而實必藉名以顯。實雖非名，而名必與實相從，是之謂"以名舉實"。《經》曰："舉，擬實也。"《説》曰："告以之名，舉彼實也"，是其義。

譚戒甫：《上經》第八十條云："所以謂，名也；所謂，實也；名實耦，合也。"此名、實、合三者，皆成"辭"之具。例如"此書是《墨經》"："此書"爲實，所指之物也；"墨經"爲名，所命之義也；"是"字爲合，所耦之事也：三者具而後一辭成。然此乃文律之自然組織如此；若論式之辭，究以第八十三之"並立"爲已足。如第七十九條"狗犬"一辭：狗爲實，今曰主辭（Subject）；犬爲名，今曰謂詞（predicate）。因二者間隱去繫詞（copula），如"狗爲犬"之"爲"字。而唯"實""名"對偶，故曰並立。舉者、擬也，亦告也。見《上經》第三十一條。蓋僅有實，不能令人生其解悟；必繼之以名，方能擬議其實而告人以志義之所在。故欲成辭，必須以名舉實。

鄭公玄：所謂"名"當即名詞，"實"指一切事物言，而所謂"舉"者，乃稱謂之義。蓋天下事物甚眾，惟各予以一定之稱謂，或予之某一符號，而後始可區別。則所謂"以名舉實"者，以今日邏輯語言，即以符號代表事物之謂。此亦猶《荀子》所謂"約之以命，約定俗成謂之實名也。"

汪奠基：辯的具體内容有三種（以名舉實，以辭抒意，以説出故）形式："以名舉實"，論"所以謂"與"所謂"的關係，主要在説明概念的表達形式。

鄭振球：所謂"名"即今邏輯之概念，對每一概念均能名符其實，與實在所指者契合；即以現實爲準，以實正名，則立論不致有誤。

詹劍峰：實即主體或實體，名即謂詞或共相；實即作用於吾人感官而引起感覺之物，名即擬實而已。實即客觀存在之現實，名即反映現實之形式。

陳癸森：《經上》："舉，擬實也。"每一"實"皆有其名稱與意義。"名"乃用以指謂"實"之名稱及其意義者。如以今之名詞言之，名即名言，概念，稱謂語也。此爲構成辯論内容最基本之要素也。

姚振黎：實是客觀存在之具體事物，名爲實之反映；實先於名，不依賴思維而存在；故物質爲客觀存在，思維乃物質之反映；實爲認知之對象，名即名言、概念、稱謂。古者蓋嘗有實無名，然"有實必待文名"，吾人對於各種事物，必以名擬之，其實方顯。《墨子經上》云："舉，擬實也。"《説上》云："告以文名，舉彼實也。"墨子主張以實正名，以名察實，《大取篇》云："諸聖人所先，爲人效名實，實不必名。"然因"效名實"，墨家主張"名實合"。名實符合，必不致"析辭擅作名以亂正名"。

陳孟麟：判斷，《墨辯》叫做辭。"辭"的本義是判決（辭，從辛［辛］。辛即理罪。）引申而爲對事物的斷定。"以辭抒意"的意指概念。抒的字義是展開，《墨辯》認爲，判斷實際上是把包含於概念裏的内容加以展開而形成的一種思維形式。概念蘊含著對客觀事物的斷定，但概念並不是斷定。概念展開而爲判斷，就把斷定明朗化了。概念展開而爲判斷，就叫"以辭抒意"。

莫紹揆：用名詞表示對象，即概念論。

王冬珍："以名舉實"者，《經上》云："舉，擬實也。"《經下》云："所以謂，名也。所謂，實也。"如："此乃一匹馬。""此"即實，"一匹馬"即名，在文法與法式論理上，實即主詞（Subject），名即表詞（Predicate）。

孫中原："名"，語詞概念。"舉"，列舉，摹擬，反映。"實"，實物，實體，實質。

王讚源：用名稱標舉實際。

陳高傭：《說文》口部："名，自命也。從口夕。夕者，冥也。冥不相見，故以口自命。"名是會意字。此言人在黑暗之中，如在夜間，要叫對方知道自己是誰，就得用自己的口說出自己的名字。引申之，凡事物的名稱都是名。邏輯上的概念或名詞即都是名。《說文》宀部："實，富也。從宀貫，貫爲貨物。"段注："以貨物充於屋下是爲實。""引申之爲草木之實。"今言實物、實在、事實也是原義的引申。"以名舉實"，即用名稱或概念代表現實事物的意思。

姜寶昌："舉"，指言說、標舉，即《經上》第三十一條"舉，擬實也"及《經說上》第三十一條"舉。告以文名，舉彼實故也"之"舉"。此言辯論之環節一。"名"有思維、語言兩種含義。思維含義之"名"，爲概念，有客觀對象與之對應。語言含義之"名"，爲詞語，有特定語音、字符與之對應。墨家謂，辯論時用概念指謂特定客觀對象之屬性。故曰："以名舉實。"

王維庭："明是非"之標準，在"察名實"。"察名實之理"，必"以名舉實"。名由實生，實由名舉。名以表實，不能違實。違實之名，則亂名亂實而不能舉實矣。辯不能無"辭"與"說"，而辭說之構成，皆有資於名。故必"以名舉實"也。

張榮明："名"，名是概念的形式，概念是名的內容。"以名舉實"，根據名稱指出實物、識別對象。

[4] 孫詒讓：《史記·平原君傳》集解引《別錄》鄒衍曰："辯者抒意通指，明其所謂。"《漢書·劉向傳》："一抒愚意。"顏注云："抒謂引而泄之也。"

曹耀湘："抒"，達也。

胡適：辭即今人所謂"判斷"（Judgement）。辭從辛，有決獄理辜之義，正合判斷本義。判斷之表示爲"命辭"（Proposition），或稱"命題"，或稱"詞"。作"詞"者甚不當，段玉裁曰，"積詞而成辭"，是也。凡名皆詞也。英文謂之 Terms。合異實之名以表一意乃謂之辭，故曰："以辭抒意。"《荀子·正名》篇曰："辭也者，兼異實之名以論一意也。"

梁啓超：單言謂之言，複言謂之辭。凡一辭之成立，必包二名以上；名、論理學謂之名詞 Term，辭、論理學謂之題 proposition。意，即《論語》"毋意毋必"之意，亦即"億則屢中"之億。《經下》云："意未可知。說在可用過仵。"即此義。"以辭抒意"乃以命題之形式表示所判斷。然此"意"譯作判斷 Judgement，未若譯作臆說 Hypothesis，蓋墨經之"意"字，表極審慎態度也。

胡國鈺："辭"，即論理學所謂命題也（Proposition）。"意"，即判斷也（Judgement）。"以辭抒意"云者，謂欲表明心中之判斷，當用一命題也。

郎擎霄：名僅可舉實，未可抒意，欲抒其意，唯賴辭，蓋辭由名集合而成，若《經上》

云："非半不都，則不動。"此乃集合名而成之辭，藉辭而發抒其意也。

陳啟彤：辯之第一事，爲以名舉實，辯之第二事爲以辭抒意；單舉名只可以表實，未可以抒意。將欲明辯之意，必副以辭。

欒調甫：按三段之兩前提及斷案，三支之宗因喻，均是"辭"。不過其形式有三項之異耳。又以宗自身言是能立，總三支形式言之，則爲所立而非能立矣。

沙韞輯："辭"，今人爲判斷，判斷之表示爲"命辭"或"命題"。

張純一：《大取篇》云："夫辭以故生，以理長，以類行者也。立辭而不明於其所生，妄也。"即"摹略萬物之然"，又"論求群言之比"，然後核實定名，因而綴名成辭，其爲辭必如法自相，相符無違，斯爲真能立之辭。以此抒寫意指，始可觸類旁通而無過。此立辯第四綱要。

伍非百："辭"即命題。古謂之辭，今謂之句。"以辭抒意"者，謂辭也者，所以抒意也。何謂抒意？蓋名之爲道，祇以一字或多字表一個概念，不能成爲思辯。必有兩個以上之概念相連屬，乃能成爲思辯。故一名祇於可念，二名而後可思；一名祇於可道，二名而後可謂。

支偉成：合"名"與"實"，乃稱爲"辭"（Proposition or Judgement），有辭乃能達意。判斷須二者以上之觀念相連結，方能發生；以是非等字樣判斷兩概念之關係，是爲意；表示此意之言則爲辭。此謂"以辭抒意"。

譚戒甫：有人謂"辭即今人所謂判斷（Judgment）。辭從辛，有決獄理辜之義，正合判斷本義；判斷之表示爲命辭（Proposition）。"《吕覽·離謂篇》"夫辭者意之表也。"此"抒"字義，正與表同。"意"即今人所謂概念（Concept）。蓋欲下判斷，固假概念，而概念成立，原出判斷，故曰："以辭抒意。"按"辭"可當因明三支式之"宗"。

鄭公玄：以名舉實之"名"即名詞，以辭抒意之"辭"則爲綴二名以上而成之文句，"名""辭"不可混也。墨辯中之"辭"，乃係指有所論謂之文句，故應與"命題"之形式及內容相當。

汪奠基："以辭抒意"，論由概念組成判斷的表現形式。辭即判斷，意指思想概念。主要在說明判斷或命題的表達形式。

鄭振球：即邏輯之命題（Proposition），由正確之命題而判斷之，即"以辭抒意"。

杜國庠：所謂"以辭抒意"，就是《荀子》所謂"辭也者，兼异實之名以論一意也"的意思。客觀事物中間，存有種種的關係，這些關係反映到人們腦子里，就形成他們的"意"。用語言文字表達出來，就成爲"辭"。用普通邏輯的術語來說，辭就是命題，意就是判斷，是一件事的兩方面。

陳癸淼：辭者，所以抒意。乃由"名"合成者，徒"名"不足以抒意，能抒意者，"句子"也，即邏輯所謂之命題是也。合名以成命題，有命題方可抒意。故曰："以辭抒意。"

姚振黎：墨辯核實定名、以名舉實、以辭抒意之程式，若僅有名不足以抒意，唯合名以成命題，有命題方可抒意，亦即合名實以成之辭，必能表意，苟徒取實而棄名，或擁名而失實，則其辭必陷空誕，不足以抒意。蓋"實"爲特殊之個體，"名"爲表示實體之同德，出名必先察實，則名實相謂，關係敷陳，始可進而審辭。

莫紹揆：用命題（辭）表達思想，即判斷論。

馮友蘭：辭，即今人所謂命題，合二名以表一意，乃謂之辭。所謂“以辭抒意”，亦即《荀子·正名篇》所謂“兼異實之名以論一意”是也。

王冬珍：“以辭抒意”者，即以辭達意也。《呂覽·離謂》篇曰：“夫辭者意之表也。”而所謂“辭”乃合名與實言之也，蓋單有名，或單有實，均不能達意，惟“辭”始可以達意。意即所謂概念，故以名與實表達概念，即墨家所謂“以辭抒意”也。

孫中原：“辭”，語句，命題。“抒”，表達。“意”，思想，判斷。

王讚源：用語句表達思想。辭，文辭、言辭、語句。抒，抒發、表達。

陳高傭：《說文》辛部：“辭，說也。”辭即言辭、語句，即邏輯上的命題，即《墨經》上的舉、謂、合。……《說文》心部：“意，志也。從心音。察言而知意也。”此所謂意即人們對於事物的判斷。《說文》手部：“抒，挹也。”段注：“凡挹彼注茲曰抒。”抒在此即發表、表達的意思，是抒本義的引申。以辭抒意，就是說以命題表達人們對於事物的判斷。

姜寶昌：“辭”，指言辭、語句、命題，即《大取》“夫辭以類行者也，立辭而不明於其類，則必困矣”之“辭”。此處，用爲墨辯邏輯專門術語，以“辭”與“名”“說”對言，“名”爲概念，“辭”爲判斷，“說”爲推理也。“抒”，指挹出、抒泄、表述。“意”，指意思、意見，即《經說上》第九十條“（聞。）循所聞而得其意，心之察也”及《經說上》第九十條“（言。）執所言而意得見，心之辯也”之“意”。此言辯論之環節二。

王維庭：此辭即由名之組合而成，所以發抒作者之意指也。《楚辭·九章》“發憤以抒情”之“抒”也。凡成辭必有判斷，無判斷不能成辭。凡判斷必運用意指，今語謂運用概念，無概念，亦必不能成辭。然必謂此“辭”即三支之“宗、因、喻”；或即三段論之“兩前提”，又或謂即“命題”，則失之於附會矣。

張榮明：“辭”，判斷，命題。“意”，想法。“以辭抒意”，用命題表達想法。

[5] 曹耀湘：“故”者，事之所以然也。

胡適：說即今人所謂“前提”（Premise）。《經上》云：“說，所以明也。”故即《經上》“故所得而後成也”之故，今人謂之“原因”，謂之“理由”。如《經下》云：“狂舉不可以知異，說在有不可”，其說即所用以明所立辭之故也。

梁啓超：凡“說”皆爲證明所以然之故；是謂“以說出故”。“故”相當英語之 Cause，指事物所以然之故，即原因也。全部墨經和因明之三支極相似，內中最要緊的是“因”，因即以說出故之故。因果律爲論理學第一要件，墨經首釋“故”，《經說》並將原因分爲總因、分因兩項；總因即大故，分因即小故。《小取》以說出故，即出“有之必然”之大故。

陳啓彤：《大取》曰：“夫辭，以類行者也，立辭而不明於其類，則必困矣。”此三段式之要旨在一類字。類即判斷之方法，亦即墨辯正名定分之定則也。類之內含有兩義：一為類推之義；二為類別之義。類推，則歸納之說也；類別，則演繹之義也。綜此二法，自用言之謂之引申術，知引申乃知類取，知類取乃知類予。類取、類予是爲歸納、演繹同舉，在名理上關係最大。

沙龜輯："故"，即《經上》之故，今人謂之"原因"或"理由"。

陳無咎：故者，事也，物也。大故對小故而言，指大事大物而言。如禹貢山川、湯武革命，徵諸地理，則脉絡分明，有跡象可尋；考諸歷史，則汗青彪炳，有事功可紀，窮源竟委，統系瞭如，可以探索而得其原因，可以研究而見其端緒，因事實如此，非向壁者可比。

張純一：此故字當以因明之宗、邏輯之判斷釋之。若在辯者，因事造意，順意吐辭，皆有故爲之本；意無不誠，辭無不立；真實不妄，是之謂故。

顧實：此即今論理學家所謂論理三要物也。今論理學書曰："研究論理學之三要物：一名稱，所以表概念；二命辭，所以表判斷；三論式，所以表推理。"正與此云"以名舉實，以辭抒意，以說出故"，三事吻合。

伍非百：說，今謂之推理。以說出故者，言說也者，所以出故也。何謂出故？《經》曰："故，所得而後成也。"《說》曰："小故，有之不必然，無之必不然。大故，有之必然。"此言故有大小二種，各因有無之不同，而然疑隨之以判。又使："使，謂故。"《說》曰："謂也，不必成濕。故也，必待所爲之成也。"言辭有謂故二種，一爲所立者，二爲所以立者。以因明喻之，謂當因明之宗，故當因明之因，宗爲隨所欲立。其能成立與否，可不必計。因則非能立者不可，故云必待所爲之成。以說出故者，謂說之能立在舉出所以說之故。《經》曰："說，所以明也。"以明即出故。

譚戒甫："說"，即《上經》第七十二條"說，所以明也"及《下經》各條"說在……"之說。"故"，即《上經》第三十二條"言，出故也"及"故也者諸口能之出名者也"之故。蓋凡立一辭，苟聞者意有未達，持以質問；則立者須說以明之，而其所出者即故也。例如《下經》第六條"異類不比。說在量。"其"說在量"三字之一言爲說，而其所達之義爲故。自此故出，而後"異類不比"之一辭始定。

詹劍峰："故"即一辭所由成立的根據，相當於因明的因。"說"即論證的法式：以一辭立論，而以另一辭或數辭以論證其立論之真實可靠。

鄭振球：以說出故乃自判斷中道出辭意之所以然，即事物之原因或屬性，即邏輯所謂演繹法之推理（Inference），以既知之判斷爲根據，而推出新的判斷。

陳癸森：《經上》："故，所得而後成也。""說，所以明也。"《大取》："夫辭以故生。立辭而不明於其所生，妄也。"凡任何事物與學說皆有其所以然之道理或條件在，此道理或即故也。說之目的乃是在明"故"也。故曰："以說出故。"凡對方不瞭解或不相信吾之所言，則說明其"故"，以使對方接受吾之所言，此"說"所以作也。"說"需借"辭"爲之（《禮記·表記》："故仁者之過易辭也。"注："辭，猶解說也。"）也。辭，命題也。利用單一，或一組命題而能"明故"，則此一命題或諸命題皆爲"說"也。利用諸命題以明"故"，此"以說出故"也。

姚振黎：《荀子·正名》："期不喻，然後說。"楊倞注"期，會也。若是事多，會亦不喻者，則說其所以然。"亦謂不喻其辭，然後說之也。《經下》各條之末皆言"説在……"，係明辭之所以然，所謂"出故"者也。《經說上》分"故"有二：大故爲邏輯所謂之充足且必須之理由；小故爲必須而非充足之理由。將所得而成之故，明以出之，乃說之真旨也。

"故"爲事故之所以然，乃成事之因，亦立論之理也。

馮友蘭：在辯論中，辯論者不僅要用一個"辭"表達判斷，還要說出所以達到這個判斷的理由；這就是"以說出故"。"故"是根據或理由，"說"是把一個"辭"所以是"當"的理由闡述出來的論證。有了論證，才能說服別人。

莫紹揆：用論述表達根據、理由，即推理論。

王冬珍："以說出故"者，即以語言文字說出一事之原因，亦即以語言文字說明吾人所以持一辭之理由，此理由謂之"故"，明"故"之辭謂之"說"。

周雲之：《經上》："說，所以明也。""說"就是指用以明故的推論方式。

孫中原："說"，推理，論證。"故"，原因，理由，根據。

王讚源：用推理論證來表達所持論點的理由和根據。說，推理、論證。《經上》第七十三條："說，所以明也。"故，理由、原因。《經上》第一條："故，所得而後成也。"《大取》："夫辭以故生，立辭而不明於其所生，妄也。"

陳高傭：說是說明。《經上》第七十三條云："說，所以明也。"故即緣故、理由。《經上》第一條云："故，所得而後成也。"《經上》第七十八條云："故也者，必待所爲之成也。""以說出故"，就是對於事物的認識要看出它的因果關係；對於事物的說明，要說出它的所以然；對於判斷的構成，必須有充足理由。

姜寶昌："說"，指說解、辯說，即《經上》第七十三條"說，所以明也"之"說"。此處，用爲墨辯邏輯專門術語，以"說"與"名""辭"對言。"故"，指形成或產生某一事物或結果之條件、原因、依據，即《經上》第一條"故，所得而成也"及《經說上》第一條"故。小故，有之不必然，無之必不然。體也，若有端。大故，有之必然，無之必不然。若見之成見也"之"故"。此言辯論之環節三。

王維庭："名""辭""說"三者對舉，其義相聯而有別。辭與說皆由名所組成；辭言"抒意"，說言"出故"，是"說"不同於"辭"也。以辭"抒意"而論成，論成則"所以然"之故明，始能以理服人，是爲說也。《大取》云："立辭而不明於其所生妄（"妄"原誤"忘"，從顧校改。）也。"又云："夫辭以類行者也。立辭而不明於其類，則必困矣。"是《大取》之辭，兼包"以故生、以理長、以類行"之"故""理""類"三物也。是《大取》之"辭"與《小取》之"辭"，其含義廣狹本不同也。諸家多以《大取》之"辭"當《小取》之"說"（胡適謂"明故的辭，便叫做說"），故不能盡合也。至或以印度因明之"三支"、或以形式邏輯之"大前提"，解"以說出故"，皆不免於附會矣。

張榮明："說"，論證。"故"，根據，前提。《經》第一條曰："故：所得而後成也。""以說出故"，通過論證給出命題的根據，還原立論的前提。

[6] 胡適："以類取，以類予"，二分句綜上二分句而言。以名舉實而成辭，合辭而成辯說，其綜合之根據，要不外乎辨別同異有無，以類相從；要不外乎"以類取，以類予"而已。《大取》云："夫辭，以類行者也。立辭而不明於其類，則必困矣。"有所選擇之謂取，有所是可之謂予。取即是舉例，予即是判斷。於物之中舉牛馬，是以類取也。曰："牛馬皆四足獸也"，是以類予也。

梁啓超：墨子所謂類，殆論理學所謂媒詞 Middle Term 也。論理學三段論法，凡含三名詞，其斷案之主位名詞，亦曰小詞。斷案之賓位名詞，亦曰大詞。其不見於斷案中之名詞曰媒詞。如云“凡中國人皆亞洲人也”“墨子者中國人也”“故墨子亞洲人也”。墨子爲小詞，亞洲人爲大詞，中國人爲媒詞。媒詞者，在大前提與小前提之間爲取，在小前提與斷案之間爲予者也。

邢子述：夫否定斷案者，表示兩名之不一致者也。譬如丙與乙爲一致，而甲與丙乃不一致，則甲與乙之關係，亦必不一致也；而不一致者，即否定也。故墨子曰：“以類取，以類予也。”猶曰，取諸類指前提言者，則斷以類指前提言者也。墨子所謂“類”，即今所稱之大小前提；“故”，即今所稱之斷案；“小故”，即斷案之主詞，或曰小端；“大故”，即斷案之實詞，或曰大端；“取”，即今所稱之媒詞；“予”，即今或謂之斷決；“說”，即今所謂合三辭以成之辯。

張純一：“類”即因明之“喻”。依如實理，足以證成其辭與說爲真爲妄也。喻有同法異法二種。同謂於宗法性，爲同品定有性，異品徧無性。同異分明，然後取其同類，剔除異類，與敵辯論而應用之以爲斷制。庶吐辭立說，在在足以困敵，而不爲敵困矣。此立辭第六綱要。

顧實：此即今論理學上之類比推理（Analogy）也。《經上》八六章曰：“有以同，類同也。”《經下》一章曰：“止，類以行人，彼以此其然也，說是其然也。我以此其不然也，疑是其然也。”《非攻下》曰：“子未察吾言之類，未明其故也”，則類、故並重也。今論理學之推理，亦止有演繹推理、歸納推理及比類推理，凡三事也。然蓋古人尤以類之用爲廣大。詩人諷咏，比物連類；莊生屬書，指事類情。而荀子之文，以類爲法，又何怪墨家之以類取予於物哉？

伍非百：“類取”“類予”，爲類行之兩大原則。“類”，謂“類同”也。《經說上》曰：“有以同，類同也。”“類取”，謂就其有以同者而取之也。“類予”，謂就其有以同者而予之也。

吳毓江：此言辯之兩基本原則。於個體事物之中，擇取其相類者，舍棄其不類者，是之謂“以類取”。於相類事物之中，已知其一部分如此，因而判斷其他一部分亦如此，是之謂“以類予”。類之觀念在《墨經》中至爲重要，明是非、辯同異，其要不外乎明類。

譚戒甫：“取”，即《上經》第九十四條“法取同”及第九十五條“取此擇彼”之“取”。“予”，即《說文》“予、相推予也”之義。“以類予者”，謂以類爲推也。例如《經上》第五條：“知，接也。”《說》云：“知也者以其知過物而能貌之。若見。”此之論“知”，取“若見”以爲譬者，以“見”“知”皆具有“過物能貌”之一法；則“知”與“見”爲同類，故取“見”以喻“知”：此即謂之“以類取”。又“見”既有“過物能貌”之性，則“見”者“接”也；因而推得“知”亦有“過物能貌”之性，則“知”亦“接”也：此即謂之“以類予”。“類”可當因明三支式之“喻”。

詹劍峰：在墨子的邏輯中，類有三種意義：一是相似或類似；二是相同，凡相同者成爲一類，叫做同類，如“同類之同”，而不相同者則爲異類，如“異類不比”；三是由一法或一理所成的東西都是一類，例如由矩成方，不問其爲木爲石，都屬於方類，故《經下》

說："一法者之相與也盡類"，可見其法同者，其類同，類是法的具體表現。因此，"以類爲推"，也有三種形式：一是"舉相似"，則以此事和另一事有相似之類，就據這類似之點來進行推論或說出一個道理來，這樣形式的立說，最具體而淺顯的是"譬"……二是"歸類"，則列舉若干事例，找出相同之點，歸結成一類或歸結到一個道理……三曰"明類"，明類相當於因明的"喻"，因爲一法所成的東西都屬於一類，所以舉出其類之一，就可以明其類之法。"以類取"者，從類中抽取也。"以類予"者，以類來推斷也。先以"舉相似"說，則從此一事與另一事有類似之點（以類取），而另一事還有某屬性，由是推斷此一事也有類似的某屬性（以類予）。次以"歸類"說，則從一串事例抽取其相類之點（以類取），從而歸到一類或引出一理（以類予）。最後以"明類"說，舉其類之一物以明其類的大法（以類取），由是論證了所立之宗（以類予）。可見三種立說皆"以類爲推"，即就事物之類以求其關係而推斷之。故曰："以類取，以類予"，是推理的法式。

杜國庠：就許多事物比較它們的屬性而找出它們的共同點，倘這共同點屬於該事物的屬性，於是把那些具有這共同點的事物包括在一起，就叫作"類"。類的概念，在邏輯上，極爲重要。所以《小取篇》於"以名舉實，以辭抒意，以說出故"之後，殿之以"以類取，以類予"，認爲是"以名舉實……"等的根據。"取"是舉例，"予"是判斷。

鄭振球：以類取，以類予，爲墨子辯學之基本原理，深具現代邏輯思想歸納方法之特点。

陳癸淼："類"，似也，同也。"予"，《說文》："予，相推予也。"凡與吾所欲言者有相類似之言，則取以喻吾言，此類取也。凡某未知之事物或言論與吾所已知之事物或言論相似，則吾人可據所已知者以推所未知者，此類予也。故類取類予實即譬喻與類比推理也。

姚振黎：觀墨子以類取，以類予之含義，就西洋邏輯而言，實不外歸納與演繹二法。培根云："歸納法如蜂之釀蜜，係從百花中採取而來；演繹法如蜘蛛織網，乃由自己腹中抽繹而成。"以類取爲歸納法，以類予爲演繹法；二者相合，兼歸納與演繹，則成類比推理也。

莫紹揆：這裏所謂"類"指的是"典型"，在一大堆事物中顯示出所屬的類的，即今天所謂典型。根據典型來取例，來考察，再根據典型來判斷做結論（予），這正是典型分析法。

王冬珍："以類取，以類予"，乃"以名舉實，以辭抒意，以說出故"之根本方法。"取"即《經上》"法取同"及"取此擇彼"之取，今所謂舉例也。"予"即《說文》："予，相推予也"之義，今所謂斷定也。凡一切推論之舉例及斷語，皆以類字爲根本。

周雲之："予"即推論也。

孫中原："類"，類別，同類事例。"取"，選取，採取。"予"，給予。

王讚源：以類取，根據事物的類別來取例證明。類，似、同。《大取》："夫辭以類行者也，立辭而不明於其類，則必困矣。"取，擇取、取譬。《經說上》第九十七條："法取同。"《經說上》第九十八條："取此擇彼。"以類予，根據事物的類別來予以反駁。予，反駁，駁斥。《說文》："予，相推予也。"

陳高傭："以類取"是歸納推理的方法。"以類予"是演繹推理的方法。

姜寶昌："類"，指相類、同類。"取"，指擇取、取譬、承認。此言立說之規則一。凡論證必以理相推。類比推理固如此，歸納推理和演繹推理亦如此。墨家雖尚未劃清三者之畛閾，但類比式歸納推理、類比式演繹推理，墨子及其門弟子皆能從容駕馭則是不争之事實。利用“類同”之根據，可以達到立論或駁論之目的。墨家謂，在論證過程中，必依類同原則擇取自己認可之事由立論或駁論。故曰：“以類取。”“予”，指推予、給予、推理，“取”之反也。此言立說之原則二。辯論時，推理與取譬同應秉持以類相從之原則，唯其如此，立論或駁論之成立可得而期也。墨家謂，在論證過程中，又必依類同原則進行推理，以證成立論或駁論。故曰：“以類予。”

王維庭：墨家所謂“類”，有廣狹兩義。一、狹義之類，即種類之類。……二、引喻取象，以小喻大，以淺喻深；大小深淺雖不同，皆有其共同點，故可引以相喻也，此乃廣義之類，非種類之類也。《大取》云：“辭以類行。”篇終列舉十三類以明理。本篇廣引各類事物之形象，一再申言“此與彼同類”，其引喻取象，即所謂“以類取”也。其引喻作判：“或是而然”“或是而不然”“或不是而然”“或一周而一不周”“或一是而一非”，即所謂“以類予”也。此皆廣義之類，非狹義之類，種類之類也。凡妙於言理者，多取廣義之類以舉例作證、以立宗破敵也。

張榮明：“類”，事類。“取”，取得道理。取理之法在歸類，墨者謂之“止類”。《墨經》第一百零二條專論“止類”：“止類以行人，說在同。”歸納得出的道理要讓別人接受，關鍵在於要有普遍性。所以該條《經說》曰：“彼以此其然也，說是其然也；我以此其不然也，疑是其然也。”《經說》第一百條：“彼舉然者，以爲此其然也，則舉不然者而問之。”故“以類取”者，歸納也。“予”，給予，推理。給予者何？新的結論。前言“以類取”，是從諸多的個別事實歸納出一般性的結論或真理；此言“以類予”，是根據已知的一般性結論辨識未知的個別事實。前者是發現真理，後者是運用真理，進而發現新事實。

[7] 曹耀湘：“不非諸人”者，不矜己之所有也。“不求諸人”者，不羨人之所有也。正名者，雖有辯而無争也。

胡适：《經說上》曰：“有以同，類同也。”既以甲乙爲同類矣，則甲所有不以非諸乙，乙所無亦不以求諸甲。故曰：“有諸己，不非諸人；無諸己，不求諸人。”

胡國鈺：謂己所是者，雖在他人，亦不當非之。己所非者，在他人亦不當强令是之，蓋免自相抵觸之弊也。

張純一：此見墨者言必足以遷行，在在繩墨自矯，言顧行，行顧言，不貴以言服人，貴能身教以德服人。是《墨辯》獨具之特色。《公孟篇》“告子謂子墨子曰：‘我能治國爲政’，墨子難之曰：‘子不能治子之身，惡能治國政？’”即犯“無諸己求諸人”之過。

顧實：《經下》一章曰：“止類以行人，彼以此其然也，說是其然也。我以此其不然也，疑是其然。”《經上》九七章：“止，因以別道。以人之有黑者，有不黑者，止黑人；與以有愛於人，有不愛於人，止愛人；是孰宜止？彼舉然者，以爲此其然也；則舉不然者而問之。若聖人有非而不非。”蓋黑即墨也，可證墨家有墨而不以非諸人，務問諸人以爲然否而決之，則其無諸己而不求諸人也，益可明矣。雖然，此蓋勸人歸墨時之手腕也。下文之或、假、效、辟、侔、援、推七法，即所以不非不求，更分而爲種種手腕。下文又曰：“此與彼同類，世有彼而不自非也。墨家有此而非之。”然則墨家對於可非者，又未嘗不非諸人也。參照《經下》三八章。

伍非百：此示辯者所應遵守之規律。"有諸己不非諸人"，謂己有非則不得以之非人也。蓋明於責人而暗於責己，外方破敵，內亦以自陷。下文"此與彼同類，世有彼而不自非也，墨者有此而非之，無他故焉，所謂內膠外閉，與心無空乎"，即指違犯此種規律者而言。"無諸己不求諸人"，謂己所不能立者，亦不責人以能立也。《墨子·兼愛下》曰："非人者，必有以易之。若非人而無以易之，其說將無自而可"，即此義。此二種規律，一言己有可以破者，則不可以破人；一言己有所不能立者，則亦不責人以能立也。

吳毓江：此言辯須自身無瑕可指。《經下》曰"以言爲盡誖，誖。說在其言"，即不明有諸己不非諸人之例也。此文亦見《淮南子·主術訓》。

譚戒甫：以上所舉辯術之用，若有諸己，亦必使人有之，而不非人之無有；儒家有所謂"己欲達而達人"之義。以上所舉辯術之體，若無諸己，不可任己無之，當反求諸己而不求諸人；佛家有所謂"仗自力不仗他力"之義。

詹劍峰：辯的主要目的，是在"明是非"，而"明是非"是爲着政治的實踐，絕不是爲着概念的游戲，也絕不是爲着以口舌勝人。所以墨家從事於辯，亦特立兩條準則："有諸己不非諸人，無諸己不求諸人。"第一句話的意思是說，從事於辯者對於自己的"立說"，必須是實在有東西，故曰："有諸己。"這猶之乎因明的"真能立"。真能立"中效則是"，不必非人，而人自不能非；如有人非之（我所立者），也不能破。所以墨子本人說："吾言足用矣。舍吾言革思者，是猶舍獲而攈粟也。以其言非吾言者，是猶以卵投石也。盡天下之卵，其石猶是也，不可毀也。"（《貴義篇》）第二句話的意思是說，從事於辯者對於自己的"立說"，若沒有實在的東西，那就不必求人相信，和人對辯，故曰："無諸己不求諸人。"總之，第一條是要求"真能立"，第二條是指示"毋詭辯"。

汪奠基："有諸己不非諸人"，即運用自覺的邏輯認識，實行不非諸人而有立敵共許的思想原則。"無諸己不求諸人"，即以反求諸己的邏輯要求，實行破斥無求諸人的詭辯論說。

杜國庠："有諸己不非諸人"二句，說明用辯的道德，是墨子"非人者必有以易之"的意思的發揮，由此可見，墨家的所謂辯，不管悟己悟他，中心都在求真理，所以注重認識。即邏輯和認識論吻合一致，不可分離。

鄭振球：此乃示人於論辯中，當自覺辯之道德，因辯之爲辯，無非在求人與我有同一之是非，以互通心意。然吾欲人是我之所是，則我必須確信此是。如吾於"竊人桃李""殺不辜人"等事，知其爲虧人自利而不義，則吾當依類而知攻國之虧義自利爲不義，並求他人亦依類知此，此即"有諸己不非諸人"，又吾欲非他人之所是，則我必須先確未嘗有彼非，故必"無諸己不求諸人"。不如此，不足以達辯論求是之目的，且易流於存心抹煞是非之詭辯欺人。

陳癸淼："有諸己不非諸人，無諸己不求諸人"二語中己所有及己所無者究爲何物，不可得而知。如其所指者爲"名、辭、說、類取、類予"，則此二語似可解作：辯之目的在求勝，己如解"摹略萬物之然，論求羣言之比"，且於"名、辯、說、類取、類予"之意義與功用能瞭然於胸中必可致勝，故可不必以此非議他人不具此致勝之方；反之，己如不能具此致勝之具，則必須做自我訓練以求之，而不必求之於人。

姚振黎：墨子其學不侈於後世，不靡於萬物，不暉於數度，以繩墨自矯而備世之急，自其所舉例與論斷觀之，自己所有者，亦必使他人有之，而不非議他人；自己所無者，不任己永無，反而自己探求，不向別人求取，正“有諸己不非諸人，無諸己不求諸人”之實踐。

莫紹揆：這裏的“有諸己”，不是指某個人偶然有的缺點，而是指在當時的時代任何人都不能免的缺點，亦即直到當時的科學還未能克服的缺點，在這情況之下，非難別人具有這個缺點，有什麼意義呢？同樣，“無諸己”也是指的當時一切人都未能達到的知識水平，如果要求對方達到，那是不妥當的。

王冬珍：“有諸己，不非諸人”，謂以上所舉，若有諸己，亦必使人有之，即儒家所謂“己欲立而立人，己欲達而達人”之義。“無諸己，不求諸人”，則謂以上所舉，若無諸己，不可任己無之，當反求諸己而不求諸人，即佛家所謂“仗自力不仗他力”之義。

孫中原：“有諸己”，自己贊同某一論點。“不非諸人”，不反對別人贊同。“無諸己”，自己不贊同某一論點。“不求諸人”，不要求別人贊同。

王讚源：自己所贊成的觀點不能反對別人贊成。自己所不贊成的觀點不能要求別人贊成。

陳高傭：“有諸己不非諸人，無諸己不求諸人”，是類比推理的方法。

姜寶昌：“諸”，“之”“於”合音。下同。此言立說之規則三。辯論時，“己”方與“人”方應就堅持以類相推之原則達成一致。墨家謂，在辯論過程中，若“己”方主張或贊同某一觀點或意見，則不可非議“人”方主張或贊同與此同類之別一觀點或意見。故曰：“有諸己不非諸人。”“無諸己不求諸人”，此言立說之規則四。墨家謂，在辯論過程中，若“己”方不主張或不贊同某一觀點或意見，則不可要求“人”方主張或贊同與此同類之別一觀點或意見。

王維庭：辯所以“明是非”，是非之辯，最後重在例證。“類取、類予”，即舉例證以作判也。是非，天下之公，真理之在己與在人，無以異也。己之所取以作判者，即“有諸己”也。凡“有諸己”之例，人取之，不得以爲非也。己之所不取，不以作判者，即“無諸己”也。凡“無諸己”之例，人不取，亦不可強求於人也。

張榮明：“有諸己”者，自己秉持的道理。“無諸己”者，自己沒有接受的道理。自己所根據的道理，別人作爲根據的時候就不應否定；自己沒有接受的道理，就不應強求別人接受。此第三句，為辯學應該遵守的學術原則。

【匯評】

譚戒甫：因明以宗、因、喻爲悟他法門；現、比、量爲自悟法門。其先他後自，以示“權衡之制，本以利人”（引《大疏》語）。則所重者在悟他也。本章首以“摹略萬物之然”（親知）論求羣言之比（說知）爲自悟法門；次將“以名舉實、以辭抒意、以說出故、以類取、以類予”即辭說類三者爲悟他法門。其先自後他，以示“同歸之物，信有誤者”（引墨子答弦唐子語，見《貴義篇》）。故所急者在自悟也。

陳癸淼：此節說明辯論前應作之準備工作及論時所用之工具。爲達成前述“辯”之六大功用，必須先描摹萬物之情狀，並論究群言錯綜複雜之內容。蓋人在論時所涉及者非宇宙萬物之情狀，即人所創造之各種言論，此皆人辯論時之題材，故須先加探研，以做日後參與辯論時之憑藉。其次，名、辭、說、類取、類予皆是表達己意以進行辯論時之工具，故不可不對之有充分之認識。

或也者，不盡也 [1]。

【匯注】

[1] 孫詒讓：《易‧乾‧文言》云：“或之者，疑之也。”

胡適：“或也者，不盡也。”《經上》云：“盡，莫不然也。”《經說》曰：“盡，俱止。”所立辭爲衆所共認，則無復辯論之必要。“或”即古域字，域於一方，故爲不盡。立辭而不能使人“莫不然”，則辯說生矣。《易‧文言》：“或之者，疑之也。”疑則有辯爭之必要。故《經說下》云：“辯也者，或謂之是，或謂之非，當者勝也。”

梁啓超：或，古域字，限於一部分也，與“莫不然”意正相反。此爲論理學之特稱命題。

張純一：此言辭義不周與不實，首當明辯者二（“或”“假”二辭）。或然者，不盡然也。即義不同偏、特稱之辭。質言之，凡言“或”者，其質必爲全部中之一部分。若認爲全部，則誤矣。例如後文云“馬或白者”，即馬不盡白，是爲特稱肯定辭。反之，馬或非白，即是特稱否定辭。

顧實：此求類之初步，用試探法也。“或”者，本不定之詞。而“不盡”者，猶言不盡然也。不盡然，則其中必有或然者矣，故爲憑空試探也。今論理學有選言命題（Disjunctive Proposition），如云甲或爲乙，正堪相擬。亦演爲選言論式（Disjunctive Syllogism），則備三段法矣。

吳毓江：此言辯之或然法。“或”即一部分之意，故曰“不盡”。下文“夫物或乃是而然，或是而不然，或不是而然（原注：五字原引脫，據正文補），或一周而一不周，或一是而一非也”，諸“或”字義正如此。凡表示不盡之意，皆可用“或”，常語也。

譚戒甫：“或”，亦即疑惑之本字，《易‧乾‧文言》謂“或之者疑之也”，可證。蓋天下事理，有未賅遍，而人不以爲然者，則疑惑生；疑惑生而後辯論起。是以本章探究論式，而必先之以“或”者，以後此所有事，皆以決疑故耳。

詹劍峰：“盡”，莫不然也，例如，人有理性，有理性這一性質可適用於人的全部範圍。可是也有另外一些性質，只能適用於某事物的一部分，例如，此人或智或愚，此人爲男抑爲女，衣服是長的還是短的，天下雨或下雪等，因其於中擇一部分，故謂之“不盡”，因其列舉選項，故謂之“或”。這很顯然是選言判斷，主詞與謂詞的關係是選擇的關係，列舉選項，須擇其一。

唐君毅：何謂盡？按《經上》曰：“盡，莫不然也。”又《經說上》曰：“盡，俱（依孫詒讓校改）止動。”何謂動？按《經說上》曰：“動，或徙也。”何謂止？按《經說下》曰：“彼彼止於彼，此此止於此。”又《經說上》曰：“是孰宜止？（據孫校）彼舉然者，以爲此其然也，則舉不然者而問之。”又《經說下》曰：“止，彼以此其然也，說是其然也；我以此其不然也，疑是其然也。”合此諸文以觀，則知《小取》所謂“或”爲不盡，即疑其爲

“不盡然”，或疑其“非莫不然”之義。“彼彼止於彼，此此止於此”，則止爲定然不移之義。言若“盡然”而“莫不然”，則定然不移，義不徙動，即“俱止動”也。而人之自以爲其言爲盡然，而莫不然者，亦即自止於其“以爲此其然”，而“說是其然”。反之，則爲言之“不盡然”而非“莫不然”者矣。而當吾以他人之言爲不盡然，非莫不然時，則吾亦將“舉不然者而問之”，而“疑是其然”。則所謂“或，不盡也”，即於人之說是其然者，疑其非盡然，非莫不然而不堪止，此正爲與人辯之第一步之事也。

汪奠基：“或”，相當於普通邏輯講的選言判斷的問題。《經上》說“時或有久或無久”“兼之體也，其體或去或存”的表述形式就是這裏所說的“或”。它是指“所謂”與“所以謂”的主賓項間有選擇關係，而所選的又只限於取其一。故曰：“或，不盡也。”

沈有鼎：特稱判斷的表達方式，在中國古代語言中是用一個“或”字。

陳癸淼：或，有也。有者，不全之意。例如：“花有紅者”，謂花僅有部分爲紅色者，非謂花全紅也。故曰：“有也者，不盡也。”此即邏輯之偏稱命題是也。

姚振黎：或，同惑，或者……或者……也，爲墨辯七法之一。

莫紹揆：可能“或”是指模態邏輯，因爲其中有關可能性的推理，由於它只是可能而非必然，故說“不盡也”。也可能是指分情況證明，因爲它使用多支推理，由於每一支都只就一種情況證明，故說“不盡也”，（但各支合起來恰好構成一個完整的證明）。

陳孟麟：“或”是指一種推理形式。“盡”是“莫不然”（“盡，莫不然也”，四十三條），故“不盡”是“有不然”。當人們用一個“有不然”去反駁一個“莫不然”時，他所做的就是一個特稱否定與全稱肯定矛盾關係的“或”式推論。這種推論方式，《墨辯》又謂之“止”。

李匡武：墨家辯學中的“或”可能兼指或然判斷、特稱判斷和選言判斷。

王冬珍：“或”即古域字，《說文》云：“或：邦也，從口從戈以守一，一，地也。”是“或”有限於一部分之意，故爲不盡。《易·文言》云：“或之者，疑之也。”是“或”不能包括一切，有疑而不決之意，故爲不盡。而不盡者，非“莫不然”也。

譚業謙：“或”，有不然。《經上》：“盡，莫不然也。”不盡即有不然。

周雲之：“或”即或然，不盡然也，相當於將稱否定之有不是也。

孫中原：“或”，義略同於“有”“有的”“有些”，有時與“或者”“可能”義通。“盡”，全稱量詞。與“俱”同義。

王讚源：或，是不完全這樣。或，即古“域”字，《說文》：“或，邦也，從口從戈以守一，一，地也。”“或”，有限於一部分的意思，故爲不盡。盡，完全這樣。《經上》第四十三條：“盡，莫不然也。”

陳高傭：《易·乾·文言》：“或之者，疑之也。”《經上》第四十二條云：“盡，莫不然也。”不盡即非莫不然，即有然有不然。有然有不然，人就要疑惑不定，要考慮選擇，這就形成選言判斷和選言論式了。選言判斷和選言論式是由選言肢構成。選言肢有相容的和不相容的二種。

姜寶昌：“或”，單言時，用爲肯定性無定代詞，指有、有人；比言時，用爲選擇連詞，指或者……或者……、一方面……一方面……，即《經說上》第七十四條“是不俱當。不俱當，必或不當”及《經說下》第六十七條“故曰‘牛馬非牛也’，未可；‘牛馬牛也’，未可。則或可或不可，而曰‘牛馬牛也’，未可亦不可”之“或”。“或”，墨家用爲特稱判斷，謂主詞外延之一部包括於謂詞外延之中，與《經說上》第八十二條“見。時（特）者，體也。二者，盡也”之“特”相當。“盡”，指窮盡、全部，即《經上》第四十二條“盡，莫不然也”，《經下第》六十五條“一法者之相與也盡”之“盡”。墨家用爲全稱判斷，謂主詞外延皆包括於謂詞外延之中。墨家推理之範式有七：“或”“假”“效”“辟”“侔”“援”“推”，而“或”居其首。“或”式推理，暗合於今邏輯學不相容選言判斷或推理也。

王維庭：“不盡”，即作者釋“或”所下之定義也。後文“馬或白”，即可作釋“或”之例證也。謂此偶合於形式邏輯之“特稱判斷”，亦無妨相比以見義。然必謂此乃“選言判斷”，恐比非其類矣。

張榮明：“或”，不都是這樣。如後文曰“馬或白”，表示有的馬是白色的，有的馬不是白色的。“盡”，全都一樣。“或”與“盡”，義正相反。以“或”爲詞的判斷，爲或然判斷——特稱判斷；以“盡”爲詞的判斷，爲盡然判斷——全稱判斷。

假者，今不然也。

【匯校】

于鬯：今，蓋當作令，以令不然釋假，猶語辭假令之謂也。凡語辭謂假令，必其本事不然；如本事爲白馬，必曰假令非白馬。故曰假者令不然也。令誤爲今，則無義矣。

王維庭：“假者”依前後句例，應作“假也者”。此節之首舉“或”，曰“或也者”；後舉“辟”，曰“辟也者”；舉“侔”，曰“侔也者”；舉“援”，曰“援也者”；舉“推”，曰“推也者”。前後六句，句式全同，皆有“也”字。獨“假”“效”兩句無“也”字，蓋偶脫耳，茲於“假”下補“也”字。

【匯注】

畢沅：假設是尚未行。

胡適：假即假設。畢沅云：“假設是尚未行”，是也。《經下》云：“假必悖，說在不然。”《經說》曰：“假，必非也，而後假。”據此則本文所謂“假”，似非今所謂 Hypothesis，乃是依據一虛擬之條件而想象其結果之論斷（Argument by supposition）。例如宋人詞“使李將軍遇高皇帝，萬戶侯何足道哉？”此項虛設之條件乃是無中生有之妄想，故云“假必悖，說在不然”。

梁啓超：本條講的是論理學上假言命題，假言命題是假設之詞。

胡國鈺：《經下》曰：“假必悖，說在不然。”“假”即是假設。如云：“假使狗而爲虎。”設論敵有以“假”字立論者，即可不與之辯，蓋既云假，則是已自認其不然也。

張純一：“假”者，假定之辭。由觀察許多事物，而統合其類似點說明之，謂之假說。俟屢經實驗，證成不謬，遂成定說，而今暫不能定，故曰“今不然。”假說爲求得新知必經之階級，歸納論理恒據以成立。

顧實：此求類之中間，用假定法也。假者非真之詞，而“今不然”者，今時不然也。

今時不然，則將來必有然者矣，故爲預行假定也。《經下》九章曰："假必非也。"然非者逾時，安知不轉而爲是乎？今論理學有假言命題（Hypothetical Proposition），如云甲若爲乙，正堪相擬，亦演爲假言論式（Hypothetical syllogism），則備三段法矣。

伍非百："假"，謂假令之詞。本欲其如此，而姑證其不如此。本不欲其如此，而姑證其如此。所假者確，則令所欲證者之不確可知。所假者不確，則令所欲證者之確自見。《經》曰："假必誖，說在不然。"《說》曰："假，必非也，而後假。"……"假"，當今理論學上之"選言。"

譚戒甫：此所謂"假"，與《下經》第八條"假必誖""假必非"之假不同。彼爲真假之假，此假爲"假借"之義；西語謂之"希卜悌西"（Hypothesis)，譯言"假設"。蓋凡事苟已然而信，將失其所以爲辯。假設者，姑建一說，是非正誖，當境莫知；特得此則後有所推尋，以見異日之驗否焉耳。故曰："假也者今不然也。"

詹劍峰："假"就是假使、假若、假如、假設。假設有某種條件，則將有某種後果，現在邏輯上把"假"列爲"如果……則"的公式。……"假"是立"說"的方法之一，也就是一種推理或論證的的形式。它以假言判斷作爲前提，從而推出結論。

鄭公玄：此與今日邏輯所謂假言推理同。

汪奠基："假"，相當於普通邏輯講的假言判斷的問題。《經下說》有"使，令謂，謂也；不必成"。正是論假言的條件問題。它的形式爲："若……則……""假令……今……"的判斷方式。《經說》："人若不盈無窮，則人有窮也。"故曰："假，今不然也。"

鄭振球：此假非真假之假，而是假設之意，含有"試行的""不確定"以及"未解決"等意念。邏輯上謂之"假言判斷"。此爲假設，與現在實況相反，故曰："今不然也。"

陳癸淼：假，假設之詞也。假設之言，非指現實如此也。故曰："假者，今不然也。"故"今不然"之"假"，實即邏輯之假然命題也。

王冬珍：假爲假設，亦即依據一虛擬條件而想象其結果之論斷，如孔子曰："如有用我者，期月而已可矣；三年有成。""如有用我者"，非孔子爲此言時之事實，乃孔子所虛擬之條件，亦即所謂"今不然也"。

孫中原：假，假定，假設。

王讚源：假設，是現在還不是這樣。假，假設之詞。《經下》第九條："假必悖，說在不然。"《經說下》第九條："假必非也而後假。"

陳高傭：假有二義，一云非真，一云假借。……此言"假也者，今不然也"，即平常所謂假設、假定、假如的意思，非絕對假，祇就當下來說不是真的，含有假借義。假言判斷、推理或論證都是受條件限制的。如"假如共產主義社會實現，就絕不會再有戰爭。""假如下雨一定地濕。今地不見濕，故知沒有下雨。"這些形式就都是假言的形式，即此時此地還不是這樣，即"今不然"。

姜寶昌："假"，用爲連詞，指假設、假借，即《經說下》第九條："假必非也而後假。狗假霍也，猶氏霍也"之"假"。"假"，墨家用爲假式判斷或推理，暗合於今邏輯學假言判斷或推理也。

張榮明："假"，當前不是這樣。如說："假如我是你。"我當然不是你。以"假"爲詞的判斷，是假言判斷。

【匯評】

吳毓江：此言辯之假設法。蓋目下不然，而爲便於明是非、辯同異計，特虛擬一種假說，以資辯證。在科學中常有之，其用甚廣。即所謂科學定律，亦常因環境變遷，新事實新理想之發現，有被動搖之可能。《魯問》篇"子墨子曰：籍設而親在百里之外，則遇難焉，期以一日也，及之則生，不及則死"，"籍設"云云，即此所謂假也。

譚戒甫：下文"辭""故"二物，爲研求所立假設之虛實之論式；"辟""侔""援""推"四物，爲覆勘所立假設是否與物情事實相印合之論式。蓋吾人於宇内事物，祇以所見不必盡同，致生疑惑而立假設，又因假設而起辯論；故"或""假"二者，皆爲成立論式之起因也。

唐君毅："或"爲於人之所立之辭或義，疑其不盡然，而擬舉不然者而問之之事，則下文所謂"假者，今不然也"，即爲由"疑是其然"，而正式舉出不然者而問之之事。吾今果能對人之視爲盡然而莫不然者，舉出"不然者而問之"，則足以證人所立之辭或義之爲"假"。《經下》曰："假必悖，說在不然。"《經說下》曰："假必非也而後假，狗假虎也，狗非虎也。"此即謂辭或義之假而悖謬者，在其有所不然而爲非者。則吾今之正式舉出不然者問之，此豈非即所以證其爲假而悖謬者乎？此正爲吾人在辯論中，於他人之所說致疑之後，應有之第二步之事也。則"假者，今不然也"一語，意自顯豁，固不必以不相干之假言命題或假設之名爲之說也。

李匡武：墨家的"假"主要是指思想中的假設，可以表現爲假言判斷或假言推理。但假言的三段論式（純粹的或混合的）雖然可以在墨家的言論著作中發現，他們的邏輯學說却沒有明確地提出。

陳孟麟："假"是用假言判斷（"使"）來作推論的一種推理形式。在"辭"（判斷）一章中，《墨辯》談到假言判斷所斷定的不在它前後件的事實，而在於前後件之間的聯繫。一個假言判斷，儘管它前後件說明的事實當前不一定是這樣，但只要前後件之間的依賴關係是真的，這個假言判斷就得以成立。我們把這個假言判斷作爲大前提，從而推出結論來，這就是"假"式推論。"假"式推論的特點是在用事實難以證明（"今不然"）的情況下能說明一個情況。

莫紹揆："假"可能是添加額外假設的推理，這種添入假設的推理在日常使用得很多。例如反證法，便是添入"設結論非真"這個額外假設而進行的推理；又如，科學中非常重要的創立臆說的方法，也是添入額外假設（即假設某種臆說）的推理方法。

　　效者①，爲之法也；所效者，所以②爲之法也。故中效，則是也；不中效，則非也。此效③也。

【匯校】

①王維庭："效"下脱"也"字，據前後句例補。

②譚戒甫：此處原有"以"字，今删。陳癸森校同。

③譚戒甫："此故也"，原作"此效也"，誤。

【匯注】

畢沅：中，去聲。

胡適：效，法，故，三字皆墨家名學之術語。《說文》："法，象也。"《荀子·不苟》篇注："法，效也。"效字有象法之義。《經上》云："法，所若而然也。"《經說》曰："意，規，員，三也，俱可以爲法。"凡仿效此物而能成類此之物，則所效者爲"法"，而仿效所成之物爲"效"，《墨辯》謂之"佴"。《經上》云："佴，民若法也"；佴即今所謂副本。譬之爲圓，或以意象中之圓，或以作圓之規，或以已成之圓，皆可爲爲圓之法。法定，則效此法者皆成圓形。"故中效"之故字，不可作"是故"解。此即上文"以說出故"之故字。故即是成事之原因，立論之理由。《經上》云："故，所得而後成也。""有之必然，無之必不然"，故曰"所得而後成"。欲知所出之故是否爲真故，是否爲"有之必然，無之必不然"之故，莫如用此"故"作"法"，觀其是否"中效"。"中效"者，謂效之而亦然也。能證明其爲"所若而然"之法，然後知其即是"所得而後成"之故。故曰："故中效則是也，不中效則非也。"此所謂"效"，即今人所謂演繹的論證。演繹之根本學理曰："凡一類所同具者，亦必爲此類中各個體所皆具。"《經下》云："一法者之相與也，盡類，若方之相合也。"《經說》曰："一方盡類，俱有法而異，或木或石，不害其方之相合也。盡類猶方也，物俱然。"此言同法者必盡相類。此即演繹論理之根據。以同法者必同類，故"效"之爲用，但觀所爲之"法"是否能生同類之結果，即知其是否爲正確之故。

梁啟超："效"即是法則。仿照那法則去做，叫作"效"，那法則便是"所效"，與法則相應論辯，便是"中效"，反之，便是"不中效"。

胡國鈺："效"即是"法"。辯之效，即"以類取、以類予"之一法則。"所效"即是效之根據。"狂舉不可以知異"之一假經說，"或因之三相"即"以類取以類予"一法則之根據。胡適之對於"故"字之解說最當："故中效之'故'字，不可作'是故'解。此即上文'以說出故'之故字。故即是成事之原因、立論之理由。"凡所立之辭，其故而中效則是，不中效則非。

沙韞輯：效實不成一法，祇是告人以辯之一標準而已。……"效"祇是判別"或""假"之標準而非辯之一法，理由有二：一者，墨子論事，最重結果，以其兼愛之中心思想，尚有"用而不可，雖我亦將非之"之言，可證"效"作"效果"解近真；二者，下段論辯之謬誤，使"效"成一法，何以置諸不論？足見效實判別"或""假"之標準，故下祇言"辟""侔""援""推"，並"或""假"亦不及之也。

張純一："效"者，論理學一定之程式，如故、理、類三法，或因明論，或三段論式，皆是。故曰："爲之法也。"是猶《天志》三篇所謂"輪人之有規，匠人之有矩"，可爲天下方圓之法者也。"所效"者，所以爲之法，即效彼方而成此方，效彼圓而成此圓，《法儀篇》所謂"巧者能中之，不巧者雖不中，仿依以從事，猶逾已"者也。"中效則是"者，抒意能入正理，破似立真也。"不中效則非"者，立辭說因不定，違宗資敵也。此效之大用。明《小取》一篇，爲立辯之成法，令墨者串習，不難圓成自宗，摧伏敵論也。

顧實：此求類之終止，用決定法也。自《易》設爻象，乃至《詩》咏"君子是則是傚"，"效"本訓像也，故一效而分爲能效、所效二者。"能效"者，爲之法也；謂普遍之原理，可以法範一切，如《經上》七〇章曰："意規圓三也俱，可以爲法"，是也。法律之法條亦屬此。此大前提（Major Premise）也。"所效"者，所以爲之法也，謂特殊之事實，所以受範於法，如《天志下》篇曰："若輪人之有規"，是也。訴訟事件亦屬此此小前提（Minor Premise）也。"中效則是，不中效則非"者，如《天志下》曰："輪人操其規，將以量度天下之圜與不圜"，是也。則一斷案（Conclusion）而有肯定（即是，亦曰積極的判斷 Affimative Judgment）否定（即非，亦曰消極的判斷 Negative Judgment）二式也。然則此效者，合於今論理學之定言命題（Categorical Proposition）及定言論式（Categorical Syllogism）也。且今演繹推理之本質，原止有選言論式、假言論式、定言論式三種，而本篇之"或""假""效"三法，亦當之適盡而無餘也。然《經上》一章之"故"，本包有演繹歸納二法，而"或""假""效"三法，尚止詳演繹法，殆有省略歟？

伍非百："效"，法也，謂正確之判斷，所效法之者也。《經》曰："法，所若而然也。"《說》曰："意、員、規三也俱，可以爲法。"意，謂效者所預期之目的也。規，謂效者所取用之方法也。圓，謂效者所獲得之成品也。三者相合，而後可謂之法。……所依之法謂之"效"，依法而作者謂之"所效"。"中效"，謂合於所依之法也。效，略當今論理學上之形式、原則、律令等義。

章士釗："法"者綱領，而"效"則爲之標著律令；"所效者"律令所由標著之原理也。法定矣。徒法不能以自行，故更立"效"，效立，而中不中始可衡量而知也。以例證之，"所若而然"，法也。依法而不明效，則劉勰所謂"迴犬似人，轉白成黑"，不難立說。勰之言曰："專以類推，以此象彼，謂犬似獲，獲似狙，狙似人，則犬似人矣。謂白似緗，緗似黃，黃似朱，朱似紫，紫似紺，紺似黑，則白成黑矣。"（劉勰《新論·審名》）如此立論，童稚可決其妄，而又於"所若而然"之法不誤，則"中效""不中效"之辨，不可不明也。

吳毓江：此言辯之仿效法。"效"字作動詞用，有仿效、效法之義。作名詞用，指效法所成之事物。效者爲"效"。所效爲"法"，亦謂之"故"。《經上》篇曰"法，所若而然也"，《經下》篇曰"一法者之相與也，盡類"，《經上》篇曰"故，所得而後成也"，即此"法"字、"故"字之義。"故"之爲是爲非，可以其中效與否驗之。中效者，效之而亦然也。如《經說上》篇"圜，規寫交也"，"規寫交"爲圓之法，亦即圓之故。視規寫交能否成爲圓形，即知故之是非。必待故中效，然後效法不至謬誤，此即所謂"效"也。今論理學之演繹法，與此相當。演繹法者，據一普遍原理，以判斷同類中之特殊事物亦必合於此原理，與此立一法而仿效之者盡類正同。

譚戒甫：前言"實""名"對偶，謂之"並立"。並立者，即此之"所效"與"效"，亦即邏輯（Logic）所謂兩端名詞（Two Terms）耳。故凡立一辭，如"異類不比"：其詞先出者如"異類"，謂之所效；其詞後承者如"不比"，謂之效，是已。效又與法同義，《荀子·不苟》楊注："法，效也。"故所效謂之"所爲之法"，效謂之"爲之法"；今可省云："所法與法。"頗與因明"宗"之前陳爲"有法"、後陳"法"同。《史記·天官書》正義："效，見也。”《説文》：“效，象也。”則效者爲之法，正猶《易繫辭》所謂“見乃謂之象，制而用之謂之法”之義。蓋以覺官現見一物謂之象（idea）即效字義。即以其象制而用之即爲字義便成法（Form or Model），《説文》所謂“法，象也”，是也。“此故”，即上文“以説出故”之故；效，即上文“效而爲之法”之效。

詹劍峰：效是效法的效，疑即“經”中之佴。……效既是摹仿，而摹仿必先有範本，才能照着做，故曰：“爲之法。”這個用作摹仿的範本就是所效者，故曰：“所以爲之法也。”“故”是成事的原因，亦即立論的理由。

鄭公玄：凡依法式而行者即爲“中效”，“中效”即是；不依法式而行，即爲“不中效”，“不中效”則非。質言之，凡依墨辯之規律而爲推論者爲中效，反之，則不中效。

汪奠基：“效”，一般人認爲效是相當於普通邏輯的定言或直言判斷。《經上》謂：“法所若而然也。”又謂：“一法之相與也，盡類。”《説》曰：“盡類猶方也，物俱然。”蓋謂思想依其規律或法則進行表述活動，則其辭必能俱按所若而然，是爲有效的判斷。故曰：“效者爲之法也。”實際上效是屬於模態範圍或所謂樣式判斷的形式。謂之爲效，則不論辯説的內容，而惟以中效爲標準。亞里士多德論定言判斷時，本有取其法效的説辭之義。墨辯學者在這方面更補充了一個極爲重要的問題，即“所效者，所以爲之法也”的標準説法。所效者就是判斷的對象。組成判斷的法效，是基於所以爲法的客觀標準的。故曰：“中效，則是也；不中效，則非也；此效也。”

李匡武：“效”有效法、效驗之意，大致和“墨經”中的“法”同義，也就是驗證思想議論的一般標準。“所效”則指思想議論所必須遵循的具體法則。“故”就是理由或論據。“故”合乎“效”和“所效”，就是“中效”，則議論正確；“故”不合乎“效”和“所效”，則“不中效”，議論便不正確。這種判別本身也就是一種“效”，故曰“此效也”。

李漁叔：效，即一切事物或立論之法則。所效，即所以要以其爲一切事物或立論之法則。若完成此事物之原因或建立此理論之理由，合乎法則，則此原因與理由爲正確，反之，即不正確。此爲“效”。

陳癸淼：此言“辯論法式”之重要性也。效，傚效也。吾人於使用名、辭、説、類取、類予時，應有所依循，而不可亂。爲使人有所傚效依循，故必須爲之立各種“法式”也，故曰：“效者爲之法也。”吾人所傚效者，即所立之“法式”也，故曰：“所效者，所爲之法也。”凡事依法度而行，則必成，否則必不能成事。辯論亦然，吾人之使用名、辭、説、類取、類予，如能依循“法式”，亦即“中效”，則其立言必“是”，反之，如不能中效，則其言必非。此乃效之功用也。

鐘友聯：效即是法儀的意思，即是立個標準做榜樣，作爲是非判斷的標準，凡是合乎標準的，就是不錯的；凡是不合標準的，就是錯的。

莫紹揆：“效也者爲之法也”，這是指的建立公式，“所效者，所以爲之法也”，“所效”指的是公式本身。“故中效則是也……”，指的是代入公式，符合公式的便真，不符合公式的便假。可以説，這種建立公式以便今後代入之用，這是科學尤其數學上一貫大量使用的方法，《小取》特別列舉出來，而且説明得非常詳細（表示對它的重視），這是很值得注意的。

王冬珍：法爲法則，爲公式。對於一類事物之法則，可適用於此一類之任何個體。如方物之類，有方木方石，木石雖異，其方則相同也。引申之，凡仿效一物而能成此類之物，則所效者爲"法"，而仿效所成之物爲"效"。譬如爲圓，或以意象中之圓，或以作圓之規，或以已成之圓，皆可爲圓之法。法定則效此法者皆成圓形。"故中效"之故，即上文"以說出故"之故。故乃成事之原因，立論之理由。欲知所用之故，是否爲真故，是否爲"有之必然，無之必不然"之故，莫若用此"故"作"法"，觀其是否"中效"。"中效"者，謂效之而亦然也。能證明其爲"所若而然"之法，然後知其即是"所得而後成"之故。故曰："故中效，則是也；不中效，則非也。"此所謂"效"，即今人所謂"演繹法"之論證。此種論證，每立一辭，須設此辭之"法"，以作立辭之"故"。

周雲之："效"有名詞、動詞兩個詞義。此"效"是作動詞用，即"效者"與"所效者"之"效"。《墨子·尚賢中》："今王公大人，亦欲效人以尚賢使能爲政。"此"效"即仿效也。"法"同"理"，指一般規律。此"效"是作名詞，指一種具體的論式，即與"或""假"等並列的效式推論。

孫中原："效"，模仿，效法，遵循。"法"，標準，法則，法式，形式，公式。"所以爲之法"，所建立的標準、法則、法式、形式、公式。"中效"，合乎標準、法則、法式、形式、公式。"是"，真。"不中效"，不合乎標準、法則、法式、形式、公式。"非"，不真。

王讚源：效，就是提供標準的辯論形式和法則。效，仿效。法，法式。《經上》第七十一條："法，所若而然也。"中效，合乎標準的辯論形式和法則。

陳高傭：效即效法，此所謂效指辯的規律言。客觀現實事物反映在人們的感覺中有了印象，人們根據這些印象經過思維的作用認識到事物的規律，根據事物的規律再經過長期的概括與抽象，就逐漸成爲辯（思辯、談辯）的規律。辯的規律不是先天所有的，也不獨立存在的，而是事物的規律的反映，即仿效。"效者，爲之法也"，就是說仿效事物的規律就成爲辯的規律。"所效者所以爲之法也"，就是說所仿效的事物的規律就是辯的規律所以成立的根據。"故中效則是也，不中效則非也"，是說合於辯的規律就是合乎事物的規律，就是正確的，不合乎辯的規律就是不合乎事物的規律，就是不正確的。中，即《天志中》所謂"中吾規者謂之圓，不中吾規者謂之不圓"的中。《史記》索隱云："《倉頡篇》云：'中，得也。'"中效不中效即合規律不合規律的意思。"此效也"，是說這就是所謂效。

姜寶昌："效"，墨家用爲"效"式推理，近似於今邏輯學三段論推理。"效"式推理必具"效"和"所效"，而"效"和"所效"皆因法而立。"法"，用爲名詞，指法式、標準、公式，即《經下》第六十五條"一法者之相與也盡，若方之相合也，說在方"及《經說下》第六十五條"一。方盡類。俱有法而異，或木或石，不害其方之相合也。盡類猶方也，物俱然"之"法"。由是，墨家所謂"效"，指爲某事物或理論提供標準或公式，以爲仿效複製或代入驗證之依據。墨家所謂"所效"，指用以作爲仿效複製某事物之標準或代入驗證某理論之公式。

張榮明："爲之法"，做的方法。"效"，效法、模仿。"所效"，效法的對象、範本，如墨家楷模大禹，又如"辭之侔"的規則"中效"，符合邏輯規則，故曰"是也"。"不中效"，不符合邏輯規則，故曰"非也"。

【匯評】

伍非百：或、假、效三句，釋辯之判斷性質。"或"爲"有然有不然"之稱。"假"爲"今不然"之稱。"效"爲"必然"之稱。

詹劍峰：用直言三段論式來解釋效。"效"者是小詞，"所效"者是大詞。因爲在結論裏，小詞常爲結論的主詞，大詞常爲結論的謂詞（"所謂"即主詞，"所以謂"即謂詞，可以比較，可以作證），依據同法者必定同類的道理來看，"效"者是事物的所然，"所效"者即事物所以然之法。某些所然之物必屬於一類所以然之法，或不屬於這所以然之法，表現於結論的判斷，則小詞包含在大詞裏（一法之物）或不包含在大詞裏（异法之物）。"故"是中詞，可爲"效"者及"所效"者的尺度，在推論過程中，"效"者與"所效"者須輪流與"故"比較一番。同時，"故"又是"效"者與"所效"者的媒介，使兩者發生有機的聯系。如果"故"能作爲"效"者及"所效"者之尺度和盡媒介作用，就是"中效"，"中效則是"，則可推出結論，否則，就是"不中效"，"不中效則非"，則不能推出結論。

唐君毅：《小取》論效一節文之核心，在"故中效，則是也；不中效，則非也"一語。按本篇首曰："以說出故。"《大取》曰："辭以故生。"《經上》曰："故，所得而後成也。"則"故"即辭之所得而成之理由。時賢於此，亦皆無異說；而依某一類之理由，以生出某一類之辭，亦即辭之生成之方式或法也。吾人之辭，果求足以自立，則必當使此辭之依故而生之方式或法，堪被效法——即中效，而後"其是""其然"，乃確定無疑，反之則非，而可疑其不然矣。此即辯論歷程中，人於經"或""假"二階段，以對論敵致其疑問，明其不然後，求自立其辭以顯正理之要道也。

姚振黎：總之，或假效三者合爲三判斷形式、而爲辯之三法，代表小取派邏輯科學意義之判斷程序，由或、假、效之判斷形式，分別形成三種推理結構，有或假之辭，始能展開辯之邏輯推論和論證方法。一切辯之形式結論，都應遵科學之理由根據，從而抽得合理之有效判斷（定言之是否二式），故將效列於最末，且以定義式之解釋說明之。由"或""假""效"配合"辟""侔""援""推"四者，墨辯方法始見完備，說辭得以靈活運用也。

陳孟麟："效"是爲之"法"，即立辭時所提供的一個標準。凡符合這個標準的（"中效"），就是這個標準所指的這類事物。反之（"不中效"），就不是這個標準所說明的這類事物。……直言三段論就是借助於一個共同概念而把兩個直言判斷聯繫起來，從而得出必然結論的演繹推理。這個共同概念，亞里士多德謂之中詞而《墨辯》謂之"效"（標準）。不論中詞或"效"，兩者所依據的都同樣是曲全公理：凡對一類事物有所肯定，則對該類事物中任一事物也有所肯定；凡對一類事物有所否定，則對該類中任一事物也有所否定。不過，《墨辯》和亞里士多德的着眼點是不同的。亞里士多德從外延着眼，注意從三段論的形式結構，去看前提和結論之間的邏輯關係及其規則，《墨辯》則從內涵着眼，着重明確概念，明確概念的同異，法同（"中效"）則觀同，法异（"不中效"）則不比，而忽視對三段論形式結構及其邏輯規則的分析。如果我們名亞里士多德傳統邏輯爲形式推演，那麼《墨辯》邏輯可以名之爲實質推演。

辟也者，舉也①物而以明之也。

【匯校】

①畢沅："舉也"，"也"字疑衍。

王念孫："也"非衍字，"也"與"他"同。

王闓運："也"作"它"。

曹耀湘：三"他"字原均作"也"。（按：下"是猶謂也者同也，吾豈謂也者異也"，二"也"字，曹本均作"他"）

馬宗霍：王氏謂"也"非衍字，是也。

【匯注】

畢沅："辟"，同"譬"。《說文》云："譬，諭也。"諭，古文喻字。

王念孫：舉他物以明此物謂之譬。故曰："辟也者，舉他物而以明之也。"《墨子》書通以"也"爲"他"，說見《備城門篇》。

孫詒讓：王說是也。《潛夫論·釋難》篇云："夫譬喻也者，生於直告之不明，故假物之然否以彰之。"《荀子·非相》篇云："談說之術，分別以喻之，譬稱以明之。"

梁啟超：《經下》云："所以知之，與以使人知之不必同。"譬喻的用處，就在所以使人知之。陳那《因明論》云："能立與能破，及似，唯悟他；現量與比量，及似，唯自悟。"論理學本兼"自悟""悟他"兩種任務，譬喻是悟他的簡捷方法，所以因明三支，喻居其一。《墨經》中引喻最多，如前文所舉"若目""若睨""若見""若明"諸條皆是。

胡國鈺："辟"有二義，一曰比喻（Metaphor），一曰例證（Example）。比喻在論理學視爲誤謬，故不可用。蓋以比喻爲論證，似具充足理由，按其實，則毫無根……至於例證，爲各種科學所常用，但所舉之例，必早含於大前提之中，舉此一例，所以明大前提之能成立也。若三支作法之"喻依"是。

張之銳：譬即因明論之喻也。凡言"猶"、言"如"、言"若"等辭及《莊子》所謂"寓言"，後世如柳子厚之《梓人傳》、韓退之《雜說》等類，皆譬之例也。

張純一：譬即因明論之喻也。凡言猶、言如、言若等辭，及《莊子》所謂寓言，後世如柳子厚之《梓人傳》、韓退之《雜說》等，皆譬之例也。

顧實：此是非既定之後，而更用啟蒙式之譬喻法也……畢王說皆是也。"舉他物以明之"者，盈天地之間，萬物皆可借譬也。是以喻道以水，喻政於苗，未嘗嫌其不倫。先秦之書具在，可覆案也。

伍非百：何謂"舉他物而以明之？"如惠子之論彈是。"齊王謂惠子曰：'先生言則言也，請勿用譬。'惠子曰：'不可。今有人問彈之狀若何？答曰：彈之狀如彈，則王喻乎？'曰：'未喻。'曰：'彈之狀如丸，以竹爲弓，以弦彈之，則王喻乎？'王曰：'喻。'曰：'然則臣雖欲不譬，不可得也。'"此即"譬"之義。

吳毓江：此言辯之譬喻法。《經說》上、下兩篇常言"若"，即舉譬以明《經》義也。

　　譚戒甫：此辟，與因明所謂"喻依"正同。辟也，喻也，皆舉它物以明此物，且分同異，故《上下經》多用"若……""不若……"爲之，亦有連舉多字多名，或一辭多辭者，其例不一。

　　汪奠基：辟之形式即舉旁例以喻所說之論題。

　　陳癸淼：譬喻爲辯論所用法式之一種。所謂譬喻者，假借他物他事以喻吾所欲言之事物也。故曰："譬也者，舉他物而以明之也。"

　　鐘友聯：辟，即是譬喻，用別的相像的事物來説明所要討論的事物。

　　姚振黎：譬乃以能譬明所譬；能譬爲他事、他物，所譬爲吾所欲言而人所不知者，於直告之不明，故用譬。……今知辟是喻，在邏輯中固有類比推理（Analogy）之方法，其在因明學中，亦有"喻"之設立。"辟"之爲用，於理則學中不失推理之一法；唯辟法之特質既在舉他物以明此物，必兼具能譬與所譬，則不可因比況不當而濫作推理；吾人若能謹防比擬不倫之弊，則"譬"之爲用大矣哉。

　　莫紹揆："辟也者，舉也（即他）物以明之也"，指的是由這個概念而推出另一個概念，是概念論中推陳出新的一種方法。例如，《墨經》中說："光之入煦若射。"

　　陳大齊：譬之論法，乃以一其他事物說明或論證其所欲說明或論證之事物。故譬喻必說及二事物：一用以譬喻者，另一譬喻所喻說明論證者；前者爲能譬，後者爲所譬；能譬較爲淺顯，所譬較爲深奧。所譬中欲闡明之道理爲深奧，若專就其本身闡述，聞者或不易領悟，遂以日常習見習聞之淺顯事物作譬，藉以幫助說明或論詮，俾令一般人易於了解。譬喻有此功用，故自古以來，言論之用有譬喻者多至不可勝數，因明且列爲論式之一支，稱之爲喻。譬喻所依據者、爲能譬與所譬之類似，若依能譬濫作推理，必致誤之源。

　　馬宗霍：謂"也"與"他"同，語似欠審。《說文》無"他"字。《廣韵·七歌》以"他"爲"佗"之俗。《墨子》書凡以也爲他者，其本字當作"它"，它即蛇之正體。《說文·它部》云："它，蟲也，從蟲而長，象冤曲垂尾形。上古艸居患它，故相問無它乎。"因它爲所問之物，屬於第三者，語言轉移，浸假用爲凡彼之稱。而又假從人之"佗"爲之，故《廣韵》云："佗，非我也。"（《說文》佗訓負何也，是其本義。）非我即彼，然經傳猶多作它。顏師古《漢書高帝紀下》注云："它，古佗字。"《詩·小雅·鶴鳴篇》"它山之石。"陸德明《釋文》云："它，古他字。"皆其證。"它"篆文作"𨑐"，"也"篆文作"𠃟"，二形極近，故《墨子》此文傳寫者遂誤作"也"耳。若謂"也"與"他"同，失其本矣。

　　王冬珍：辟即取譬，然與因明之喻有別，彼必與宗同品，與因同法，此不過取其大致相同而已。如《墨子·公孟》篇云："以其言非吾言者，是猶以卵投石也。"

　　孫中原："譬"，譬喻式的類比推理。

　　陳高備：譬辭是用另一種事物說明所要說的事物的一種辭（命題）。

　　姜寶昌："辟"，通譬，指比譬、譬喻。"也"，通"他"，指其他、另外。墨家謂，譬喻，即舉已明之別一事理以曉喻未明而同類之此一事理，以求明之也。

　　張榮明："辟"，讀爲"譬"。譬，比喻，舉例說明。譬屬於事件推類，《大取·語經》第三十六至四十九條"其類在……"，乃範例。

【匯評】

唐君毅：《墨子·小取》所謂“譬”，爲“舉他物而以明之”。此所謂明之，當爲連上文而說，言舉譬以明“效”之項下所言之未明者也。此“他物”一名，又屢見於後文之釋“援”與“推”中，是見其義亦當連貫“援”與“推”以爲說，而非泛說之一般譬喻也。然則此所謂舉以爲喻之他物，當爲何物？曰：此當爲在效之項下所立之辭說中所論及之物，之同類之物。此同類與否，依何而定？曰：依吾人是否可對之依同類之“故”，以生同類之辭說而定。

陳孟麟：“譬”式推論是歸納和演繹的合取，是藉他物的形象以揭明一個道理，是“以其知論物，而其知之也著，若明”（第六條），所以說：“譬，舉他物以明之也。”

王維庭：凡以他物喻此物者，只取其中有可引以爲喻之某一端而已。凡喻必兩相異之物，一物不言喻。相異之物，取其有可借喻之一端，以小見大，以淺喻深，此喻之妙用也。以大不易言，以小喻大，則大之理顯，是善於言大者，莫若喻之以小也。以深不易言，以淺喻深，則深之理顯，是善於言深者，莫若喻之以淺也。大小深淺不同，而有其共同之點，故可取以相喻也。墨經與二取言理之妙，墨者之辯在當時所以無敵於天下，正以其善於取譬也。善於取譬，妙於析宏觀微觀深遠難知之理，始能以理服人。不知取他物以明此物之妙者，即不知《墨辯》之善於言理也。

侔也者，比辭而俱行也。

【匯注】

孫詒讓：《說文·人部》云：“侔，齊等也。”謂辭義齊等、比而同之。

胡適：侔與辟均“以其所知論其所不知而使人知之”之法，然譬是以此物說明彼物，侔是以此辭比較彼辭，若《公孫龍子》“公孫龍子謂孔穿曰：楚人之於人不周徧，白馬之於馬不周徧”即是比辭而俱行。

胡國鈺：侔即前所謂附性法也。“辭之侔也有所至而正”一語，謂附性法有當有不當。

張之銳：“比辭俱行”者，言賓主兩辭，相比並行，其義自見；不必說明以此況彼。

梁啟超：“辟”是用那個概念說明這個概念。“侔”是用那個判斷說明這個判斷。“辟”是用之於“以名舉實”，“侔”是用之於“以辭抒意，”（下文“援”“推”兩法，是用之於“此說出故”。）《經下篇》每條都有“說在某、說在某”等文，用的就是“侔”法。

張純一：彼此互明，圓彰宗趣。例如《法儀》云：“愛人利人，以得福者有矣；惡人賊人，以得禍者亦有矣。”是爲雙關體歸納法。又如《非命下》：“存乎桀紂而天下亂；存乎湯武而天下治。天下之治也，湯武之力也。天下之亂也，桀紂之罪也。”亦其例。

顧實：《說文》曰：“侔，齊等也。”則等量齊觀，萬不可擬於不倫，故不與譬喻同矣。《經下》六章曰：“異類不比。”《荀子·強國》篇曰：“今君人者，譬稱比方，則欲自並乎湯武。”此正擬人於倫之比辭，而不可假之於他物者也。《耕柱》曰：“言則稱於湯文，行則譬於狗豨。”此即“辟”“侔”二者之別矣。《文選》曰：“侔色揣稱。”可爲“侔”字的詁。後世駢儷文辭，尤多用比辭也。

伍非百：何謂"比辭俱行？"謂取形式同一之辭，或增之，或減之，以觀其結論之是否同一也。"侔"，當今論理學上直接推理之附性法。

章士釗："辭"即命題。此指兩命題以上形有變遷者，義仍一義，故曰："比辭俱行。"

陳大齊：侔之定義曰："比辭而俱行也。"比字有齊等的意思，有類例的意思。故比辭而俱行，意即齊等其辭或類例其辭，相與推進。既曰比辭，必有能比之辭，亦必有所比之辭，故比辭必含有兩辭。

譚戒甫："比辭而俱行"者，正與古因明"五分作法"之"合"支相同。

鄭振球：比有齊等、類例之意，故比辭而俱行，必含"能比"與"所比"兩辭，亦即取與另一判斷相等之方式以造判斷……辟、侔均以個體說明他個體，類西方邏輯中類比推理之方法。

鄭公玄：侔與辟皆爲舉已知以明未知之事物，其基本原則完全相同，其所不同者，厥在"辟"以"物"爲喻，而"侔"以"辭"爲喻是已。

陳癸淼：比辭而俱行乃是有某一正確之命題於此，吾人仿照此命題之形式再造一新命題，且此新命題之值與原命題之值皆"真"，此之謂"侔"。……此種推理方式，不見於西方傳統邏輯，爲墨徒之創說。

沈有鼎："侔"是複構式的直接推論。

鐘友聯：侔是兩個相類似的命題，可以互相引證。

姚振黎：墨子學說在於將常識歸納爲理論知識，若辟以物喻，侔以辭比；侔法即爲將平易淺近之言推論爲至理之一例。其大用有二：對原判斷之主詞、謂詞，使加辭或減辭以成新判斷；或用已然與將然之二辭項相比，以求另一命題之是非。若《小取》篇是而然、是而不然、不是而然、一周而一不周、一是而一非，所舉之例，均係運用侔法所至。唯此加辭減辭之先決要件，在主謂二詞必須同類。故比辭而俱行之際，當以"異類不比"爲前提。

莫紹揆："侔也者，比辭而俱行也"，指的是由這個命題而推出另一個命題，這是判斷論中推陳出新的一個方法。曾經有人解釋爲亞里士多德邏輯中的直接推理（如換質、換位以及各種對當關係等）。我們認爲它可以包括這類推理，但不限於這些，也未必是這些，總之，由一命題而推出另一命題的都是。

王冬珍：辟乃以此物說明彼物，侔乃以此辭比較彼辭。

孫中原："侔"，比較相似句群的類比推理。

王讚源：侔，齊等。《說文》："侔，齊等也。"比辭而俱行，比較同類的詞句來說明它們都是行得通的。比，比照、類例。

陳高傭：命題都是由主辭、賓詞和系詞三部分構成的。命題的性質不外肯定和否定二種。"S是P。""S不是P。"這是命題的一般公式。任何人對於任何事物所作的判斷（命題）都不能變易這種公式。但是人們爲了說話的便利，語句的有力，措辭的美妙，意義的明確，使對方更容易瞭解，將同一判斷常常用形式不同而意義相同的命題一并表達出來，這在邏輯上名爲判斷的變形或命題的變形，就是此所謂比辭而俱行的侔辭。

姜寶昌："侔"，指齊、均、等。《說文》："侔，齊等也。""侔"，墨家用爲"侔"式推理，相當於今邏輯學排比式類比推理。墨家謂，所謂"侔"，乃比列語言結構相類、語義亦相類之賓辭與主辭，並由賓辭之是非而斷主辭之然否也。

王維庭："比辭俱行"之實，爲類比推理。（指狹義之類，非廣義之類。）同類之物用"侔"，取其齊同以見義。故白馬與驪馬齊同，無所用"譬"也。獲與臧齊同，無所用"譬"也。異類之物用"譬"，取其兩異之中，有某一相似之點，以小喻大，以淺喻深，此譬之用絕不同於侔也。而侔之辭式，必兩辭排比而俱行，侔之辭性，必類比以推理也。

張榮明："侔"，本義爲相等。《說文》卷八人部："齊等也。從人，牟聲。"《莊子·大宗師》："畸人者，畸於人而侔於天。""比辭而俱行"，由一個命題演繹出另一個命題，兩個命題並行不悖。

【匯評】

吳毓江：此言辯之侔法。"侔"者以他辭比較此辭，"譬"者以他物説明此物，故二者有別。

詹劍峰：侔是墨辯特有的推論式，它和現在邏輯的附性法有相似之點，所謂附性法即就一判斷的主詞和謂詞酌加規定，以成新判斷的方法。例如，"蟻是動物"一判斷，對主詞和謂詞各加以黑字，則成"黑蟻是黑動物"。但侔是不同於附性法的：侔不僅對原判斷酌加形容詞使成新判斷，並用動詞來改變原判斷使成新判斷，這是一；侔不僅對一判斷的兩端可以加詞而成新判斷，並可以減詞而成新判斷，這是二；侔又論及已然與將然的比辭關係，這是三。准此，我們可以對侔下一定義："侔"是對一判斷的主詞和謂詞酌予比例的增減而成的推論式，故曰："比辭而俱行也。"

汪奠基："侔"是《墨辯》使用的一種特殊推論形式，相當於普通邏輯上直接推理的"附性法"，但是并不等附性法對原判斷的簡單關係。侔的主要形式在對原判斷的辭項附加比詞，從而構成一個推論形式。或者有時用兩辭相比以求另一辭的是非。

援也者，曰：子然，我奚獨不可以然也？

【匯注】

孫詒讓：《說文·手部》云："援，引也。"謂引彼以例此。

胡適：《說文》："援，引也。"現今人說"援例"，正是此意。此即名學書所謂"類推"（Analogy）。援之法乃由此一事推知彼一事，由此一物推知彼一物。

梁啓超："援"是援例。援與"辟""侔"，都是將所已知說明未知，但辟是用之於概念；侔是用之於判斷；援是用之於推論。援要援他所以然之故，故曰："子然，我何獨不可以然？"凡事物之"然"，必有其所以然，即"有之必然"之"大故"是也。子既有之而然，我若有之亦何獨不然；所以可以援子以例我。

胡國鈺：以論敵所承認者，我亦引之，因以成立我之論說。如《孟子·墨者夷之篇》："夷子曰：'儒者之道，古之人若保赤子，此言何謂也？'"此即引儒者之言，以證其兼愛之說也。是即謂"子然，我奚獨不可以然也。"此類推理，墨子名之曰"援"。

尹桐陽："援"，援引也。論理學所謂類推。

邢子述：按今之學者，以援作"援例式"，非也。

張純一："也"讀若"邪"，此借衆以爲然，即衆所共許之有力確證，援用之，使衆明知我之宗恉，與衆所共許者，實爲同類。於是己說成立，而敵莫能破。

顧實：此更用擎挈式之援引法。《經上》九三章曰："諾，不一，利用，長短前後輕重援。"《說文》云："援，引也。"曰者，更端之辭。《大取》曰"子深其深"云云，此亦謂其人曰"子既然矣，我奚獨不可以然也。"然者，然諾也。無異言子既引諾，而我亦當引諾之也，是雙方引諾之契合，如法庭之和解，雖不辯是非可也。

吳毓江：此言辯之援例法。《經下》謂之爲"擢"，《經》曰："擢慮不疑，說在有無。"《說》曰："擢疑無謂也。臧也今死，而春也得之又死也，可。"此因臧得某病死，推知春得與臧病狀相同、程度相等之病又將死，即是援例。《淮南子·說山訓》曰"見竅木浮而知爲舟，見飛蓬轉而知爲車，見鳥跡而知著書，以類取之"，此亦當屬援例。援例之用，即在由此一事物推知他一事物。上文"辟""侔"兩法，亦由個體事物以明個體事物，其區別在辟與侔僅用已知之他事物說明此事物，此事物在聽者雖爲未知，而在立辭之人則爲已知。故辟、侔兩法不能發見新知識。援例則由已知之事物推知未知之事物，能由此發見新知識。其與推不同處，僅在取例有多少而已。

譚戒甫：引彼例此，故彼然而此亦然，則所謂"援"者，亦即與古因明五分作法之"結"支相同也。

李匡武：兩種相似的事物，如其一具有某特性，另一亦可能有此特性，故曰："奚獨不可以然。"這相當於西方邏輯中的"類比推理"。

鄭公玄："辟"爲舉他物以明此"物"，"侔"係舉他辟以明此"辭"，至於援則係舉他例以明此"事"。故例非孤立之"物"或"辭"，而係共同認知之事實或原則，故曰："子然，我獨不可以然也。"

陳癸森：援，引也。援引對方所自以爲是之理論，以建立己方之理論，此之謂"援"。因己方之立論乃是根據對方之立論而來者，對方既自以其立論爲"是"，則據其"是"而建立之己方之理論，對方不能加以反駁，而只好承認吾方之立論亦然也。故曰："援也者，曰子然，我悉獨不可以然也。"此爲以子之矛政子之盾，以子之盾御子之矛之方法也。

鐘友聯：援是援引，引用對方的論點，來證明自己的論點，而說你可以這麼說，我怎麼不能這樣說呢？

姚振黎：援之特質在於援用敵論以立己論。由此一事物推知他一事物。若"辟""侔"兩法雖亦爲個體事物以明個體事物，然"辟"與"侔"僅由已知之事物說明此事物，此事物在聽者雖爲未知，而立辭之人則爲已知，而"援"法用於雙方對辯之際，於"子然"之事物外，不一定要舉他事物以明所欲論證之事物。故取例雖不多，苟行之正確，足以破他。

莫紹揆："援也者，曰子然我奚獨不可以然也"，指的是由這個論證而推出另一個新論證。這是在推理論中推陳出新的一種方法。

王冬珍：《說文》曰："援，引也。"今人所謂"援例"是也。援例與舉例不同，如《小取》篇下文兩言"此與彼同類，世有彼而不自非也，墨者有此而非之"，即援也。

孫中原："援"，援引對方言行以證明白己相似言行的類比推理。

王讚源："援"，引。《說文》："援，引也。"

陳高傭：援就是我們所說的援例。

姜寶昌："援"，墨家用爲"援"式推理，相當於今邏輯學援例式類比推理。所當注意者，"子然"（援體）與"我然"（主體）必爲同類，且其共同點必爲援彼例此之關鍵。"援"式推理區別於"譬"式推理者有二：其一，援體（"子然"）必爲"子"方以爲然之事理，而"我"方援而推得同類之事理，子亦當以爲然；其二，主體（我然）或爲未知之事理，故此推理可用以發現新知識。"援"式推理既可用於立論，亦可用於駁論。墨家謂，所謂"援"，乃謂對方以某事理爲然，則我方援其例而推得之同類事理，對方亦當以之爲然。

張榮明："援"，以對方之事，證我之事；以對方之理，證我之理。故"援"屬於運用推類之法。釋曰："子然，我奚獨不可以然也"，正是此意。

【匯評】

胡適：辟、侔、援三者同是由個體事物推到個體事物。然其間有根本區別。"辟"與"侔"僅用已知之事物說明他事物。此他事物在聽者雖爲未知，而在設譬之人則爲已知。故此兩法實不能發明新知識，但可以使人瞭解我所已知之事物耳。援之法則由已知之事物推知未知之事物，苟用之得其道，其效乃等於歸納法。

伍非百："援"與"侔"相似而實不同。"侔"當今直接推理之附性法，用兩辭相比而行，以求其另一辭之是非。"援"則似間接推理之類比法，以此物之某點同於彼物之某點，因而推論其他點之同也。

唐君毅：《小取》篇之釋援則曰："子然我奚獨不可以然也？"則至少自表面上文字以觀，並非由此一然以推彼一然之事，而是由此一然以問彼何不然，或由子然以問我何不然之事，亦即求援於此一然，以問彼何不然，或援"子然"爲例，以問"我何不然"之事。此所成者遂只爲一反詰之辭，而爲論辯中之所常用。此反詰之辭，固可進一步，引發一推理；然克就其爲反詰之辭言，則尚非推理，而只爲辯論中之一事，唯所以引發推理，而過渡至推理者耳。此亦即援之所以可稱爲辯之歷程中之一階段之故也。

沈有鼎："援"是援引對方所說的話來做類比推論的前提。"援"和"譬"都是類比推論。它們的區別只在"譬"所用的前提是以眾所周知的事實爲內容的主方自己的話，而"援"所用的前提則是對方說過的話（或行過的事），或某人說過的話（行過的事）爲對方所贊成的。

陳孟麟：根據對方所同意某事物之具有某種屬性，以推論與之同類的其他事物也同樣具有這樣的屬性，這就是"援"式推論。但"援"式推論，不能歸結爲或然性的類比推理。類，《墨辯》理解爲本質，類同就是本質相同。如果本質相同作爲標準（"法"），那麼按法取同，"援"式推論的結論就具有必然性。

鐘友聯：墨家的"辟"侔"援"，都是屬於類比的論證形式，而其間的區別，主要是它們所據以進行類比的根據不一樣。"辟"所根據的類似性，是指事物與事物間性質的相類似，或事物關係上的相類似。而"侔"是指命題與命題間，形式的相類比，而"援"則是指，理由或論式的相類比。這三者的共同點，都是一種類比的方式，而其不同點，是三者都有自己特殊的領域。而它們的功能，也不完全一樣。"辟"的功能，主要在於說明和解釋，而"侔"則是一種直接推理。"援"則大多用於辯論。辯論主要是要取得勝利，未必勝利就是真理，因爲援所據以推論的理由，是以敵方的理由爲理由，以敵方的論式爲論式，敵方如反對你的理由，即等於是否認自己的論斷，因此，它的辯論力量很強。但用這種方式來論證，所得的論斷，未必是真的。

王冬珍："辟"與"侔"，皆以已知之事物，說明未知之事物。聽者雖爲未知，然設譬者已知，故不能發明新知識。援則由已知之個體，推知未知之個體，苟用之得其道，其效與歸納法等也。

推也者，以其所不①取之②，同於其所取者，予之也[1]。是猶謂也③者同也，吾豈謂也者異也[2]。

【匯校】
①王樹枏："不"字衍文。
②曹耀湘："不取者"，"者"原訛作"之"。
③陳癸森："他"本作"也"。下"他"字原亦作"也"。王冬珍校同。

【匯注】
[1] 孫詒讓：《淮子·本經訓》高注："推，求也。"此云"取"，與求義同，謂所求者在此，所不求者在彼。取彼就此，以得其同，所謂"予之也。"

王樹枏："推也者以其所取之同"絕句，言推也者以其所取之物同於人，因於其所取者予人也，言己不獨有也。

胡適：此所謂"推"，即今名學書所謂歸納法。歸納之通則曰："已觀察若干個體事物，知其如此，遂以爲凡與所已觀察之諸例同類者，亦必如此。"其所已觀察之諸例即是"其所取者"。其所未觀察之同類事物即是"其所未取者"。"取"即是舉例，"予"即是判斷。今謂"其所未取"之事物乃與"其所已取者"相同，由此便下一判斷，說"凡類此者皆如此"。此即是"推"。

梁啓超：推的方法，是"以類取、以類予"。取是舉例，予是斷定。《經下》云："推諸其所然者於未然者，說在於是推之。"推，依《小取》篇所言，全屬歸納法。依此經文，爲演繹歸納兩法通用，總是舉所已知以明所未知，故近世論理學家謂演繹是直接推理，歸納是間接推理。

胡國鈺："也""二"二字，古文形頗相似。若改"推也者"之也字爲"二"，則此節甚易解釋。此節之意，似謂當辯論之際，若舉論敵所承認者與其所不承認者，明其相同，因以攻之，所謂："以子之矛，攻子之盾也。"

郎擎霄：此法是發明真理最重要之工具。"所取"爲已斷定之例，"所不取"未斷定之例。"予"爲結論,《小取》之"以類取,以類予"即謂舉例須類相同,結論亦當類相同,"所不取"者亦"予"之,即因其類同於"所取者"之故,此爲"推"法之應用,例如:黃牛有角,所取;黑牛有角,所取;灰牛有角,所取;棕牛有角,所取,乃"以類取"——蓋同屬牛類有角,則白牛是否有角,所不取;白牛亦有角,乃"予"之、"以類予"。由此例可知"推"實兼含歸納、演繹二法,"白牛亦有角"之結論,乃原其"類"同於"所取"者,蓋所取者得"凡牛皆有角"之結論,依此結論而演繹之,復可得白牛有角之結論,是故"推"是先歸納而後演繹之方法。

張純一:"推"之一法,如由一故推知多類爲演繹,或由多類推知一故爲歸納,均用之。此以論敵所不取之同,於其所取之同予之者。

魯大東:一切推論,雖其行之之法有不同,而皆以類之取予爲探索之根據也。是以立辭以推論,果能依類以行之,則理論之重心與知識之本體,因根據其一切同異、是非、有無、真僞,而求得最後之解決者,必得同然之解決矣。故曰:"以其所不取同於所取者予之;是猶謂它者同也,吾豈謂它者異也。"反之,"立辭而不明於其類,則必困矣"。

伍非百:"推"爲推類,當今間接推理之歸納、演繹二法。

吳毓江:"所不取之","之"讀如"者"。

譚戒甫:此"其所不取之""之"字,與下"其所取者""者"字,通用。《莊子·知北遊篇》:"若儒墨者師",郭象注作"夫儒墨之師",是其例。取予之義,見前。《因明大疏》論比量云:"用'已極成',證'非先許''共相智'決,故名比量。"其已極成,即此"其所取者";其非先許,即此"其所不取之"。蓋比量純用推類法(Analogy),以已取者而證未取者,便生共相之智,因而其所未取者亦決定成立。故此"推"物正與新因明三支式之"喻體"相當。

詹劍峰:"推"就是從已然推出未然。"取"是列舉實事。"予"是加以推斷。歸納的進行,先觀察一些個別事例,知其所已然,遂以爲凡和這些已觀察了的例子同樣的事物莫不皆然。"其所取者"便是已觀察的事例,"其所未取者"便是沒有觀察的事物,因此推斷那些"所未取者"和這些"所取者"相同,這便是"推"。

杜國庠:"推"就是類推。"取""予"就是第一部分"以類取、以類予"的"取""予"。"取"是舉例,"予"是判斷。

汪奠基:"推"的形式相當於普通邏輯上包括歸納與演繹兩種推理形式而言的推論式。所謂"推也者以其所不取之,同於其所取者予之也",即此推論式的定義。這個定義指出了推理是從所取的經驗事例到未曾經驗的事例,由是予以所取的同一結論。因此可以看到推的結論與其前提的出發點並不相同。所謂"以其所不取之"者,即從若干個別或特殊的前提出發,而謂"同於其所取者",即依前提取出其同一的或一般的結論。是爲歸納形式的表現。反之,由一般既定原則或判斷,類取出其間具有一定離合關係的結論,是爲演繹形式的推。墨辯學者認爲求同求異的歸納形式,同演繹推理的選言論式,乃屬於同一推論形式的兩個側面。

李匡武:根據某類事物之已知部分以推及其未知部分,也就是"以類取,以類予"之意。

陳癸森:取,擇用也。《漢書·賈誼傳》:"莫如先審取捨。"注:"師古曰:取,謂所擇用也。”“不取之”中的“之”，猶“者”也。二字一聲之轉，古書多互訓。

陳孟麟：“同於其所取”的“同”指類同。爲了反駁對方一個錯誤論題，先假定它是真的，以之作爲前件，引出一個本質上與之類同的後件來（“同於其所取”），這個後件的明顯的荒謬性，不但爲我們所不取，也爲對方所不取（“以其所不取”）。這樣，否定後件必然否定前件，對方原有錯誤論題的荒謬性，就得以證明。……“推”是歸謬式假言推論。

王冬珍：其所已觀察之諸例，即是“其所取者”。其所未觀察之同類事物，即是“其所不取”者。取乃舉例，予乃判斷。今謂其“所不取”之事物與其“所取者”相同，由此便可下一斷語，謂凡類此者皆如此。此即所謂“以類取，以類予”。亦即所謂“推”。

孫中原：推，歸謬式的類比推理。

周雲之：這裏的“推”不是指一般的推論，而是指一種與“侔”“辟”等並列的具體論式。

王讚源：推，歸謬式的類比推類例。以其所不取之，拿對方所不贊成的事例。取，擇取、贊成、同意。之，猶“者”。

陳高備：此所謂推即推己及人、推此及彼的意思，即邏輯上所謂推理或推論。“取予”即上節所謂“以類取，以類予”的取予。“取”即取得；“予”即給與。“所不取”即還没有取得事物的意義，即未知的事物。“所取”即已經取得事物的意義，即已知的事物。“推也者，以其所不取之同於其所取者，予之也”，是説推辭就是推論之辭，推論就是人們對於所不知道的事物，祇要知道它和已經知道的事物是同類，就可以把已經知道的事物所具有的屬性給予它。這就是由已知推未知。

姜寶昌：“推”，墨家用爲“推”式推理，相當於今邏輯學歸謬式類比推理。墨家謂所謂“推”，乃我方以對方所非者或所不然者與其所是者或所然者同類，則可推知其所是者或所然者亦當爲非或不然。

王維庭：《古書虛字集釋》卷九：“‘之’猶‘者’也。‘之’與‘者’一聲之轉，故‘之’‘者’互訓。”

張榮明：“推”，以對方所否之理，否對方所爲之事；以人之矛，攻人之盾。“推”亦屬於推理之法的運用，推理的方向與“援”相反。“以其所不取之，同於其所取者，予之也”，正是此意。

[2] 王闓運：兩“也者”之也字，皆讀“他”。

胡適：“他者，同也”，是説其所未取之其他諸例與其所已取之諸例相同。吾若無正確之例外，則必不能説其他諸例不與此諸例相同也。

梁啓超：説是既用歸納法推得這個斷案，我若舉不出反對證據，我便不能持異論了。

張之鋭：此兩“也”字，不當“他”字讀。同異之義，作根於“是猶謂”“吾豈謂”二語。言取類之辭，有正有反，正者是求其同，反者是求其異也。

張純一：“是猶謂也者同也”，注重在一“猶”字，例如《公孟篇》：“子墨子曰‘執無鬼而學祭禮，是猶無客而學客禮也。是猶無魚而爲魚罟也。’”言同一自相矛盾也。“吾豈謂也者异也”，注重一“豈”字。例如《公孟篇》云：“愚豈可謂知矣哉？”言愚與知异也。此閒夾叙此二句者，謂立辭不過辯別質量之异異同。往往异同縣隔，其宗旨可即語助辭氣分別之，亦須審度，不容忽也。

顧實：也，同他。此更用開放式之推予法也。其人既有一部分之承諾，則趁勢並將其他部分而推予之，良以其人既有所取，則所不取者亦實同類，自宜趁勢而推予之，故曰："他者同也，吾豈謂他者異也。"即以其人之所同者，而更推予於其人以無可異者，使不能自擺脫也。蓋墨氏以類取予之法，至此而盡矣。

吳毓江："也者"即"他者"。

譚戒甫："是"字，當指上句"推也者以'其所不取之'同於'其所取者'予之也"而言。因明喻支有同異之分；同喻體謂之"合作法"，異喻體謂之"離作法"。（案：古因明於"宗因喻"之後，又有同類、異類二種，見《瑜伽師地論》及《顯揚論》。）竊意此"它者同"正猶彼合作法；"它者異"亦猶彼離作法耳。

汪奠基：《墨辯》所謂推的論證方法，主要在先觀察事實，選了同定法則，然後由法則以推論特殊事件。如此往復進行推比，或援彼例此，或求同別異，故曰："是猶謂他者同也，吾豈謂他者异也？"

陳癸淼：猶，欲也。《说文通训定聲》："猶假借爲欲。"推，類比推理也，根據所已知之事以推斷所未知之事亦復如此，此即"推"也。所已知之事爲"能推"，所未知之事"所推"。吾人作類比推理時，皆是假"能推"以知"所推"。而作類比推理之目的，則是在以"所推"來"立"己之說，或"破"他人之說。故吾人所欲取用者爲"所推"，而非"能推"。因爲"能推"僅爲得出所推之工具，而非吾人所欲取用以立以破者，故稱之爲"其所不取者"，而"所推"則爲"其所取者"。所已知之事，如與吾所欲得之結論有相同或相似之處，則可據以作類比推理。故曰："推也者，以其所不取者，同於其所取者，予之也。"凡類比推理皆是利用已知與未知之事之相似點以作爲推論之基礎。凡事無有絕對相同者，故已知之事與未知之事，雖有其同，亦必有其異。類比推理乃取其"同"以作推論之依據，而不論其異。故曰："是欲謂他者同也，吾豈謂他者異也。"

鐘友聯：推就是類推，是就同類事物中，把還沒有取得判斷的這一部分和已經取得判斷的那一部分相比較，就可以給這一部分定出判斷來，既然它是相同的，我怎麼能說它是不同的呢？

孫中原："是猶謂"意同於"這猶如說"，說明兩件事情相似，類比推理常用的聯結詞。如說："執無鬼而學祭禮，是猶謂無客而學客禮也。""吾豈謂"意同於"我難道那麼說了嗎"，說明兩件事情不相似，對於對方的類比推理進行反駁時常用的聯結詞。如說："吾謂兼愛可行，吾豈謂挈泰山以越河濟可行乎？"

陳高傭："是猶謂他者同也，吾豈謂他者異也？"這就如說一種事物既在種類上和我所知道的某種事物相同，在某種屬性上我還能說它有什麼不同嗎？邏輯三段論法的公理是：肯定對象的整體，就是肯定了整體的任何部分。否定對象的整體，就是否定了對象的任何部分。"是猶謂他者同也，吾豈謂他者異也？"第一他字指他的整體言，即事物的種類。第二他字指他的部分言，即事物的某一屬性。

姜寶昌：在辯論中，"是猶謂"之慣用語，用以標舉同類之判斷；而"吾豈謂"之慣用語，用以標舉異類之判斷。

張榮明："是猶謂"，"猶如說"，"如同說"，表示二者相同。"吾豈謂"，"難道我這樣說了嗎?"表示我沒有這樣說。"是猶謂"與"吾豈謂"二語相反：前者強調相同，後者強調相異。

【匯評】

曹耀湘：辭有同異，或於同而辯其異，或於異而辯其同。曰"譬"、曰"侔"、曰"援"、曰"推"，皆求其同也。

梁啓超：此條便是上文總論所講的"以類取，以類予"，是講歸納法，是論理學中最要的部分，是增加新智識的不二法門。《經》："推諸其所然者於未然者，說在於是推之。""推"字，依《小取篇》所說，全屬歸納法。依這條《經》文所說，是演繹、歸納兩法通用。總是舉所已知以明所未知，所以近世論理學家說演繹是直接推理，歸納是間接推理。

吳毓江：此言辯之推法，今論理學所謂歸納法。歸納法者，擇取若干個體事物，求得其共同之點，因之判斷其他與此同類之事物亦必有此共同之點，即所謂"以其所不取者，同於其所取者，予之也"。是"推"者以個體事物始，以普遍原理終。此項原理在未發見其他未取事物與之殊異時，不能不承認之，故曰："是猶謂他者同也，吾豈謂他者異也。"雖與上文之"援"俱能發見新知識，惟援取例較少，偶不審慎即陷於謬誤，推則取例較多，真之可能性較大。科學之真理，常由推法來也。以上第二節，論辯之七法。

詹劍峰：墨家把"說"分作七種，然大別之，又可分兩類："或"是屬選言推理，"假"是屬於假言推理，"效"是屬於直言推理，這三者都由普遍到特殊，很顯然是演繹推理；至於"辟"與"侔"都用個別說明另一個別，"援"則由特殊到特殊，"推"則由特殊到普遍或由個別到一般，"辟""侔""援""推"四者，都以個別事物作爲推論的起點，故四者都可劃爲一類，名之爲"類同的推證和說明"，取義於"有以同，類同也。"

姚振黎：推法實爲墨辯類比推理之極致。"推"之辯法，包括歸納與演繹兩推論形式；墨辯所謂所推之論證方法，主要在先觀察事實，選出一定法則，後由法則以推論特殊事件。如是往復進行推比，或援彼例此，或求同別異。

莫紹揆："推也者，以其所不取之同於其所取之者予之也"，這是在典型分析論中推陳出新的一種方法，即把這個由典型（即"所取之"）分析而得的結論應用到非典型（即"其所不取之"）上去，亦即把非典型看作和典型一樣，可應用同樣的結論。這是使用典型分析時不能不使用的方法，如果根據典型分析而得的結論，卻不能應用到非典型上去，那麼典型分析也就沒有用了。事實上，科學上的實驗法，都是故意做出典型條件，造出典型環境，看看在典型環境條件之下會有什麼結果，然後把所得結果應用到實驗室以外的一般情況，非典型情況去，這便是"推法"。

（作者簡介：張宜斌，武漢大學文學博士，南昌大學國學研究院副教授、副院長）

《鄧析子·無厚》匯校匯注考辨[1]

閆寧

摘要：本文以陳高傭《鄧析子今解》爲底本，匯集清代以來校勘、注釋《鄧析子》的研究成果，並加以考辨。

關鍵詞：《鄧析子》；匯校匯注；考辨

凡例

1.《鄧析子》二篇，位列於《漢書·藝文志》"名家"類之首，對於其真僞以及思想傾向等問題，歷代都有很多學者研究。本文旨在匯集清代以來校勘、注釋《鄧析子》的研究成果，以期全面反映《鄧析子》研究的情況。

2. 本文所用《鄧析子》文本以陳高傭《鄧析子今解》爲底本，首列原文，依次爲【匯校】、【匯注】、【考辨】。

3.【匯校】部分以 [一][二][三]……爲標記，羅列歷代學者校勘成果，意見相同者則以 "×× 校同" 表示。

4.【匯注】盡可能全面地反映歷代學者的注釋成果。後人注釋大致相同或近似者，則以 "×× 說同" 表示。

5.【考辨】部分主要針對校勘、闡釋爭議較多的問題進行辨析，或闡明己見，或駁正誤說。

6. 徵引諸家之說以出版時間先後爲序，若出版時間不詳，則根據著者生平酌情處理。

7. 徵引諸家之說，一般僅列著者姓名，著作名稱可查書後所附參考書目。但若同一作者有多部著作，則分別標注書名以示區別。

一、天於人無厚也，君於民無厚也，父於子無厚也，兄於弟無厚也。何以言之？天不能屏勃厲之氣，全夭折之人[一]，使爲善之民必壽，此於民無厚也[二]。凡民有穿窬爲盜者，有詐僞相迷者，此皆生於不足，起於貧窮，而君必執法誅之，此於民無厚也。堯舜位爲天子，而丹朱商均爲布衣，此於子無厚也。周公誅管蔡，此

---

[1] 本文係國家社科基金重大項目 "先秦名學文獻整理及其思想流別研究"（18ZDA243）階段性成果。

於弟無厚也。推此言之，何厚之有？[三]

【匯校】

[一]指海本作"令夭折之人更生"。錢熙祚：原本"令"作"全"，無"更生"二字，依《文選·安陸昭王碑》註引此文補正。馬敘倫校同。

[二]王愷鑾："民"當作"人"。陳高傭校同。

[三]馬敘倫：指海本脫此二句。

【匯注】

梁啟超：全書皆膚廓粗淺，摭拾道家言，與名家精神絕相反，蓋唐宋後妄人所爲，絕非《漢志》舊本也。鄧析有無著書，本屬疑問。無厚同異諸論，皆起自《墨經》以後，疑原書已屬戰國末年人依托，今本又僞中出僞也。

錢穆：今傳鄧析書云："天於人無厚也，君於民無厚也"，則更非"堅白""無厚"之謂。《墨經上》："厚，有所大也。"《說》云："厚惟無所大。"《莊子·天下篇》云"惠施曰：無厚不可積也，其大千里。"有厚、無厚自與堅白同異同爲當時名家辨說主題。後有妄人，並無厚之語而不識，乃妄襲老氏天地不仁之意冒爲之，則今傳《鄧析子》復非戰國晚世之真也。

汪奠基：這條選文可以從兩個方面分析。首先從政治思想方面看，這裏的名辯思想是認爲善惡、是非、可與不可日變。秦、漢以前人說鄧析的"堅白無厚之辭章，而憲令之法息"，又說"鄧析巧辯亂法"，正與此相合。鄧析盡量暴露當時民有穿窬詐偽的原因，都是起於貧窮，生於不足；同時更指出當時統治者的"君"對貧窮的穿窬之"盜"，還"必執法誅之"。這就是"欲勝因勝"的辯訟之辭，反映了"民於君無厚"的内在矛盾，說明了無厚論包含政治的兩反論，所以它與完全爲君權服務的"正名論"基本不一致。而荀子之所以說"無厚之辯，君子不辯"，又批判鄧析爲"不法先王，不是禮義"的辯者，正由於與他那種名法政治觀點的不同而來的。鄧析主張公佈"竹刑"，又喜歡教人學辯訟，這兩方面，在當時都是要爲一般人說話，並不只是"君必執法誅之"的唯君法至上論。他的無厚論，是名辯是非的相對論，與後來慎到一派認爲"辯者不得越法而肆議"的名法觀念並不相同，而與宋鈃、尹文的形名思想亦大有區別。他承認統治與被統治的政治差異，但也認爲公開議政的辯訟方法，是人們抗辯的鬥爭工具。其次，再從這條邏輯論證的形式來看，說明鄧析所用的推論方式基本上是唯心的主觀推斷方法，這裏的全部論證論據，皆顯不足。譬如開始列舉的"無厚"的四個待證的命題，内容乃包括自然、社會、政治、倫理諸方面的問題。但是在論證敘述的句子裏，並沒有表現充分理由，使各個待證的命題都能獲得同現實一致的真實意義。例如所舉的屏勃厲之氣，全夭折之人，穿窬詐偽，以及歷史傳說中的一些爭奪統治權的故事，並非是一一與客觀相應的"無厚"公理。如果作爲假設的條件看，它們只能用來湊成證明的形式，決非由己證實的命題所推得的必然結論。所以"何厚之有"的反駁，不足以排除"有厚"的客觀事實。

伍非百：今本篇首有劉向《校録叙》，叙謂："《鄧析子》書其論'無厚'者，言之異同，與公孫龍子同類。"考《公孫龍子》，自隋以來，亡其八篇，其論'無厚'之義若何？

已不得見。然以名家之說繹之，固顯然與今本《鄧析子》不同類也。何則？"無厚"者名家之顯説也。與"堅白"並稱於世，爲名家辯論最烈之兩大問題。惠子曰："厚不可積也，其大千里。"《墨經》曰："厚有所大也。"《韓非子》曰："堅白無厚之辭章，而憲令之法息。"《荀子》曰："夫堅白同異，有厚無厚之察，非不察也。然而君子不辯，止之也。"《吕氏春秋》曰："堅白之察，無厚之辯，外矣。"魯勝《墨辯注叙》云："名必有形，察形莫如別色，故有堅白之辯。名必有分，明分莫如有無，故有無厚之辯。""堅白"爲辯質點之異同問題，'無厚'爲辯質點之有無問題，皆哲學科學上最重要之爭論。有厚無厚，乃爭論有無"極微"及"無窮大""無窮小"諸問題也。此問題關係於有名之形與無形之名甚巨。名家極重視之。《公孫龍子》論"無厚"，其言之異同，既與《鄧析子》爲同類，亦當然與惠施、《墨辯》及其他名家所論者同類。劉向作《叙録》時，猶及見之，故其言云然。不幸《公孫龍子》亡其八篇而其論"無厚"者，不見於世。僞造《鄧析子》者，聞其風而悅之，未究厥旨，望文生義，造爲刻薄寡恩之言。幸賴劉向之《序》尚存，得以轉正其僞，亦名鄧之幸也。唐李善注《文選》，於僞《鄧析子》，引用至十三條，寥寥不滿四千言之籍，而引用至於十三，不可謂非特好。以其書之顯晦觀之，其作僞之時代，大抵與隋不相遠者近是。

陳高傭：此段所言是用歸納的方法，列舉天於人無厚、君於民無厚、父於子無厚、兄於弟無厚的事實，從而推得世界上根本無所謂厚。作爲推論的前提，有些事實是不正確的。如"堯舜位爲天子而丹朱、商均爲布衣"，這是因爲當時根本還没有君位世襲制，不能因此就説父親對於兒子没有厚愛。又如周公誅管蔡，是因爲管蔡和殷人勾結起來叛周，周公爲了維護政權，鎮壓叛逆，不得不對於自己的兄弟加以誅殺。這也不能説明凡爲兄的對於弟是都無厚愛的。這些錯誤的認識都是因爲對於具體事物不能作具體分析的緣故。但是在古人把天地君親看來完全無缺（有厚無薄）的時候，這種無厚的思想是有一定的進步意義。

黄克劍：至於鄧析的"無厚"之談，劉向稱其"與公孫龍同類"，這在今天則全然無從找到旁證。依《漢書·藝文志》，《公孫龍子》原爲十四篇，今僅存六篇，所佚八篇中是否有談論"無厚"的文字却不得而知。在既有文獻中，以名辯方式談及"無厚"與"厚"的，所可舉出的當有二例，一是惠施的論題：無厚不可積也，其大千里。（見《莊子·天下》）另一例則是後期墨家對"厚"的界説：厚，有所大也。（《墨子·經上》）厚，惟無所大。（《墨子·經説上》）惠施所説"無厚"與其所説"日方中方睨，物方生方死""南方無窮而有窮"有着共同的論旨，屬於同類論題，而鄧析的"兩可"之説既然與惠施"日方中方睨，物方生方死""南方無窮而有窮"一類論題相契，其"無厚"之談則也當與惠施所論之"無厚"相通。然而，今本《鄧析子》終其篇未見有"兩可"之説，其開篇即申論"無厚"，只是這"無厚"——"天於人無厚也，君於民無厚也"之"無厚"（無所親厚）——與作爲名家論題的"無厚"並不相干。誠然，今本《鄧析子》甚至也以"轉辭"爲其第二篇的篇名，但對辭義辨析的屬意僅見於極少的文字，而且即使這類文字也並非從名家所取"兩可"或"無厚"的角度説起。纂集於今本《鄧析子》的三十六則文字，多爲法、術、勢張目，而法、術、勢只是在戰國時才漸次爲所謂法家人物所看重而成爲這一思想流派的最具代表性的觀念。大約正是因爲這一點，《四庫全書》不以其爲名家，而將其判歸於法家，其《總目提要》則說：“其言如‘天於人無厚，君於民無厚，父于子無厚，兄于弟無厚’‘勢者君之興，威者君之策’，則其旨同于申、韓；如‘令煩則民詐，政擾則民不定’‘心欲安靜，慮欲深遠’，則其旨同于黃老。然其大旨主於勢，統於尊，事核于實，于法家爲近。”

譯文：上天對於人類無意厚待，君主對於百姓無意厚待，父親對於兒子無意厚待，兄長對於兄弟無意厚待。为什麽這樣說呢？上天不能屏除瘟疫，保全那些夭折的人，使行善的人得以長壽，這表明上天無意厚待人類。百姓中有穿壁逾牆盜竊財物的，有欺詐、作假蒙騙他人的，這些原本產生于生計不足，由貧窮引起，但君主必定會依據刑法予以懲罰，這表明君主無意厚待百姓。堯、舜都曾居天子之位，堯的兒子丹朱、舜的兒子商均却都是一介平民，這表明父親無意厚待兒子。周公旦殺了他的兄長管叔，放逐了他的弟弟蔡叔，這表明兄長無意厚待兄弟。由此推而言之，哪里有什麽厚待可說？

【考辨】

本篇所講的“無厚”主要是政治、倫理問題而非堅白同異之類名家邏輯問題，歷來有學者據此質疑今本《鄧析子》，不過鄧析所處時代較早，諸子之學尚未興起，完全用後來名家、法家的思想衡量，似非公允。諸家多引劉向認爲其“與公孫龍同類”的說法，但《敘》中也說到二家之說有“言之異同”，可見劉向之說也只是其個人的一種推測，不能作爲確實的證據。

本篇先列舉四類“無厚”，顯然有針對儒家禮制講求“親親”之道的意味，下段緊接着提出“循名責實，君之事也。奉法宣令，臣之職也”，主要是論證“君之於臣亦無厚也”，這也是本篇的核心論題，後文中“守虛責實”“循名以督實”，都是圍繞這一論題展開。從這一點也可以看出，將“無厚”置於開篇，就其論述條理而言也是可以講通的。《呂氏春秋·離謂》記載：“子產治鄭，鄧析務難之。”《列子·力命》說：“鄭國用之，數難子產之治。”鄧析與子產的衝突不僅僅是針對後者所鑄“刑書”中具體條文析言破律，“操兩可之說”“設無窮之辭”，很可能二人在根本政治理念方面也存在衝突，所以才會威脅到其“治”。正如《荀子·非十二子》，根本原因是諸家學說不以禮義爲本。

子產其實是一位推行仁政的政治家，新出清華簡《子產》中也未提到鑄刑書之事，並有學者指出，《左傳》成書乃是層累的過程，書中名人言論尤多后人附益，這種觀點很值得重視。子產鑄“刑書”，《左傳》記載叔向、孔子皆持否定態度，但孔子又曾讚美子產爲“古之遺愛”，“有君子之道四”（《論語·公冶長》）。《禮記·仲尼燕居》中還記載孔子將子產比作“衆人之母”，這些評價顯然更傾向認同子產執政理念中寬仁、重親厚百姓一面，這才是他與鄧析衝突的真正原因。鄧析反對子產的執政理念，其後學在編纂他的言論學說時將“無厚”視爲一個代表性論題放在開篇，也是一件很自然的事情。

二、循名責實，君之事也。奉法宣令，臣之職也。下不得自擅，上操其柄而不理者，未之有也。

【匯注】

汪奠基：本條主要有兩點：一是“循名責實”的基本論點；二是用名實的政治觀維護法令的統一。這兩點如果作爲鄧析的學說來看，那就說明鄧析的名理主張，本質上是爲

"上循名以操其柄，下守法以責其實"的名實統一服務的。因此他的名辯任務除了爲達到上下一致的政治認識外，根本還是講的舊政治倫理概念。眞正講到名實的邏輯意義那是到了後期墨辯學者才有的。而一般循名責實或刑名法術的邏輯，則又是到了愼到、韓非時，由於有了參驗檢證的實踐方法，才把它推進到邏輯的科學要求。至於鄧析當時的名實辯論，主要只能是討論一些"名法""累責"的分守形式而已。

陳高備：（譯文）按照名稱實事求是，這是爲君的事情。秉承（受）法律宣佈命令，這是爲臣的職責。臣下不能自己擅專，君上掌握權柄而事情辦不好的是不會有的（人君掌握大權，事情沒有辦不好的）。

黃克劍：（譯文）依據名所指示的事物的實質，責求實際存在的事物與之相符，這是君主的分內之事；奉行既定的法度，傳達君主的命令，這是臣子的應盡職責。臣下不得擅自做主，君上操控朝廷權柄，而因此國家不能得到治理的事是不會有的。

【考辨】

"柄"爲權柄，諸家之說並同，不過權柄之具體內涵，在先秦各學派則有不同。《禮記·禮運》云："禮者，君之大柄也。"《韓非子·二柄》則云："明主之所導制其臣者，二柄而已矣。二柄者，刑德也。何謂刑德，曰殺戮之謂刑，慶賞之謂德"。從上文看，鄧析所說的"柄"，實就"循名責實"而言，所以後文又說"名不可以外務"，在此基礎上又提出"別天地之行，具天下之物。選善退惡，時措其宜"的"大辯之道"，可見其已有意將名辯之道與政治實踐結合。後來荀子提出"王者之制名，名定而實辨，道行而志通，而慎率民則一焉"，又認爲制名之事當爲君主所專，故又說"民易一以道，而不可以共故"（《正名》），和鄧析的這些說法有相近的地方。

　　三、君有三累，臣有四責。何謂三累？惟親所信[一]，一累。以名取士，二累。近故親疏[二]，三累。何謂四責？受重賞而無功，一責。居大位而不治，二責。理官而不平[三]，三責。御軍陣而奔北[四]，四責[五]。君無三累，臣無四責，可以安國[六]。

【匯校】

[一] 馬敘倫：《太平御覽》六二〇引無"惟"字。

[二] "親疏"，錢熙祚：此二字《御覽》倒。

《鄧析子校録》作"疏新"，馬敘倫：《御覽》六二〇引作"疏親"，今依《意林》引改。

[三] 指海本作"爲理官而不平"。錢熙祚："爲"字依《意林》補，《御覽》作"爲理而不平"。馬敘倫、王愷鑾校同。

陳高備："爲理官"與上文"受重賞""居大位""御軍陣"文句相對，有"爲"字義較長。

[四] "御"，錢熙祚：《意林》"御"作"在"。馬敘倫校同。

"陣"，《鄧析子校録》作"陳"，馬敘倫：原作"陣"，依《意林》及《御覽》六二〇引改。

"北"，馬敘倫：原作"背"，今依嘉靖本、綿眇閣、子匯本、指海本及《意林》引改。

　　〔五〕指海本"一累""二累""三累"與"一責""二責""三責""四責"下并有"也"字。錢熙祚："也"字依《御覽》六百二十補，下並同。馬敘倫校同。

　　〔六〕"可以安國"，錢熙祚：《御覽》作"可謂安國家也"。馬敘倫校同。

【匯注】

　　陳高傭：（譯文）爲君的有三種牽累，爲臣的有四種過責。什麼叫三種牽累？唯獨對於自己親屬相信，是第一種牽累；從名聲上取人，是第二种牽累；有接近自己的人，有自己的故舊、有親屬、有疏族，這是第三種牽累。什麼叫作四種過責？領受厚重的賞賜而沒有功勞，這是第一種過責（過錯）；居到高大（貴）的地位而不能治理國家，這是第二種過責；做法官而不能公平判斷，這是第三種過責；統御軍隊打戰而打敗逃回，這是第四種過責。爲君的沒有三種牽累，爲臣的沒有四種過責，就可以安定國家。

　　黃克劍：（譯文）君主有三種過失，臣子有四種罪責。三種過失指什麼？只相信親近自己的人，是第一種過失；以名望選拔官吏，是第二種過失；親近故舊而疏遠新人，是第三種過失。四種罪責指什麼？領受重賞而沒有功績，是第一種罪責；身居高位而不謀其事，是第二種罪責；做治獄之官而不能公正審理案件，是第三種罪責；率軍禦敵而臨陣脫逃，是第四種罪責。君主沒有上述三種過失，臣屬沒有上述四種罪責，國家自可安定承平。

【考辨】

　　"親疏"當據馬敘倫說改作"疏新"，指親近故舊而疏遠新人，仍是針對儒家重視的"親親"原則。"爲理官而不平"與上"居大位而不治"對文，諸家之說可從。"陣"爲"陳"之後出分化字，"陳"本義爲陳列，引申爲戰陣，本來即用"陳"，《論語·衛靈公》："衛靈公問陳於孔子。"《說文》無"陣"字，《漢書·刑法志》"善師者不陳"句顏注："戰陳之義，本因陳列爲名而音變耳。字則作'陳'，更無別體，而末代學者輒改其字旁從'車'，非經史之本文也。"《隸辨》則言東漢司農劉大人碑有此字，可据馬敘倫說改作"陳"。

　　四、勢者君之輿，威者君之策，臣者君之馬，民者君之輪。勢固則輿安，威定則策勁，臣順則馬良〔一〕，民和則輪利。爲國失此〔二〕，必有覆車奔馬、折策敗輪之患〔三〕，安得不危〔四〕？

【匯校】

　　〔一〕錢熙祚：《意林》"良"作"馴"。譚儀校同。

　　馬敘倫：原作"良"，依《意林》改作"馴"。

　　〔二〕錢熙祚：《意林》作"治國者失此"。譚儀校同。馬敘倫校同。

　　〔三〕影宋本作"折輪敗載之"，指海本作"折策敗輪"。錢熙祚：原作"折輪敗策"，依《意林》改。王仁俊、馬敘倫、陳高傭校同。

　　〔四〕影宋本同作"安得不危"，錢熙祚：此句《意林》作"輪敗策折馬奔輿覆則載者亦傾矣"十四字。譚儀校同。

　　《鄧析子校錄》作"必有覆輿奔馬、折策敗輪"，馬敘倫：原作"安得不危"四字，今依《意林》引改補。王愷鑾校同。

【匯注】

陳高傭：此言"臣者君之馬，民者君之論（引者案，當作輪）"，對於民看得比臣并不輕。

黃克劍：（譯文）權勢是君主所乘的車，威嚴是君主駕車的鞭，臣子是君主拉車的馬，百姓是君主載車的輪。權勢鞏固車才會安穩，威嚴樹立鞭才會強勁，臣子忠順馬才會馴服，百姓和睦輪才會順利運轉。治理一個國家失去了這些，就一定會有翻車、驚馬、斷鞭、毀輪的禍患。輪毀了，鞭斷了，馬驚了，車翻了，那乘車的君主也就難免要被掀翻了。

【考辨】

馬稱"良"多是讚其能行遠，如《戰國策・魏策四》："今者臣來，見人於太行，方北面而持其駕，告臣曰：'我欲之楚。'臣曰：'君之楚，將奚爲北面？'曰：'吾馬良。'"本文則是以駕馭車馬爲喻，講明使百姓親睦之道，作"馴"義長。《大戴禮記・盛德》云："德法者禦民之銜也，……天子禦者，內史、太史左右手也。古者以法爲銜勒，以官爲轡，以刑爲筴，以人爲手，故禦天下數百年而不懈墮。善禦馬者，正銜勒，齊轡筴，均馬力，和馬心……善禦民者：正其德法、飭其官、而均民力，和民心。"此段反映出鄧析子對民衆態度和後世法家有別，陳說有見。

五、異同之不可別[一]，是非之不可定，白黑之不可分，清濁之不可理，久矣。

【匯校】

[一] 馬敘倫：原本"異"字適當提行處，綿眇閣本、明初本、崇文本皆連上文不提行。嘉靖本、子匯本、指海本皆提行。今諗文義，當提行。

【匯注】

陳高傭：（譯文）一般人對於事物的異同不能辨別，對於事理的是非不能確定，對於顏色的白黑不能分明，對於水漿（液體）的清濁不能處理，是很長久了。

黃克劍：（譯文）異與同不能區別，是與非不能確定，白與黑不能分清，清與濁不能辨識，由來已久了。

【考辨】

與下一段分合問題，主要和對下文"誠"字理解有關，說見下條。

六、誠[一]：聽能聞於無聲，視能見於無形，計能規於未兆，慮能防於未然。斯無他也；不以耳聽[二]，則通於無聲矣；不以目視，則照於無形矣[三]；不以心計，則達於無兆矣；不以知慮，則合於未然矣[四]。君者[五]，藏形匿影[六]，群下無私；掩目塞耳，萬民恐震。

【匯校】

[一]影宋本作"斯誠明"。譚儀："斯""明"皆衍,《繹史》引無二字。馬敘倫校同。

[二]影宋本作"不可耳聽"。譚儀:《繹史》引作"以"。

王仁俊:"可"當作"以",《繹史》引是。馬敘倫校同。

[三]影宋本徑作"通於無形矣"。馬敘倫:原脫"無聲"至"照於"十字,今依嘉靖本、綿眇閣本、子匯本、指海本、崇文本補。

[四]影宋本作"無然"。指海本作"未然"。

譚儀:《繹史》引作"未然"。

俞樾:"然"乃"眹"誤,"眹"誤爲"朕",因誤爲"然"矣。"無眹"與上文"無形""無兆"一律。

馬敘倫:綿眇閣本、子匯本、指海本、崇文本作"未"。倫案,此承上"慮能防於未然"言,《文選》陸士衡《君子行》注引"慮能"一句,亦作"未然",則此作"未"爲是,上"無兆"亦當同。

[五]指海本作"爲君者"。錢熙祚:"爲"字依《御覽》六百二十補。馬敘倫校同。

[六]錢熙祚:《御覽》"藏"作"滅"。馬敘倫校同。

【匯注】

汪奠基:"無厚論"同老子"無名論"有其相似的一面,這在選文四、五的解釋裏已略有說明。老子、鄧析同是輕視感覺經驗對象的。他們認爲是非、同異、形色的變化屬於普遍現象,老子以爲只有從普遍規律性的"道"來掌握這些變化,鄧析則更爲抽象地說思想(心計)、認識(知慮)必須"達於無兆""合於未然"。按照《轉辭篇》說就是"視於無有,則得其所見;聽於無聲,則得其所聞。故無形者有形之本,無聲者有聲之母"。這與老子"希、夷、微"的理論屬於同一神秘的唯心論。但是鄧析並不贊成老子"道"的範疇論,所以他在邏輯上提出自己"推辯說"的另一套形式,即由抽象的觀念之知到達"循理正名"的責實方法。

陳高傭:此言誠的作用。《禮記·中庸》言:"至誠之道,可以前知。國家將興,必有禎祥;國家將亡,必有妖孽;見乎蓍龜,動乎四體。禍福將至,善必先知之,不善必先知之,故至誠如神。……如此者,不見而章;不動而變,無爲而成。"與此段意略同。按這樣講太神秘了。人們的感覺和思維都是以感官的機能爲基礎的,由感官和客觀事物接觸,發生感覺,纔能進行思維,即必須先有感性認識然後能上爲理性認識,絕不能"不以耳聽,則通於無聲;不以目視,則照於無形;不以心計,則達於無兆;不以知慮,則合於未然"。此段所言本自老子"不出戶,知天下;不窺牖,見天道"與"聖人處無爲之事,行不言之教"的意思而來,而言之神秘尤有過之。

黃克劍:(譯文)若要在聲音還未發出時就能聽見,在形跡還未顯露時就能看到,在徵兆還未出現時就能設好計謀,在事情還未發生時就能考慮到防範,這沒有別的辦法,而只有這樣:不僅僅用耳朵去聽,就能聽見無聲之聲;不僅僅用眼睛去看,就能看到無形之形;不僅僅用心思去謀劃,就能通曉還未出現徵兆的事態;不僅僅用智巧去思慮,就能應對還未發生而將要發生的一切。做君主的人不露聲色，臣屬不敢心存私念；即使自己耳目無所聞見，百姓也會誠惶誠恐。

【考辨】

俞樾提出"然"當爲"朕（朕）"，於理雖通，但終屬無本改字。《說文》"慮，謀思也""不以知慮，則合於未然"即黃氏所言"不僅僅用智巧去思慮，就能應對還未發生而將要發生的一切"。

此段文字與老子學說的異同，當從汪說。此外，從認識論角度看，鄧析對名與辯說的討論，非常強調主體不應受親親、情欲等因素影響，要做到無偏私、無偏見。其所言"守虛責實""言虛如受實"之道，與《管子·九守》"安徐而靜""虛心平意"，《荀子·解蔽》"虛壹而靜"都有相似的地方，應當是受到黃老道家思想的影響。心之"虛"在認識方面發揮作用，即可以"誠"言，《管子·九守》云："誠暢乎天地，同於神明，見姦僞也。"其表現爲："以天下之目視之，則無不見也。以天下之耳聽，則無不聞也。以天下之心慮，則無不知也。"鄧析既然主張循理正名，其文字雖有言過其實之處，但不能單純以"神秘主義"視之，"誠"字亦不當作連詞解釋。

七、循名責實[一]**，察法立威**[二]**，是明王也**[三]**。夫明於形者，分不遇於事**[四]**。察於動者，用不失於利**[五]**。故明君審一**[六]**，萬物自定。名不可以外務，智不可以從他，求諸己之謂也。**

【匯校】

[一]洪頤煊：影宋鈔《北堂書鈔》卷十五引作"脩名責實"，《意林》引亦作"脩名責實"，《管子·九守篇》作"脩名而督實"。"脩""循"字形相似。

[二]指海本作"案法立成"。錢熙祚：原作"察法立威"，依《御覽》六百二十改。

洪頤煊：《太平御覽》卷六百二十引作"循名責實，案法立成，是謂明主"。第二句足定今本之誤。

陳高傭："立成"無義，似當作"案法立威"。

錢熙祚：《御覽》引此文與上條末四句相屬，則宋初本尚不分段也。

[三]錢熙祚：《御覽》作"是謂明主"。馬敍倫、王愷鑾校同。

譚儀："王"當作"主"。

[四]譚儀："遇"當作"過"。

王時潤："遇"字疑誤。

[五]馬敍倫：嘉靖本、綿眇閣本、子匯本、指海本、崇文本作"則"，指海本作"於"。

陳高傭："用不失於利"，各本作"用不失則利"，"則"當爲"於"，據指海本正。

[六]譚儀："一"是壞字。

【匯注】

汪奠基：本條從名辯的原則上，把事物、動靜、名實、形名等和察用的實踐結合起來了。名不可外務，必須各務其形。明於形而責實，然後循名分守，使分不過於事，察不失於用，由此獲得名實審一，合於萬物自定的規則。所以"循名責實"就是說要做到"名理"與"實踐"相結合的意思。例如"不越位""不亂職""奉教不違"等等，就是有效的合一。但是這些有效性，須靠統治者用主觀智能來掌握。所謂"智不可從他，求諸己之謂也"，就是說掌握名實的認識活動只有依主觀智慧來完成。這正是鄧析名辯思想的主觀唯心論的觀點。

陳高傭："案法立威"即威勢的建立完全根據法律，不是由自己個人擅作威福的。下文所講"喜不以賞，怒不以罰"即此意。"名不可以外務"，意思是說，事物的名稱以事物的實在爲根據，不可亂扣帽子，妄加標籤。如本来爲牛，可名爲牛；本來爲馬，可名爲馬；本来爲黑，可名爲黑；本來爲白，可名爲白；實際爲好人，可名爲好人；實際爲壞人，可名爲壞人。不可以不顧事實，隨意把牛稱爲馬，把馬稱爲牛；也不可以把黑叫作白，把白叫作黑；更不可以把好人加以壞人的名稱，把壞人加以好人的名稱。"智不可以從他"，意思是説，人們對於事物的認識一定要自己能探尋真知灼見，不能人云亦云，盲從別人。"求諸己"，就名與智二者言，就名言，是說事物的名稱要合於事物的實在；就智言，是説人的知識有自己的真知灼見。此條所言與現代科學所言頗相合。

黃克劍：（譯文）依據其名責求其實，憑藉法度確立威勢，這樣做才是明智的君主。明瞭實際情形，做事就不會越出分際；洞察事物變化，行動就不會失其所宜。所以，明智的君主只悉心致力於一件事——"循名責實，案法立威"，萬千國事自會由此而定。名不可以向外求取，智不可以賓從他人，這即是說要求之於自己。

【考辨】

先秦學者中有兩派不同的正名主張：一派主正實使之符名，另一派則主張正名使之符實。孔子的正名論，可以歸爲前一派，而如荀子提出的"名定而實辨"之類說法，則可以歸爲後一派。再如《管子·九守》："修名而督實，按實而定名。名實相生，反相爲情。"則又兼有兩派觀點。此處如作"循名"，則意在正實；如作"修名"，便是重視制名之意。"察法立威"當作"案法立威"，陳高傭說可從。"名不可以外務"，當從汪、黃之說，此即《荀子·正名》"民易一於道，而不可共故"之意。

　　八、治世：位不可越，職不可亂，百官有司，各務其形[一]**；上循名以督實，下奉教而不違**[二]**；所美觀其所終，所惡計其所窮；喜不以賞，怒不以罰。可謂治世。**

【匯校】

[一]《鄧析子校錄》作"刑"。馬敘倫："刑"疑當作"形"。

陳高傭："各務其形"，明嘉靖本、子匯本、指海本"形"并作"刑"。王本作"形"。形刑古通，茲據王本。

［二］影宋本作"達"。指海本作"違"。王仁俊："達"疑作"違"。

《諸子平議補錄·鄧析子》作"達"。俞樾："達"當作"違"，字形相近而誤也。王時潤、王愷鑾校同。

《鄧析子校錄》作"達"。馬敘倫：明初本、綿眇閣本、子匯本、指海本、崇文本並作"違"。倫案，明初、子匯二本"違"字並有刊改痕，則其原據本亦作"達"也。

陳高傭：明嘉靖本"違"也作"達"，俞校是。

【匯註】

陳高傭：（譯文）治理世事：地位不可以逾越，職分不可以紊亂。大小百官，各人專辦自己職位以內的事情，上級領導按照名稱監督事實，下級人員遵奉教訓不敢違背；對於好人好事要看到他們的終結（最後、終了），對於壞人壞事要計算到他們的結果（盡頭、極點）；對自己喜歡的事物不一定就獎賞，對自己惱怒的不一定就處罰。這樣，可以名爲平治的世界。

黃克劍：（譯文）治理國家，位分不可僭越，職守不可淆亂，衆多官吏須各各致力於自己的責任。君上依據名分督促官吏的實際所爲，臣下奉行教令而不相違背；對所讚賞的人，觀察其是否能自始至終；對所貶斥的人，估量其可能墮壞的最大程度。不因爲喜好而褒獎，不因爲惱怒而懲罰。這才稱得上國家得以治理的太平之世。

【考辨】

"下奉教而不違"，馬敘倫作"不達"，但未具體解釋。推測其意，當是理解爲"臣下遵奉教令而不必明達其意"，雖亦可通，終究較爲迂曲，今不據改。

九、夫負重者患塗遠，據貴者憂民離^{［一］}。負重塗遠者，身疲而無功。在上離民者，雖勞而不治。故智者量塗而後負，明君視民而出政。

【匯校】

［一］錢熙祚：一本"憂"作"患"。

【匯注】

陳高傭：（譯文）負擔重東西的人怕的是道路遙遠，占據高貴位置的人憂愁的是人民叛離。負擔重東西走遙遠道路的人，身體疲累而沒有功勞。在上脫離人民的人，雖然自己受了勞苦也是治理不好的。所以聰明的人估量了道路的遠近纔負擔東西，英明的人君是看到人的需要纔施行政治。

黃克劍：（譯文）身負重物的人應擔憂路途遙遠，佔據高位的人應憂慮百姓離散。負重涉遠的人，往往累壞了身體而不見功效。居上位而背離百姓的人，即使再辛勞也難以使國家治理好。所以，聰慧的人會估算路途遠近以確定所負的輕重，賢明的君主懂得體察民情以頒佈政令。

【考辨】

"視民而出政"，黃說可從。

十、獵羆虎者不於外圂[一]**，釣鯨鯢者不於清池**[二]**。何則？ 圂非羆虎之窟也，池非鯨鯢之泉也**[三]**。楚之不泝流，陳之不束旄，長盧之不士，吕子之蒙恥**[四]**。**

【匯校】

[一] 譚儀：《意林》《繹史》別爲一節。馬敘倫校同。

"獵羆虎者不於外圂"，錢熙祚：《御覽》九百三十八作"獵猛虎者不於後圂"。

洪頤煊：《太平御覽》卷九百六十八引作"獵猛虎者"。又：《一切經音義》卷九引《倉頡》："圂，豕所居也。字從口，豕在其中。"義亦得同。

陳高備：外圂，圂音溷，《説文》口部："廁也，從豕在口中也，會意。"外圂即門外豢養牲畜的檻圈。大概古代人家有些牲畜是豢養在家門之內，如雞狗之類；有些牲畜是豢養在家門之外的檻圈中，如牛馬豬羊之類。

[二] 影宋本作"鉤"，譚儀：《繹史》引作"釣"。馬敘倫校同。

馬敘倫："於"原作"居"，依指海本及《御覽》九三八、《文選·吴都賦》注引改。

[三] 錢熙祚：《御覽》作"圂非虎處，池非鯨淵"，蓋約其文也。又：此"淵"作"泉"，則避唐諱。馬敘倫校同。

[四] 孫詒讓：《史記·孟子荀卿傳》云："楚有尸子、長盧。"《漢書·蓺文志》道家："《長盧子》九篇，楚人。"《列子·天瑞》作長盧子，即此人也（原點校者云：殷敬順《釋文》"盧"作"盧"），"士"與"仕"通。"吕子"無考。

馬敘倫：《御覽》三七引《吕氏春秋》"長盧子曰：'山嶽河海，水金木火石，此積形成乎地者。'"

【匯注】

陳高備：（譯文）獵取人熊和老虎的人，不是在家門之外的檻圈中獵取，釣鯨鯢的人不是在清水池中釣取。爲什麼？檻圈不是人熊老虎（熊虎）的窩子，池水不是鯨鯢的居處的地方（出没的地方）。……

黄克劍：（譯文）獵取羆虎的人，不會到院外豬圈去搜求；捕撈鯨鯢的人，不會到清淺的池塘去垂釣。爲什麼呢？因爲豬圈不是羆虎藏身的洞窟，池塘不是鯨鯢出没的深水。楚國不溯江而上向西開拓，陳國疲於戰事而無法卷起軍旗，長盧不願出仕任職，吕子也曾蒙受恥辱。

【考辨】

"外圂"豢養牲畜，故與"羆虎"相對。"園"最早指果園，又可以包含作菜地的"圃"，《周禮·地官·載師》："以場圃任園地。"據孫詒讓《周禮正義》，"園地"即可賅圃。據此，則不當作"後園"。

十一、夫游而不見敬，不恭也。居而不見愛，不仁也。言而不見用，不信也。求而不能得，無始也[一]**。謀而不見喜，無理也。計而不見從，遺道也。因勢而發譽，則行等而名殊。人齊而得時，則力敵而功倍。其所以然者，乘勢之在外。推辯**

説，非所聽也。虛言向，非所應也^[二]。無益亂，非舉也^[三]。故談者，別殊類^[四]，使不相害；序異端，使不相亂；諭志通意^[五]，非務相乖也。若飾詞以相亂，匿詞以相移^[六]，非古之辯也。

【匯校】

［一］孫詒讓："始"疑當爲"媒"，與"理"對文。王愷鑾校同。

［二］孫詒讓：此文多譌挩，"虛言向"，"向"當作"者"。

馬敘倫引朱希祖："向"字疑衍。當作"辯說非說聽也，虛言非所應也"，於詞例方稱。

馬敘倫："言向"疑當爲詞。

王愷鑾："向"爲"嚮"之壞字，"虛言向"文不成義，疑一本作"虛言"，一本作"虛嚮"，傳寫者兩存之，致有此誤，孫氏改"向"爲"者"，非是。

［三］孫詒讓："無益亂"，當作"無益之辭"；"非舉也"，當作"非所舉也"。馬敘倫校同。

［四］孫詒讓："別殊類使不相害"以下七句，與劉向《別録》引《鄒子》及《韓詩外傳》文略同。

《札迻·韓詩外傳》卷六："天下之辯，有三至五勝，而辭置下。辯者，別殊類，使不相害；序異端，使不相悖，輸公通意，揚其所謂，使人預知焉，不務相迷也。是以辯者不失所守，不勝者得其所求，故辯可觀也。夫繁文以相假，飾辭以相悖，數譬以相移，外人之身使不得反其意，則論便然後害生也。夫不疏其指而弗知謂之隱，外意外身謂之諱，幾廉倚跌謂之移，指緣謬辭謂之苟。四者所不爲也，故理可同睹也。夫隱、諱、移、苟爭言競爲而後息，不能無害其爲君子也，故君子不爲也。"孫詒讓案：《史記·平君原傳》裴駰《集解》引劉向《別録》云："齊使鄒衍過趙，平原君見公孫龍及其徒綦毋子之屬，論'白馬非馬'之辯，以問鄒子。鄒子曰：'不可。彼天下之辯有五勝三至，而辭正爲下。辯者，別殊類使不相害，序異端使不相亂，抒意通指，明其所謂，使人與知焉，不務相迷也。故勝者不失其所守，不勝者得其所求。若是，故辯可爲也。及至煩文以相假，飾辭以相惇，巧譬以相移，引人聲使不得及其意。如此，害大道。夫繳紛爭言而競後息，不能無害君子。'坐皆稱善。"蓋即韓太傅所本。兩文詳略，可以互校。此云"辭置下"當作"辭正爲下"。（原點校者注："置"或當爲"直"之誤。）"輸公"，"公"疑當作"志"。（原點校者注：《鄧析子·無厚篇》云："諭志通意，非務相乖也。"與此文亦略同。）"輸志通意"即"抒意通指"，文異義同。"揚其所謂"，"揚"疑當作"楬"，與"明"義亦略同。"是以辯者不失其所守"，"辯"當作"勝"。"爭言競爲而後息"，似亦當從彼作"爭言而競後息"。《別録》"飾辭以相惇"，"惇"當從此作"悖"。"不疏其指"云云，《別録》引鄒子無之，或劉、裴兩君所刪節，此可以補之。"四者所不爲也"，疑當作"四者君子所不爲也"。（原點校者注：《鹽鐵論·論誹篇》云："若相迷以僞，相亂以辭，相矜於後息，期於苟勝，非其貴者也。"文意亦本此。）

［五］影宋本作"意意"，譚儀：下一"意"字衍。馬敘倫校同。

［六］影宋本作"亂移"，譚儀："亂"字衍。王仁俊、馬敘倫、王愷鑾校同。

【匯註】

汪奠基：這裏的話，對“辯說”指出了重要意見，同時明確了名辯的任務和作用。過去有人認爲“推辯說”以下的話是戰國正名論者用以反對詭辯論者的說法，特別是“故談者”以下的幾句話與《荀子·正名篇》所說的相同。劉向《別錄》引鄒衍評公孫龍的詞意，也與此相類。《韓詩外傳》裏亦有與“別殊類使不相害”等七句相似的詞句。我們認爲，“推辯說”以下的話正是荀子所謂一般辯者“持之有故，言之成理”的積極思想方法。聯系本節全文看，鄧析認爲辯者在“游（說）而不見敬”“言而不見用”的情況下，應持住“因勢而發譽”（即《禮記》“以口譽人”之“譽”）或“乘勢之在外”的是非利害，來進行推究“不聽”“不應”的辯說内容，檢查是否有舉例失當的無益說法。這是堅持以辯勝人的進一步想法。“別殊類”四句可能是古辯者流傳的術語，所以說“故談者”云云。鄧析爲春秋時名辯學者，與戰國縱橫察辯之士的詭辯思想並不相同。鄭國鄉議的風氣與縱橫捭闔的權術也不是同流，“諭志通意，非務相乖”，正是鄧析“以意爲正”的思想。歷史上因荀子每以“惠鄧”並稱，所以誤認惠施派的辯論也就是鄧析的名辯思想内容，這是硬把相隔兩百年間的辯說都看成是同一“飾人之口而不能服人之心”的思想，所以斷言“飾詞以相亂，匿詞以相移”的話不獨不是鄧析講的，而是反鄧析的一種批評。實際上這話是可用的成語，是反證“故談者”的矛盾假設爲不可用的偏辭，所以說“非古之辯也”。

像這類問題簡單作爲《鄧析子》書中的名辯思想看，没有什麼不可解的。如果硬說《無厚篇》只有“無厚”二字是鄧析的，那麼，像下面幾條推論如同異、是非、白黑、感覺等等的話，將又不知歸於誰有？

陳高傭：（譯文）和人交遊不被人尊敬，是由於（因爲）自己不恭敬的緣故。居住在一個地方而不被人愛戴，是因爲自己不仁愛的緣故。説話而不被採用，是因爲自己不信實的緣故。有所追求而不能得到，是因爲自己不能始終堅持的緣故。給人籌謀而人不喜歡，是因爲自己的籌謀没有道理的緣故。給人設計而人不依從，是因爲自己的設計不合道理（遺道）的緣故。隨着勢威而稱譽人，則行爲相等的人而可以有不同的名譽。人雖然齊等而能得着時機，則力量相等而功勢可以加倍。所以這樣的緣故，就是乘着時勢在外邊。推廣辯説，不可以聽；憑空發問，不可以答應；無益於人的話，不可以説。所以説話是要分别開不同類的事物，使它們互不相害；排列出不相同的道理，使它們互不相亂；表明自己的心志，通達自己的意思，不要自相矛盾。假如是裝飾一些假話，拂亂人心，隱匿了實話，轉移人意，那不是古代的辯論。

黄克劍：（譯文）周遊求仕而不被人敬重，是由於自己不夠恭謹；平素家居不被人關顧，是由於自己不夠仁愛；所提出主張不被人採用，是由於自己所説還不足憑信；求取職位而不能如願，是由於自己無人引薦；所獻謀略不被人悦納，是由於自己理由不足；所設計策不被人依從，是由於自己於道理有失。順應時勢而顯示其所長，相同的所爲會獲得殊異的名聲；與人齊心而不失時機，用同等的氣力會赢得加倍的功績。之所以會這樣，是因爲一個人利用了自身之外的力量。討巧的辯説不是人們所要聽聞的，虚妄的言辭不是人們所能接受的，没有益處的議論不是人們所能贊許的。所以，談論者要分別不同的類屬使其不相混淆而不相妨害，理清各種見解的頭緒使其不至於紊亂，申明各自的志趣而弄懂對方的意向，而並不要造成彼此間的隔閡。若是以雕飾的言辭讓對方陷於惑亂，以掩蔽真相的話語誘使對方改變觀點，那就不是古時的人們所主張的論辯了。

【考辨】

"無始也"，當從孫詒讓說改。"因勢而發譽，則行等而名殊。人齊而得時，則力敵而功倍"。大意爲："順應時勢而顯示其所長，相同的所爲會獲得殊異的名聲；和齊人心因時而動，用同等的氣力會贏得加倍的功績。"黃說較確。"推辯說，非所聽也"，"推"或解爲推究、推敲，黃氏又以爲當通"惟"，解作"惟有"，於文義皆有未洽。今案，"推"當爲"揣"之假借，二字古音微、歌旁轉，朱駿聲《通訓定聲》已言之。"揣辯說"指辯說時有意逢迎聽者喜好，《論衡·逢遇》云："如准主調說，以取尊貴，是名爲揣。"鄧析反對此種辯說方式，所以後文又說"面從之義不行"。"虛言向，非所應也"，"向"與"嚮"通用，《荀子·仲尼》"嚮方略"，楊倞注："向讀爲嚮，趨也。"即以空洞的言論趨向、趨附對方。這裡關於辯說的看法並不能視爲據《正名》等書僞造，汪奠基說有據。

十二、慮不先定[一]，不可以應卒。兵不閑習，不可以當敵。廟算千里[二]，帷幄之奇；百戰百勝，黃帝之師[三]。

【匯校】

［一］錢熙祚：《意林》作"預整"。譚儀校同。馬敘倫校同。

［二］影宋本作"廟勝"。譚儀：《意林》作"算"。

馬敘倫：原作"勝"，今依綿眇閣本、子匯本、指海本、崇文本及《意林》引改。嘉靖本亦作"算"，然有剜補痕，則其所據本或作"勝"也。

［三］馬敘倫：《御覽》三二二引"師"下有"也"字。

【匯註】

陳高傭：（譯文）思想不預先確定，不能應付倉促發生的事故。軍隊不平時練好，不能上陣抵當敵人。在祖廟中所作的謀略，就是司令部的奇策；每次打戰都能得勝，就是黃帝的軍隊。

黃克劍：（譯文）謀略不預先確定，不能應對突發事件；士卒不熟練操演，不能抵擋來犯之敵。朝廷制定方略於千里之外，將帥巧設奇計於軍帳之中，如此才能百戰百勝，方可稱得上"黃帝之師"。

【考辨】

《管子·九守》言人主居位之道云："安徐而靜，柔節先定。"

十三、死生自命，貧富自時[一]。怨天折者，不知命也。怨貧賤者，不知時也。故臨難不懼[二]，知天命也。貧窮無懾，達時序也。凶饑之歲[三]，父死於

室，子死於户，而不相怨者，無所顧也。同舟渡海[四]，中流遇風，救患若一，所憂同也[五]。張羅而畋[六]，唱和不差者，其利等也[七]。故體痛者口不能不呼[八]，心悦者顔不能不笑。責疲者以舉千鈞[九]，責兀者以及走兔[十]。驅逸足於庭[十一]，求猨捷於檻[十二]，斯逆理而求之，猶倒裳而索領[十三]。

【匯校】

[一] 王時潤：兩“自”字均當作“有”。《論語·顏淵》：“生死有命。”《莊子·秋水》：“貴賤有時。”即其證也。“自”與“有”形近，是以致誤。

[二] 錢熙祚：一本“難”作“敵”。

[三] 影宋本作“凶飢”。譚儀：《意林》作“饑”，《繹史》同。

[四] 馬敘倫：《北堂書鈔》一三七引，“同”上有“故”字。

　　錢熙祚：《意林》作“同船涉海”。又《書鈔》百三十七、《藝文》七十一、《御覽》七百六十八並作“涉”。惟《文選·王仲宣贈文叔良詩》註引作“渡”，與今本同。馬敘倫校同。

[五] 錢熙祚：一本“憂”作“患”。馬敘倫校同。

[六] 馬敘倫：明初本作“略”。

[七] 錢熙祚：《意林》“等”作“同”。馬敘倫：宋本、武英殿本《意林》並作“等”。

[八] 錢熙祚：《意林》“痛”作“病”。

　　馬敘倫：宋本《意林》作“痛”。

[九] 指海本作“責瘠者”。錢熙祚：“瘠”原作“疲”，依《御覽》六百九十六改。

　　馬敘倫：“疲”字是。

[十] 影宋本作“兀者以及走乎”。譚儀：《繹史》引作“兀者”。

　　指海本作“督跂者”，錢熙祚：“督跂者”原作“責兀者”，依《御覽》改。

　　俞樾：“冗”乃“兀”字之誤。《莊子·德充符篇》：“魯有兀者”。《釋文》引李云：“刖足曰兀”，是也。

　　馬敘倫：原無“督”字，綿眇閣本、子匯本、崇文本並作“責”，嘉靖本亦作“責”，但與下“兀”字並書，如注文例。蓋其所據本或無“責”字也。今依《御覽》六九六引補。

　　馬敘倫：原作“冗”，指海本依《御覽》六九六引作“跂”，今依嘉靖本、綿眇閣本、子匯本、崇文本改。“兀”爲“跀”省，“跀”即“刖”重文。

　　“走兔”，譚儀：寫本作“走兔”。

　　俞樾：“乎”乃“守”字之誤。“守”讀爲“獸”。古人或假“狩”爲“獸”。漢《張遷碑》：“帝遊上林，問禽狩所有。”《石門頌》：“惡虫蔕狩。”“狩”皆即“獸”字，是其證也。此云“走守”，蓋又省“狩”爲“守”耳。“責疲者以舉千鈞，兀者以及走獸”，文義甚明。因“兀”誤爲“冗”，叚“守”爲“獸”，“而”又誤作“乎”字，遂不可讀。

　　馬敘倫：嘉靖本、綿眇閣本、子匯本、指海本、崇文本及《御覽》六九六引作“兔”。倫案，“乎”蓋“手”字之訛。“手”借爲“獸”。

［十一］錢熙祚：《御覽》"逸足"作"騏驥"。

馬敘倫："逸"疑當做"兔"，此文以"兔足""猨捷"對舉，由上句"走手"訛爲"走兔"，而讀者因於此句"兔"字加辵旁作逸，以避重字。《呂氏春秋·離俗》："飛兔要，古之駿馬也。"高注："日行萬里，馳若兔之飛，因以爲名也。"是古以兔足爲捷，因以名馬之捷者。故《御覽》引改爲"騏驥"。

［十二］"求"，馬敘倫：此字疑訛。

"捷"，馬敘倫：原作"犍"，今依嘉靖本、綿眇閣本、子彙本、指海本、崇文本改。

［十三］影宋本作"猶倒索裳而索領"。

錢熙祚：《御覽》作"猶倒裳以索領也"。

譚儀："索"衍，《繹史》引無。馬敘倫校同。

【匯注】

陳高傭：（譯文）死生是由於天命，富貴是由於時運。埋怨短命死亡的人，是不認識天命；埋怨境遇貧賤的人，是不認識時運氣。所以遇到患難而不懼怕，是認識天命了。對於貧窮沒有恐怕的人，是通達時序了。荒年的時候，父親死在房內，兒子死在門口，彼此不相抱怨（怨恨），是因爲不能互相照顧的緣故。乘着同一隻船渡海，中途遇上大風，船上的人挽救患難如同一個人的情形（如同一樣的情形），是因爲大家所憂懼的事情相同的緣故。張開網羅打獵，此喊彼應的聲音不會相差，是因爲彼此利益相等的緣故。所以身體疼痛的人，口不能不喊叫；心裏喜悅的人，顏面上不能不笑。叫身體疲倦的人，舉起千鈞重物，叫没足的人追上快跑的兔子，在庭院裏驅趕快跑的東西（馬），在柵欄中要猨猴敏捷，這是違背常理的要求，好像把衣裳倒過來尋領子一樣。

黃克劍：（譯文）死與生自有其命，富與貴自有其時。責怪夭折的人，不懂得命；埋怨貧賤的人，不知道時。遭遇危難而不畏懼，是因爲知曉天命；身處貧窮而不怯懦，是因爲明白時運。災荒之年，父親死于室内，兒子死于門首，而不相互怪怨，那是由於難以彼此顧念。乘同一艘船渡海，中途遭遇暴風，人們救解災禍心齊得如同一人，是因爲大家有着共同的憂患。張網獵捕鳥雀，人們呼應配合不會出一點差錯，是因爲大家有著同等的利益。所以身體有病痛的人口中不能不發出哀號，内心歡悅的人臉上不能不露出笑容。責求衰弱之人力舉千鈞的重物，督促斷足之人追上奔跑的兔子，驅趕駿馬飛奔疾馳於庭院，要求猿類敏捷攀援於籠中，這是一種有悖常理的苛求，正像是倒提着裙子尋索衣領那樣。

【考辨】

"責兀者以及走兔"，校改當從馬敘倫說。

十四、事有遠而親，近而疏；就而不用，去而反求。風此四行[一]，明主大憂也。

【匯校】

［一］譚儀："風"疑"凡"。王仁俊校同。

馬敘倫：指海本作"凡"。倫案，《莊子·天地》篇"願先生之言其風也。"俞樾曰：

"風當讀爲凡。"此"風"字亦"凡"字之借。王時潤、王愷鑾校同。

【匯注】

陳高傭：下文言："遠而親者，志相應也。近而疏者，志不合也。就而不用者，策不得也。去而反求者，無遠行也。"即此條注脚。

黃克劍：任用官吏的事有這四種情形：本當疏遠的反倒對其親近，本當親近的反倒對其疏遠，本當任職的反倒不爲所用，本當打發走的反倒要去招請。所有這四種做法，都是一個賢明的君主的大患啊。

【考辨】

"風"可表諸、凡之義，《廣雅·釋詁三》："風，衆也。"

十五、夫水濁則無掉尾之魚，政苛則無逸樂之士[一]。故令煩則民詐，政擾則民不定。不治其本而務其末，譬如拯溺錘之以石，救火投之以薪[二]。

【匯校】

[一] 馬敘倫：《淮南子·繆稱訓》《韓詩外傳》一曰："水濁則魚噞，令苛則民亂。"

[二] 指海本作"譬如拯溺而硾之以石，救火而投之以薪"。錢熙祚：原脫兩"而"字。馬敘倫校同。

"如"錢熙祚：《御覽》"如"作"猶"。馬敘倫校同。

"錘"，指海本作"硾"，錢熙祚：又"硾"作"錘"，依《藝文》八十、《御覽》五十二補正。

馬敘倫：原作"錘"，今依《類聚》八十、《御覽》五二改，《吕氏春秋·勸學》："是拯溺而硾之以石也。"高註："硾，沈也。"

陳高傭：錘，同垂，錘本爲稱錘，《博雅》："權謂之錘，其形垂也。"

【匯注】

陳高傭：此條所講本即下條所講達道、大道。

黃克劍：（譯文）水渾濁就不會有從容戲水之魚，政制苛刻就不會有閒適遊樂之人。所以，法令煩瑣庶民就會變得狡詐，政局混亂百姓就不得安寧。不治理根本而逐其卑末，那就像是拯救溺水的人反倒落石下去，滅除火災反倒投進了柴草。

【考辨】

"錘"本表示重量單位，《說文》："錘，八銖也。"後用來指"秤錘""榔頭"，再引申出動詞敲擊之義，已經是較晚的事情。當據馬氏引《吕氏春秋》改作"硾"。

十六、夫達道者無知之道也[一]，無能之道也。是知大道不知而中，不能而成[二]，無有而足。守虛責實，而萬事畢。忠言於不忠[三]，義生於不義。音而不收謂之放[四]，言出而不督謂之闇[五]。故見其象，致其形；循其理，正其名；得其端，知其情。若此，何往不復，何事不成？有物者意也，無外者德也；有人者行也，無人者道也。故德非所履，處非所處，則失。道非其道不道^[六]，則詻^[七]。意無賢，慮無忠，行無道，言虛如受實，萬事畢。

【匯校】

［一］馬敘倫：原無“也”字。依嘉靖本、綿眇閣本、子匯本、指海本、崇文本補。

［二］馬敘倫：原作“無”，依嘉靖本、子匯本、指海本、崇文本改。

［三］馬敘倫：綿眇閣本、子匯本、指海本不提行。

“言”孫詒讓：二句文例同，“言”疑亦當爲“生”。馬敘倫校同。

按：“言”字不誤。忠言於不忠，義生於不義，是説忠是對於不忠而言，義是由於不義而生。

［四］譚儀：“音而不收當作言口（筆者按，原文如此）而不收”。

［五］馬敘倫：“督”字疑訛。

［六］孫詒讓：‘不’當爲‘而’，篆文‘不’作𠂖，‘而’作𦥑，相似而誤。馬敘倫校同。

［七］馬敘倫：“則詻”以下疑有脫訛。

【匯注】

汪奠基：（選文八）老子從範疇認識出發，承認“大象無形”的規律性之道與“物形之，勢成之”的現象表現之道的統一的存在，所以説“聲音相和，相聞”“言善信”及“言有宗”。鄧析的無知無能之道，則只是“不知而中，無能而成”這與老子“知不知，上；行不知，知，病”的認識基本上是相反的。但是鄧析在名辯的應用上，却是堅持“循名督實”或“守虛責實”的方法和原則的。他主張“見象，致形，循理；正名，得端，知情”（語亦見《管子·白心篇》）的説法，把唯心論的“先定”思想，結合到社會實際生活方面去，從而採取觀念的樸素辯證方法，來論斷“忠言於不忠，義生於不義”和主觀先慮的能動作用。這是值得注意的邏輯方法問題。（選文四）這裏表現出徹底的唯心論説教。鄧析與老子的名辯思想有相同的地方，如“言虛受實，萬物自歸，功自成，政自治”等理論，幾乎完全一致。但是從“道”的範疇形式來説，則基本不同。老子承認道是“有物混成”的精、眞、信之表現體，而鄧析則認爲“有物者，意也”是意識第一性論。老子主“行無行”，而鄧析則謂“有人者，行也；無人者，道也”。鄧析把道與現實性對立起來，結果只相信主觀，説“自見之，明；自聞之，聰”而與老子“不自見，故明；自見者，不明”完全相反，這是應該分別清楚的。

陳高備：（譯文）普通通行的道是無知的道，無能的道。由此可知，大道是不需要知識而能中（中合）的，不需要才能而能成（成就）的，毫無所有而能立足的。人能守着空虛而責求實在，就可以把萬事萬物處理好。所謂忠對於不忠而言，義是因爲（由於）不義而生。聲音祇出而不收名爲放。説話而不加督查名爲闇。所以看見事物的跡象，招到它的形體；按照事物的道理，確定它的名稱；得到事物的端緒，就認識到它的内情。這樣，走到任何地方還能不回（回不）來嗎？處理任何事情還能不成功嗎？人的心意是有事物的，人的德行是至大無外的。行爲是離不開人的，道是離開人而獨立存在的。所以德行如不實踐，處理事情而不是需要處理的事情，就有錯誤（則失），所説的道理不是正當道理，就成爲諂諛。意志不賢良，思想不忠實，行動無道理，把假話當作真事，這樣的情形，是對於任何事情（都）没有希望的（萬事都完了，任何事情都完了）。（評）前言"守虚責實，萬事畢"，後言"言虚如受實，萬事畢"。前後兩"萬事畢"義不同。前"萬事畢"是從好的方面言，把萬事萬物處理好了。後"萬事畢"是就壞的方面説，一切事情都没有希望了。

　　黄克劍：（譯文）所謂大道，是没有知覺的道，没有形態的道。因此悟知大道的人懂得：道，没有知覺却是諸多事物的標準所在，没有形態却對事物無所不予成全，其空無所有却又一切具足。守持虚寂的道以責求實存，萬事循道而得以完成。忠相對於不忠而顯現，義相對於不義而顯現。説話而没有約束，叫作放縱；話出口而不檢點，叫做昏昧。所以，對事物要觀察其表像，瞭解其實存；依據其事理，厘正其名分；發現其端緒，探知其本性。倘若這樣，還有哪裏會往而不返，還有什麼事會不能做成。爲外物所誘發的是人的意欲，不由外鑠而獲取的是人的德性。有心爲之的是人的所行，無心爲之的是"無知""無能"的大道。因此，若是踐行的不是所當踐行的德性，所據有的不是所當據有的東西，那就背棄大道了；不是所謂道而以其爲道，那就荒誕虚妄了。有貪欲就不會賢明，有私念就不會忠誠，行有心爲之的人之所行就會背離大道。大道虚寂而成全一切實存，萬事循道而得以完成。

【考辨】

　　"守虚責實，而萬事畢"，有似《老子》"致虚極，守靜篤，萬物並作，吾以觀復"（第十六章），心"虚"則可觀萬物之"常"，則其言"虚"，已包含認識論的意義，後來稷下道家學者對此多有闡發，例如《管子·心術上》云："虚其欲，神將入舍……人皆欲智，而莫索其所以智乎。""求之者，不及虚之者，夫正人無求之也，故能虚無。"《管子四篇》中又有從刑名法度出發對無爲思想進行發揮，《白心》云："聖人之治也，靜身以待之，物至而名自治之。正名自治之，……名正法備，則聖人無事。"這些説法都可以和本篇相比較。

　　十七、夫言榮不若辱[一]，**非誠辭也**[二]；**得不若失，非實談也。不進則退**[三]，**不喜則憂，不得則亡。此世人之常**[四]，**真人危斯十者而爲一矣。所謂大辯者，别天地之行，具天下之物；選善退惡，時措其宜，而功立德至矣。小辯則不然。别言異道，以言相射，以行相伐，使民不知其要。無他故焉，故淺知也**[五]。**君子并物而錯之，兼塗而用之。五味未嘗而辨於口**[六]，**五行在身而布於人**[七]，**故何方之道不從**[八]。**面從之義不行，治亂之法不用**[九]，**惔然寬裕，蕩然簡易，略而無失，精詳入纖微也。**

【匯校】

[一] 譚儀：《意林》别爲一節。

[二] 影宋本作"非誠僻辭也"。譚儀："僻"字衍。王仁俊校同。馬敘倫校同。

[三] 《鄧析子校録》作"即"。馬敘倫：嘉靖本、綿眇閣本、子匯本、指海本作"則"。

[四] 馬敘倫："此世人之常"以下疑有脱訛。

［五］影宋本作"故淺知也"。指海本作"故知淺也"。錢熙祚：一本"知淺"二字倒。
譚儀：當作"淺知故也"。

馬敘倫：據譚儀說則上文"故焉"二字疑衍。

王時潤：此兩句文氣正相拍湊，下句當作"知淺故也"。今本"知""故"二字誤倒，則二句文氣不相屬矣。

王愷鑾：下"故"字訓事，見《吕氏春秋·審己篇》，"故淺知也"當作"知故淺也"。謂小辯者知事淺，故有別言異道諸弊。此句正申上句"無他故焉"之意，若作"故淺知也"，則上下兩句不相屬也矣。

［六］影宋本"而"下無"辨"字。馬敘倫：原無"辨"字，明初本"而"下墨識一字處，嘉靖本"而"下空一字，今依綿眇閣本、子匯本、指海本、崇文本補。

［七］馬敘倫：疑有譌。

［八］孫詒讓："何"疑"無"之誤。《吕氏春秋·必己篇》："如此其無方也。"高注云："方，術也。"馬敘倫校同。

［九］馬敘倫：疑有譌字。

王時潤：義不可通，"治亂"當作"亂治"。言亂治之法則不用也。

【匯注】

汪奠基：選文十提出了具有辯證因素的十個例證，說明正反、是非的判斷在形式上必須符合肯定或否定的不矛盾式。但是還必須更深刻地知道"誠辭""實談"的内容與形式，都應該有正反統一的聯系。選文十一分別大辯與小辯。大辯包括自然、社會、倫理的認識方法。小辯則指膚淺的論爭或以異道相非的詭辭而言。鄧析認為真正的辯說，必須"並物兼塗""多方互用"，辯之於口，布之於行，正反統一，簡易無失。這種名辯的認識、確實具有精微入裏的辯證意識。選文十二論"事之合與不合，知與不知"的辯證關系。原文與《鬼谷子·内揵篇》略有相似，惟《鬼谷子》所言為"事有所不合，有所未知"，只重在否定辭，與鄧析的正負對舉，顯然不同。

陳高傭：（譯文）有人說"光榮不如恥辱，得到不如失掉"，這不是老實的説話。不前進就是後退，不喜悦就是憂愁，不得到就是亡掉，這是世人的常情。修練得道的真人對於榮、辱、得、失、進、退、喜、憂、得、亡這十種情形都一樣畏懼。所以大的辯論是辨別天地的行動，具備天下的事物，選取好的退去壞的，隨時處理得當，把功勞建立了，把德行做到了。小的辯論就不是這樣。辨別言語，劃分道理，用言語來互相攻擊，拿行為來彼此砍伐（鬥爭），（紛紜擾攘）使得人民不知道重要之處，這沒有別的緣故，衹是因為他們知識淺薄。君子是把一切事物都相容并包而使它們交錯起來，把用途不同的東西都加以採用。五味不經過嘗試口就分辨出來，五行出在自己本身而佈施於別人。所以沒有方術的道理他是不遵從的，衹是表面上隨從的義事是不幹的，擾亂治安的辦法是不用的。恬淡寬裕（恬淡的樣子很是寬啜充裕）、坦蕩簡易（坦蕩的樣子很是簡單平易），粗略却没有遺失，精細（微）而深入到細微處。

黄克劍：（譯文）說榮耀不如恥辱，那不是真心話；說得到不如失去，那不是老實語。

不前進即是後退，不喜悅即是憂慮，不獲取即是喪失，這是世間人通常的判斷。獨有存養真性而志趣高卓的人，能將上述十者作一體的達觀。所謂大辯者，亦即對道有所了悟的人，能區別天下人行爲的善惡，能分辨天下事物的真僞，選擇善舉而貶退惡行，適時地採取相宜的措施，從而得以成德、立功。所謂小辯者——那些糾纏於細枝末節是非之辨的人——却不是這樣，他們別有主張而另有道理，往往以言語相互攻訐，以行動相互撻伐，使人們無從得其要領。這没有其他緣故，是事理懂得得太淺陋了。君子不同，他們能將事物相比較而予以處理，從多種途徑發揮其作用，五味不用嘗就能分辨於味覺，由五行聚集於自身而知其遍佈於每一個人。所以，没有道理的主張他們不予遵從，當面順從的言論他們不予施行，導致混亂的治理方法他們不予採用，他們淡泊而寬容大度，坦蕩而簡約平易，簡略而没有疏漏，其精密周詳貫穿于行爲的所有細微之處。

【考辨】

“故淺知也”，當據王愷鑾引《吕氏春秋》改。“真人危斯十者而爲一矣”之“危”，黄克劍解釋爲“獨”，並云：“成玄英疏《莊子·繕性》‘危然處其所而反其性’云：‘危猶獨也。’”今案，《繕性》之“危然”即“悗然”，《釋文》云：“司馬本作‘悗’，云‘獨立貌。’”是用作形容詞，而此處爲動詞，作用於“十者”，故不當解爲“獨”。竊疑“危”當解作“反”，《廣雅·釋言》：“恑，反也。”王念孫引《漢書·武五子傳》《史記·李斯傳》等，證“恑”“危”並與“悗”通，《説文》：“悗，反也。”“反”對“世人之常”而言，“反斯十者”近於老子“反者道之動”，指的是將上述十種相反概念反復、變化而歸於一，《荀子·解蔽》云：“聖人知心術之患，見蔽塞之禍，故無欲無惡，無始無終，無近無遠，無博無淺，無古無今，兼陳萬物而中縣衡焉。是故衆異不得相蔽以亂其倫也。”

十八、夫舟浮於水[一]，車轉於陸，此自然道也[二]。有不治者[三]，知不豫焉。

【匯校】

[一]錢熙祚：《御覽》七百六十八“浮”作“行”。馬敍倫校同。

[二]指海本作“此勢自然者也”。錢熙祚：原作“此自然道也”，依《御覽》改，與《淮南子·主術訓》合。

馬敍倫：《淮南》作“此勢之自然也”。

王時潤：“自然”下當補“之”字。

[三]馬敍倫引朱希祖：“不”字疑衍。下文“故不載焉”，當據《淮南子·主術訓》作“知故不載焉”，與此意正合。

王愷鑾：“不”字“而”之僞也。治在道不在智，故言有能治者，智不豫焉。

【匯注】

陳高傭：（譯文）船行於水上，車轉於陸上，這是自然的道理，有的事情辦理不好，是因爲人的知識没有早準備好。

黄克劍：（譯文）船航行于水上，車運轉于陸路，這是情勢所至、自然而然的事。如果車船行駛出了問題，那是由於人的智巧參與了的緣故。

【考辨】

《淮南子·主術訓》"爲治者不與焉"與此句相近，王念孫云："'不與'上當有'智'字。老子云：'以智治國，國之賊。不以智治國，國之福。'"這裏"不治""不豫"相矛盾，必有一誤。朱氏、王氏校改之說雖通，但均無異文可據。竊疑此句爲反問語氣，即"（遵從自然之道）豈有不治乎？"句末省去"乎"字，此種文法可參俞樾《古書疑義舉例》卷四"反言省乎字例"。陳氏的譯文雖通，但與下文文義不合。

　　十九、夫木擊折轊^[一]，水戾破舟^[二]，不怨木石，而罪巧拙^[三]，故不載焉^[四]。故有知則惑^[五]，有心則嶮^[六]，有目則眩。是以規矩一而不易，不爲秦楚緩節^[七]，不屬胡越改容^[八]。一而不邪^[九]，方行而不流。一日形之，萬世傳之，無爲爲之也。

【匯注】

［一］影宋本提行。馬敘倫：《淮南子·主術訓》此文與上文"此勢之自然也"相屬，但無"夫"字，檢義亦承上文，不應提行。

［二］馬敘倫：《淮南子·主術訓》作"冰"。

［三］馬敘倫：《淮南子·主術訓》"拙"下有"者"字。

王時潤："水"當作"石"，"巧"當作"功"，"功"與"工"通。據俞氏《淮南子平議》改。

王愷鑾：舟破於石，水戾使之然也。俞氏改"水"爲"石"，於文律雖嚴，然於事理則不合也。

［四］《鄧析子校録》作"知故不載焉"。馬敘倫："知"字依《淮南子·主術訓》補。

王愷鑾：案《文子·下德篇》作"知不載也"。舊注云："無心者物不加怨，載智者未嘗終吉。"《淮南子·主術訓》作"知故不載焉"。高誘注云："言木石無巧詐，故不怨也。"本句"故"字亦有巧詐之義，《国语·晋語二》："多爲之故。"韋昭解云："故謂多計術。"是其證。

［五］《鄧析子校録》作"故道有知則惑"。馬敘倫："道"字依《淮南子·主術訓》補。

馬敘倫：原作"感"，依綿眇閣本、子匯本、指海本、崇文本及《淮南子·主術訓》改。

［六］《鄧析子校録》作"德有心則嶮"。馬敘倫：子匯本"惑"下空一字，綿眇閣本、指海本、崇文本無"德"字。倫案，依《淮南子·主術訓》應有"德"字。

馬敘倫：原無"心"字，依《淮南子·主術訓》補。

［七］錢熙祚：《淮南子·主術訓》作"變節"。

《鄧析子校録》作"變節"。馬敘倫：原作"緩"，依《淮南子·主術訓》改。

［八］錢熙祚：一本"胡"作"吳"。

［九］《鄧析子校録》作"常一而不邪"。馬敘倫："常"字依《淮南子·主術訓》補。

【匯注】

陳高傭：這是説人的心目知識不可靠，唯有規矩是可靠的。因爲心目知識是主觀的，有作用，也有偏弊，規矩是客觀的，是不隨地點時間的毁易而變易的。依靠規律就可以無爲而不爲。這是道家和法家思想的融合。

黄克劍：（譯文）樹木碰折了車軸，礁石撞破了船身，人們不責怪樹木和礁石而歸咎于駕車或駛船人的巧拙，是因爲智巧的參與讓車、船失去了運載的功能。所以，有了智巧就有了惑亂，動了心思就有了險詐，用眼觀看就有了暈眩。因此規矩一經統一就不能改變，它不會因爲秦、楚的國度不同而變其準則，不會因爲胡、越間相距遙遠而改其規範；它始終如一而没有偏向，通行各地而不入歧途。信守規矩的共識一旦形成，就會千秋萬世流傳下去，這可真是無所爲而爲之啊。

【考辨】

"水戾"句當從王愷鑾説，不必改字。"故不載"當据朱希祖、馬敘倫、王愷鑾説作"知故不載"，王説尤精，今就其説稍作補證，"故"非連詞，這裏是"有意爲之"的意思，即《尚書·大禹謨》"刑故無小"之"故"。"知""故"意義相近，這裏是講木石並無智力，也没有故意去導致舟車事故，分別對應下句"有知則惑""有心則嶮"。"載"有行義，引申爲使用、運用。此句又見《淮南子·主術訓》，高誘注云："言木石無巧詐，故不怨也。"即是此意。黄克劍理解爲："人們不責怪樹木和礁石而歸咎于駕車或駛船人的巧拙，是因爲智巧的參與讓車、船失去了運載的功能。"亦大致可通。陳高傭解釋於原文"知"字無着落。

　　二十、夫自見之[一]，明；借人見之[二]，闇也。自聞之，聰；借人聞之，聾也。明君知此，則去就之分定矣。爲君當若冬日之陽[三]，夏日之陰[四]，萬物自歸[五]，莫之使也[六]。恬卧而功自成[七]，優遊而政自治。豈在振目撼腕[八]，手據鞭樸[九]，而後爲治歟？

【匯校】

〔一〕影宋本作"天"。馬敘倫："夫"原作"天"，依各本改。

〔二〕影宋本作"自見之明""之闇""之聰""之聾"。錢熙祚：《意林》"之"作"則"，下三句同。

譚儀：《意林》作"自見則明"。《繹史》引作"夫自見之明"。《意林》作"則暗"。《意林》作"則聰"。《意林》作"則聾"。

《鄧析子校録》三"之"皆作"則"。馬敘倫：原作"之"，依《意林》引改，下句"見"下、"聞"下"之"字並同。

〔三〕指海本"爲君"下有"者"字。錢熙祚：原脱"者"字，依《文選·褚淵碑》注、《御覽》四、又六百二十補。

馬敘倫：《御覽》二七引"君"下有"自"字，蓋"者"字之誤。

〔四〕馬敘倫：《御覽》六二〇引作"至"，《文選·褚淵碑》注、《書鈔》二九引並作

"日",《淮南·主術訓》亦作"日"。

[五]錢熙祚:《御覽》四、又六百二十並作"歸之"。馬敘倫校同。

[六]馬敘倫:《淮南·主術訓》作"莫使之然"。

[七]錢熙祚:《御覽》六百二十"恬"作"偃"。

馬敘倫:《淮南·主術訓》作"恬"。

[八]《鄧析子校錄》作"瞋"。馬敘倫:原作"振",依《淮南·主術訓》改。

"搤",馬敘倫:《淮南·主術訓》作"扼","扼""搤"古通。

"腕",馬敘倫:《淮南·主術訓》作"掔",正字。

[九]影宋本作"乎摽"。指海本作"手操"。錢熙祚:"操"原作"據",依《御覽》二十七改。

譚儀:《繹史》引作"手據"。

王仁俊:"乎"疑"手"之訛。

俞樾:"乎"字亦"手"字之誤。"手摽鞭朴",四字爲句。"摽"字無義。或是"操"字形近而誤歟?

《鄧析子校錄》作"手操"。馬敘倫:原作"手標",嘉靖本、綿眇閣本、子匯本、指海本、崇文本並作"手據",依《御覽》二七引改。

【匯注】

陳高傭:(譯文)自己直接看到就是明,從別人間接看到就是暗。自己直接聽到就是聽,從別人間接聽到就是聾。英明的君主知道了這種道理,去就的名分就確定了。爲君的人應當像冬天的陽光、夏天的陰影,使得萬物自然歸附於己,不是由驅使。靜靜地睡到那裏而功勞自然成就了,從容自在地處理事情而把政治自然就辦好了,還要瞠起眼睛,捏緊拳頭,拿上鞭子、棒頭纔算是幹政治嗎?(曹參爲相,日飲醇酒無爲而治。)

黃克劍:(譯文)自己親眼看就看得分明,借助別人看就看得晦暗;自己親耳聽就聽得真切,借助別人聽就聽得不清。賢明的君主懂得了這一點,人事取捨的界限也就確定了。做君主的人,應當像冬天的陽光、夏日的陰涼,這樣百姓自會歸順你,用不着驅使他們這麼做。恬然靜臥,功業自會成就;悠然自得,國政自會治理。不然,難道須得你瞋目扼腕,手持皮鞭棍棒才可以治理好一個國家嗎?

【考辨】

"振目搤腕","振""瞋"音近、"搤""扼"古通,馬說俱可從。《說文》"掔,手掔也。"《士喪禮》"設決麗于掔。"注云:"掔,手後節中也。"章太炎認爲"捥、腕皆俗字。"不過"腕"字已見於《墨子·大取》,亦不必改。

二十一、夫合事有不合者[一],知與未知也。合而不結者,陽親而陰疏。故遠而親者,志相應也[二];近而疏者,志不合也[三]。就而不用者,策不得也;去而反求者,無違行也。近而不御者,心相乖也;遠而相思者[四],合其謀也。故明君擇人,不可不審;士之進趨,亦不可不詳。

【匯校】

[一] 影宋本同作"夫合事"。譚儀："合"字衍。

孫詒讓：此章亦見《鬼谷子·內揵》，彼作："事有不合者，有所未知也。"疑此文本作"事有合不合者"，今本"合"字誤移"事"字上，遂不可通。馬敘倫校同。

王愷鑾：孫氏所引《鬼谷子》語爲今本所無，未知何據。

[二] 錢熙祚："志"原作"忘"，依《文選·曹子建贈白馬王詩》註改。譚儀、俞樾、馬敘倫、王愷鑾校同

[三] 指海本作"忘"。錢熙祚：此"忘"字亦誤，《鬼谷子·內揵》作"志"。譚儀、俞樾、馬敘倫、王愷鑾校同。

[四] 馬敘倫：原作"也"，依各本及《鬼谷子·內犍》改。（引者案，"犍"當作"揵"。）

【匯注】

陳高傭：（譯文）事情有相合的有不相合的，是因爲有的相知有的不相知。（相知就相合，不相知就不相合。）雖然表面相合而實際上不連結在一起，就是表面親近而內裏疏遠。所以距離遠而親近的人，是心志彼此相應的。距離近而疏遠的人，是心志彼此不相合的。來就而不用的人是因爲他的計策不對頭（得），去了而反要找求的人是因爲他沒有遠背的行爲。在近處而不用（御）的人是因爲他的心和自己相乖遠的緣故。在遠處而互相思念的人，是因爲計謀相合的緣故。所以英明的人選擇人，不可以不審察；士人的進趨，也不可以不詳加考慮。

黃克劍：（譯文）政事中有可以共事的人，有難以共事的人，這是由於彼此相知與不相知的緣故。共事而並不團結的人，外表親近而內心疏遠。所以，本來疏遠而終究親近的，是由於志趣相合；本來親近而終究疏遠的，是由於志趣不相合。主動親近的人却不任用，是由於謀略不適宜；離別而去的人反倒要招請回來，是由於那離去的人並沒有邪僻不正的行爲。近在身邊的人不予舉用，是由於心志不相一致；遠在異地的人反倒思念不已，是由於謀慮正相投契。所以賢明的君主選拔人才不可不審慎，而士人擇定君主以求進用也不可不詳謹。

【考辨】

"事有不合者"，許富宏《鬼谷子集校集注》有此句，並云："道藏本脫正文及注文四百十二字，盧文弨曾據錢遵王鈔本以校補道藏本。"王愷鑾所言"今本"或爲道藏本。

（作者簡介：閆寧，山東大學文學博士，南昌大學國學研究院講師。）

正學

書林清話

有關正例與變例研究方法的對話

張聞玉

正例、變例，涉及研究方法，這是諸多青年學子想急於弄明白的一個大問題。懂得正例與變例的研究方法，很多學術問題，不僅迎刃而解，往往也會事半功倍。下面以對話形式，就有關問題加以闡述，供學子們參考。

問：聞玉先生怎麼想就這個問題做文章呢？

答：說來話長。1979 年下半年我在滁州師專張汝舟先生門下求學，涉及黃侃古音學就遇到不少問題。黃先生有本音、變音之說，那本是極爲簡明的。後來看到有批判黃氏本、變說的文章，全盤否定，說"毛病百出""完全錯誤""一無是處"[1]。從此我就開始認真關注本、變之說。後來明白，古本音、今變音，古本韵、今變韵，本聲、變聲，實乃一種研究方法，是黃先生的極高明之處，應當受到後世的點讚啊。

問：研究方法的重要性體現在哪里？

答：不懂研究方法，如同走路沒有方向、沒有目標。繞來繞去，往往無果而終。就以青銅器研究來說，千萬件器物，從何下手？按器型分類，就是器型學研究法；按人名、字形分類，就是銘文字體研究法；按年月日（時日）分類，就是曆日研究法。不同的方法，自會有不同的結論。就方法說，不存在誰是誰非，沒有絕對的唯一的方法。要看對象具備的條件。銅器上並無銘文，當然只能用器型學方法。銘文上曆日干支年月日月相"四全"，爲什麼不用曆日研究法呢？銘文中有血緣姓氏文字，就得以人名系聯，歸入一個系列。死守一個方法也就不可取了。

清末以前，歷代學人研究文獻典籍，都是以文獻證文獻。可以一部書內部求證，叫內證。還可幾種書彼此求證，叫外證。研究方法還比較單一。只要求例證越多越好。所謂"例不十，法不立"。就是例證法吧！

甲骨文出土，擴大了學者的視野。王國維先生用之考究史料，把文獻與甲骨文字結合起來研究，就有了"二重證據法"，百年來文史界普遍使用。這就在方法論上有了突破，取得了很大成績。

六十年代初期，張汝舟先生對《史記·曆書·曆術甲子篇》通透研究，以歷數推演實際天象，提出文獻（紙上材料）、考古（地下材料）與天象（天上材料）結合，"三證合一"

---

[1] 王力：《王力論學新著》，南寧：廣西人民出版社 1983 年版，第 44—82 頁。

研究文史，實則是"三重證據法"，使研究方法又上了一個新的臺階。當今，西周史的研究，夏商周斷代工程的研究，強調文獻、考古、天文三者的結合，實際都應用了"三證合一"的方法。這就是一大進步，比"二重證據法"前進一大步。我是說，研究方法的重要性就體現在這些地方。或者說，學術研究沒有不重視研究方法的。

問：請您還是從黃侃先生的本、變之說多談談吧。

答：黃先生說："没有陳蘭甫，就没有我黃季剛！"就是說古本音、今變音之說應源於清代學者陳蘭甫。陳澧（蘭甫）在中古音研究中首創反切系聯法，使中古音聲韵系統的建立取得了重大突破。

陳蘭甫擺脫三十六字母的束縛，利用反切上字、反切下字的歸納，弄清了《廣韵》的語音系統。反切系聯法，規定同用、互用、遞用爲基本條例。之外，還有些複雜的反切，無所歸屬，他又規定兩項條例：分析條例、補充條例。這是特殊條例。

基本條例，就是正例；特殊條例，就是變例。反切系聯法，實則體現出正例、變例的學術研究方法。黃季剛先生古本音、今變音的結論就是以正例（基本條例）、變例（特殊條例）方法，研究古音學的必然結果，是賡續陳蘭甫先生研究方法而來的。

問：正例、變例的方法論，有哲學依據嗎？

答：萬事萬物，哲學的分類不外兩種：一般與特殊。普通的、正常的，人盡皆知的，是一般、一般規律；與一般相悖，不一般，那就是個別的，特殊的。正例就是一般條例、普通規律，變例就是特殊的、個別現象了。特殊的習以爲常，人皆認可，就形成特殊條例、特殊規律了。學術研究的重點，當然應該放在特殊條例的研究。否則，談何成果？

問：我們天天使用漢字，請先生從漢字角度說說正例、變例。

答：漢字的構形，起於《說文解字》的"六書"，六種造字方法。其實，六書也無不體現正例、變例。

象形，象物體之形。可分三類：獨體象形、合體象形、變體象形。獨體象形，或稱"初文"，犬、馬、豕、女、舟、貝之類，是正例；合體象形，眉、果、胃之類，是變例；變體象形，交、夭之類，也是變例。

指事，抽象的概念。指事除了幾個純符號的，還有加體指事字、變體指事字。在象形字基礎上增加指事符號：本、尺、寸之類，是正體。改變原字的方向或減損原字筆劃，叫變體指事字，乏（反正爲乏）、匕（化）、夕之類，是變例。

會意，強調兩個字合成新意。可分：異文會意（男、秉、表之類）、同文會意（從、比、羴之類）、對文會意（北、步、卅之類）。會意字，一目了然的組合，容易識別是正體；變體指兩字組合時形體有了變化，或嵌入其中，或部分省減，難於識別，是變例。

形聲字，左右、上下、内外組合是基本結構。正體，指形符、聲符的位置一目了然。而不少形聲字出現一些特殊結構，看不出形符、聲符了，是變體形聲字。變體不外兩種情況：形符、聲符交錯，省形符或省聲符。變體形聲字需要特別注意，初學者需要一一抄錄，牢記不忘。

轉注有數十家之說，比較複雜，不外有形轉派、互訓派、聲義派三分。如果把無法按

"六書"舊說歸位的漢字找出來，就大體明白。一類"重文成體"，或會意（林、炎、森之類），或轉注（仁、尼、哥之類），二類"變體成字"，或指事（夭、凵、乏之類），或轉注（介—個、刁—刀、勾—句之類）。重文轉注字是正體正例，變體轉注字是變例。

假借，有本義、借義之分。不造新字，"依聲托事"，是正例。本義另造新字是變例。

總之，六書皆有正體、變體之分，亦即有正例、有變例。

問：說到假借，請附帶說一下通假。我們往往把假借、通假混淆不清。文獻典籍中，通假字無處不在，張先生怎麼看？

答：廣義的假借有兩個含義。本無其字的假借，是許慎"六書"中的假借。另一個含義指本有其字的同音通假，同音替代，寫別字而已。先秦兩漢的古籍中大量存在通假字，給後人閱讀古籍造成障礙。歸納一下，通假不外兩種：同音通假，指古音相同；同聲符通假，聲符必同。聲符同，通假一目了然，是正例。同音相通，變例而已。

問：漢語重視句法，當今做學問的學者沒有不研究語法的。你說過，語法是閱讀文獻的"利器"。請從語法角度說說正例、變例。

答：中國的傳統學術主要體現在文史，確切說就是歷史、語言。民國以來的"史語所"不是沒有道理的。歷史、語言所用研究方法是一致的，都是例證法，大量取證。於是，正例、變例就大行其道，體現得尤其充分。

傳統小學，講字、詞、句。字就是六書，有正體、變體。詞分實詞、虛詞。實詞指名詞、動詞、形容詞，那是正例；虛詞指副詞、助詞、語氣詞，那是變例。一個詞的意義可分實義、虛義，實義是正例、虛義是變例就再明顯不過了。文獻注釋，把實義當虛義講，把虛義當實義講，並不少見。究其實，是分不清正例與變例。

漢語裏的動詞，同樣有實義虛義之分，實義是正例，虛義是變例。國人學西方，把虛義的動詞叫"介詞"。其實，把介詞視爲變例，介詞也就可以取消了。

訓詁學上講"名動同辭"，同一個字可做名詞又可做動詞之意。動詞，指天地人的行爲動作。雨，下雨這個行爲，當然是動詞；又指動作對象，那是雨水的雨，名詞。樹，"樹藝五穀"，栽種這個行爲，動詞；指動作對象，樹木的樹，名詞。語，指談話，動詞；又指言論，名詞。從詞法上講，這是兼類。一個字具有兩種或兩種以上的詞性就是兼類。臨時的用法叫"詞類活用"，不能叫"兼類"。現今很多人濫用"詞類活用"，使二者界線模糊了。

動作行爲是主體，應該是正例。動作行爲的對象，名詞，就兼類來說應該是變例。

訓詁學上還有"正反同辭"一說。那是指一個字有正反兩方面的意義。古人所謂"美惡同辭""施受同辭""語急反言"之意。市，有買、賣二義；沽，兼買賣二義。亂，治也。貸，借出借入都叫貸。賈，兼有買進、賣出兩相反涵義。面，顏面也，段注："與背爲反對之稱、引申爲相向之稱，又引申爲相背之稱。"《史記·項羽本紀》有"馬童面之"[1]，古注"面，不正視也"，即"背之"。這裏是採用變例解讀"面"字。

---

[1]《史記·卷七·項羽本紀》，北京：中華書局 1982 年版。

正反同辭，正面意義應該是正例，相反意義應該是變例。爲了分別清楚，古人有後起分別字以區別之。後起分別字即是變例。内，進入，自外而入。自内而言，是接納。"九月内火"，讀"納火"。古語内多讀納，納是後起分別字，就視爲變體、變例。

語法體系是外來的，引以爲用，十分重要。近代學人做學問，沒有不通透語法的。最近澎湃網上有文，劉洪濤先生說：古代中國研究需要重視語法知識[1]。也就這個意思吧。

主謂關係。漢語重詞序。主語支配謂語，主語在前，謂語在後，這是正例。強調謂語的話，謂語放在主語之前，主謂顛倒即是變例。

動賓關係。動詞在前，賓語在後，即是正例。古漢語裏，賓語往往提前，所謂"前置賓語"，即是變例。日本文化源於中土，日語的賓語都是提前，提在動詞之前，反而是日語裏的"正例"了。

我歸納出動詞帶雙賓語若干例，有一般的雙賓語句型，大家普遍認可。即是正例。還有"自結明主""所避風雨""訪諸蹇叔""如之何""此之謂聖治"這類，語法界並不認同，各自解讀。不回避的話，那就是特殊的雙賓語句，是變例。

漢語句子分兩大類，動句與表句，這是汝舟先生語法體系一大發明。動句，主語發出動作，主語支配謂語，這是正例；表句，謂語說明主語，描寫主語，這是變例。語法界往往是忽視了表句，對變例視而不見。

唐以後，詩詞講究平仄音律變化。一般符合平仄規則的，是正例；所謂"拗救"，亂了平仄，就是變例了。

問：你對主流、支流怎麼看，比如《漢書·藝文志·諸子略》。

答：《說文》講"反永爲派"。《詩經》"江之永矣"，"永"是千流、主流，"茫茫九派"的派就是支流、末流了。分清主流、支流很重要。學術研究你當然得有主流意識。主體與枝節，主流與支流，如同正邪，還是正體、變體。

《漢書·藝文志·諸子略》給我們很多啟示。文章講諸子百家，"各推所長"，又各有"弊短"。

儒家"祖述堯舜，憲章文武，宗師仲尼，以重其言，於道最爲高"，而"僻者又隨時抑物，違離道本"。有正牌正宗的儒家，又有"辟儒之患"的辟儒。

道家"清虛以自守，卑弱以自持，此君人南面之術也"，"及放者爲之，則欲絶去禮學，兼仁義"。這個"放者"，背棄道家之長，取其無爲。實乃變其主體宗旨。不過，還是歸屬於"道"，不是正道而已。

陰陽家"曆象日月星辰，敬授民時"，而"拘者爲之，則牽於禁忌，泥於小數，舍人事而敬鬼神。"陰陽律曆、時令節氣，本是國之根本，而"拘者爲之"，走上擇日占星的迷信的歧途。正體、變體，十分明顯。

---

［1］劉洪濤：《古代中國研究需要重視語法知識》，澎湃新聞網（私家歷史），http://www.thepaper.cn/newsDetail_forward_1467299，2016-05-14。

法家"信賞必罰，以輔禮制""及刻者爲之，則無教化，去仁愛，專任刑罰，而欲以致治，至於殘害至親，傷恩薄厚。"刻者，就是"變"了。

名家正名，名不正則言不順，言不順則是事不成。"及譥者爲之，則苟鉤鈲析亂而已。"這個"譥者"當然是變體了。

墨家貴儉、兼愛、上賢、右鬼、非命，以孝視天下。"及蔽者爲之，見儉之利，因以非禮；推兼愛之意，而不知別親疏。"蔽者，自然不是主流、主體。

縱橫家"權事制宜"——權衡具體事實，確定恰當措施。這是縱橫家的主體。"及邪人爲之，則上詐諼而棄其信。"邪人，變體。

雜家"兼儒墨，合名法，知國體之有此，見王治之無不貫。""及蕩者爲之，則漫羨而無所歸心。"蕩者，學識浮泛之人。

農家"播百穀，勸耕桑，以足衣食。""及鄙者爲之，以爲無所事聖王，欲使君臣並耕，誖上下之序。"這個"鄙者"，只能是農家的變種。

《漢書·藝文志·諸子略》給我們很多啓發。我在教書時，要求學生都得背誦這篇文章。

問：您所著《銅器曆日研究》，最早應用"正例、變例"於學術研究，談談你的體會。

答：1985年冬，東北師大陳連慶先生提供我好幾件銅器曆日，要我結合曆術講講對曆日銘文的解讀。就此開始了我對銅器曆日的研究。排比曆日，有的毫不費力，有的百思不得其解。我就採用陳蘭甫的一般條例、特殊條例來一一剖析，最終列出六項基本條例（正例）、四項特殊條例（變例）。四項變例爲：

①銘自誤例，比如"既死辛卯""既霸丁亥"。

②既生霸爲既死霸例，既生霸爲望爲十五，既死霸爲朔爲初一。銘文"既生霸"，勘合十五不合，勘合初一乃合。不知者以爲既生霸也可指朔日。這樣一來，既生霸可指初一、也可指十五，既生霸可指上半個月了。推論下去，既死霸就指下半月啦。這就是"月相二分"，比"月相四分"走得更遠。豈不糊塗？實在是不明瞭既生霸爲變例而已。既生霸爲望爲十五，是正例。忌諱"死"而說成"生"，這個"既生霸"（實爲既死霸）就是變例。

③丁亥爲亥日例。丁亥爲吉日，古人多用。不少書爲丁亥的，實在不是丁亥，而是其他亥日。正如鄭玄云：苟有亥焉可也。

④庚寅爲寅日例。古人亦視庚寅爲吉日，受"丁亥爲亥日例"啓發，庚寅爲寅日例亦可成立。

有了這幾條變例，幾十件銘文有年、月、月相、日干支，"四全"的銅器基本上都找到了具體的年月日，斷代就落到了實處。

不懂得正例、變例的研究方法，銘文上有曆日的銅器斷代就無從進行。

問：《銅器曆日研究》一書出版後，張新民教授有一篇很好的書評《西周年代學研究的重要成果——讀〈銅器曆日研究〉》，其中也著重談到正例、變例的研究方法。請介紹一下。

答：這是一篇很有學術水準的書評。看《辛巳文存》的第二百八十五頁，新民教授說：聞玉先生自謂他的十條銅器研究條例，是學習清儒做學問的方法，也是從黃季剛先生論文中學來的。他對此十分珍惜。其實晚近著名學者中，以這種方法做學問的，爲數尚多。譬如俞樾《古書疑義舉例》、楊樹達《古書句讀釋例》、余嘉錫《古書通例》、陳垣的《史諱舉例》《校勘釋例》等，都是明顯的例證。其中余嘉錫《古書通例》"稽之正例變例，以識其微；參之本證旁證，以求其合"[1]，正是在參互考較、排比鉤稽中，總結出了古書的通例。這是方法論上的提升與自覺，也是清儒學問路途的深化和拓展。而《史諱舉例》一書，實爲避諱史的全面總結。全書所列出八十二條通則性條例，都可視爲考史方法的歸類與提示，亦可當成治學的門徑或鑰匙。至於《校勘學釋例》所歸納的校法四例——對校法、本校法、他校法、理校法，則更是涵蓋性極其廣泛的概括，可說一切校讎學在方法論上都難出此範圍。我舉這些例證，無非是要說明，無論聞玉先生自覺或不自覺，如果深層次挖掘，他的學問精神的繼承面本是很廣博的。當然，將"條例"用於銅器曆日，從而示人以規範，則是他自己的發明。在這一意義上，也可說他發揚光大了中國樸學傳統，並在新的研究範圍內給予了創造性的現代運用。從承前啟後的學術源流角度看，我認爲可以分析出一條樸學方法論自我充實的連續性理路線索來的。誠如其他具有辯證開放性格的學術一樣，誰又能斷言後起者不能繼承聞玉先生之學術課題而不斷向前發展呢？

就是說，近代學人楊樹達、余嘉錫、陳垣等等，都在發展、發揚正例與變例的研究方法，今後還會不斷向前，還會有學人繼續應用這一方法研究學術，取得成功。

問：爲什麼說不能否定黃季剛先生本音、變音說呢？

答：季剛先生本音、變音就是本例、變例的具體化。我們視本例、變例爲研究方法的話，就得肯定它、應用它。哪有否定研究方法的道理！承認"二重證據法""三重證據法"（三證合一）是研究方法，同樣也是不能否定的。

所以我說，黃季剛先生本音、變音之說應該受到點贊，後學只能發揚廣大之。

2016 年 5 月 22—24 日

（作者簡介：張聞玉，貴州大學先秦史研究中心教授。）

---

[1]《古書通例·緒論》，余嘉錫：《目錄學發微 古書通例》，北京：中華書局 2007 年版，第 187 頁。

本刊約稿啟事

敬啟者：

　　一、本刊爲南昌大學國學研究院主辦之大型學術性刊物，主要發表中國傳統國學及相關方面研究之成果。暫開設“經學探微”“史學抉原”“校讎廣義”“諸子學衡”“小學闡幽”“藝文鏡詮”“讀書札記”“學林憶舊”“漢學擷英”等欄目。本刊暫定爲年刊，於每年9月下旬出版。

　　二、本刊以專題論文爲主，間亦登載書評及商榷討論文字。所有文章，均以首次發表爲限。所有言論，文責自負；文章引用圖文如有涉及版權者，亦請自行妥善處理。

　　三、本刊採取雙盲審稿制度，稿件如果採用，在投稿三個月内通知作者；請勿一稿多投。刊載後即付稿酬，另贈當期學刊3份。文稿一經採用，本刊即享有法定之有關著作財產權和資料加工、網路傳播權；未經作者和本刊同意，其他媒體不得轉載。如僅同意以紙本形式發表，請於來稿中特別注明。投稿三個月後未見本刊採用通知，稿件可自行處理。來稿均請自留底稿，不論刊用與否，因本刊人力有限，原稿無法奉還，敬祈諒解。

　　四、本刊以中文稿件爲主，兼發英文稿，專題論文稿件字數限在3萬字以内，書評稿件限1萬字以内，英文稿件限20印刷頁以内。特別約稿不在此限。

　　五、稿件請注明中、英文標題，中、英文内容摘要，中、英文關鍵字3至5個，中、英文作者姓名，另附作者簡介（包括作者姓名、出生年月、工作單位、學位、職稱）及通訊位址與聯繫方式（電話、傳真及電子信箱）。

　　六、本刊論文采取當頁注腳，每頁重新編號。注腳以word文檔自然生成，編號形式爲：①、②、③……，字型大小爲小五號宋體。本刊爲繁體橫排，使用標點符號敬請參照大陸橫排通行形式。

　　注腳形式，示例如下：

① 司馬遷：《史記》卷122，北京：中華書局1982年版，第3148頁。

② 嚴耕望：《〈讀史方輿紀要〉與〈嘉慶一統志〉》，《漢學研究》第3卷第2期。

③ 賈蘭坡：《山西曲沃里村西溝舊石器時代文化遺址》，《考古》1959年第1期。

七、投寄本刊之稿件，如系電子文檔，請同時以 word 文檔及 pdf 文檔各一份同時示下，以免編輯時出現差錯。

八、來稿請寄：江西省南昌市紅谷灘新區學府大道 999 號南昌大學國學研究院，郵編：330031；投稿郵箱：zhengxue_ncu@163.com